军队高等教育自学考试船舶与海洋工程（本科）专业指定教材

舰艇总体技术

牟金磊　王展智　彭　飞　主　编

黄祥兵　主　审

华中科技大学出版社

中国·武汉

内 容 提 要

本书由水面舰艇总体技术和潜艇总体技术两部分组成,以水面舰艇总体技术为主,潜艇总体技术部分重点介绍与水面舰艇的不同之处。每部分内容都大致按照实际舰艇设计工作的进展顺序进行编排,以排水量和主尺度为中心,以"指标""重量""船型"和"布置"为基本内容,将基础理论与工程应用、综述与专述、传统技术与现代新技术相结合,旨在使读者通过本书的学习能对舰艇总体技术有初步的了解,建立起较系统的舰艇总体观念,帮助其开展舰艇总体技术领域的工作。

本书可作为军事职业教育船舶与海洋工程专业的教材,也可供部队、院校等其他从事舰艇研究、设计建造、维修保障等相关工作的人员参考。

图书在版编目(CIP)数据

舰艇总体技术/牟金磊,王展智,彭飞主编. —武汉:华中科技大学出版社,2019.6(2025.7 重印)
军队高等教育自学考试船舶与海洋工程(本科)专业指定教材
ISBN 978-7-5680-5273-3

Ⅰ. ①舰… Ⅱ. ①牟… ②王… ③彭… Ⅲ. ①军用船-高等学校-教材 Ⅳ. ①U674.7

中国版本图书馆 CIP 数据核字(2019)第 123435 号

舰艇总体技术   牟金磊   王展智   彭 飞   主编
Jianting Zongti Jishu

策划编辑:张少奇   宋 超
责任编辑:戢凤平
封面设计:刘 婷
责任监印:周治超
出版发行:华中科技大学出版社(中国·武汉)   电话:(027)81321913
            武汉市东湖新技术开发区华工科技园   邮编:430223
录   排:武汉市洪山区佳年华文印部
印   刷:武汉邮科印务有限公司
开   本:787mm×1092mm   1/16
印   张:16
字   数:420 千字
版   次:2025 年 7 月第 1 版第 2 次印刷
定   价:45.00 元

序　言

　　军队高等教育自学考试(下称军队自学考试)作为军事职业教育的重要组成部分,兼顾军队建设需要和官兵职业发展需求,是体现官兵终身教育和学习型军队特点的教育形式,是提升官兵科学文化水平和岗位履职能力的重要途径,对于大规模培养高素质军事人才、推进学习型军队和学习型军营建设具有重要意义。军队自学考试自 1989 年开办以来培养了大批人才,为军队建设做出了积极贡献。

　　根据调整改革后院校发展定位和主体任务,中央军委训练管理部改建和新增军兵种部队建设急需、培训需求较大的专业,并遴选专业特色优势明显的军队院校承担相应自学考试专业主考任务,充分依托军队院校优质学历教育资源发展军队自学考试。改革后的军队自学考试专业有 30 个,其中本科专业 15 个、专科专业 15 个。按照"专业名称军地通用化、专业课程军队特色化"的原则,海军工程大学承担船舶与海洋工程(本科)、船舶工程技术(专科)两个自学考试专业课程的建设工作。

　　当改革后的军队自学考试遇上蓬勃发展的网络在线学习,新的助学模式应运而生。为了更好地帮助报考该专业的考生学习和备考,我校教员在开展本职教学科研工作的同时,将所学知识和技术,按照自学考试教学的要求,以在线课程的方式通过网络共享,并出版了该专业系列课程配套的专业教材,让优质教学资源得以更广泛地传播利用。

　　本套教材根据军队自学考试船舶与海洋工程、船舶工程技术两个专业考生学习的实际需求编写,《舰艇总体技术》《舰艇静力学与快速性》《舰船结构与强度》《舰船原理》《舰艇结构》《舰艇修造工艺》《舰船概论》《舰艇电气设备》《舰艇动力装置》几本教材涵盖舰艇基础知识、专业知识、操作使用、维护保养等各方面内容,同时还增加了《舰船海洋环境概论》和《军事管理基础》两本专业基础课教材,使得丛书更加符合考生的认知规律,富有启发性,便于考生学习。教材充分吸纳新理论和新技术,具有一定学术性;文字表达简明流畅、深入浅出、逻辑严密,章节编排考虑到了教学对象的基础,由浅入深,由简单装置逐步延伸到复杂系统,基本满足了军队自学考试船舶与海洋工程、船舶工程技术两个专业考生的学习需求,也为所有船海相关专业学习者和从业者提供了优质的学习资源。

　　鉴于此,我们精心推出的系列教材和即将上线的配套慕课课程,必将为翻开此书的你加油续航,助你早日实现知识的积累和自身的蜕变! 也就此机会,谨向付出了艰辛劳动的全体编写人员致以敬意,向本套教材的出版单位和慕课制作人员表示感谢。

编写组

2019 年 4 月

前　言

　　本书根据船舶与海洋工程专业"舰艇总体技术"课程自学考试大纲要求编写,可作为学员了解舰艇总体的基础教材,也可作为广大官兵了解舰艇总体知识的读物。

　　舰艇是一个庞大而复杂的系统,由各类不同的系统和设备综合集成。本书通过对舰艇总体设计过程的描述,勾画出舰艇总体技术的全貌并反映舰艇总体设计的特点,穿插介绍舰艇设计中所贯彻和运用的设计思想、设计原理和设计方法。

　　本书大致按照实际舰艇设计工作的进展顺序进行编排,以排水量和主尺度为中心,以"指标""重量""船型"和"布置"为基本内容,全书分为水面舰艇总体技术和潜艇总体技术两部分。第一部分包括第1～6章,主要介绍水面舰艇总体技术。第1章阐述水面舰艇总体技术的主要内容、舰艇总体设计的基本概念等;第2章主要介绍水面舰艇舰载系统及主要战术技术性能;第3章阐述重量重心的计算方法;第4章阐述确定主尺度和船型系数的方法;第5章阐述型线设计;第6章阐述总布置设计。第二部分包括第7～10章,主要介绍潜艇总体技术,着重介绍与水面舰艇的不同之处。第7章主要介绍潜艇总体技术和总体设计相关知识;第8章主要介绍潜艇的总体构成及主要战术技术性能;第9章介绍潜艇总布置设计;第10章主要介绍潜艇建筑形式的选取及外形设计。希望通过这些知识的讲述,不同专业的学员能基本了解舰艇总体技术和舰艇总体设计,了解各种装备系统是如何在船体上结合成一个整体的。

　　本书由牟金磊、王展智、彭飞主编,仲晨华、张仲良参与编写了部分章节,并由牟金磊统稿。其中,牟金磊编写了第6、9、10章,仲晨华编写了第1、7章,彭飞编写了第2章和第8章第1、2节,王展智编写了第3、4、5章,张仲良编写了第8章第3节。此外,张仲良、王敏在本书的文字校对、图表处理和排版等方面做了大量工作。

　　本书由黄祥兵副教授主审,他提出了许多宝贵意见,在此致以深切谢意。

　　由于专业水平限制,加之编写时间较紧,书中难免有不妥之处,敬请使用者予以批评指正,便于下一版的完善。

编　者

2019 年 3 月

考 试 大 纲

考试大纲包括:课程性质与设置目的、考核目标、课程内容与考核要求、关于大纲的说明与考核实施要求等四部分。

Ⅰ 课程性质与设置目的

舰艇总体技术是船舶与海洋工程专业的主干课,在该专业中占有重要的地位。

设置本课程的目的是使自学者系统地掌握舰艇总体技术基本理论和基础方法,培养学员的总体思维,帮助学员解决工作中遇到的舰艇总体相关问题。

通过本课程的学习,应达到以下要求:

(1) 了解水面舰艇和潜艇的基本概念。

(2) 掌握水面舰艇和潜艇总体设计基本内容、基本方法和基本流程。

(3) 理解现代水面舰艇和潜艇总体技术的内涵。

(4) 了解现代水面舰艇和潜艇总体技术发展的特点和趋势。

(5) 掌握水面舰艇和潜艇的系统构成。

(6) 理解水面舰艇和潜艇主要战术技术性能的内涵。

(7) 掌握舰艇主尺度和船型系数的确定方法。

(8) 掌握水面舰艇和潜艇外形设计的特点和规律。

(9) 掌握水面舰艇和潜艇总布置设计的特点和规律。

(10) 能进行水面舰艇和潜艇主要战术技术性能分析。

(11) 能进行舰艇重量重心计算。

其中重点内容是水面舰艇和潜艇主要战术技术性能分析、舰艇重量重心计算、主尺度和船型系数的确定方法、舰艇的总布置技术。

本课程的先修课程是舰艇静力学与快速性、舰艇结构与强度、舰艇动力装置。"舰艇静力学与快速性"为本课程提供了舰艇性能方面的基础知识;"舰艇结构与强度"为本课程提供了舰艇结构方面的基础知识;"舰艇动力装置"为本课程提供了舰艇动力系统方面的基础知识。

Ⅱ 考 核 目 标

本大纲在考核目标中,按照识记、领会、简单应用和综合应用四个层次规定应达到的能力层次要求。四个能力层次是递升的关系,后者建立在前者的基础上。各能力层次的含义是:

识记(Ⅰ)。要求考生能够识别和记忆本课程中有关概念及规律的主要内容(如定义、表达式、公式、定理、结论和方法的步骤、特点、性质及应用范围等),并能够根据考核的不同要求,做出正确的表达、选择和判断。

领会(Ⅱ)。要求考生能够领悟和理解本课程中的概念及规律的内涵与外延,理解它们的确切含义,能够鉴别关于它们的似是而非的说法,理解它们与相关知识的区别和联系,并能够根据考核的不同要求做出正确的判断、解释和说明。

简单应用(Ⅲ)。要求考生能够根据已知的条件,运用本课程中少量知识点,分析和解决一般应用问题,如简单计算、绘图和分析、论证等。

综合应用(Ⅳ)。要求考生能够运用本课程中的较多知识点,分析和解决较复杂的应用问题,如计算、绘图和分析、论证等。

Ⅲ　课程内容与考核要求

第1篇　水面舰艇总体技术

第1章　水面舰艇总体技术绪论

一、课程内容

- 水面舰艇发展简史
- 舰艇总体技术及其主要内容
- 水面舰艇总体设计概述
- 水面舰艇总体技术发展展望

二、学习目的与要求

通过水面舰艇总体技术绪论部分的学习,认识水面舰艇的基本特征,了解舰艇总体技术的主要内容,建立水面舰艇总体设计的基本概念,培养舰艇总体思维。

学习要求:

(1)了解水面舰艇的基本概念和发展简史。

(2)了解舰艇总体技术的主要内容。

(3)掌握水面舰艇的分类方法。

(4)理解水面舰艇总体技术的内涵与特点。

(5)了解现代水面舰艇总体技术发展的特点和趋势。

本章重点是理解水面舰艇总体技术的内涵与特点,掌握水面舰艇总体是什么,掌握舰艇总体设计的流程,了解水面舰艇总体技术的发展趋势。

三、考核内容与考核要求

1. 水面舰艇发展简史

识记:水面舰艇的分类;20世纪水面舰艇的主要特点;21世纪初水面舰艇的主要特点。

2. 舰艇总体技术及其主要内容

识记:舰艇总体技术的主要构成。

领会:舰艇论证技术、舰艇船体设计与建造技术、舰艇设备的系统化总体技术的基本内涵。

3. 水面舰艇总体设计概述

识记:水面舰艇总体设计的概念;水面舰艇总体设计的基本流程。

领会:水面舰艇总体设计的基本内容;水面舰艇总体设计的基本方法。

4. 水面舰艇总体技术发展展望

领会:水面舰艇总体技术发展趋势。

第 2 章 水面舰艇舰载系统及主要战术技术性能

一、课程内容

- 水面舰艇舰载系统
- 舰艇战术技术指标
- 水面舰艇作战能力
- 水面舰艇的作战保障能力
- 水面舰艇的作战适用性

二、学习目的与要求

舰艇的战术技术指标是舰艇本身的一种表现,人们据此来判断舰艇本身在某一方面的优劣状态。舰艇战术技术指标是靠总体设计和各系统设计来实现的。舰艇是个复杂的巨系统,由很多子系统构成,各主要子系统之间均有强弱不同的耦合关系。通过本部分的学习,掌握水面舰艇的系统组成和舰艇主要战术技术性能指标的含义。

学习要求:

(1)掌握水面舰艇舰载系统的组成。

(2)了解舰艇战术技术指标体系。

(3)理解水面舰艇作战能力、作战保障能力和作战适用性指标的具体组成和含义。

本章重点是理解水面舰艇作战能力、作战保障能力和作战适用性指标的具体组成和含义。

三、考核内容与考核要求

1. 水面舰艇舰载系统

识记:水面舰艇舰载系统的组成。

2. 舰艇战术技术指标

领会:水面舰艇总体性能指标;GJB 4000—2000 中的指标体系。

3. 水面舰艇作战能力

领会:作战能力通用要素、对空作战能力、对海(岸)作战能力、对潜作战能力、综合作战能力、特种作战能力、协同作战能力等指标的含义。

4. 水面舰艇的作战保障能力

领会:警戒侦察能力,情报、指挥、控制、通信能力,抗电子干扰能力,导航能力,三防能力(对核、生物、化学武器的防护能力),自身抗损能力,接收补给能力和救生能力等指标的含义。

5. 水面舰艇的作战适用性

领会:可用性、可靠性、维修性、保障性、安全性、隐蔽性、兼容性、居住性等指标的含义。

第3章 水面舰艇重量重心计算

一、课程内容

- 舰艇载重的分类
- 舰艇排水量的种类
- 重量估算
- 重量重心的计算方法
- 重量曲线制作方法

二、学习目的与要求

排水量是表明舰艇战术技术性能的一项重要参数,是舰艇设计中各项性能计算的重要依据。而排水量等于组成舰艇的各项重量之和,因此,在舰艇设计中准确地计算舰艇的重量及其重心,是一项基本并极其重要的工作。

学习要求:

(1) 了解舰艇载重的分类。

(2) 了解舰艇排水量的分类,掌握不同排水量之间的区别。

(3) 掌握舰艇载重估算方法和重量重心计算方法。

(4) 掌握舰艇重量曲线的制作方法。

本章重点掌握舰艇载重估算方法和重量重心计算方法。

三、考核内容与考核要求

1. 舰艇载重的分类

识记:《舰艇通用规范》(GJB 4000—2000)和《水面舰艇重量分项》(CB/Z 205—2004)中规定的全船重量所分16个部的名称及代号。

领会:舰艇载重分类的准则。

2. 舰艇排水量的种类

领会:不同种类舰艇排水量之间的关系。

3. 重量估算

简单应用:船体结构部分重量,武器部分重量,推进系统部分重量,辅助系统部分重量,电力系统部分重量,电子信息系统部分重量,人员、行李、食品、淡水部分重量以及燃油、滑油、给水、喷气燃料部分重量的估算方法。

4. 重量重心的计算方法

综合应用:按若干个剖面计算重量和重心的步骤及方法。

5. 重量曲线制作方法

综合应用:重量曲线的制作方法。

第4章 确定水面舰艇主尺度和船型系数的方法

一、课程内容

- 舰长的确定方法

- 舰宽的确定方法
- 吃水和型深的确定方法
- 主尺度比确定方法
- 主要船型系数的确定方法

二、学习目的与要求

主尺度和船型系数是描述舰艇几何形状的最基本的特征数据。这些特征数据对舰艇的主要战术技术性能诸如快速性、稳性、适航性、不沉性、强度、总布置、经济性等都有重大影响,对舰艇质量的好坏有决定性的作用。因此,恰当地确定这些特征数据,是舰艇总体设计中一项最基本最重要的工作。一般新型舰艇的设计,通常是从确定这些特征数据开始的。

学习要求:

(1) 了解主尺度和船型系数的定义。

(2) 掌握主尺度和船型系数变化对舰艇性能的影响规律。

(3) 掌握主尺度和船型系数的确定方法。

本章重点掌握主尺度和船型系数变化对舰艇性能的影响规律、主尺度和船型系数的确定方法。

三、考核内容与考核要求

1. 舰长的确定方法

识记:舰长的分类。

领会:舰长的变化对舰艇性能的影响。

简单应用:舰长的选择方法。

2. 舰宽的确定方法

识记:舰宽的分类。

领会:舰宽的变化对舰艇性能的影响。

简单应用:舰宽的选择方法。

3. 吃水和型深的确定方法

识记:吃水和型深的概念。

领会:吃水和型深变化对舰艇性能的影响。

简单应用:吃水和型深的选择方法。

4. 主尺度比和主要船型系数的确定方法

识记:主尺度比和船型系数的概念。

领会:主尺度比和船型系数变化对舰艇性能的影响。

简单应用:主尺度比和船型系数的选择方法。

第 5 章　水面舰艇型线设计

一、课程内容

- 型线设计的原则和方法
- 首部、中部和尾部的型线设计

- 变换母型法
- 横剖面面积曲线法

二、学习目的与要求

在舰艇的排水量、主尺度、船型系数确定以后,还要进行船体外形的设计并绘制型线图。主尺度和船型系数仅能表示出船体形状的主要特征,最后确定船体形状的是舰艇的型线。舰艇型线与舰艇的快速性、适航性、操纵性、稳性、舱室布置、船体结构以及施工工艺等有关系,是评价舰艇设计质量好坏的一个重要指标。

学习要求:

(1) 了解型线设计的原则和方法。

(2) 掌握首部、中部和尾部的型线设计。

(3) 掌握变换母型法和横剖面面积曲线法。

本章重点掌握首部、中部和尾部的型线设计,掌握变换母型法和横剖面面积曲线法。

三、考核内容与考核要求

1. 型线设计的原则和方法

识记:型线设计的原则和方法。

2. 首部、中部和尾部的型线设计

领会:首部、中部和尾部的型线设计。

3. 变换母型法

简单应用:几何相似法、函数相似法。

4. 横剖面面积曲线法

领会:横剖面面积曲线法的步骤。

综合应用:利用横剖面面积曲线法作型线图。

第6章　水面舰艇总布置设计

一、课程内容

- 总布置设计的主要内容和基本原则
- 舰艇总体布局
- 舱面设备的布置
- 舱室布置

二、学习目的与要求

水面舰艇的总布置设计是一项复杂的系统工程,不仅因为需要在有限的空间里配置大量的武器装备、技术设施,设置各种用途的舱室,而且还在于设计结果对舰艇的作战能力、生命力、保障能力和建造工艺性等有着直接的影响。

学习要求:

(1) 了解总布置设计的主要内容和基本原则。

(2) 掌握舰艇总体布局规律。

（3）掌握舰艇舱面设备的布置规律。

（4）掌握舰艇内部空间的布置规律。

本章重点掌握舰艇总体布局规律、舰艇舱面设备的布置规律和舰艇内部空间的布置规律。

三、考核内容与考核要求

1. 总布置设计的主要内容和基本原则

领会:总布置设计的主要内容和基本原则。

2. 舰艇总体布局

领会:舰艇的建筑形式、舱室的区划、防火布置设计、全舰损管设计。

3. 舱面设备的布置

领会:武器装备、观通天线、船舶装置设备的布置规律。

4. 舱室布置

领会:工作舱室、设备舱室、生活舱室、液舱、储藏室、通道等布置规律。

第2篇 潜艇总体技术

第7章 潜艇总体技术绪论

一、课程内容

- 潜艇概述
- 潜艇总体设计概述
- 潜艇总体设计指导思想

二、学习目的与要求

通过绪论部分的学习,认识潜艇的基本特征,建立潜艇总体设计的基本概念,培养潜艇总体思维。

学习要求:

（1）了解潜艇的基本概念和发展简史。

（2）掌握潜艇的分类方法。

（3）掌握潜艇总体设计的基本内容、流程和基本方法。

（4）理解潜艇总体技术的内涵。

（5）了解现代潜艇总体设计指导思想发展的特点和趋势。

本章重点是理解潜艇的基本分类、潜艇总体设计的基本内容和潜艇总体设计的指导思想。

三、考核内容与考核要求

1. 潜艇概述

识记:潜艇发展史的五个里程碑;现代潜艇的主要特点;潜艇的分类方法。

2．潜艇总体设计概述

识记：潜艇总体设计的概念；潜艇总体设计的基本流程。

领会：潜艇总体设计的基本内容；潜艇总体设计的基本方法。

3．潜艇总体设计指导思想

领会：潜艇总体设计指导思想，潜艇总体设计理念的发展趋势。

第8章　潜艇的总体构成及主要战术技术性能

一、课程内容

- 潜艇的作战任务
- 潜艇的总体构成
- 潜艇的总体性能概述

二、学习目的与要求

潜艇总体性能是一型潜艇能力的综合描述，是对其军事使用价值的高度概括。通过本章的学习，要能正确地描述一艘潜艇的几何特征和大小，熟悉潜艇的总体构成，掌握潜艇各主要战术技术性能，如航海性能、下潜深度、作战半径和续航力、航速及其相应的续航力、自持力与水下逗留时间、隐蔽性、居住性、电磁兼容性、可靠性、安全性、防护性、综合保障性、战斗力、生命力等。

学习要求：

（1）掌握潜艇的典型作战任务。

（2）掌握潜艇的系统构成。

（3）理解潜艇的主尺度、艇型系数、排水量、下潜深度等概念。

（4）掌握潜艇各主要战术技术性能的内涵。

本章重点是潜艇的战术技术性能分析。

三、考核内容与考核要求

1．潜艇的作战任务

领会：现代潜艇的主要作战任务。

2．潜艇的总体构成

识记：潜艇主要系统如艇体及结构、隐身系统、动力系统、操艇系统和全船保障系统的概念与组成。

领会：潜艇主要系统如艇体及结构、隐身系统、动力系统、操艇系统和全船保障系统的特点与功能。

3．潜艇的总体性能概述

识记：潜艇的主尺度、艇型系数、主尺度比、排水量的定义；潜艇下潜深度、作战半径和续航力、航速及其相应的续航力、自持力与水下逗留时间的定义。

领会：潜艇各主要战术技术性能，如航海性能、下潜深度、作战半径和续航力、航速及其相应的续航力、自持力与水下逗留时间等的内涵。

综合应用：潜艇主要战术技术性能分析。

第9章　潜艇总布置设计

一、课程内容

- 潜艇总布置设计概述
- 潜艇舱室划分与结构形式选取
- 作战系统与武备布置
- 动力舱室布置
- 居住舱室布置
- 液舱布置
- 系统管路布置
- 艏端、上层建筑和压载铁布置

二、学习目的与要求

潜艇总布置设计是在满足潜艇各种战术技术性能要求的前提下合理地进行潜艇整体布局的优化过程,是潜艇总体技术的一项重要内容,也是一个复杂的系统工程优化过程。总布置的结果对潜艇的航海性能、战斗力、生命力和建造、使用有着直接的影响。

学习要求:

(1) 理解潜艇总布置的基本原则和一般要求。

(2) 掌握潜艇舱室划分与结构形式选取的规律。

(3) 掌握作战系统与武备、动力舱室、生活舱室及通道、艏艉端、上层建筑、液舱、管路系统和压载铁的布置特点与规律。

本章重点是各类舱室的布置特点与规律。

三、考核内容与考核要求

1. 潜艇总布置设计概述

领会:潜艇总布置设计的任务和目的、遵循的基本原则和一般要求。

2. 潜艇舱室划分与结构形式选取

领会:小分舱大储备浮力和大分舱小储备浮力的设计思想,四种典型潜艇结构形式的利弊。

3. 作战系统与武备布置

领会:作战系统与武备的布置特点与规律。

4. 主要舱室布置

领会:动力舱室、生活舱室及通道、艏艉端、上层建筑、液舱的布置特点与规律。

简单应用:能够读懂舱室布置图。

5. 系统管路和压载铁布置

领会:系统管路及压载铁的布置特点与规律。

第10章　潜艇建筑形式选取及外形设计

一、课程内容

- 潜艇外形设计概述

- 潜艇建筑形式
- 潜艇主艇体及指挥室围壳型线设计
- 潜艇操纵面型线设计及艏艉端型线设计

二、学习目的与要求

潜艇的外形是潜艇特性的外在表现,它与潜艇的战术技术性能和经济性有着密切的关系。现代潜艇外形设计通常是在满足建筑形式和总布置设计要求的前提下,以追求水下噪声和水下快速性最优为出发点而进行的。外形设计是潜艇设计一开始就遇到且必须解决好的问题。

学习要求:

(1) 理解潜艇外形设计的基本原则。

(2) 掌握潜艇建筑形式选取的原则。

(3) 掌握潜艇主艇体、指挥室围壳、操纵面型线设计的特点和规律。

本章重点是主艇体、指挥室围壳、操纵面型线设计的特点和规律。

三、考核内容与考核要求

1. 潜艇外形设计概述

识记:潜艇外形的组成。

领会:潜艇外形设计的基本原则。

2. 潜艇建筑形式

识记:潜艇五种标志性艇型。

领会:潜艇建筑形式选取的原则。

3. 潜艇主艇体及指挥室围壳型线设计

领会:潜艇主艇体及指挥室围壳型线设计的要求。

综合应用:绘制潜艇型线图。

4. 潜艇操纵面型线设计

识记:潜艇操纵面的概念。

领会:潜艇操纵面设计的要求。

Ⅳ　关于大纲的说明与考核实施要求

一、制定自学考试大纲的目的和作用

自学考试大纲是根据专业自学考试计划的要求,结合自学考试的特点制定的。其目的是对个人自学、社会助学和课程考试命题进行指导和规定。

自学考试大纲明确了课程自学内容及其深度和广度,规定了课程自学考试的范围和标准,是编写自学考试教材的依据,是社会助学的依据,是个人自学的依据,也是进行自学考试命题的依据。

二、关于自学教材

自学教材:《舰艇总体技术》,牟金磊、王展智、彭飞主编,2019年版。

三、关于考核内容及考核要求的说明

（1）课程中各章的内容均由若干知识点组成，在自学考试命题中知识点就是考核点。因此，自学考试大纲中规定的考核内容是以知识点的形式给出的。因各知识点在课程中的地位、作用以及知识自身的特点不同，自学考试将对各知识点分别按四个认知（或能力）层次确定其考核要求（认知层次的具体描述请参看Ⅱ考核目标）。

（2）按照重要程度不同，考核内容分为重点内容和一般内容。为有效地指导个人自学和社会助学，本大纲已指明了课程的重点和难点，在各章的"学习目的与要求"中一般也指明了本章内容的重点和难点。在本课程试卷中重点内容所占分值一般不少于60%。

（3）课程分为两大部分，水面舰艇总体技术和潜艇总体技术。水面舰艇总体技术包括绪论、水面舰艇舰载系统及主要战术技术性能、舰艇重量重心计算、确定主尺度和船型系数的方法、型线设计、总布置设计六部分；潜艇总体技术包括绪论、潜艇的总体构成及主要战术技术性能、潜艇总布置设计、潜艇外形设计四部分。各部分在考试试卷中所占的比例大致为：5%、15%、10%、10%、10%、15%、5%、10%、10%、10%。

（4）本课程共6学分。

四、自学方法指导

舰艇总体技术是一门综合性很强的应用学科，主要内容以舰艇总体设计流程为主线，介绍舰艇总体相关技术。本课程概念多、信息量大，在自学过程中需要在记忆基础上理解，强化总体思维，体会各章节内容间的联系以及与其他课程间的联系。

五、考试指导

1. 有计划地学习是考试成功的必要条件

很好的计划和组织是学习成功的法宝。如果是接受培训学习，一定要跟紧课程并完成作业，遇到不理解的问题可向学过的人请教或利用网络等工具解决。

2. 如何考试

卷面整洁非常重要。书写工整，段落与间距合理，卷面赏心悦目有助于教师评分。对于选择题，可先把明显错误的或不合理的选项排除，再考虑余下的选项。做题时，一般遵循先易后难的原则，先看清题目要求，理清解题思路再动手。注意不要漏题。

3. 如何处理紧张情绪

考试时有紧张情绪属于正常现象，要学会自我调节。如果可能，可请教已经通过该科目考试的人。考试前注意合理安排膳食，保持旺盛精力，保持冷静。拿到试卷后若出现脉搏加快、慌张失措等现象，这时不要忙于动笔，先强迫自己冷静下来，做深呼吸放松以助于头脑清醒，缓解紧张情绪。

4. 如何克服心理障碍

这是一个普遍问题！如果你在考试中出现这种情况，试试下列方法：考试前根据考试大纲的要求将课程内容总结为"记忆线索"，当你阅读试卷时一旦有思路就快速记下，按自己的步骤进行答卷。为每个考题或部分合理分配时间，并按时间安排进行答卷。

六、对社会助学的要求

（1）要熟悉考试大纲对本课程的总体要求和各章的知识点，准确理解考试大纲对各知识

点的认知层次和考核要求,并在辅助过程中帮助考生掌握这些要求,不要随意增删内容和提高或降低要求。

(2)要结合经典例题,讲清楚基本概念、定理、公式和方法步骤,重点和难点更要讲透,引导考生注意基本理论的学习;更要十分重视基本的计算方法和计算技巧的讲解,帮助考生真正达到考核要求,并培养良好的学风,提高自学能力。不猜题、押题。

(3)要使考生认识到辅导课只能起到"领进门"的作用,听懂不等于真懂,关键还在于自己学习,应要求考生课后抓紧复习,认真做题。

(4)在安排本课程辅导时,建议授课时间不少于 60 h。

七、关于考试命题的若干规定

(1)考试时间为 120 min,闭卷考试,允许携带计算器。

(2)大纲中各章所规定的基本要求、知识点及各知识点下的知识细目,都属于考核的内容。考试命题既要覆盖到章,又要避免面面俱到。要注意突出课程的重点,加大重点内容的覆盖度。

(3)不应命制超过大纲考核知识点范围的题目,考核目标不得高于大纲中所规定的最高能力层次要求。命题应看重自学者对基本概念 、基本知识和基本理论是否了解或掌握,对基本方法是否会用或熟练。不应命制与大纲要求不符的偏题或怪题。

(4)本课程在试卷中对不同能力或层次要求的分数比例大致为:识记占 15%,领会占 20%,简单应用占 30%,综合应用占 35%。

(5)要合理安排试卷的难易程度,试题的难度可分为:易、较易、较难和难四个等级。每份试卷中不同难度等级的试题的分数比例一般为:2∶5∶2∶1,即易的占 20%,较易的占 50%,较难的占 20%,难的占 10%。必须注意试卷的难易程度与能力层次有一定的联系,但二者不是同等的概念,在各个能力层次都有不同难度的试题。

(6)课程考试命题的主要题型一般有判断题、单项选择题、填空题、简答题、计算题、分析计算题等。

目　　录

第 1 篇　水面舰艇总体技术

第1篇　水面舰艇总体技术

第1章　水面舰艇总体技术绪论

1.1　水面舰艇发展简史

水面舰艇作为海战的重要武器装备在各国武装力量的建设中占有重要的地位,水面舰艇因不同的使命、功能、特性而分为许多不同的舰种。随着历史的演变、科学技术的进步、世界局势的变化,各舰种的使命、功能、特性也在不断地发生变化。各国依据各自的防务政策、国力等诸多因素对不同舰种的发展有着不同的侧重和追求。

1.1.1　水面舰艇的分类

水面舰艇的种类繁多,其分类可以按照自身特征、作战使命、航行状态、排水量、动力装置等来进行,而各个国家按其自身习惯又有所差别。以下是按照目前各国常用的称呼给出的分类:

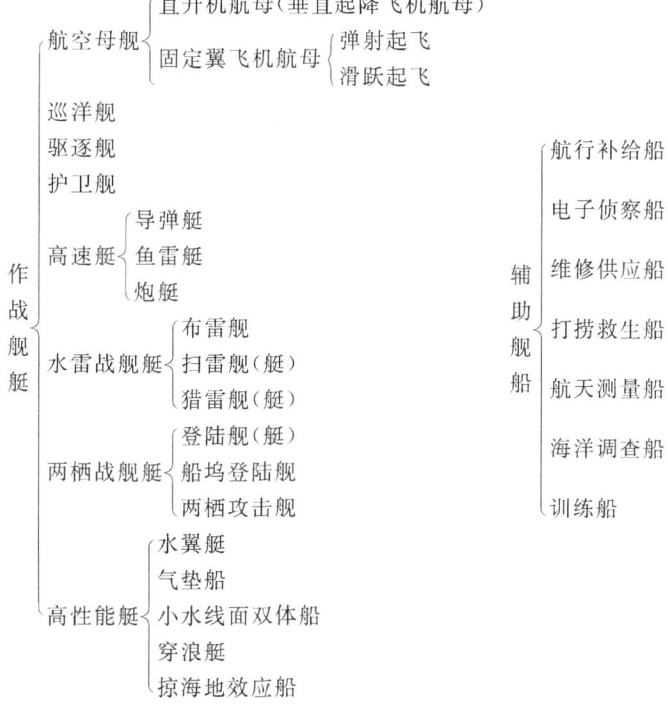

1.1.2　21世纪前的水面舰艇

最早期的海上格斗是用木制舰艇相互进行冲撞，或者在两船靠拢后，士兵跃上敌舰用冷兵器进行格斗。到16世纪，舰炮和帆船的出现，使海战拉开了距离，交战双方的战舰以火炮作为主要武器相互进行攻击。18世纪末，木帆船的发展达到了顶峰，远洋航行能力加大，航速提高，续航距离也不断增大。当时频繁的海上战事使木质战舰得以快速的发展，逐渐形成了各种不同排水量以及各类火力配置的舰艇，所谓的战列舰就是其中一种排水量大且火力强大的军舰。当时，还有一种排水量比战列舰小，火力配备相对较弱，但机动性相对较好的舰种，称之为巡航舰。巡航舰常用来掩护主力舰作战，也单独执行海上巡逻、侦察等任务。19世纪初，随着科学技术的发展，钢质船体取代了木质船体，往复式蒸汽机作为军舰的主动力源开始得到了广泛的应用。同时，为了对付日益增强的舰炮的攻击，军舰在舷部增设了装甲以保护自身的安全。那些装设了装甲的战列舰曾被称为装甲舰。此后，巡航舰的排水量也不断增加，航速也越来越高，火炮数量不断增多，逐渐形成了仅次于战列舰的大型火炮军舰。到19世纪末期，这类大型火炮舰开始被称为巡洋舰(cruiser)，20世纪初，又以舰的火力配备和装甲设置不同分为巡洋舰和战列巡洋舰。当时世界各海上列强中盛行大炮巨舰主义，分别竞相投资建造装备巨型火炮和厚重装甲的大型军舰，以争夺海上控制权。

巡洋舰在第二次世界大战中发挥过重要作用，但从战后至20世纪50年代初期，除了苏联建造过装备有152 mm口径火炮的"斯维尔德洛夫"级巡洋舰外，各大国均未建造过巡洋舰。20世纪50年代中期，随着舰载导弹武器的出现，巡洋舰又进入了一个新的发展时期，而美、苏两国是建造导弹巡洋舰的主要国家。

19世纪70年代，世界上出现了鱼雷武器，随之出现了鱼雷艇。由于鱼雷的威力较大，加之鱼雷艇的快速灵活，对大型军舰构成了很大的威胁。19世纪末，一些国家的海军为了对付鱼雷艇的攻击，专门设计建造了一种航速高、火力强的炮舰，用来阻击和追歼鱼雷艇，称为"歼灭鱼雷艇用舰"，后简称为驱逐舰(destroyer)。此后，驱逐舰的排水量不断增大，航速也不断提高，火炮数量从原先的一二门增加到二四门，火炮口径也逐渐增大到130 mm，鱼雷发射管也从单管发射到五联装。在第二次世界大战前，驱逐舰常以鱼雷作为击沉敌舰的主要武器，所以也称之为"雷击舰"(torpedo attack ship)。导弹武器出现后，驱逐舰上装备的主要武器由昔日的鱼雷、火炮让位给了导弹武器，从而出现了目前的导弹驱逐舰。导弹驱逐舰是担负反潜、防空和对海作战多种使命的海上作战力量，随着导弹武器、电子装备、计算机技术等不断的进步，现代导弹驱逐舰的作战能力得到了极大的提高。

护卫舰(frigate)原来是指帆船时代具有远海航行能力的轻快型军舰，一般为两层甲板，排水量在1000 t左右，装备20~40门小型火炮。护卫舰原先主要是应巡逻、护航需要而开发，主要用于港湾的巡防，防止敌舰的偷袭、破坏，以及保护海上交通线，使运输船队免遭敌方攻击。第二次世界大战后，护卫舰同驱逐舰一样得到了不断的快速发展，其装备水平也不断提高，逐步增强了防空、对海、反潜的能力。尤其是近年来科学技术的突飞猛进，舰体平台及舰载机电、电子、武器系统都得到快速发展，护卫舰的航海性能及作战能力迅速提高，排水量也不断增加，欧洲新研制的护卫舰的满载排水量已达6000 t左右。所以，对现代舰艇，排水量和作战功能不是区分护卫舰和驱逐舰的主要标志。一般来说，各国海军还是以各自的习惯来定义或区分护卫舰和驱逐舰。美国海军规定，护卫舰是为反潜兵力进行护航的，而导弹护卫舰则增加了有限度的防空能力。

驱逐舰和护卫舰作为当前水面舰艇的主要舰种,已成为各国海军发展的重点装备。

航空母舰(aircraft carrier)是以舰载飞机为主要作战武器的大型军舰。航空母舰的发展可以追溯到 1910 年人们试图将陆上飞机搬上军舰,至今已有 100 多年的历史。1918 年英国将一艘巡洋舰改装成世界上最早的航空母舰。当时的航空母舰只是作为战列舰的附属舰,舰载飞机的主要任务是为舰队实施飞行侦察任务,随着舰载飞机的机载武器的加强,以及飞机作战半径的增大,航空母舰在海上作战的作用也日益得以发挥。第二次世界大战期间,航空母舰以舰载飞机的高度机动性及远洋活动能力,使之在海战中发挥了重要的作用,引起了各国海军的高度重视。第二次世界大战后,世界各主要海军国家已把航空母舰作为关键舰种来发展和使用。

1.1.3　21 世纪初水面舰艇的发展

进入 21 世纪,西方大国与发展中国家之间的干预与反干预、控制与反控制的斗争正逐渐成为新的主要国际矛盾,第三世界国家的近海海域将成为各国海军角逐的主战场。世界各海军大国从 20 世纪 90 年代起就纷纷着手制定跨世纪的水面舰艇研制计划,且随着国际形势和军事需求的变化而不断调整其海上作战战略和舰艇研制方针。

1991 年苏联解体,正式宣告了以美苏对抗为主要特征的冷战时期的结束,世界进入了“冷战后”时期。美国海军对冷战时期立足于同苏联海军“打海上大战”的“新海洋战略”做了重大调整,于 1992 年提出了“由海向陆”的新全球战略,实现从海上的大洋作战向滨海的联合作战的转变,把第三世界的发展中国家作为主要作战对象。同样,欧洲各大国海军也做了相应的战略调整。在这样的形势下,西方大国海军大力发展兵力投送和对地攻击装备,以进一步增强对他国的沿海和内陆纵深地区攻击的能力。

美国海军在进入新世纪后继续执行 DDG-51 型(阿里·伯克级)驱逐舰建造计划,每年平均有三四艘 DDG-51ⅡA 型驱逐舰建成服役。2001 年 11 月 1 日美国国防部宣布终止 DD-21 计划,同时启动 DD(X)计划。新的 DD(X)计划包括三种水面舰艇:驱逐舰 DD(X)——执行对陆攻击、反潜和火力支援任务;滨海战斗舰(LCS)——排水量较小,用于近海作战;巡洋舰 CG(X)——执行战区导弹防御任务。

2009 年 2 月 11 日,DDG-1000 计划进入全速生产,首舰朱姆沃尔特号也正式展开建造,2013 年 10 月 28 日下水,2015 年 12 月 7 日开始海试,2016 年 10 月 15 日正式服役。2010 年 3 月,朱姆沃尔特的二号舰迈克尔·蒙苏尔号展开相关建造工作,2018 年 2 月完成验收试验,2019 年 1 月 26 日正式服役。2012 年 4 月 4 日,朱姆沃尔特级三号舰(DDG-1002)举行开工建造仪式。

欧洲国家海军为了对付未来海战中的导弹饱和攻击,正在大力发展具有较强防空能力的驱逐舰和护卫舰。20 世纪 80 年代由美国发起,北约成员国参加,联合提出了驱逐舰护卫舰更新计划——NFR90 项目。后因为各国在作战系统和舰艇平台的要求等方面不能达成共识,该计划于 1990 年宣布撤销。随即各国针对其自身海上力量建设考虑,又推出了两个新的合作计划:三国护卫舰合作计划和“地平线”护卫舰计划。三国护卫舰合作计划由荷兰、德国和西班牙参加,“地平线”护卫舰计划包括英国、法国和意大利。1999 年英国退出“地平线”护卫舰计划,独自进行自己的 45 型驱逐舰研制计划。

　　三国护卫舰合作计划的着眼点并非建造同一型舰,而侧重于在包括相关的传感器在内的对空作战系统开发方面能获得良好的效费比。在三国护卫舰合作计划中,荷兰的 LCF 防空护卫舰,满载排水量 6048 t,计划建造 4 艘,首舰"德泽芬普罗温辛"号已于 2002 年 3 月服役;德国的 F124 型,满载排水量 5600 t,计划建造 4 艘,首舰"萨克森"号也于 2002 年服役;同样拟建造 4 艘的西班牙 F100 型护卫舰,满载排水量 5800 t,首舰"阿尔瓦罗·德·巴赞"号于 2002 年 9 月服役。

　　2002 年法、意两国合作启动新的"地平线"护卫舰计划,开发一种通用型护卫舰,将两国之间的差异限制到最小。新舰的满载排水量为 6700 t,两国计划各建 2 艘。法国海军的两艘舰分别于 2006 年年底和 2008 年年底服役,意大利海军的两艘舰于 2007 年和 2009 年交付使用。

　　英国在退出"地平线"护卫舰计划后致力于 45 型驱逐舰的开发工作。45 型驱逐舰被定位为英国海军最大且防空能力最强的驱逐舰,同时又是大型多用途战舰。该舰满载排水量为 7200 t,采用综合电力推进系统,计划建造 12 艘,首舰"果敢"号于 2007 年服役。

　　日本在 1998 年第 4 艘满载排水量为 9485 t 的"金刚"级"宙斯盾"驱逐舰"鸟海"号服役后,其 4 个护卫队群(即八八舰队)的主力战舰已全部提升为万吨级驱逐舰。新造舰计划仍在不断推进,满载排水量为 5100 t 的"村雨"级多用途驱逐舰共 11 艘,至 2003 年已全部交付使用。下一步将再建 3 艘"村雨"级改进型,主要是增强防空能力。"村雨"级及其改进型将作为日本海上自卫队进入 21 世纪后的主力水面战舰。

　　韩国为实现其发展"蓝水海军"战略而实施 KDX 驱逐舰项目。该项目分三个阶段,第一阶段是 KDX-Ⅰ,该型舰满载排水量为 3900 t,已建成 3 艘并交付使用。第二阶段为 KDX-Ⅱ,满载排水量 4800 t,具备区域防空能力,共建造 6 艘,首舰于 2003 年年底服役。7000 t 级的 KDX-Ⅲ 将具有全方位作战能力,装载美国的"宙斯盾"系统,共建造 3 艘,首舰于 2003 年动工建造,2008 年服役。

　　俄罗斯海军由于国力不济使之在 20 世纪 90 年代兵力大衰退。面对 21 世纪各海洋国家纷纷将安全战略重点转向海洋,俄罗斯制定了"俄罗斯联邦海军战略",规划未来海军发展的三个阶段:在 2000 年前,使现有海军力量保持正常状态,为将来发展创造条件;2003 年到 2007年,努力提高海军在世界各大洋保护俄罗斯利益和安全的能力,维护俄罗斯海洋大国地位;2007 年至 2020 年全面更新俄罗斯海军武器装备,建设一支新型的现代化海军。

　　未来的战争是高科技条件下的立体战争,作战范围波及天、空、陆、海、水(太空、空中、陆地、海面、水下)。水面舰艇是这立体战争中的重要基点之一,而驱逐舰和护卫舰又是水面舰艇中的基本力量,是未来海上信息化战场的重要武器平台,因此各国海军在发展驱逐舰和护卫舰方面都给予了极大的关注。许多中小国家海军也在积极地发展作战能力较强的轻型护卫舰、小型导弹艇等装备,力争对大国海军构成一定的威胁和对抗能力。

1.2　舰艇总体技术及其主要内容

　　舰艇总体指的是舰艇船体的结构、内部空间的分隔与联系、船舶设备的布置等。舰艇总体技术指的是舰艇论证技术、舰艇船体设计与制造技术、舰艇设备的系统化总体设计技术等,其关系如图 1-1 所示。

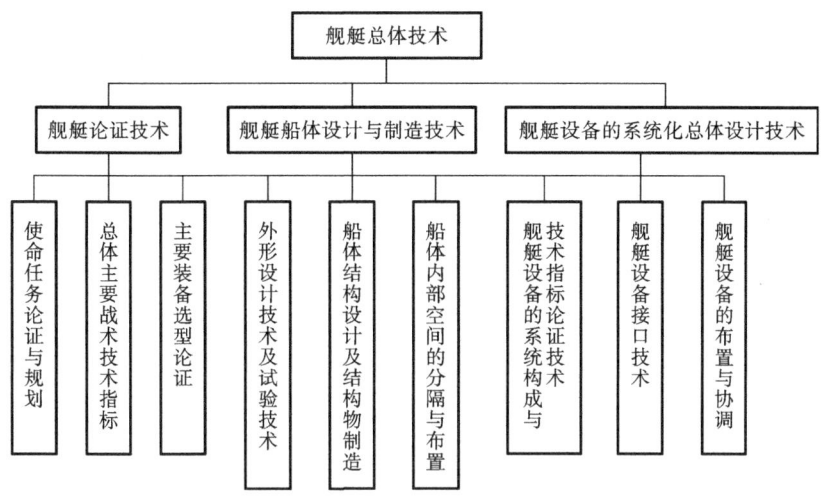

图 1-1　舰艇总体技术的构成

1.2.1　舰艇论证技术

舰艇论证主要是确定舰艇的需求和可行性,如舰艇的使命任务,主要的战术技术指标,技术指标的可达、可靠、先进性论证,经济性论证,装备选型论证,后勤保障论证等。这些论证主要是处理较宏观的、上层的问题,所以亦称为顶层设计。图 1-2 所示为论证中的环节及考虑的主要因素,在论证中,为了降低难度,我们把论证分成若干个阶段,在各论证阶段中都要涉及图 1-2 中所示的因素,只是对各因素考虑的深度有所不同。在研究中,要用到定性分析方法、定

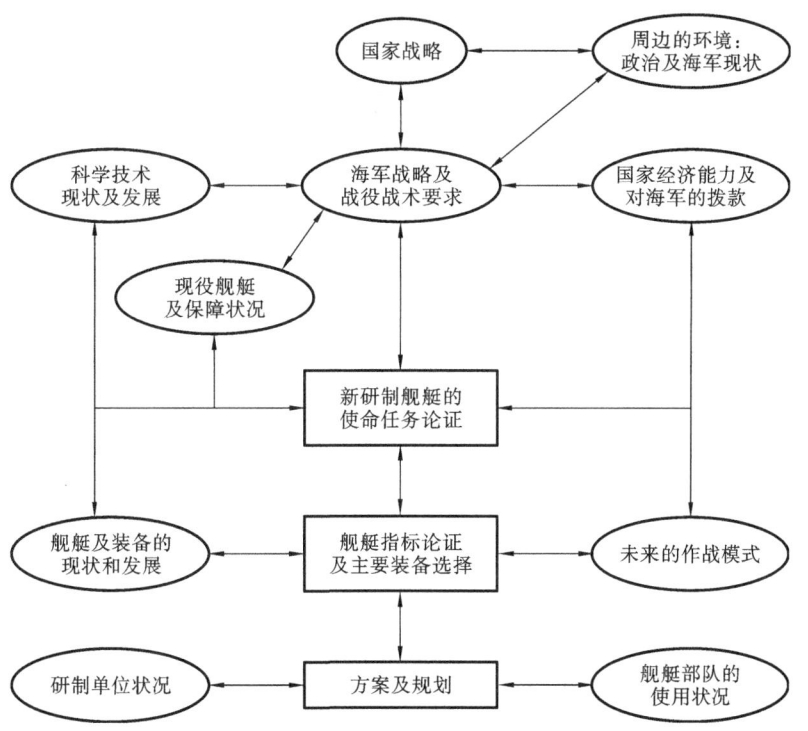

图 1-2　论证中的环节及考虑的主要因素

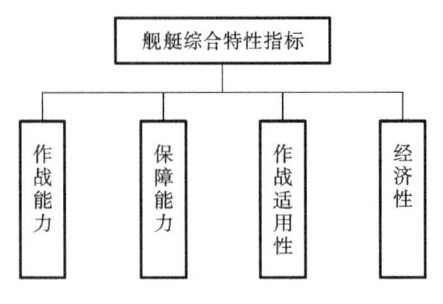

图 1-3　舰艇综合特性指标的构成

性与定量方法、预测方法、综合评价方法、线性规划与非线性规划方法、模型化方法、模拟与仿真方法、计算机手段等。这些方法、手段与舰艇的概念、基本理论、试验技术融合在一起形成舰艇论证技术。

舰艇的使命任务一般包括作战对象、使用方式,舰艇指标有舰艇综合指标、具体的性能指标、分系统指标,舰艇方案一般包括性能指标、结构外形与主要装备的描述,规划指的是对舰艇研制的工程管理,如研制周期、组织实施的措施、舰艇编配的设想等。在论证中,借助于舰艇论证技术可获得优化的舰艇方案、指标和舰艇装备。图 1-3 所示为舰艇综合特性指标的构成,图 1-4 所示为舰艇物理特性指标的构成。

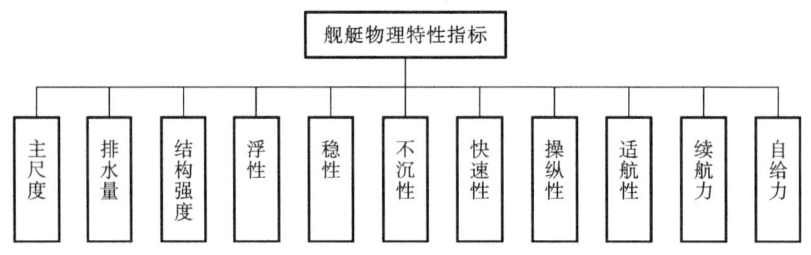

图 1-4　舰艇物理特性指标的构成

舰艇论证是一项系统工程,是渐进性的,舰艇的特性主要是在论证阶段决定的。随着科学技术的发展,舰艇越来越复杂,论证技术会越来越全面、精确,也会变得越来越重要。

1.2.2　舰艇船体设计与制造技术

1. 外形设计与试验技术

1）外形设计

舰艇的外形指主船体、上层建筑的外形轮廓及螺旋桨等,设计的变量是外形所围的空间大小、外形的空间变化,衡量的指标是排水量与容积(舰艇大小)、快速性、耐波性、操纵性、稳性、避碰特性、美学特征,以及现在注重的隐身性等。外形设计就是通过舰艇外形的设计计算获得舰艇指标,用指标的优劣来选择舰艇的方案。由于舰艇的各物理指标是不同质的,所以只有在一定的偏好前提下,才能获得"最佳"的舰艇外形方案。

2）试验技术

现阶段对流体作用的机理、隐身特性的机理还远没有认清,对舰艇外形构图的美学特征具有强烈的主观、习惯特征,也非单纯的科学所能解决,所以试验的手段能获得被较为广泛接受的结果。试验一般可分为缩尺模型试验和实船试验。缩尺模型试验可做系列试验,一般用作实验研究。实船试验一般作验证用。按力学特性可将试验分为阻力试验、快速性试验、耐波性试验、操纵性试验等。

2. 船体结构设计及制造技术

1）船体结构设计技术

船体结构分为基本结构和特殊结构两大类。组成船体所必需的构件称为基本结构,因特殊需要而设置的结构称为特殊结构,如各种装备的加强基座等。结构设计即寻求满足使用要求的结构形式及尺寸,使用要求指的是船体结构在各种载荷(风浪、武器的发射、冲击等)作用下,其应力值、振动值等指标要符合的相关规范标准要求。结构设计技术是确定载荷、描述各种结构形式、计算各种指标值、优选结构形式与尺寸的方法、手段。船体结构设计一般有规范设计法、性能设计计算法等,有限元及计算机的运用提高了计算的精度,对有特殊要求的结构还要用试验方法校核其强度等指标。

2) 船体结构制造技术

船体的外形是三维曲面,内部又有各种特殊的结构,所以制造过程非常复杂。就船体结构制造工艺来说,有放样、号料、加工、装配、下水等工序,装配还分成部件装配、分段装配、总段装配、船台装配等工序。根据在船台上的建造方法不同,船体结构制造可分为散装建造、分段建造、总段建造、串联建造、两段建造、区域化造船、模块化造船等,其他还有切割、焊接、成形(冷弯、水火弯板)、检测、除锈、涂装等技术。把庞杂的制造变成更加标准的、集成的、系统化的制造是今后船体结构制造的发展方向。

3. 船体内部空间的分隔与布置技术

船体内部空间分隔是提高空间利用率的有效手段。分隔造就一个个相对独立的、具有不同功能的空间,并增加了抵御灾害的能力,如水密分隔增加了舰艇的不沉性,防火分隔增加了消防能力,防撞舱壁、防爆隔壁增加了对武器攻击的抵御能力。内部空间的分隔与布置涉及舰艇总体特性要求、装备的尺寸与指标、装备的使用与维修特性、人机特性、各系统间的相互关系等因素,因此需要采用定量定性分析、基本要求限制、定量指标计算、总布置方案绘制与方案评估等方法来加以考量。分隔与布置涉及科学和美学,设计方法将是科学和艺术相结合的产物,科学的进步、审美需求的提高,必将催生更好的船体内部空间分隔与布置技术。

1.2.3　舰艇设备的系统化总体设计技术

1. 舰艇设备型号选择与指标论证技术

具有同一用途的舰艇设备有许多种类,如主动力装置有柴油机、燃汽轮机、蒸汽轮机、核动力等,泵有离心泵、柱塞泵等,同一种类的设备有不同的型号与性能。确定舰艇设备必须从舰艇的总要求出发,分析舰艇设备的主要性能指标、使用维修和后勤保障情况,相关分析技术有定量定性分析、综合评价技术等。这种技术是分析方法与舰艇理论、各装备原理相结合的产物。

2. 舰艇设备接口技术

当设备安装到舰艇上与舰艇成为一体时,设备不仅要固定,而且可能还有能源(电力、液压等)、物质(水、油、气等)、信息等的连接,还要考虑安装、使用、维修空间等。这些问题的处理形成舰艇设备的接口技术。具体内容有:舰艇设备对空间(尺寸)、重量、能源、信息、振动、冲击、大气、照度、电磁场等的定性定量要求,设备与舰艇总体的接口形式等。这些接口不仅要考虑尺寸大小的配合、功率的一致性、信息传输格式,而且涉及强度、振动、各种防护等级等。接口技术的两个重点是:接口的标准化和接口本身的技术性能指标。舰艇装备更新换代很快,对接口会不断地提出新的要求,这也促使接口技术向标准化迈进。舰艇标准化技术一直是舰艇技术的一个重要方面,尤其是舰艇设备间的接口。接口技术标准化的高级阶段是模块化技术,包括模块化设计、区域化制造等。

3. 舰艇设备的布置与协调技术

舰艇设备的布置与协调技术指的是确定舰艇设备在舰艇上的位置及各设备间的空间位置关系的一种技术,它主要涉及设备的特性、使用保障与维修要求、设备与总体以及设备间的关系。设备的特性指的是重量、空间尺寸及其他的一些指标,如电磁场、火焰喷射等可能有的特性,使用保障与维修要求指的是使用空间(武器系统则包括射角要求)和保障维修空间(如装填、拆卸、更换、运输等)。设备与总体、设备间的关系主要指的是相互间的一些要求、配合,如电子设备间的电磁兼容性问题、武器火力兼容问题、声兼容问题、分散与集中相统一的布置等。一般在处理各层次间相互关系时,坚持"设备服从系统,系统服从舰艇总体,舰艇总体为设备、系统上舰发挥功能创造条件"的原则。

1.3　水面舰艇总体设计概述

舰艇总体设计是任何一艘舰艇研制的基础和技术依据。它同时也是一型舰艇从初始概念设想逐步过渡到最终实现研制目标的创新过程。

1.3.1　水面舰艇总体设计概念

舰艇总体设计技术是舰艇研究设计的综合集成技术。它既是舰艇总体技术的核心,也是舰艇工程系统的"龙头"。

传统的舰艇总体设计通常是指舰艇的总布置、性能、结构等的研究设计。从现代技术角度,舰艇总体设计是指对舰艇及其各构成系统、分系统、功能部件进行优化配置的综合设计技术,是舰艇的综合集成技术,也可以说是传统的舰艇总体设计与工程技术及舰艇工程"顶层技术"的综合技术。现代舰艇总体设计概念反映了舰艇系统工程的完整技术范畴和管理形态,实质上是舰艇总体综合优化设计理论及工程控制和评估方法的概括。

舰艇总体设计是研究如何应用造船工程技术的理论及有关的军事知识,通过周密的分析、论证,系统地策划、计算、绘图,设计出符合海军作战要求、反映当代科学技术成果水平的舰艇的一门学科。从广义来说,舰艇总体设计的任务是:拟定设计目标;研究舰艇作为一个系统工程的内部规律(舰艇诸因素、诸性能之间的关系)及其与外界有关因素的关系;研究、改进设计概念、设计方法;编制设计规范及有关标准等。

1.3.2　舰艇总体设计的主要特点

舰艇总体设计作为一门学科与其他造船学科相比概括起来有四大特点。

1. 综合性

舰艇原理学是将舰艇作为刚体,研究它和周围介质的关系;舰艇结构强度学是将舰艇作为弹性体,研究在各种外力作用下舰艇结构的内在特性;舰艇总体设计学则是将舰艇作为一个综合的系统工程而研究其内部规律和它与外界有关因素的关系,需要综合运用舰艇战术、战斗器材、航海性能、结构强度、建造工艺、专用装备等各有关学科的知识。

2. 反演性

在造船学科中,大部分学科研究的问题是正演性的,如舰艇原理学研究的主要是既定舰艇的航海性能问题,舰艇结构学研究的主要是既定舰艇的结构强度计算与校核,舰艇建造工艺学研究的主要是既定舰艇图样完成后的建造问题。这些学科虽然也涉及反演的内容,但就其范围而言是局部的。而舰艇总体设计学研究的主要是如何最大限度地设计出满足预定目标的性能优良的舰艇问题,是反演性的。

3. 极值性

一个成功的舰艇总体设计方案必须最大限度地满足战术技术任务书中规定的各项性能指标要求。对于一艘舰艇来说,可以设计出多种能满足同一份战术技术任务书中规定的性能指标要求的方案,往往要对多种方案进行分析评估,从中求得"最优"方案。因此,舰艇总体设计不仅具有求解问题的方法多样性特点,而且是一个求极值的过程,舰艇总体设计学始终贯穿着求极值的思想。

4. 复杂性

自然界一切事物无不存在矛盾,舰艇本身的内在矛盾更是错综复杂,如航速的快与慢、稳性的高与低、结构重量的大与小、续航力的多与少、攻击力的强与弱、造价的高与低等。同时,在不同的矛盾之间又存在着关联,这使设计变得更复杂。如为了减小舰艇的航行阻力,要求舰艇瘦长,但是这又会与舰艇结构强度和稳性发生矛盾;为了提高螺旋桨的效率,希望采用低转速的螺旋桨,但是为了减小动力装置的重量和尺寸,又希望采用高转速的动力装置;为了提高舰艇的耐波性,希望增加干舷高度,但这又会引起舰艇重心升高、初稳性下降等。因此,在舰艇总体设计中,不能简单地采取折中的办法来解决这些错综复杂的矛盾,应遵循如下原则:局部服从整体,次要矛盾服从主要矛盾,防御力服从攻击力,使设计出的舰艇能以最小的代价获取最大的战斗力。

1.3.3　舰艇总体设计的主要方法

舰艇总体设计学也是一门方法学。它经常采用的基本方法有五种。

1. 母型设计法

任何一门学科都是在前人实践的基础上发展起来的。造船科学也不例外,任何一艘新型舰艇的出现,都必然是既往舰艇发展的结果。母型设计法就是运用以往经验的一种舰艇设计方法。

所谓母型设计法,就是在设计中先选择一至几艘已经造好并经过服役考验的与待设计舰艇相近(同类型、排水量相近)的优秀舰艇作为"蓝本"(习惯上称为"母型船",或"参考船""型船"等),分析与参考母型舰艇的某些优点,克服其在服役中暴露出来的缺陷,并将科学技术上的最新成就和其他合理措施运用到具体的舰艇设计中去,使设计出的新舰艇既技术先进又现实可靠、性能优良,更能满足战术技术任务书的要求。这是舰艇设计中最常用的一种方法。

母型设计法的优点是能借鉴性能优良的实船,使设计方便、迅速、结果可靠,缺点是有一定局限性。

2. 统计资料法

这是一种古老的方法,可在一定程度上克服母型设计法的缺点,常在舰艇设计的初期使用该方法。统计资料法包括两方面:一是统计与设计舰相近的舰艇的主尺度、各项性能指标和各种度量系数等,作为决定设计舰各要素的参考;二是利用根据以往建造的大批同型舰艇资料所建立起来的经验公式和图表等,作为初次近似计算时决定设计舰主要尺寸、各种系数、各项性能的参考。

虽然利用统计资料所得的结果可能不是最先进的,也不能完全反映设计舰艇的特点,比较粗糙,但这种方法的数字范围是建立在统计、分析大量已造舰艇的资料基础之上的,因而是可靠的。

3. 逐次近似法

舰艇本身的各种性能之间存在着错综复杂的矛盾,舰艇设计的过程是不断分析、研究、发现和解决这些矛盾的过程,而在解决这些错综复杂的矛盾的过程中,不可能找出一个万能的数学解析式,仅仅通过数学运算求解的办法一次就求出满足舰艇各项要求的未知要素。因此,在舰艇设计过程中经常采用逐步发现并解决矛盾的方法,即通常所称的"逐次近似法"。

逐次近似法的实质是:将复杂的设计任务分成若干个近似步骤,初次近似时只考虑少数主要因素,忽略一些次要因素,使问题大为简化;而再次近似计算时,则计入更多的因素,后一次近似所得的结果是前一次近似的补充、修正和发展,获得更符合要求的结果。如此进行若干次近似,直到获得比较精确的满足战术技术任务书的结果。例如,在舰艇设计过程中,一般分为顶层总体方案论证、方案设计、初步设计、技术设计、施工设计等几个大阶段完成,每一大阶段中某些局部设计又可以采用若干次近似计算与设计来完成。逐次近似法也是舰艇设计中应用较广泛的方法。

4. 最优化方法

为了设计出一艘新舰艇的最佳方案,设计者的任务是选择设计参数,使设计出的舰艇具有最大的攻击力、最强的防护力、最高的可靠性、最好的经济性和最佳的航行性能等,这个过程称为设计的最优化。

寻求最优解的具体方法(即优化模型)可分为以下两大类。

1) 网格法

网格法也叫变值法或参数分析法。其做法是有规律地改变各设计变量,组合成一系列的设计方案,对每个方案都进行战术、技术和经济方面的计算,然后根据设计者选定的评价指标,在分析比较的基础上权衡选优。网格法的优点是方法简单,当变量较少时,计算量也不大,而且整个网格上各节点处的情况均可了解;缺点是当变量增多时,计算量增加得非常快。例如当变量数 $n=2$,每个变量有 $m=5$ 个值时,共组成 $m^n=5^2=25$ 个方案;而当 $n=3$,$m=5$ 时方案数将增到 $m^n=5^3=125$ 个,与 n 成指数关系增加,当 n 较大时,方案的个数是惊人的。

2) 最优化方法

最优化方法的基本过程为:

(1) 根据要求确定设计变量、目标函数和约束条件,建立描述有关战术、技术和经济性能的数学模型;

(2) 给定变量的初始值及约束准则;

(3) 选定评估方法,建立选优程序,进行方案评估优选。

最优化方法的优点是能给出最优解,求解速度也较快。若欲知目标函数及约束条件在最优解附近的变化,可在最优解附近按一定的规律取若干点辅以网格式计算,即可达到了解最优解附近目标函数变化的目的。

最优化方法随着科技进步和计算机技术的发展也在不断更新、演进。它是现代舰艇总体优化设计(特别是概念设计)理论和方法的理论基础,也是创建舰艇总体方案量化优选方法的技术先导。

5. 规范设计法

国际和国内有关舰艇设计方面的规范和公约,都是为了保证舰艇的使用和航行安全而制定的,它是人们根据舰艇、航行、作战、训练等使用的历史经验和不断发展的科学技术水平总结的结果,是带有法令性(技术法令)的文件,是设计、建造、验船的重要依据。舰艇设计者必须熟悉理解规范和公约的精神实质,在舰艇设计中认真遵照执行。

有人将利用有关规范,并结合其他设计方法进行舰艇总体设计的方法称为规范设计法。实际上,上述各设计方法也是要满足相关规范要求的。

除上述设计方法外,还有相似法、图解法、增益法等。需要说明的是,以上各种设计方法在实际应用中是互为补充的。在舰艇总体设计中,常常在不同的设计阶段或不同的局部设计中采用不同的设计方法。

1.4　水面舰艇总体技术发展展望

人类正跨入信息社会,战争形态正由机械化转向信息化,舰艇装备的整体面貌也正在发生深刻的变化。瞄目于当前舰艇技术状态,立足于 21 世纪的高新技术发展,可以预见,21 世纪前期(2025 年前后)舰艇装备和技术为适应新世纪军事变革的需求和现代科技飞速发展所带来的深刻影响,一定会发生巨大的变化。

1.4.1　舰艇设计学科的形成与发展

中国是世界上船舶发源地之一,在世界的西方和东方,几乎都是在约一万年前的旧石器时代就出现了原始的船——独木舟。但中国的船舶线型、结构和建造工艺均自成体系,别具一格,在世界船舶发展的历史长河中,做出了突出的贡献。公元前 3 世纪的汉代,我国的造船技术就已超过当时造船发达的西方,处于世界领先地位,这种优势一直保持到了明朝中期。

虽然造船历史悠久,但很长一段时间都处于经验阶段,沿袭传统工艺。随着社会生产力的发展,造船科学也得到相应的发展,自 17 世纪后人们将研究成果归之于一门科学,即造船学。随着造船的经验和研究成果的不断发展,又将造船学分为船舶原理、船舶结构力学、船舶建筑学、造船工艺学等学科,最后又分成目前的三四十种学科。为了使建造出来的船舶具有预定性能,到 20 世纪初,又从各门造船学科中抽出了相关内容,加以专门的研究,逐步形成船舶设计这门学科。

人类虽然在 3000 多年前就将船舶作为战争的工具,但在冷兵器时代,军舰和民船在船型、结构、布置等方面没有重大的差别。直到 16 世纪火炮装舰作为主要兵器以后,才出现了与民船有很大差别的军舰,同时开始了对军舰的专门研究。例如如何布置火炮提高攻击力的问题,如何提高航速和操纵性以便占据有利的阵位,如何防御敌舰使己舰不沉的问题,促进了对舰艇的布置、船型、结构、动力等各方面的专门研究。到 20 世纪初舰艇设计开始从造船学中分离出来,随着造船工业的迅速发展,舰艇设计又分离成水面舰艇设计和潜艇设计两部分,而且有进一步分离的趋势。

1.4.2　舰艇总体设计指导思想的演变和更新

舰艇总体设计指导思想是总体设计工作的灵魂和核心,没有科学的指导思想,就不会有先进的舰艇设计。现代舰艇技术的迅猛发展给舰艇设计领域带来了一系列重大变化,其中最关键的就是指导思想的演变和更新。

20 世纪 50 年代中期主要采用"重量饱和设计"法,即将舰艇简单地看作武器的运载工具,作为武器安置的平台,单纯强调舰艇的高航速和高火力配置,强调战术技术性能而不重视经济性能。舰艇设计则是通过有效的载荷(包括武器、探测、通信、导航和控制设备)以及其他系统的重量和布置来确定主尺度。

随着 20 世纪 60 年代导弹和电子设备的发展与应用,对于同一重量而要求有较大体积的载荷来说,重量饱和设计法不能提供满足充分容积要求的舰艇主尺度,从而出现了"容积饱和设计"法。按照这种方法设计的舰艇,主舰体内没有足够的空间容纳各种电子设备,导致了庞大的上层建筑,出现了长艏楼或有两层通长甲板的舰型。

进入 20 世纪 70 年代以后,舰载电子设备和武器突飞猛进的发展,加快了舰艇作战系统综合化、舰艇系统自动化、舰载武器导弹化、水面舰艇的航空化的发展进程,促进舰艇设计指导思想的更新转变。主要表现在:系统工程思想和方法开始在设计中渗透;把舰艇作为一个高度综合的复杂武器系统,强调提高舰艇经济性,力求使舰艇具有最佳的费用效能;强调改善居住性,充分发挥人的因素等,使舰艇设计向"系统综合协调设计"法过渡。

世界各主要海军国家先后建立和实际应用自动设计系统。该系统是以使用数字电子计算机为基础,通过各局部终端的相互配合,实现人机交互对话自动化,并通过对图示信息的操作来确定设计项目的数学模型。设计人员利用优化算法可在众多的可供选择的方案中确定优胜者的量值,为给定的设计问题提供最优解。有了自动设计系统,设计人员从设计制订技术方案开始,直到以精确的数学模型进行多方案计算分析,并在此基础上按作战行动和费效指标准则优化战术技术要素,都可以进行综合分析解决。

20 世纪 80 年代迄今是舰艇设计指导思想向深层次更新和发展的新时期。舰艇全武器系统工程思想和方法在舰艇总体设计中进一步发展,形成了"平台-武器-保障"三者有机结合的系统工程。舰艇全武器系统工程研究方法已成为舰艇研制概念优化的主要技术手段。用系统工程思想和方法进行舰艇总体设计是造船史上的一个重要发展。目前,这种方法还在进一步完善和发展中。

总之,从第二次世界大战后发展至今舰艇设计指导思想一直在更新和发展。例如,从安装设计发展到系统协调综合设计;从重量饱和设计发展到容积饱和设计;从按需求设计发展到按费用设计;从平台性能设计到平台-有效载荷综合设计;从强调战斗性能到强调费用效能;从强调攻击性能到强调综合作战性能;从强调武器性能到强调提高居住性;从强调高航速强火力到较低航速下远程快速反应打击能力;等等。

1.4.3　水面舰艇总体设计的发展趋势

1.　水面舰艇发展现状和特点

科学技术突飞猛进的发展,特别是电子技术的发展,给水面舰艇设计、建造带来一系列的重要变化。

1) 导弹已成为水面舰艇的主要作战武器,舰炮作用仍十分显著

舰载导弹因其具有射程远、速度快、精度高、威力大等特点,已广泛应用到主要水面舰艇上。舰炮虽然降到次要位置,但仍是防空、对岸和对海的重要武器,特别是在近程防御掠海导弹时,小口径自动炮的作用尤为明显,导弹与舰炮是相互补充的关系。新型舰炮的发射率、射击精度和自动化程度都非常高。密封炮塔内不需要有人操作,而重量和体积则轻量化与小型化,近炸引信和激光制导的炮弹进一步提高了命中率。

2) 直升机上舰使单舰战斗力大为提高

舰载直升机系统已成为现代大、中型水面舰艇不可缺少的装备。舰载多用途直升机能完成中远程预警、中继引导、搜索和攻击潜艇/水面舰艇、海上救援、垂直补给等多种任务,它所提供的战斗能力远远超过不装直升机时的作战能力。

当然,直升机装舰后,给舰艇设计带来许多新问题,如需要占用大面积甲板、舱室容积和排水量,对舰艇的适航性、指挥通信、气象保障等提出更为严格的要求。这些舰机接口、海空协调技术问题,近年来基本得到了妥善解决。

3) 电子设备已成为衡量水面舰艇战斗力的一个重要标志

现代水面舰艇的电子设备数量大大增加,质量也不断提高,其费用占舰艇全部建造费用的40%以上。美国海军在研制现代舰艇时,电子设备在影响舰艇作战能力的五个主要方面已经从 20 世纪 50 年代的第五位上升到 80 年代的第一位,作优先考虑。可以说,现代舰艇如没有有效的指挥、控制、通信、情报搜集和电子对抗的能力,不仅不能完成作战任务,而且很难在海战中生存。

4) 燃气轮机已为水面舰艇广泛采用,核动力装置局限于大型舰艇使用

燃气轮机具有功率大、重量轻、速度快、启动快、易控制、保养维修方便等优点,特别是近年来,燃气轮机的耗油率和寿命已达到或接近中速柴油机水平,因此,被水面舰艇广泛使用。世界上有 900 多艘舰艇使用燃气轮机做动力装置,有全燃气轮机动力装置、柴-燃联合动力装置、燃-蒸联合动力装置、燃-电联合动力装置等。

核动力装置的功率大,续航力也特别大,但造价昂贵,目前仅局限于 8000 t 以上的大型舰艇上使用。

5) 舰艇自动化程度不断提高

舰艇自动化程度的不断提高大大提升了快速反应能力,并使舰员数量逐渐减少。

舰艇自动化主要包括作战系统、机电系统和导航系统三个部分。作战系统自动化从情报搜集、分析、判断到火控完全实现高度集中的控制和自动化;机电系统自动化是实现机舱和辅助机舱的远距离集中控制;导航自动化主要应用电子计算机等来迅速确定舰位和航迹等,常用的有惯性导航、无线电导航、卫星导航和组合导航等。

人员编制随舰艇自动化程度的提高而逐渐减少,每千吨排水量配置舰员人数从 20 世纪 50 年代的 100 人,到 60 年代的 70 人,再到 70 年代的 50 人,而目前仅 20 人左右。与此同时舰员的居住生活条件也得到不断改善。

6) 防护措施有所创新

现代舰艇的防护思想,从主要是被击中后的控制(损害管制)转变为更加积极主动的防御,

并设法降低打击后的影响。其措施有:① 降低舰艇各种物理场,使之成为安静型舰艇,减少自导武器的威胁;② 采用电子、水声对抗手段;③ 加强三防措施;④ 加强船体结构,改善舾装等,以降低被打击后的影响;⑤ 消防方面,设计中严格控制易燃材料等。

2. 水面舰艇的发展趋势

1)总体设计

(1)各国海军都在积极开发研制新船型,以期在较小的尺度下也具有良好的适航性。例如:新研制的驱逐舰和护卫舰已采用深 V 船型,它与普通船型相比,适航性有明显改善,特别是在风浪中能保持较高航速;导弹艇、猎潜艇、巡逻艇、登陆艇等将更多采用气垫船和水翼艇等船型;小水线面双体船型和冲翼船型也进入了实用化阶段。

(2)普遍重视舰艇隐身技术的研究和运用,包括电磁波隐身、声波隐身、红外隐身、磁隐身、电场隐身和水压场隐身等技术。

(3)研制多用途舰。例如:美国拟造"舰队主力舰"(BFC),它能执行 12 个舰种所承担的使命和任务;法国制造的猎雷艇,在战时担负灭雷任务,平时可做巡逻艇和潜水工作船使用。

(4)限额费用设计法是国外采用的一种有效舰艇设计方法,将推广到各种舰艇的研制。例如美国研制成的"伯克"级驱逐舰,限额经费为 11 亿美元。

(5)重视舰艇的现代化改装,它与研制新型舰艇相比具有改装时间短、设备更新快、费用节省、延长服役期和补充兵力不足等优点。

(6)设计中重视设备的通用化和标准化,积极开展国际合作,并重视提高可靠性和维修性。

(7)推广模式设计方法。

2)武器系统

(1)导弹仍是主要武器。除了提高导弹命中精度、破坏力、抗干扰能力外,在小型化同时还重视朝多用途发展(既能对空又能对海攻击)。导弹垂直发射系统将在大、中型舰艇上推广,具有反应快、发射率高、可全方位发射、结构较简单、布置灵活,以及重量轻、体积小、功率省、费用低等优点。

(2)主战舰艇将进一步强化航空力量,不但普遍装载新一代直升机,有的还装载垂直起落飞机。

(3)舰炮将进一步向全自动化方向发展,激光制导和近炸引信的炮弹将普遍推广。

(4)充分发挥电子战系统在对付反舰导弹中的作用。

3)电子设备

(1)宙斯盾作战系统、拖曳式声呐、极低频率通信和卫星导航系统十分先进,将成为舰艇重要电子设备,其特点是:向综合化发展,能同时对付多个目标和重视设备生命力等。

(2)运用激光和光纤技术。

(3)舰艇的指挥、操纵、通信导航和武器控制将实现高度自动化。

4)动力装置

舰艇动力装置除继续使用柴油机、燃气轮机、蒸汽轮机、核反应堆和联合动力装置外,还将重视发展综合电力推进系统。

复习思考题

1. 水面舰艇按照使命任务有哪些分类？
2. 舰艇总体技术包括哪几项技术？
3. 舰艇总体设计的任务是什么？
4. 舰艇总体设计有哪些特点？
5. 舰艇总体设计常用的方法有哪几种？各有何优缺点？
6. 水面舰艇总体设计的指导思想是如何发展演化的？
7. 水面舰艇总体设计的现状与特点有哪些？
8. 简述水面舰艇总体设计的发展趋势。

第2章 水面舰艇舰载系统及主要战术技术性能

2.1 水面舰艇舰载系统

水面舰艇本身是一个多专业、多学科的综合集成体,是一个极为复杂的、由许多相互作用和相互依赖的系统结合而成的、具有特定功能的有机整体。

2.1.1 舰艇系统的分类方法

舰艇本身是一个复杂的大系统,由诸多子系统组成,系统的分类方法如下。

1. 管理的分法

舰艇与民用船舶的主要区别在于武器装备,所以舰艇可分成平台与武备,或平台与任务系统。需要指出的是任务系统比武备的内涵要广,一些测量、记录等设备可包括在任务系统中。

2. 组织机构的类比分法

按照舰艇上人员的组织或船厂军代表机构可把舰艇分成:机电平台、航海、枪炮、指挥,或船体、机电、弱电、舾装等。

3. 专业的分法

按照专业的特点舰艇可分成总体、船体、动力系统、电力系统、电子系统、装置与管路系统、舱室设备等。

2.1.2 水面舰艇的系统分类

水面舰艇的类别很多,其系统构成更加复杂,在此仅给出一般的、通用的、较完备的一种分类方法。这种分法兼顾了专业与管理两方面,常用的水面舰艇系统组成如图 2-1 所示。

1. 船体结构

船体是指除舰艇上各种设备和装置系统以外的船身构造物,船体结构是组成船体各种具体构件的总称。船体结构是舰艇的重要组成部分,它既是各种舰载武器系统的发射平台,又是各种机械装备的装载平台;另外,船体结构既是舰艇设计与建造的主体,又是舰艇使用、维修、改装的主要对象。因此,对船体结构的基本要求主要是对船体结构的各种使用功能和性能的要求,同时也包括舰艇设计、建造、使用、退役各个阶段对船体结构的要求。船体结构功能和性能的基本要求既要突出保证舰艇战斗能力和生存能力,又要兼顾舰艇的可用性、可靠性、维修性、保障性、经济性、居住性及安全性等要求。

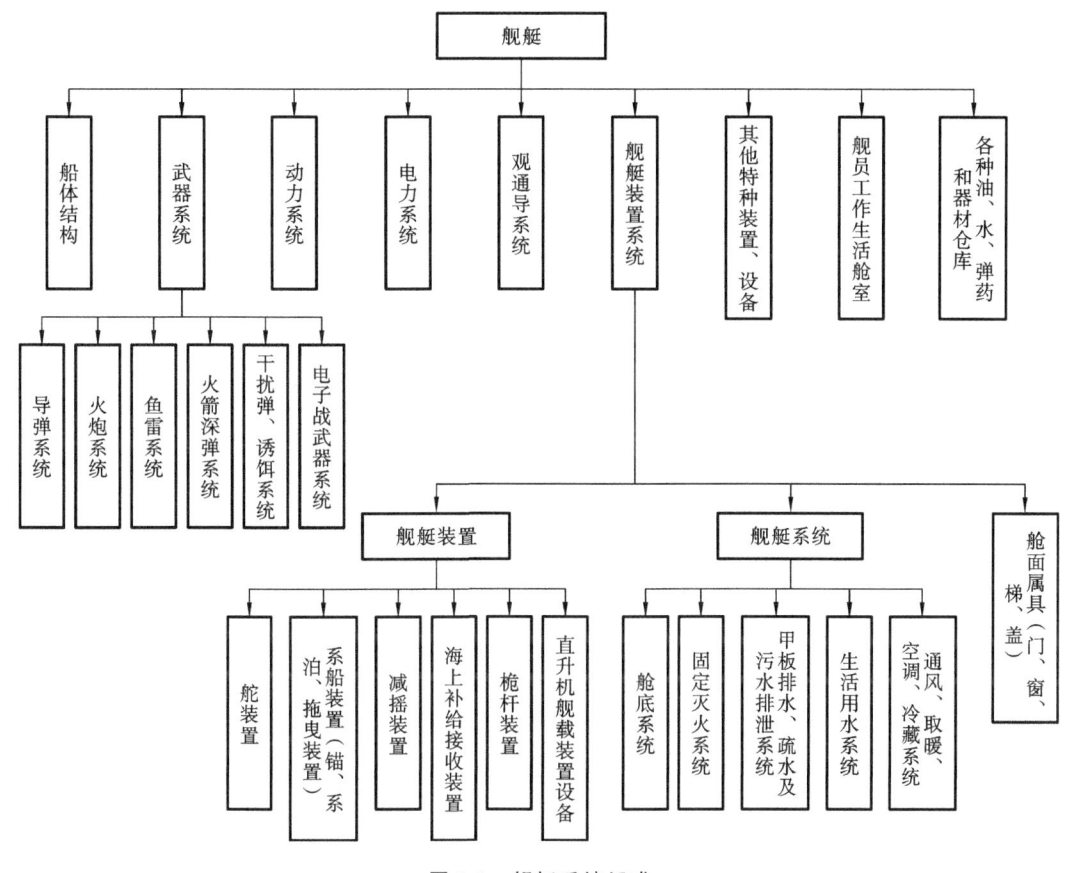

图 2-1　舰艇系统组成

2. 武器系统

舰艇武器系统包括:导弹系统,火炮系统,鱼雷系统,火箭深弹系统,干扰弹、诱饵系统,电子战武器系统,等等。

3. 动力系统

舰艇动力系统(也称动力装置)是舰艇的重要组成部分,其主要任务是保证舰艇在战斗、航行、停泊及系岸等工况所需的各种动力能源(如热能和电能)。

现代舰艇的动力系统,广义上说,是指保证舰艇正常航行、作业、停泊以及乘员正常工作和生活所需的各类机械和设备。它主要是提供机械能、电能、热能、液体和气体的压力能,除保证舰艇推进外,还能满足整个舰艇能量消耗的需要。所以舰艇动力装置大部分是能量转换装置。

舰艇动力装置通常包括推进装置、辅助装置、管路系统、甲板机械和机舱自动化设备五部分。

4. 电力系统

舰艇电气设备从电源装置开始,中间经过对电能的控制、检测、分配、传输,一直到所有使用电能的用户装置,组成了一个完整的树形电气网络,这整个电气网络称为电气系统。网络中所有电气装置统称为舰艇电气装置。

舰艇电气系统总的分为三大部分:舰艇电站、舰艇电力网和电气负载。

舰艇电力系统包括舰艇电站和舰艇电力网两大部分,担负着将不同形式的能量转换成电能,并将电能输送分配给各用电设备的任务。

舰艇电能系统包括:原动机和发电机组成的发电机组;有各种控制、监视和保护电器的配电设备(总配电板);导线和电缆等组成的电网。

5. 观通导系统

舰艇观通导系统包括观察、探测、通信、导航等系统。舰艇观察设备的任务是搜索、发现、识别、跟踪目标,并为武器系统攻击提供所需参数。舰载观察设备有光学观察设备、红外观察设备、雷达、声呐、微光观察设备和电视等。

舰艇通信设备的任务是传递消息,以保证指挥及战斗协同,要求快速、可靠、保密。通信设备的种类有视觉通信设备(光学、旗帜和形体)、无线电设备和水声通信设备。

舰艇导航设备是用来指示航向、航速、航程、航位的设备,以保障舰艇安全航行和武器系统的准确使用。用于指示航向的设备有磁罗经、电罗经、平台罗经等;指示航速和记录航程的有各种记程仪;测量水深的设备有各种探测仪;测定舰位的仪器有磁罗经、电罗经、惯性导航仪、六分仪、无线电定位仪、无线电定向仪、卫星导航接收机等。

6. 装置和系统

舰艇除了具备坚固耐用的船体和良好的航行性能外,还必须装备各种控制舰艇运动、保证停泊和海上安全、装卸物资等的专用器具和机械,以使舰艇完成其所被赋予的使命。这种舰艇用的器具和机械就是舰艇装置,也称船体设备。舰艇装置又分为通用船体设备和特种船体设备。

舰艇上用于保障其生命力,控制舰艇状态和保障舰员日常生活条件,由泵、阀及其他附件组成的设备系统,称为舰艇系统。舰艇系统包括消防系统,通风、空调、取暖、冷藏系统,舱底系统,污水系统,生活用水系统等。

2.2 舰艇战术技术指标

舰艇战术技术性能是指舰艇为完成所赋予的使命,在战术上和技术上所具有的基本特性和能力。舰艇战术技术性能的具体指标要求,由使用部门和研制单位提出,经战术技术论证后,在舰艇战术技术任务书中加以规定,并经实船试验后进行修正。

舰艇战术技术指标是靠总体设计和各系统设计来实现的。舰艇是个复杂的巨系统,由很多子系统构成,各主要子系统之间均有强弱不同的耦合关系。例如,改变舰艇的结构设计将会改变舰艇总重量,进而影响舰艇的排水量、阻力及主机功率需求,同时也改变了舰艇的质量分布,最终影响耐波性能、隐身性能;而改变舰艇的阻力和推进特征又会影响所载燃料的重量,进而影响结构性能、空间利用情况及舰艇的耐波性能。评价舰艇设计的指标非常多,如排水量、航速、作战能力、生存能力、隐身性、居住性、经济性等,但是关于舰艇总体设计的评价体系,迄今为止还没有形成比较成熟的公认的标准。本章将这些指标粗略地归为两大系列:技术性能指标系列和综合评价指标系列。

2.2.1 技术性能指标系列

舰艇总体性能、航行性能可以归为技术性能指标系列。

1. 总体性能

舰艇总体性能是指舰艇的基本性能,包括主尺度、排水量、续航力、作战半径、自给力等。

1）舰艇主尺度

舰艇主尺度是指表示舰艇船体外形大小的基本量度。包括船长、船宽、型深和型吃水等指标。通常以 m 为单位计量。

船长——船体首、尾端点之间的最大水平距离，称为总长；设计水线与首尾柱线交点之间的水平距离，称为设计水线长。

船宽——船体两舷之间的最大水平距离，称为最大宽度；设计水线面从一舷至另一舷的最大水平距离，称为设计水线宽。

型深——船体中横剖面处从底龙骨线至上甲板边缘线的垂直距离，称为型深。

型吃水——船体设计水线面至底龙骨线的垂直距离，称为型吃水。

舰艇主尺度是重要的舰艇战术技术性能之一，在舰艇设计时直接影响到对舰艇排水量、总体布置和航行性能的确定；在建造和维修时，关系到船台和船坞的选择；在服役过程中，涉及舰艇能否停靠码头，通过桥孔、船闸，进驻洞库，进行铁路运输，以及在浅海区、礁区、狭窄水道和江河中能否保证安全航行等。

2）舰艇排水量

舰艇排水量是指舰艇在静水中船体的入水部分所排开的水的重量（指质量，下同），亦称重量排水量。船体入水部分所排开的水的容积称为容积排水量，以 m³ 为单位计量。舰艇浮于水面时，其排水量等于舰艇的重量。排水量是舰艇大小的标志。

水面舰艇的排水量，根据装载情况，分为空载排水量、标准排水量、正常排水量、满载排水量和最大排水量五种状态。

空载排水量，是指舰艇建造完工，各种装置设备安装齐全时的舰艇重量；不计入人员、行李、食品、淡水、液体负荷（专指舱底油、冷凝器和机器管系内的水等）、弹药、供应品、燃油、滑油、给水、航空煤油等的重量。

标准排水量，是指空载排水量加上额定的人员、食品、淡水、液体负荷、弹药、供应品等的重量。不计入燃油、滑油、给水、航空煤油等的重量。

正常排水量是标准排水量加上保证 50% 规定的续航力和自给力所需的燃油、滑油、给水、航空煤油及 100% 的装载时的重量。

满载排水量是标准排水量加上保证 100% 规定的续航力和自给力所需的燃油、滑油、给水、航空煤油及 100% 的装载时的重量。

最大排水量是满载排水量加上超载部分的弹药、燃油、滑油、给水等的重量。

潜艇的排水量，主要分为水面排水量和水下排水量。水面排水量，亦称为正常排水量。水下排水量，即正常排水量加上潜艇下潜时向主压载水柜注水的重量。运输船和某些勤务船只，其排水量主要分为空载排水量和满载排水量。满载排水量同空载排水量之差即为船的载重量。登陆舰艇和某些特种舰艇，需规定其特殊装载状态下的排水量时，应在说明书中明确其定义。

3）舰艇续航力

舰艇续航力是指舰艇一次装足燃料、机械用水和滑油，以规定的航速航行时所能达到的最大距离；以海里为单位计量。它决定舰艇作战半径的大小，是舰艇战术技术性能的要素之一，由使用单位根据舰艇的使命、活动海区和战斗使用方式等提出。在舰艇建成或大修后试航时，要按规定的条件测算各种航速的续航力。

通常所说的续航力，是指以经济航速测算的续航力。确定核动力舰艇的续航力时，还需考虑主动力装置、辅助机械和有关系统持续工作的最大允许时间。潜艇的续航力主要是指水下经济航速航行时的续航力。

现代常规动力舰艇的续航力如下。

小型舰艇:300～3000 海里;

护卫舰、驱逐舰:4000～6000 海里;

巡洋舰、航空母舰:6000～17000 海里;

潜艇:4000～20000 海里。

核动力舰艇的续航力可达 10～70 万海里。

舰艇在使用中,由于受螺旋桨功效、船体寄生物、超额装载、横纵倾和水深等因素的影响,通常航速会降低,续航力也将减小。合理地使用动力装置,加强对船体的维护保养,使舰艇经常处于良好状态,是保持续航力的重要条件。

4)舰艇作战半径

舰艇作战半径是指舰艇装足燃料、淡水等一次出航往返,并经战斗消耗后,不需中途补给所能达到的最大直线距离。舰艇作战半径是舰艇战术技术性能指标之一,取决于舰艇续航力的大小。

舰艇作战半径的计算方法是:按舰艇一次满载燃料、淡水,扣除战斗消耗和规定的安全储备,用经济航速航行所能达到的航程的 1/2。通常以概率计算,常规动力水面舰艇的作战半径取续航力的 1/3。

能否准确计算和了解舰艇作战半径,与是否能正确使用舰艇、确保战斗任务的完成有直接关系。

5)舰艇自给力

舰艇自给力是指舰艇一次装足按设计要求规定的燃料、淡水、食品,潜艇还包括氧气再生药板等,中途不补给,所能连续在海上活动的最长时间。自给力亦称自持力,以昼夜为单位计量。舰艇自给力是在舰艇设计建造时,根据舰艇的使命、活动海区和战斗使用方式等因素,于战术技术任务书中确定的。通常包括:舰艇由基地到作战海区往返所需时间、执行任务或进行战斗所需时间、停车待机或警戒所需时间。舰艇自给力的一般范围为:巡洋舰、航空母舰等大型军舰 30～80 昼夜;驱逐舰 10～30 昼夜;护卫舰 5～15 昼夜;扫雷舰、猎潜艇 5～10 昼夜;导弹艇、鱼雷艇、护卫艇 2～7 昼夜;登陆作战舰艇 3～30 昼夜;潜艇 60～90 昼夜。

2. 航行性能

舰艇的航行性能是指舰艇以规定的装载状态,在规定的水域,沿着确定的航线,以一定的速度安全到达目的地的能力。主要包括浮性、稳性、不沉性、快速性、操纵性和耐波性等性能。通常将浮性、稳性、不沉性称为舰艇的静力性能,快速性、耐波性和操纵性称为舰艇的动力性能。

关于浮性、稳性、不沉性、快速性、耐波性和操纵性等的定义、内涵、原理、设计计算方法及衡准参数等内容,可参考相关专业教材和文献。

2.2.2　综合评价指标体系

综合评价指标体系有如 20 世纪 80 年代我国海军提出的"两力六性"和《舰艇通用规范》(GJB 4000—2000)中的指标体系。

"两力"是指作战能力和生存能力,"六性"是指可用性、机动性、隐蔽性、兼容性、居住性、经济性。"两力六性"属于阶段性概念,不够全面,少了维修性、保障性、可靠性、安全性等,现在已较少用。目前较多使用的是 GJB 4000—2000 中的指标体系,如图 2-2 所示,共分为三项指标:作战能力、作战保障能力、作战适用性。每一项都可作为一个研究方向,每一项都不是独立的,实质是"两力六性"的优化和扩充。

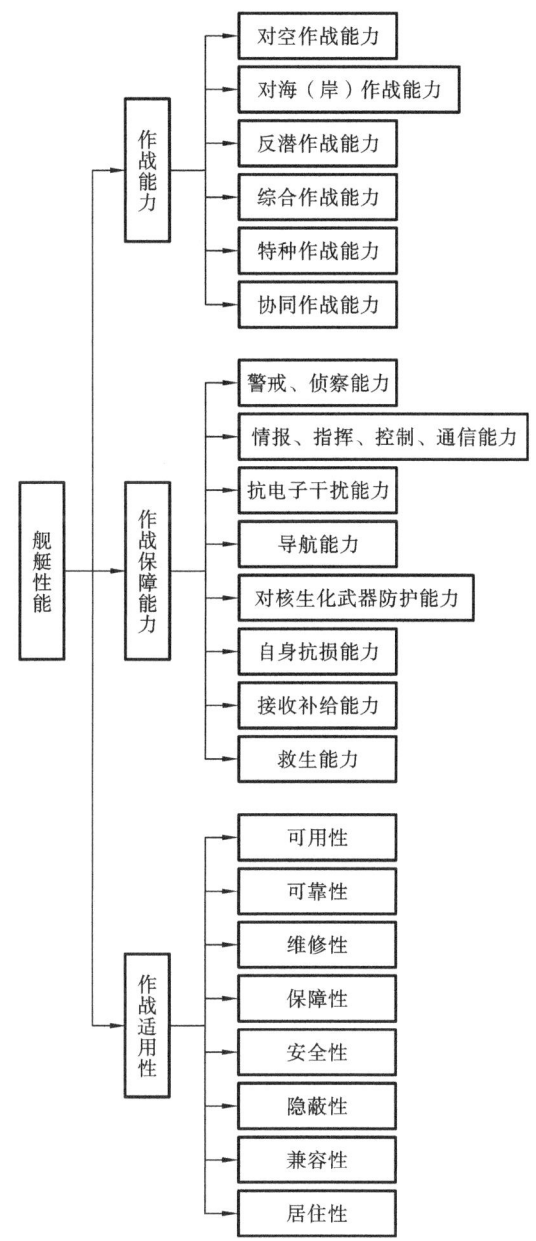

图 2-2　GJB 4000—2000 中的指标体系

2.3　水面舰艇作战能力

舰艇的作战能力是指舰艇在具体的作战条件下,并在规定的时间内完成战斗任务的能力的综合反映和量度,不涉及作战背景、战术应用、人员素质和心理状态等可变因素。作战能力一般可采用舰艇作战系统对空作战能力、对海(岸)作战能力、反潜作战能力等方面的单项作战力来描述,也可将其综合起来描述,如综合作战能力、协同作战能力、特种作战能力等。

对空、对海、反潜的作战能力涉及舰艇种类与舰艇特性,其通用要素主要为:

(1) 打击和拦截区域;

(2) 电子干扰能力;

(3) 打击和拦截武器的组成(含弹药基数);

(4) 武器通道数;

(5) 作战持续力。

作战系统的作战能力可通过量化指标来衡量,量化方法有很多种,常用的有三种:统计试验法、专家评估法、综合指数法。其中综合指数法较为流行,它是以舰载武器系统的性能指标为基础,借助于模糊数学、计算机模拟和专家评估的综合应用,以求得作战能力的量化值。舰载作战系统可以从任务层、武器层及性能层展开分析、计算。

(1) 任务层。根据使命任务不同,作战可分为三个方面,即对空作战、对海作战和反潜作战。

(2) 武器层。不同的作战任务要使用不同类型的武器,对应上述三方面的任务使用的武器分别如下。

对空战:舰空导弹系统、主炮系统、副炮系统、电子战系统、雷达系统、作战指挥系统。

对海战:舰舰导弹系统、主炮系统、电子战系统、雷达系统、作战指挥系统、直升机。

反潜战:反潜系统(含拖曳线列阵声呐、回声声呐、鱼雷、深弹)、作战指挥系统、直升机。

(3) 性能层。执行各种任务所使用的武器的常用性能参数如表 2-1 所示。

表 2-1 各种武器的常用性能参数

系统或设备	性能参数
舰空导弹	远界、近界、高界、低界、命中概率、毁伤概率、反应时间、同时对付目标数、导弹飞行速度、发射间隔、备弹量、制导方式
舰舰导弹	射程、单发命中概率、反应时间、同时对付目标数、导弹飞行速度、飞行低界、备弹量、制导方式
舰炮	口径、座数、发射率、初速、备弹量、射击通道、射程、射高、瞄准能力、反应时间
鱼雷	远界、近界、深界、航速、命中精度、战斗部威力、制导方式
深弹	射程、潜深、命中概率、战斗部威力
声呐	作战距离、测向精度、分辨力
雷达	作用距离、空域、探测精度、分辨力、天线转速
电子战	频域、测向精度、测频精度、无源干扰反射面积、红外干扰辐射能量、有源干扰频域、作用距离、干扰精度
直升机	有效载荷、巡航速度、续航时间、动升限、最大航程、架数
作战指挥系统	主存容量、运行速度、反应时间、数据库能力、共享能力、软件水平、情报处理能力、目标指示能力

1. 对空作战能力

舰艇对空作战能力包括对空中目标的拦截能力以及对来袭导弹的电子干扰能力。

对空作战的武器装备包括舰空导弹武器系统、火炮武器系统、近程防御武器系统和电子干扰系统。舰艇要具备对空中目标的拦截能力和对来袭导弹的电子干扰能力。对空中目标拦截能力的要求包括对来袭空中目标的拦截距离和高低覆盖范围应满足对空防御的战术要求;对空作战武器通道数、反应时间、作战持续力均需满足舰艇对空作战需求。

舰艇还可通过其雷达干扰、光电干扰能力,以降低来袭导弹的命中率。雷达干扰能力包括雷达侦察、威胁警告和干扰(有源干扰和无源干扰)功能。

2. 对海(岸)作战能力

舰艇对海(岸)的打击能力主要依靠舰舰(岸)导弹、舰炮、鱼雷、水雷以及舰载直升机及其机载武器。

导弹和舰炮对目标的攻击射界、射程、作战持续力、武器通道数、单发命中概率、反应时间都应满足对海(岸)攻击的战术要求。舰舰导弹单发命中概率应能保证对海(岸)目标攻击精确性的作战需求。

舰载直升机可完成对海目标的控制,可对已分配的打击目标进行超视距目标指示。舰载直升机机载武器主要以空舰导弹、鱼雷、激光炸弹等实施对海面目标的打击。

3. 反潜作战能力

水面舰艇的反潜作战主要依靠鱼雷、深弹等武器实施对水下目标的打击和防御,同时利用水声干扰能力对来袭鱼雷进行防御。舰载火箭助飞鱼雷主要用于中程反潜需求,而管装鱼雷主要用于近程反潜。反潜作战的深度范围一般不大于 270 m。

舰载直升机反潜是由直升机通过吊放式声呐测得敌潜艇位置,或通过舰机通信由舰载作战指挥系统提供敌潜艇位置,再由直升机机载鱼雷或深弹实施反潜作战。

4. 综合作战能力

由两种或两种以上的舰载武器组合,形成多目标、多方位、多批次的对各种典型目标的打击和防御能力,称为综合作战能力。正常排水量 500 t 及以上的舰艇一般具有对空作战武器通道、对海(岸)作战武器通道、反潜作战武器通道、电子战武器通道等,通过作战指挥系统的组合,可同时对空中、海面、陆上、水下目标进行攻击。

5. 特种作战能力

特种作战能力包括两栖作战能力和水雷作战能力。

两栖作战能力又可分为指挥能力、装载能力、登陆能力和自卫能力等。在指挥能力方面,两栖战舰艇一般配备必需的登陆指挥系统(或设备),登陆指挥系统(设备)的能力应满足本舰装载登陆装备和人员登陆作战指挥的要求,同时,登陆指挥舰艇还应能满足所指挥的编队的指挥要求。在装载能力方面,登陆装备和人员要根据作战需求形成一定的装载机制:便于登陆装备的装卸(或上舰、离舰);便于登陆人员的上舰、离舰;保证登陆人员舰上必需的生活、工作条件;可装载和平时期需求的其他物资。在登陆能力方面,登陆舰艇的登陆作业海况一般不小于4 级;气垫登陆艇的登陆作业海况一般不小于 3 级;尽量缩短登陆装备和人员的涉水距离和深度;间接登陆用的登陆装备,其航程应保证母舰(艇)在释放登陆装备时处于敌方岸基火炮打击范围之外。此外,两栖战舰艇要有足够的自我防卫和防护能力。

水雷作战能力又分为反水雷作战能力和布雷作战能力。反水雷作战能力可通过反水雷舰艇的目标探测与报警距离、反水雷方式、反水雷宽度、反水雷速度、反水雷深度等来衡量。布雷作战能力一般通过布雷舰艇的布雷定位能力和水雷装载能力来体现。

6. 协同作战能力

协同作战能力包括舰的编队指挥能力、舰舰协同作战能力、舰机协同作战能力、舰潜协同作战能力等。

2.4　水面舰艇的作战保障能力

作战保障能力是指舰艇为完成规定的作战使命任务所需要的保障能力,包括以下具体内容:警戒侦察能力、情报指挥能力,火力控制能力,通信能力,抗干扰能力,导航能力,对核、生物、化学武器的防护能力,自身抗损能力,海上接收补给能力和救生能力。

1. 警戒侦察能力

警戒侦察能力主要包括警戒范围、侦察范围、目标识别能力与目标分辨力、测量精度、数据采集的速率、目标处理能力等。

警戒范围包括对空警戒范围、对海警戒范围、对水下目标警戒范围、综合警戒范围。正常排水量为 500 t 以上的舰艇应具有探测空中目标、海面目标和水下目标中两组或两组以上的能力,其探测范围应与舰载各武器系统的使用相匹配。

舰艇侦察范围应是警戒范围的 1.5～2 倍,侦察扇面范围为 0°～360°。

目标识别能力主要指判断目标的敌我属性,对目标特征进行分析、鉴别和判别目标类型的能力。目标识别方法分为自动识别、半自动识别、人工识别等。

目标分辨力主要指舰艇对目标的距离分辨力、方位角分辨力、俯仰角分辨力。

测量精度包括测量的距离精度、方位角精度、仰角精度、测频精度。

数据采集的速率主要与系统精度和系统反应时间有关。

目标处理能力是指通过目标点迹提取和航迹处理,向指挥控制系统提供清晰的目标数据的能力。

2. 情报、指挥、控制、通信能力

舰艇情报、指挥、控制及通信是密不可分的,主要包括舰艇情报接收与处理、作战指挥、火力控制及通信的能力。

1) 情报接收与处理能力

接收和综合处理来自本舰的侦察情报信息和远方侦察情报信息,提供综合战场态势和战术数据。

2) 作战指挥能力

作战指挥工作方式可分为人工、半自动、自动三种,以半自动方式为主。作战指挥能力中的威胁判断能力是根据战场态势、目标运动参数及其特征,按照威胁判断模型,得出目标威胁大小的威胁排序。

作战指挥能力还包括辅助指挥决策能力、目标指示精度、武器分配功能、武器信息通道组织、系统精度、系统反应时间。

3) 火力控制能力

火力控制能力主要包括捕获、跟踪能力以及目标运动参数和射击诸元解算能力。

捕获、跟踪能力主要是利用多种跟踪传感器对目标进行探测、捕获、锁定、跟踪,大型舰艇一般具有超视距跟踪能力。

目标运动参数和射击诸元解算包括接收导航系统发来的我舰运动参数、作战指挥系统的

目标指示和战术命令。在盲目跟踪状态下,还要具有推算目标的当前坐标和进行目标预测的能力。

4) 通信能力

通信包括内部通信和外部通信。内部通信主要是全舰各战位、工作舱室和生活舱室之间的报知通信、指挥通信、勤务通信等。外部通信有短波、超短波、卫星等多种通信手段,潜艇还具有长波、水下通信及超快速通信等通信手段。

舰艇远距离通信一般应能在 $50 \sim 5000$ km 内进行各种指挥、控制和协同通信以及情报数据通信;潜艇接收距离为 8000 km;超短波通信能在视距范围内进行协同通信和情报数据通信;长波通信应能满足岸-潜通信。

3. 抗干扰能力

舰艇都应具备抗人工干扰、自然干扰的能力,包括抗雷达干扰、抗通信干扰、抗光电干扰、抗水声干扰等。

4. 导航能力

导航能力是指提供保证舰艇安全航行和有效使用武器所需要的已舰的各种运动参数的能力。包括定位、定向、航速、深度、姿态、时间、气象等。舰艇一般具有多种导航方式。

5. 三防能力(对核、生物、化学武器的防护能力)

1) 定义

舰艇核武器防护(ship protection for nuclear weapon)是指舰艇和人员遭受核武器袭击时所采取的防护措施,包括及时发出报警信号、穿戴防护具、开动防护设备并对放射性沾染进行洗消等。

舰艇生物武器防护(ship protection for biological weapon)是指舰艇和人员遭受生物武器袭击时所采取的防护措施,包括穿戴防毒衣具、对舰艇沾染区进行消除处理,并对受染人员进行及时治疗等。

舰艇化学武器防护(ship protection for chemical weapon)是指舰艇和人员遭受化学武器袭击时所采取的防护措施,包括及时发出报警信号、人员穿戴个人防护器材、舱内启开滤毒通风设备,并对舰艇沾毒表面和人员进行及时消毒等。

舰艇三防系统(ship protection system for NBC)是指舰艇用于防护核武器、生物武器、化学武器袭击的系统,包括进行观测、检测、采集、化验、侦验、防护、洗消及预防急救等的设备、设施和器材。

2) 一般要求

(1) 舰艇的三防应贯彻以大、中型水面舰艇为重点防护,小型水面舰艇、潜艇和辅助舰船为一般防护的原则;舰艇的三防以人员防护为主,装备防护为辅;人员的防护以集体防护为主,个人防护为辅。

(2) 舰艇应按其不同的使命任务配备必需的核生化防护装置与器材,建立完整的三防系统,确保舰艇在规定的核生化武器袭击条件下,仍能遂行其作战任务。

(3) 舰艇的三防应遵循避免沾染(规避污染)、防护和洗消三要素的原则。

(4) 舰艇应设置三防器材库、药品库和一定数量的储存箱柜,满足本舰所配发三防器材、药品的存放需要。

(5) 水面舰艇应具备消除自身各层甲板、上层建筑和武器装备表面的放射性、生物战剂、化学毒剂污染的能力。

（6）对重点防护的水面舰艇应设置三防指挥舱室或部位、三防密闭区及人员洗消站。

（7）重点防护的水面舰艇应具备对核爆炸观测、核辐射监测、生物战剂检验和化学毒剂侦检数据的处理和传输能力。

3）核防护

水面舰艇应能在表 2-2 所规定的冲击波超压峰值作用下，满足研制任务书所规定的毁伤等级要求。

表 2-2　舰艇抗爆要求

舰艇的正常排水量 Δ/t	能承受的空气冲击波超压值（自由场）/kPa
$\Delta \geqslant 5000$	70
$5000 > \Delta \geqslant 1000$	60
$1000 > \Delta \geqslant 200$	30～40

4）舰艇三防设施、装备、器材的配备

舰艇配备的专用三防装置与器材参见表 2-3，配备数量依据《海军防化装备编配规定和标准》执行。

表 2-3　舰艇专用三防装置与器材配备表

序号	装置与器材名称	水面舰艇正常排水量 Δ/t			潜艇
		$\Delta < 500$	$500 \leqslant \Delta < 2500$	$\Delta \geqslant 2500$	
1	三防监控仪	—	√	√	—
2	舰用核爆炸自动观测仪	—	—	√	—
3	舰（潜）用 γ 辐射仪	√	√	√	√
4	舰用含磷毒剂报警器	—	√	√	—
5	舰用含磷毒剂监督仪	—	√	√	—
6	水幕	—	√	√	—
7	舰用洗消器	√	√	√	√
8	滤毒通风装置	√	√	√	√
9	舰员防毒衣、防毒面具	√	√	√	√
10	空气呼吸器	—	√	√	√

舰艇配备的通用三防装置与器材参见表 2-4，配备数量依据《海军防化装备编配规定和标准》执行。

表 2-4　舰艇通用三防装置与器材配备表

序号	装置与器材名称	水面舰艇正常排水量 Δ/t			潜艇
		$\Delta < 500$	$500 \leqslant \Delta < 2500$	$\Delta \geqslant 2500$	
1	γ 辐射仪	√	√	√	√
2	个人剂量仪	√	√	√	√
3	射线指示仪	√	—	—	—

序号	装置与器材名称	水面舰艇正常排水量 Δ/t			潜艇
		Δ＜500	500≤Δ＜2500	Δ≥2500	
4	防毒衣、防毒面具、防毒手套	√	√	√	√
5	毒剂报警器	√	—	—	√
6	野战化验箱	—	√	√	—
7	侦毒器、侦毒包、消毒盒	√	√	√	√
8	生物战剂采样箱	—	√	√	—

6. 自身抗损能力

自身抗损能力分为消防能力和防沉抗沉能力,舰艇自身抗损应本着"预防为主、防抗(消)结合"的原则。

1) 消防能力

消防能力是舰艇本身应具有的防止起火、起火后能即时探测报警并扑灭火灾、在火灾中人员能自防自救等方面的能力。舰艇消防能力包括防火能力、防爆能力、探火报警能力、灭火能力、排烟能力和人员消防防护能力等六个方面。

舰艇防火能力应包括以下几方面:严格控制可燃易爆有毒材料上舰;选择应用耐火、阻燃(或不燃)隔热材料;对非阻燃材料应用防火涂料或阻燃剂进行阻燃处理;严禁汽油和用汽油作动力的设备上舰;合理进行全船防火,包括防火区域划分及按规定的耐火分隔等级建立完整的耐火分隔;对电路、配电盘采取防潮、防鼠、安装熔断器、选用无弧互补开关等防止电器、电路火灾的措施;严格控制非舰用电器上舰。

舰艇防爆能力应包括以下几方面:对油舱、油箱要采取有效措施防止燃油冒、跑、滴、漏;在柴油机舱、油泵站、燃油舱的隔离舱、喷气燃料泵舱、机库、油漆贮藏舱等可能积聚可燃气体的舱室或部位配置可燃气体监测报警装置和防爆通风装置;在弹药舱、导弹舱安装浸水、喷注系统;对油箱和油舱采取必要的防爆措施;在有爆炸危险的处所一般不应敷设电缆和安装电气设备,若不可避免时,应选用合适的防爆电气设备。

舰艇探火报警能力应包括以下几方面:火灾危险性较大的舱室和无人舱室应具有火灾探测、报警功能;对火灾监测得到的信息应有分析、判断和决策功能;对舱室中易燃易爆气体的浓度应有监测、判断与报警功能。

舰艇灭火能力应包括以下几方面:根据火灾类型、灭火剂的灭火对象以及灭火效果等情况,合理选用水消防系统、二氧化碳灭火系统、卤代烷灭火系统、泡沫灭火系统、蒸汽灭火系统、惰性气体灭火系统等,并应配置可移式应急消防水泵;根据舱室不同情况选配卤代烷灭火器、二氧化碳灭火器、干粉灭火器、泡沫灭火器以及 SD 强力液灭火器等;灭火系统应与探测报警系统组成一个完整的自动化的火灾探测、报警与灭火系统,以提高快速扑救能力。

耐火分隔可以分为以下几个等级。

(1) "A"级分隔。

"A"级分隔是由符合下列要求的舱壁与甲板所组成的分隔:分隔应以钢或其他等效材料制造;分隔应有适当的防挠加强;分隔应在 1 h 的标准耐火试验至结束时,能防止烟及火焰通过;分隔应采用不燃材料隔热,在表 2-5 所列标准耐火试验时间内,其背火一面的平均温度较原始温度增高值不超过 139 ℃,且在包括任何接头在内的任何一点的温度,较原始温度增高值不超过 180 ℃。

表 2-5　耐火试验等级(A)

耐火试验等级	耐火试验时间/min
"A-60"	60
"A-30"	30
"A-15"	15
"A-0"	0

(2)"B"级分隔。

"B"级分隔是由符合下列要求的舱壁、甲板、天花板或衬板所组成的分隔:舱壁、甲板、天花板或衬板所组成的分隔,应在最初的 0.5 h 标准耐火试验至结束时,能防止火焰通过;舱壁、甲板、天花板或衬板所组成的分隔,应具有这样的隔热值,使其在表 2-6 所列标准耐火试验时间内,其背火一面的平均温度较原始温度增高值不超过 139 ℃,且在包括任何接头在内的任何一点的温度,较原始温度增高值不超过 225 ℃;舱壁、甲板、天花板或衬板所组成的分隔,应以不燃材料制成,用于制造或装配"B"级分隔所用的一切材料应为不燃材料。

表 2-6　耐火试验等级(B)

耐火试验等级	耐火试验时间/min
"B-15"	15
"B-0"	0

(3)"C"级分隔。

"C"级分隔应以不燃材料制成,它们不需要满足有关防止烟和火焰通过,以及限制温升的要求。

船体、上层建筑以"A"级分隔沿船长分成的区段,称为防火主竖区。防火区域划分原则如下:

水面舰艇的船体、上层建筑应以"A"级分隔划分为若干个防火主竖区,每个防火主竖区在任何一层甲板上的纵向长度一般应不超过 40 m。对于为特殊用途而设计的舰艇(如登陆舰艇等),若不能满足要求,则应以纵舱壁作为防火区限界面,或采用经使用部门同意的能控制和限制火灾的其他等效设施来代替。舱壁甲板以上形成防火主竖区限界面的舱壁,应尽可能与直接在舱壁甲板以下的主横舱壁位于同一垂直面内。在舱壁甲板以下,主横舱壁可用作防火主竖区的限界面。作为防火主竖区限界面的主横隔壁,其水平方向应延伸至船体外板,垂直方向应从龙骨到上甲板,或上层建筑。"A"级分隔中除"A-0"级以外的金属基体与金属甲板、舱壁、船体舷侧和骨架连接的部位,以及管子、电缆、通风管道等穿过"A"级分隔金属基体的部位,应在"A"级分隔的一侧或两侧用不燃材料对相邻结构设置总长度不小于 300 mm 的隔热段,以保证该分隔的耐火完整性不受损害。如果某一防火主竖区内需要以水平"A"级分隔再分成水平区,则此水平分隔纵向应延伸至相邻的两个防火主竖区限界面,横向应延伸至该舰艇的船体外板或其他外部限界面。甲板可用作防火水平区的限界面。在防火主竖区内,对于舰艇作战、指挥、控制所必需的舱室,以及具有高度失火危险的舱室,应在其周围设置防火边界,以防止火灾在防火主竖区范围内蔓延。

2）防沉抗沉能力

防沉抗沉能力即不沉性，是指舰艇在舱室破损浸水后所具有的足够的稳性和浮性而能漂浮水面不沉的固有能力。

防沉与抗沉的区别：防沉是指防止舰艇破损沉没而在船体构造、设备和人员组织上预先采取的措施；抗沉是舰艇破损后，为了使舰艇免遭沉没所采取的各种措施和行动。

舰艇应进行不沉性优化设计，使之在一定破损条件下仍具有足够的浮性和稳性。合理设置水密区并保证水密区的完整性是舰艇抗沉能力的基本保障。其相应要求如下。

（1）舰艇应实行隔舱独立交通制，以每个主横隔壁为一独立区间。主隔舱之间的交通应尽量通过垂直通道及强力甲板以上的纵向通道实现，必要时设置垂直围壁通道。

（2）水密舱壁不应架设运转机械，管子、电缆及转动轴必须通过主横、水密舱壁时应确保其水密性，破损水线以下的水密舱壁部位不应开设门。

（3）液舱应尽可能地对称设置，对于可能形成大横倾角的舷部对称液舱应设置连通管，对隔舱浸水后有可能产生横倾的舰艇应设置平衡设施和排疏水系统，以保障在舰艇破损浸水时有足够的稳性。

（4）应配备堵漏、支撑器材，并将破损水线以下舷侧部位各舱的家具制成折叠或可拆式，便于堵漏时提供必需的操作空间。

7. 接收补给能力

正常排水量为 500 t 及以上的水面战斗舰艇应具有一定的海上接收补给的能力。舰艇接收补给一般包括液货补给品、干货补给品、人员等。液货补给品包括石油燃料（燃料油、柴油、喷气燃料等）、淡水（饮用水、洗涤水、锅炉水等）、滑油；干货补给品包括食品（粮食、副食品、调料等）、备品（备件、供应品、药品等）、桶装油料（各种滑油、液压油等）、弹药（炮弹、导弹、鱼雷、深弹、干扰弹等）；人员传送是指舰艇应具有接收或输送人员和伤病员的功能，人员的传送可采用接收干货补给和直升机垂直补给的方式进行。舰艇一般应能在表 2-7 中规定的海况下正常进行接收补给作业。

表 2-7　舰艇接收补给海况等级

接收补给形式	正常排水量 Δ/t		
	$500 \leqslant \Delta < 1000$	$1000 \leqslant \Delta < 5000$	$\Delta \geqslant 5000$
纵向航行补给	4	5	6
横向航行补给	—	4	5
直升机垂直补给	—	4	4
停泊靠帮补给	3	3	3
简易横向补给	2	2	2

8. 救生能力

舰艇上的一切救生设施应处于随时可用的状态。船舷投放的救生艇应在舰艇向任何一舷横倾 5°和不利的纵倾状态下顺利降落和回收。气胀式救生筏应在舰艇向任何一舷横倾 20°和不利的纵倾情况下安全降落。

每艘水面舰艇应按 105% 的人员编制配置气胀式救生筏于两舷，并应尽可能计及舰艇上备用铺人数的需要量。每艘辅助舰船应按全船实际床位数编制配置气胀式救生筏。凡舰艇上设置兼有救生功能的舰用小艇时,其救生总人数可计入救生筏配置的容量中。救生圈(衣)配置见表 2-8。

表 2-8 水面舰艇救生圈(衣)配置表

正常排水量 Δ/t	配备类型及数量/个(件)				
	救生圈总数	其中包括			救生衣
		带自亮浮灯救生圈	带橙色烟雾信号救生圈	带救生浮索救生圈	
Δ≥10000	18	7			
5000≤Δ<10000	14	7			
2500≤Δ<5000	12	6	每舷至少 1 只		按编制人数的110%配置
1000≤Δ<2500	10	5		每舷至少 1 只	
500≤Δ<1000	8	4			
200≤Δ<500	6	3		1	
50≤Δ<200	4	2		1	
Δ<50	2	—		1	

　　舰艇上应按照标准配备应急食品与应急淡水,应急食品备用量参见表 2-9。应急淡水配置要求:按舰艇人员编制,每人每昼夜配置 3 L 的应急淡水;应急淡水量为 3 昼夜;自给力为 2昼夜及以下的舰艇,不配置应急淡水。

表 2-9 水面舰艇应急食品备用量标准

自给力/d	备用量天数/d
≥5	3
3~5	2
<3	无备用量

2.5　水面舰艇的作战适用性

　　作战适用性(operational suitability)是指舰艇能在海上作战的满意的程度。舰艇作战适用性的构成要素通常指舰艇可用性、可靠性、维修性、保障性、安全性、隐蔽性、兼容性、居住性等。

1. 可用性

　　可用性是指舰艇、分系统和设备在既定的时间间隔内,在随机时刻需要和开始执行任务时,处于可工作或使用状态的程度。可用性分析应包括可靠性、维修性、保障性设计及可用性与费用的权衡分析。

　　舰艇可用性的度量参数包括固有可用性(A_i)和使用可用性(A_o)。固有可用性 A_i 和使用

可用性 A。应分别按下式建立与可靠性、维修性参数间的关系：

$$A_\text{i} = \frac{\text{MTBF}}{\text{MTBF} + \text{MTTR}} \tag{2-1}$$

$$A_\text{o} = \frac{\text{MTBF}}{\text{MTBF} + \text{MTTR} + \text{MLDT}} \tag{2-2}$$

式中：

MTBF——平均故障间隔时间；

MTTR——平均修复时间；

MLDT——平均后勤延误时间。

提高舰艇可用性的主要途径：

(1) 提高各分系统和设备的可靠性和维修性；

(2) 提高舰艇标准化程度。

2. 可靠性

可靠性是指产品在规定的时间内、规定的条件下完成规定功能的能力。舰艇作为一个武器装备所固有的复杂性，决定了其可靠性与设计、研制、生产、检验、使用与维修各阶段中诸多因素有关。装备的可靠性首先是设计出来的，同时也是生产和管理出来的。可靠性设计不仅确定了舰艇武器装备完成任务的概率，而且对其所需要的维修人力要求和后勤保障工作将产生很大的影响。

规范对舰艇及系统提出了可靠性定量和定性要求，以及设计实施与评估要求。使用部门在论证阶段提出可靠性大纲要求，研制部门在方案阶段根据可靠性大纲、规范及有关标准制定并实施可靠性大纲。在舰艇设计阶段，进行可靠性、性能及其他质量特性的同步设计。

在可靠性设计实施过程中，要进行可靠性建模，可靠性分配，可靠性预计，制定可靠性设计准则，故障模式、影响及危害度分析，故障树分析等工作，最后要对舰艇总体、系统的可靠性进行评估。

舰艇的可靠性分析是一个相当复杂的工作，应从方案阶段开始，并随着设计工作的不断深入和可靠性模型的逐步细化反复进行。可靠性设计准则应由设计师系统编制，在方案阶段早期，应制定供方案选择、确定总体布局时遵循的较简化的可靠性设计准则。在技术设计前应制定详细的可靠性设计准则。

3. 维修性

维修性又称可维性，是指装备的可维护、保养和修理的特性，表现为在给定的条件和时间内，按规定的方式方法进行维修时，系统、设备保持和恢复良好状态的可能性。

使用部门在论证阶段提出维修性大纲要求，而承制方依据此要求及相关的规范和标准制定并实施维修性大纲。在舰艇设计阶段，应进行维修性、性能及其他质量特性的同步设计，舰艇的维修性工作应以发现和纠正设计的缺陷为重点，通过采取行之有效的维修性设计分析和试验技术来实现。

在实施维修性设计时，首先要进行维修性建模，接着按此模型进行维修性分配，并随着模型的修改而相应更改维修性分配指标。维修性定量要求的分析，只需要进行到对所分配的维修性指标值有直接影响的硬件层项和维修级别。对规定的维修性级别应进行维修性预计，必要时，应按规定的每项使用和维修保障方案分别进行预计。一般地讲，维修性预计应尽早进行，并适时进行修正。

在舰艇总体和系统(设备)设计中应制定相应的维修性设计准则,其内容包括可达性设计、可换性设计、防差错设计、维修安全设计、检测诊断设计、贵重件的可修复性设计、不工作状态的维修性设计、维修中的工程设计、简化设计、原位维修设计等。

舰艇的维修体制根据海军规范和舰艇条例规定,分为三级维修。一级维修为舰员级维修,由舰员利用舰载设施、各个备件在舰上进行。二级维修为中继级维修,由修理队、修理船等专业维修人员和维修设施在舰艇泊岸或海上进行。三级维修为基地维修,由军内(外)修(造)船厂进行。

为提高舰艇的战备完好性和任务成功性,舰艇要进行预防性维修和计划性维修。预防性维修主要是完成日检修、周检修、月检修和航行检修规定的任务。计划性维修包括坞修、小修和中修。坞修定期检修保养的目的是清除舰体污锈,进行设备检修保养和排除故障。小修定期对舰体及各装备进行局部拆检修理,使舰艇基本保持其正常技术状态。中修定期对舰体及各装备进行全面的拆检修理,使舰艇基本保持或恢复战术技术性能。

4. 保障性

保障性是指装备的设计特性和拟订的保障资源能满足平时战备及战时使用要求的能力。装备的保障性是通过可靠性设计、维修性设计和测试性设计等来保证的,是一个复杂的系统工程,也是关系到战斗力发挥的重要因素。

保障性的定量要求包括保障性设计参数、保障资源参数和保障费用参数。在论证阶段,使用部门从保证战备完好性的要求出发,提出初步的保障性设计参数和保障资源参数的目标值和门限值。而保障费用参数是作为确定保障设计参数和保障资源参数定量要求的一个约束条件,常用每工作 1 h 的平均保障费用表示。在方案阶段承制方按军标规定,将保障性设计参数和保障性资源参数的目标值和门限值转换为规定值或最低可接受值。在这过程中要进行保障性分析,以使保障性定量要求与费用、进度、性能要求之间达到最佳的平衡。

保障性的定性要求有:舰艇及其系统的操作与维修应简单、方便、易于培训;必须为操作和维修人员提供必要的培训教材和培训器材;装备运输应适合多种运输方法和多种运输工具;在包装、标志与储存方面,应做到便于开启、易于识别、能长期储存;产品使用说明书、维护手册等资料、文档须齐全;保障设备应配套齐全、经久耐用,又应尽可能减少品种、规格,且易于取用。

舰员级维修所需的工具、仪表、备品备件配置在舰上。规范要求随舰备品备件的范围和数量按 90 天航行期的维修要求设计。中继级维修由专业修理队或修理船在泊岸或海上进行,相应的器材设备纳入基地备件,不配置在舰上。基地级维修由船厂进行。

维修用器材随舰交付。总体设计单位编制备品备件清单和供应品明细表,配置的品种和数量在相关系统设备的技术规格书中注明。维护保养用技术文件分别由舰总体设计单位和系统、设备责任单位随设备供应,在相关的技术规格书中注明。

舰员的培训工作由订货方(军方)统一安排,承制方负责编制大纲、教材及组织培训。培训对象为操作人员、维修人员、管理人员。培训包括理论培训和实操培训。培训应在交舰前完成,培训结束后,经考核合格后由承制方颁发结业证。

5. 安全性

安全性是指不发生事故的能力,也即指建立一种环境,使人员在这种环境下生活与工作感受的危险或危害是已知的、清楚的,并且可以控制在可接受的水平上。

对于舰艇可能遭遇的危险,规范按其严重程度划分为四个等级:

Ⅰ等(灾难的)　人员死亡或系统报废;

Ⅱ 等(严重的)　人员严重受伤、严重职业病或系统严重损坏；

Ⅲ 等(轻度的)　人员轻度受伤、轻度职业病或系统轻度损坏；

Ⅳ 等(轻微的)　轻于 Ⅲ 级的损伤。

舰艇上的系统为了安全使用必须采取必要的安全措施,首先应用最小风险设计在设计上消除危险。若不能通过设计消除已判定的危险或不能通过设计方案选择满足订货方的要求,则应采用永久性的、自动的或其他安全防护装置。若安全装置都不能有效地消除已判定的危险,则应该采用报警装置来检测出危险状况,并向有关人员发出适当的报警信号。若上述措施还不足以消除这些危险发生的可能,则应通过制定专门的安全操作规程和对人员进行专门的培训,来提高系统运行的安全性。

对于 Ⅰ 级和 Ⅱ 级危险,决不能仅仅使用报警、注意事项或者其他形式的提醒方式作为唯一的减少风险的方法,必须制定专用的规程,包括个人防护装置的使用方法。

安全性的问题首先要在设计中给予充分重视,系统安全性设计的一般要求如下。

(1) 通过设计(包括器材的选择和代用)来消除已判定的危险或减少有关的风险。当必须使用有潜在危险的器材时,应选择在系统生命周期内风险最小者。

(2) 危险的物质、零部件和操作应与其他活动、区域、人员及不相容的器材隔离。

(3) 设备的位置安排应使工作人员在操作、保养、维护、修理或调整过程中,尽量避免危险(如电磁辐射、高压电、尖锐部分等)。

(4) 尽量减少恶劣环境条件所导致的危险(如温度、压力、加速度、振动、冲击、噪声、毒性等)。

(5) 系统设计时应尽量减少在系统使用和保障中因人为差错所导致的风险。

(6) 为把不能消除的危险所形成的风险减小到最低程度,应该在设计中考虑采取一些补偿措施,包括连锁、冗余度、故障安全保护设计、系统防护等。

(7) 当采取各种补偿措施后还不能消除可能存在的危险时,必须在装配、使用、维护保养说明书中给出警示性注意事项,并在危险零部件、器材、设备和设施上做出醒目标记,以使人员、设备得到保护。

在舰艇的总体、系统、设备的各层次设计、建造、试验、使用、维护、修理中一定要把安全性放在第一位,尤其是人员的安全。在所有的过程中,都必须严格按照规程进行工作,万一发生事故,应尽量减轻事故中人员的伤害和设备的损坏。

6. 隐蔽性

在高技术条件的海战中,水面舰艇面对来自空中、水面和水下的威胁,探测技术的快速发展使得水面舰艇这一海上机动目标更容易被敌方发现、跟踪和识别。探测设备主要是通过探测舰艇物理场的特征信号来发现、跟踪和识别舰艇,因此,尽可能地减小舰艇各类物理场的目标信号特征值,对提高舰艇自身防卫能力显得极为重要。

水面舰艇的物理场主要有电磁场、声场、热力场、磁场、电场、光场、水压场、尾流场等。通过设计来减小舰艇这些物理场的信号特征值,提高舰艇的隐蔽性就是舰艇设计中的隐蔽性设计,或称隐身设计。

用户对水面舰艇有具体的隐蔽性要求,总体设计中要根据不同的需要来降低舰艇的雷达波反射、电磁辐射、水下辐射噪声、红外辐射、声目标强度、磁特性、光辐射、水压场、尾流场等各种物理场特征值。在总体设计的各设计阶段中,应对隐蔽性进行预测或估算,不断地发现问题,在总体、系统、设备的设计中共同采取各种改进措施。

有关舰艇隐蔽性设计的内容可参阅有关专门的著作和文献,在此仅对雷达波隐身、声隐身和红外隐身做简要叙述。

1) 雷达波隐身

水面舰艇作为一个海上目标被敌方雷达照射后,一部分照射功率被舰艇本身吸收了,另一部分则向各个方向辐射出去。在某一给定方向上的散射功率的度量是用目标的有效散射截面积 σ 来表征的,又称雷达散射截面积(radar cross section,RCS)。实际目标的雷达散射截面积大小与目标的性质、形状、照射角度和照射波的极化方向有关。

RCS 通常以 m^2 为单位。但由于 RCS 值的动态范围很大,通常也用相对 $1\ m^2$ 的分贝值(dB_{sm}),即用对数方式来表达。二者的转换关系为 $RCS/dB_{sm}=10\cdot lg(RCS/m^2)$。

(1) 减少舰艇的雷达散射截面积,可降低敌方雷达的发现概率和作用距离。

根据雷达方程,在无干扰情况下有

$$R^4=\frac{P_t G_t^2 \lambda^2 \sigma}{(4\pi)^3 P_r} \tag{2-3}$$

式中:

　　R——雷达作用距离(km);

　　P_t——雷达发射功率(W);

　　G_t——雷达天线增益(dB);

　　P_r——雷达接收机接收功率(W);

　　σ——舰艇雷达散射截面积(m^2);

　　λ——雷达波长(m)。

从式(2-3)可知,雷达作用距离与舰艇雷达散射截面积成四次方根的关系,减少舰艇雷达散射截面积,就可以减小敌方雷达的作用距离。

当雷达受到干扰后,其干扰方程为

$$R_0^2=\frac{P_t G_t \sigma K_j \Delta f_j}{4\pi P_j G_j \gamma_j \Delta f_r} \tag{2-4}$$

式中:

　　R_0——雷达受干扰后的作用距离(km);

　　P_j——干扰机功率(W);

　　G_j——干扰机天线增益(dB);

　　K_j——压制系数;

　　γ_j——极化系数;

　　Δf_j——干扰带宽(MHz);

　　Δf_r——接收机带宽(MHz)。

从式(2-4)可知,雷达受干扰后,其作用距离只与舰艇雷达散射截面积成二次方根的关系。

对于没有采用雷达隐身技术的舰艇,美国提出的计算雷达散射截面积 σ 的经验公式为

$$\sigma=52f^{\frac{1}{2}}\Delta^{\frac{3}{2}} \tag{2-5}$$

式中:

　　f——雷达频率(MHz),对于一般对海警戒雷达,其波长 $\lambda=23\sim2.3\ cm$,$f=1300\sim9200\ MHz$;

　　Δ——舰艇的满载排水量(kt)。

一艘 4000 t 级的导弹驱逐舰,其雷达散射截面积约为 40000 m²,若用雷达隐身技术,则可减少雷达散射截面积为 10 dB、13 dB 和 15 dB 三级,对机载雷达作用距离的影响为:使敌方机载雷达对舰艇的作用距离分别减小 37%、53%、55%(不加干扰);加上干扰后,可使敌方机载雷达对舰艇的作用距离分别减小 60%、78%、90%。

对海警戒雷达作用距离 R 的经验公式为

$$R \approx \sqrt{H_1} + \sqrt{H_2} \tag{2-6}$$

式中:

H_1——雷达天线离水面的高度(m);

H_2——目标有效反射面面积中心离水面的高度(m)。

当舰艇雷达散射截面积减少 13 dB 后,对于 4000 t 级的驱逐舰,可减小敌方对海警戒雷达作用距离 37%。

(2) 减少舰艇雷达散射截面积能提高舰艇的隐蔽性。

由于侦察卫星、预警飞机的出现,在海战中舰艇要绝对不被敌人发现是不可能的,若能在采取隐身措施后使敌方发现距离近一些或使之探测错误,就能起到重要作用。例如,上面说的一艘 4000 t 级的驱逐舰,其雷达散射截面积 $\sigma = 40000$ m²,采用隐身技术后,若能使雷达散射截面积减少 15 dB,则 $\sigma = 1155$ m²,只相当于一艘 400 t 级巡逻艇的雷达散射截面积。又如美国 10 万吨级的"尼米兹"航空母舰,在表面涂上雷达吸波材料后,在雷达显示器上变成巡洋舰大小的回波。

(3) 雷达隐身措施。

水面舰艇雷达隐身设计的目的是减少舰艇本身的雷达散射截面积,使其难以被敌方的雷达发现、跟踪和识别。使舰艇的雷达散射截面积降低到与海面杂波一样大小是最理想的,这样,舰艇的雷达特征信号就淹没在海洋环境中,搜索雷达和反舰导弹的末制导雷达就不可能捕获或识别舰艇目标。当然,这对于舰艇这样的大尺寸的复杂金属结构物是难以做到的,即使技术上能实现这一点,在经济上也是难以承受的。

雷达隐身设计主要通过外形技术和吸波材料来实现。对水面舰艇水线面以上的外形设计应避免邻近各表面相互垂直;应注意使平面法线方向偏离威胁方向,必要时外壁应向内或向外倾斜;尽量减少暴露在露天空间的武备、电子设备、甲板机械、舾装件及其他凸出体,同时还应避免它们相互间形成角反射体。

吸波材料的应用主要是根据舰艇雷达波隐身战术技术中的威胁特征、威胁方向和威胁频段来选取雷达波吸收材料。雷达波吸收材料分为结构型和涂敷型两类,结构型雷达波吸收材料用来制作结构件;涂敷型雷达波吸收材料用来涂刷或黏敷于金属表面。

例如美国研制的阿里·伯克级(DDG51)驱逐舰的上层建筑和水上部分结构采用了倒圆设计,并使用特殊的雷达吸波材料。朱姆沃尔特级(DDG1000)驱逐舰的舰面上只有一个单一的全封闭式船楼结构,该结构是一个一体成型的模块化结构,采用重量轻、强度高、雷达反射性低且不易生锈的复合材料制造,整体造型由下往上向内收缩以降低雷达反射截面。

在雷达隐身设计中,雷达波反射的威胁频段一般应针对 2～18 GHz;针对敌方搜索应侧重 2～12 GHz,针对敌方跟踪及末制导应侧重 8～18 GHz。

2) 声隐身

舰艇声隐身技术就是采取措施降低舰艇水下辐射噪声和声反射强度的技术。声隐身的目的是躲避声呐的探测和水中音响兵器(音响水雷、音响自导鱼雷等)的攻击。对水面舰艇声隐身设计来说,主要是降低舰艇的水下辐射噪声。水面舰艇的水下辐射噪声的主要噪声源有机械噪声源、螺旋桨噪声源和舰体水动力噪声源等。不同航行工况下的主要噪声源亦有所不同。

(1) 减少舰艇的水下辐射噪声,就能降低敌方被动声呐的作用距离,并能提高本舰声呐的作用距离。

舰艇水下辐射噪声是敌方被动声呐探测时的主要信息源,亦是本舰声呐的主要干扰背景。声呐强度与声呐作用距离密切相关。

根据被动声呐方程

$$\left.\begin{aligned} &SL-TL-NL+G_S+G_T=M \\ &TL=20\lg R+0.36f^{3/2}R+60 \end{aligned}\right\} \tag{2-7}$$

式中:

　　SL——本舰的辐射噪声级(dB);

　　TL——水介质对单程传播噪声能量的损失,为小于 1.0 的数;

　　NL——敌潜艇被动声呐基阵处的本艇噪声级(忽略海洋环境噪声)(dB);

　　G_S——敌被动声呐的空间增益;

　　G_T——敌被动声呐的时间增益;

　　M——敌被动声呐的识别系数;

　　R——被动声呐作用距离(m)。

从式(2-7)估算可知,若降低舰艇辐射噪声 6 dB,则可降低敌被动声呐的作用距离 50%,提高本舰声呐作用距离 100%,从而大大提高舰艇的水下隐蔽性。

(2) 减小舰艇声反射强度,可降低敌主动声呐的作用距离。

根据主动声呐方程

$$\left.\begin{aligned} &SL-2TL-NL+TS+G_S+G_T=M \\ &TL=20\lg R+0.036f^{3/2}R+60 \end{aligned}\right\} \tag{2-8}$$

式中:

　　SL——敌主动声呐发射声波级(dB);

　　TS——本舰声波反射强度(dB);

　　NL——主动声呐背景噪声级(dB);

　　TL——水介质对单程传播噪声能量的损失,为小于 1.0 的数。

根据式(2-8)估算,若舰艇采用隐身技术减少舰艇声波反射强度达 6 dB,则可降低敌主动声呐作用距离 50%;若减少舰艇声波反射强度 10 dB,则可降低敌主动声呐作用距离 70%。缩短敌声呐的作用距离,也就拖延了敌水中兵器的使用时间,给本舰规避及攻击敌舰提供了有利时机。

(3) 降噪和降声反射强度,可降低敌水中兵器的命中概率。

根据估算,若减少舰艇辐射噪声 6 dB,就可降低声被动制导鱼雷作用距离 50%,降低声引信鱼雷的作用半径 50%;若减少舰艇声反射强度 6 dB,可降低声主动制导鱼雷作用距离 50%。

(4) 声隐身措施。

在舰艇设计中应针对本舰具体情况,采取各种合理、有效的措施,以减小水下辐射噪声。目前主要是研究降低机械噪声、螺旋桨空泡噪声及桨叶振动诱导噪声、舰艇水动力噪声。

为了降低机械噪声,在设备选型上选用结构振动加速度较小的主、辅机设备;采用低噪声推进器(如五叶侧斜螺旋桨);使用新型推进装置(如电力传动推进装置)。此外,对动力机械设备和管路系统采取隔振措施(包括双层隔振系统、浮筏技术等),避免与舰体结构/舱室发生共振,对进排气道进行消声,机舱使用气幕降噪技术,必要部位使用阻尼吸声材料等措施。

对于螺旋桨噪声,由于降低螺旋桨空泡噪声和桨叶振动诱导噪声与螺旋桨设计、加工精度及其与舰体的配合有关,因此如有可能,可考虑加大螺旋桨叶数,减小其转速,使其盘面处伴流均匀分布,或增大桨叶斜度和改进桨叶剖面等。目前抑制螺旋桨空泡噪声源的有效途径是采用螺旋桨通气技术。美国早在 20 世纪 60 年代中期的 DD963 驱逐舰上,直至 DDG51 驱逐舰上均采用普雷里/马斯克气泡技术来屏蔽螺旋桨空泡噪声和舰体噪声。

对于舰艇的水动力噪声的控制,主要通过优化舰体及附体型线设计,改善艉部流场,以及优化船体水下开孔外形及布置等来实现。

在总布置设计中考虑的降噪措施有:将噪声源尽量集中布置在主机舱、辅机舱及舵机舱内,并进行隔声处理,以保证其他舱室的"安静";在噪声舱与"安静"舱室之间布置"过渡"舱室,如水舱、油舱、冷藏库、储藏室等。

3) 红外隐身

红外探测是现代海战中除雷达探测之外的另一种主要探测手段。水面舰艇排热量大,海上环境相对较冷且一致性较好,因此水面舰艇的红外特征很容易被探测和识别。舰艇红外隐身技术是指采取措施降低红外辐射的技术。

(1) 红外信号源。

水面舰艇本身是一个发热物体,是具有红外辐射的目标,其红外辐射的能量通过大气传播而被红外探测器或红外制导导弹所接收。舰艇动力装置的排烟是舰艇最主要的红外辐射源;船体本身也是个辐射源,尤其是甲板能形成良好的辐射面;舰艇航行所形成的尾流和船波与海面形成的温差也会产生辐射。红外遥感成像可清晰地展现出舰艇的外形和航迹。

综合来看,红外信号源分为内部和外部两种:水面舰艇的主、辅机是主要的内部红外辐射源,亦是反舰导弹红外制导系统的信息源;外部红外信号由舰艇表面吸收、反射周围环境的热辐射(如来自太阳、大气、海水的辐射)所产生。

(2) 红外隐形措施。

红外跟踪系统作用距离(R)由以下方程确定:

$$R = \left(\frac{S D_0 D^* K_1 K_2 K_3 K_4 J}{4F \sqrt{\omega \Delta f}} \right)^{1/2} \tag{2-9}$$

式中:

J——目标红外辐射能量;

D_0——接收口径;

K_1——目标辐射能;

K_2——调制透过率;

K_3——大气透过率;

K_4——光学透过率;

S——目标面积;

ω——视场角;

Δf——等效噪声带宽;

D^*——探测度;

F——相对孔径数。

当红外辐射能量减少 6 dB 时,依据式(2-9)估算,可使红外跟踪系统作用距离减小 50%。

红外隐形措施主要是研究降低红外辐射体的温度,改进其几何外形和结构布置以便改变红外辐射方向,或通过涂敷红外吸波材料使敌方探测器探测到红外辐射能量减至最小。水面舰艇的红外辐射源主要是烟熏和排烟,因此对其发动机排出的废气应及时冷却或使其大量热能向水下安全释放,在有红外辐射源处设置红外抑制器,机舱排气管道及舰体内外结构的发热部位要予以有效屏蔽和绝缘,舰的外面,特别是上层建筑表面要用特殊涂料处理,以使光反射减小。例如美国 DDG51 驱逐舰在设计时,除了对红外辐射源部位进行有效屏蔽和绝缘外,全部排气管道均用空气喷射器来抑制高温燃气,每个排气管道顶部装有特殊装置以屏蔽热管内壁。

舰艇的红外辐射经大气扩散传播。大气中的各种气体对不同波段的红外辐射有不同程度的吸收。但有三个波段(1~2.5 μm,3~5 μm,8~13 μm)范围的红外辐射能透过大气,即所谓的"大气窗口"。

舰艇红外隐身主要是设法降低舰艇热辐射源的温度以及改变自身红外辐射特性,并尽量使其温度与周围温度相接近,从而降低被敌方红外探测设备发现的概率和被红外制导导弹命中的概率。因此,舰艇红外隐身技术的基本思路是降温、屏蔽。

在舰艇设计过程中,根据需要进行必要的模型试验和理论分析,可为合理地进行红外辐射抑制设计提供依据。对 3~5 μm 波段的红外辐射的抑制,主要应考虑对舰艇排烟管及所排烟气等高温源的温度控制;对 8~14 μm 波段的红外辐射的抑制除考虑上述高温源控制外,还应使舰艇表面温度及反射率尽可能与海洋环境相一致。

为对抗红外制导导弹攻击,除采用舰艇本身的红外隐身措施外,还可应用红外对抗技术,如施放烟幕、红外箔条等无源干扰和红外干扰机、红外闪光弹等有源干扰。

7. 兼容性

兼容性是指舰艇上两种或两种以上的系统、设备作为一个更大的系统或环境的组成部分工作时,不发生相互干扰并能匹配协调的性能。

水面舰艇上的各类系统和设备的设计,一方面要注意充分发挥其性能,另一方面也要充分考虑到对舰上特定物理环境的适应,使相关的系统(设备)在一定的条件下相互兼容,确保正常运行。所谓"兼容",即能同时容纳几个方面,使它们在一定条件下共存。兼容性设计,既是舰艇总体设计中的一个极为重要的内容,也是舰上各类系统、设备在其本身性能、结构设计中必须考虑并涉及的重要内容。舰艇总体设计对上舰安装的各类系统、设备要提出具体的兼容性要求和技术指标。

兼容性涉及多方面的内容,在这里主要论及电磁兼容性、声兼容性以及火力兼容性。

1) 电磁兼容性

(1) 定义。

电磁兼容性(EMC)是指舰艇上电气、电子设备或系统能相互兼容工作而不导致其功能和指标的降低,并且电子设备辐射产生的电磁场对人员、武备、燃油、电子器件的危害不超过规定的界限值的最优状况。

(2) 产生原因。

电子、电气、计算机、控制技术的迅速发展,使之在水面舰艇上的应用越来越广泛。在舰艇这一有限空间内,电气、电子设备的密度急剧增加,设备的发射功率越来越大,接收机的灵敏度越来越高,无线电频谱日益拥挤,以致舰艇有限空间内的电磁环境日趋恶化。

（3）危害。

电磁干扰（EMI）问题已严重地影响到舰上各类装备的战术技术性能的有效发挥，同时对舰上的弹药、燃油和人员的安全也带来很大的隐患，这些都给全舰作战能力的有效发挥带来不利影响。电磁干扰可能造成导弹早爆或哑弹、通信距离缩短和噪声增大、雷达虚警、导航误差、计算机误码、火工品误引爆、燃油引爆，等等。因此，如何使处于同一电磁环境下的众多系统、设备不产生相互干扰，并且能正常运行，就是电磁兼容性所要解决的关键问题。

舰上的电磁兼容性问题受到各国海军和舰艇研制部门的高度重视，并且列为舰艇研制中的一个极为重要的战术技术性能指标，是检验武器装备基本特性的依据之一。

（4）电磁兼容性问题三因素。

产生电磁兼容性问题的三个因素为干扰源、敏感设备、耦合路径。这三个因素缺少一个，电磁兼容性问题就不会存在。因此，解决电磁兼容性问题也应该从这三个因素入手，首先查清这三个因素是什么，然后根据具体情况，采取适当的措施消除其中的一个。消除电磁干扰有以下措施：抑制干扰源，直接消除干扰产生的原因；消除干扰源和敏感设备之间的耦合路径；提高设备的抗干扰能力，降低其敏感度。

（5）电磁兼容性设计。

水面舰艇电磁兼容性问题必须在舰总体、系统、设备研制的初期，即方案论证阶段就开始考虑，并贯彻于研制过程的各个阶段。实现舰艇电磁兼容性的关键是切实做好各设计阶段中的电磁兼容设计。

对于水面舰艇这样一个复杂的武器装备，其电磁兼容设计必须贯穿到各个层次中，即舰总体级、系统级、分系统级、设备级、电路组件级。舰总体本身是个大系统，从大系统到各级系统要做好系统电磁兼容性设计。系统电磁兼容性设计就是把系统的电磁兼容性要求综合进系统的功能性设计中去，同时进行电磁兼容性与功能性设计。此外，还应把系统电磁兼容性综合进分系统、设备的电磁兼容性要求里去，同分系统、设备的功能性一并进行设计。

对一个复杂而完整的系统进行电磁兼容性设计，首先要分析并确定任务的电磁环境，预计系统要完成全部功能所处的最严重、最恶劣的电磁环境；然后根据实际电磁环境，编制系统电磁环境要求；再选用现行有效的标准或经剪裁的标准，编制电磁兼容性实施大纲。对系统、分系统及其所选设备的工作频率、频谱特性进行电磁兼容分析，研究它们的相关影响，预计干扰和敏感特性，采取措施使之尽可能不产生预期的电磁干扰。

（6）电磁兼容性检查和测试。

在实船试验阶段要对舰的电磁兼容性进行检查和测试。在系泊试验时要检查露天部位的装舰设备及索具、舱内电气及电子设备、进入屏蔽舱的电缆和管路等的接地线及接地电阻；检查屏蔽舱室内的场强及屏蔽舱室的实际屏蔽效果；测量发射天线附近人员活动场所的场强；测量武器发射装置的感应电压；测量相关武器装备附近的电磁场强；检查电磁收发设备同时工作时的相互干扰情况；检查用电设备同时工作时的相互干扰情况。在航行试验阶段，当舰锚泊或航行于开阔海面时，检查电磁收发设备同时工作时的相互干扰情况。

2）声兼容性

声兼容性是指舰艇上的水声设备和系统、语音通信系统、声报警装置与其他系统、设备能相互兼容工作的特性，并且武器在舰艇上发射时产生的脉冲噪声对人员的危害不超过安全限值。

（1）水声兼容性。

舰载水声系统和水声对抗系统是水面舰艇重要的反潜战武器装备，作为系统组成中的声呐等水下侦听设备常处在受舰艇自噪声干扰的环境中,为了确保装备性能的发挥,必须对舰艇在各种航行工况下,水下设备基阵安装部位的舰艇水下自噪声指标进行控制。

自噪声是舰艇航行产生并被本舰水下侦听设备接收到的水噪声。机械噪声、螺旋桨噪声、水动力噪声是自噪声的三种主要噪声源,每一种噪声源所产生的声和振动通过不同传播途径到达本舰水下侦听设备处,从而形成干扰,影响装备的性能。因此,降低舰艇本身引起的自噪声极为重要。在相同的条件下,若自噪声级下降 10 dB,则设备的探测距离将增加到原来的 2～3 倍。

为了控制自噪声对水下侦听设备的不利影响,舰艇总体设计时应对装舰设备的振动和空气声提出限值要求,并且要在设计中采取必要的隔振、阻尼、隔声等减振降噪措施。

对于水声设备,研制时也应充分考虑到舰艇的特定环境,在其线路、信号处理等设计中采取措施,提高抗水下自噪声的能力。

(2) 空气声兼容性。

舰艇空气声是指空气介质中人耳可以听到的频段内的噪声(20 Hz～20 kHz)。空气声对舰艇来说是一种有害无益的噪声。长期处在这样的噪声环境中会使人心烦、注意力分散,严重的甚至会引发疾病。噪声太大还会干扰舰员之间的语言交流,影响语音通信系统的正常工作。各类声响提示和报警装置的声信号也易被空气声所淹没。空气声还会透过舰壳向水中辐射,从而增大水噪声,其形成的自噪声会对本舰水下侦听装置产生干扰。

舰艇空气声主要是由舰载机电设备引起的。这些噪声源不仅直接向空气中辐射噪声,而且由它们产生的振动经基座传递到船体构架,再由船体构架中的薄弱的板材振动向空中辐射噪声。此外,螺旋桨的水动力产生的船体局部振动也可传递到船体结构薄弱处引起振动并向空中辐射噪声。

因此,除了在舰总体设计中要注意减少空气声场的危害外,装舰设备的语音通信系统应在设计中采取适当措施,提高抗背景噪声的能力并确保正常工作。设计的声响报警装置也应避免受空气声淹没的影响,规范建议其频率范围取在 200～2500 Hz,且声压级至少应高于背景 6 dB。

舰载武器在舰艇上发射时会产生很强的脉冲噪声,必须将该噪声控制在一定的安全限值内,以保证不会对人员造成危害。

3) 火力兼容性

火力兼容性是指舰艇上两个及两个以上火力武器同时使用时,能避免和消除对多目标交叉射击时在近距离可能出现的危险和不利影响,并充分发挥舰载火力武器的作战效能。

在舰艇总体设计中,对舰载武器位置布置及武器安全射界的设计,必须充分考虑到避免舰载武器交叉射击时的相互干扰,达到火力兼容,确保充分发挥舰载武器的综合作战效能。必要时,应在舰上设置舰载武器火力兼容控制设备,或在作战指挥控制系统中设置舰载武器火力兼容控制单元,统一实施舰载武器的火力兼容控制。在火力兼容控制设备或控制单元的设计中,应合理地确定火力兼容控制所需的时间安全域和空间安全域,综合权衡确定火力兼容控制的武器使用优先级别,采取多种有效的软件、硬件安全控制技术措施,确保舰载武器在同时使用时的火力兼容及本舰安全。首制舰艇上的火力兼容控制设备或单元应与武器系统一起进行陆上联调试验、系泊航行试验和海上专项试验,并提供完整的随机文件。

总之,在整个舰艇研制过程中,从新技术研究、设备选型、总体布置、结构措施、施工工艺到使用维修等方面,应全面地分析各种影响因素,系统地综合地进行兼容性设计,以保证全舰系统、设备和人员安全工作,保证战术技术性能的充分发挥。

8. 居住性

居住性是指舰艇上人员的生活和工作条件,即确定舰上舰员的生活和日常服务设施的舰艇特性。

1) 居住性设计的基本原则

改善和提高居住性不应被误解为追求生活舒适,而是确保舰员的战斗力,保证他们有充沛的体力和高昂的士气,能有效地使用和操纵舰艇、各种系统和设备。过分地强调居住性的改善有时会削弱舰艇的战斗性能。因此,在设计中,应本着"方便、实用、简朴、经济"以及生活服从战斗的观点来处理居住性的问题。舰艇设计师应根据舰艇的排水量大小、推进装置的类型、人员编制的状况、装舰设备的数量等对居住性进行综合协调,尽最大可能改善舰员的舱室环境和居住条件,并保证生活设施功能的发挥。

2) 居住性设计内容

居住性设计是一项综合技术,涉及船型设计(适航性)、总布置设计、人员编制、舾装设计(家具、绝缘、门/窗/梯/通道设计)、环境控制(空调、通风、采光、照明、减振降噪)、环境美化(色调、装潢)、生活医疗、娱乐设施配置、淡水量配置和防污措施,等等。此外,目前在推进人-机-环系统工程研究方面,各国加强了人机工程和人因工程的研究开发。人机工程学是研究人、机械及其工作环境之间互相作用达到最佳匹配的学科;人因工程学是研究人体结构、功能、心理以及力学等方面的特性,使人们能安全、有效、方便地操作机械,并设计出适合人们特性的机械、设备等的学科。美国海军已确认此项研究工作的重要性,成立了人因工程的专门研究机构,并大力推广人因工程在所有舰艇、系统、设备的研制和采办活动中的应用。人因工程师已作为舰艇设计小组成员,与舰艇设计师和其他人员一道工作,以确保舰艇、系统、设备能被有效地使用和保养。

水面舰艇居住性设计主要包括:住舱、盥洗室、厕所、厨房和餐厅,休息活动场所,相应的卧具、炊具、洁具及闭路电视系统,医疗卫生设施,洗衣、烘干设施,淡水携带量,空调通风要求,舱室噪声、照明、采光、色调要求,人员编制,防护措施,舱口、门、梯、通道的布置等。

控制好舱室环境对改善舰员居住环境起着非常重要的作用。舱室环境控制主要涉及温湿度、通风、噪声、振动、照明、色彩、防污、防护等方面。需要进行环境控制的舱室一般可分为空调舱室、通风舱室以及非通风舱室。空调舱室一般包括居住舱、活动室、餐厅、医疗宅、工作舱室、弹药舱及其他需要设置空调的舱室。在舰艇舱室噪声控制中,按语言交谈距离的清晰度或其他的功能要求对空气噪声舱室进行分类控制。规范将其划分成 A 至 F 六类,对各类舱室的空气噪声限值提出具体要求,A 类要求最高,如作战室、驾驶室等。根据舰艇的工作和生活环境对振动的要求,舱室分为三类区域。Ⅰ类区域是注意力集中、工作精度要求高的工作舱室或区域,以及需要保持舒适的生活环境的舱室或区域,如声呐室、控制部位、舰首长住室等;Ⅱ类区域为居住区内的保证舰员休息、学习和工作的场所,如住舱、餐厅、会议室等;Ⅲ类区域为人员停留或工作时间较短的场所。在舰艇的防污方面,除须满足规范要求外,还应遵守《中华人民共和国海洋环境保护法》和《1973 年国际防止船舶造成污染公约》及其 1978 年议定书所规定的条款。

在居住条件方面,规范对居住舱室、休息场所、膳务处所、卫生舱室、服务舱室、医疗舱室等及其相应的设施都提出了具体的要求。

水面舰艇干部住室和士兵住舱的总铺位数按人员编制数确定,并考虑 5%～10% 的备用量。干部住室不应设三层床铺,士兵住舱每舱铺位数不宜超过 20 个。干部与士兵居住舱室应按等级设置,其甲板面积和舱室净高度应满足 2-10 中的要求。

表 2-10　水面舰艇居住标准

项目名称			舰艇正常排水量/t	
			<1000	≥1000
干部住室人均面积 /m²	舰长、政委单人住室		≥8	≥10
	副舰长、副政委、机电长	单人	—	≥7
		双人	≥3.5	—
	其他部门级干部	双人	—	≥3.5
		2~4 人	≥2.5~3	—
	区队长和军士长干部	4~6 人	—	≥2.5
		4~8 人	≥2.0~2.5	—
士兵住室人均面积 /m²	士兵住舱	双层铺	≥1.5	≥1.7
		三层铺	≥1.4	≥1.5
住室净高度/m	军官住舱		—	≥1.9
	士兵住舱	双层铺	≥1.9	≥1.9
		三层铺	≥2.1	≥2.1

3）居住性技术发展趋势

现代舰艇居住性技术发展的重要特点是:从过去传统的孤立低水平考虑舰员居住条件向从人-机-环工程角度综合研究改善和提高人员的战斗和工作效率过渡。人员、机器、环境三因素在舰艇居住性研究中有机地结合为人-机-环系统工程,成为居住性研究的核心。舰员对环境条件的要求和适应能力,设计什么样的机器设备能为舰员方便而正确地使用,机器设备对环境条件的要求和适应能力,环境条件对舰员和机器设备的影响程度,已成为舰艇居住性外延的重要研究课题,旨在求得人-机、人-环、机-环之间关系的最佳综合协调。

总之,居住性设计应是技术、艺术、施工工艺等方面的完美结合。鉴于水面舰艇的现实状况,在舰艇设计中必须对舰员的生活和工作条件给以高度重视。良好的居住性设计将为良好的人-机-环系统提供一个很好的基础。

复习思考题

1. 水面舰艇主要由哪些系统组成?
2. 评价舰艇的主要战术技术指标有哪些?
3. 舰艇的作战能力包含哪些要素?
4. 舰艇的作战保障能力包括哪些要素?
5. 何谓舰艇的可用性?提高舰艇可用性的设计措施有哪些?
6. 何谓舰艇的可靠性?提高舰艇可靠性的设计措施有哪些?
7. 何谓舰艇的维修性?提高舰艇维修性的设计措施有哪些?

8. 何谓舰艇的保障性？提高舰艇保障性的设计措施有哪些？

9. 何谓舰艇的安全性？提高舰艇安全性的设计措施有哪些？

10. 何谓舰艇的隐蔽性？影响隐蔽性的主要因素有哪些？

11. 雷达波隐身技术包含哪些内容？

12. 舰艇降噪的主要设计措施有哪些？

13. 何谓舰艇的兼容性？

14. 改善舰艇电磁兼容性的主要措施是什么？

15. 何谓舰艇的居住性？舰艇的居住性与哪些因素有关？

第3章 水面舰艇重量重心计算

3.1 舰艇载重的分类

排水量是表明舰艇战术技术性能的一项重要参数,是舰艇设计中各项性能计算的重要依据。而排水量等于组成舰艇的各项重量之和,因此,在舰艇设计中准确地计算舰艇的重量及其重心,是一项基本并极其重要的工作。重量重心计算的准确与否,直接关系到舰艇战术技术性能的好坏。

从阿基米德原理知道,舰艇的排水量等于舰艇本身的重量,因此,舰艇的排水量可以通过计算组成舰艇各部分重量之和的方法来确定。

$$\Delta = W \tag{3-1}$$

式中:

Δ——舰艇排水量;

W——舰艇的总重量。

又

$$W = \sum_{i=1}^{n} w_i \tag{3-2}$$

式中:

w_i——第 i 项载重的重量。

在舰艇设计中重量计算有两个特点:一是贯穿于整个设计过程的始终,如方案论证、初步设计、技术设计、施工设计、编制完工文件等各个阶段,都要进行各部分重量的计算;二是逐步近似,各部分重量不可能在设计的最初阶段就做到准确无误,而是随着设计阶段的不断深入,重量计算也由粗到精,由最初按母型资料、统计资料和近似公式粗略估算到最后按施工图样分项精确计算,还要通过建造中分项称重进行校核,是一个逐渐精确、多次循环、螺旋上升的过程,每一次计算都是对前次计算的检验和修正。

本章着重阐述在设计初始阶段各部分重量的估算方法。舰艇各部分重量一般可分为以下两大类。

第一类与舰艇的排水量和主尺度的大小有关,如船体结构、舰艇装置和系统等。这类重量用数学式表示为

$$w_i = f_i(C_B, L, B, T, D) \tag{3-3}$$

式中:

C_B——方形系数;

L, B, T, D——正常排水量下的设计水线长、宽、吃水和型深。

第二类与设计舰提出的各项装备、指标有关。其中又分为两种:一种是由研制总要求规定

的,如武器、弹药的重量等,是固定不变的重量;另一种是由设计者采取的技术措施决定的,如选用什么型号的主机、发电机、探测设备等。这些因素用符号 $a,b,c,\cdots$ 表示,则

$$w_i = f_i(a,b,c,\cdots) \tag{3-4}$$

那么,任意一项重量的一般表达式为

$$w_i = f_i(C_\mathrm{B},L,B,T,D,a,b,c,\cdots) \tag{3-5}$$

用适当的方法找出这些重量项的具体表达式,就可以用它来计算舰艇的重量了。

3.1.1　舰艇载重分类的准则

舰艇的各个组成部分从重量的角度来看都称为载重。将舰艇的各部分载重分类的目的,是便于在设计各阶段计算和建造施工时统计各项载重的大小。对不同性质的载重来说,它们取决于不同的因素。为了便于对各部分载重进行计算,必须先按照这些载重的特点,将它们分类。此外,由于一艘舰艇的各种部件成千上万,不胜枚举,如果不给以明确划分,在计算各部分载重时容易出现遗漏或者重复。因此在计算各部分载重,以及通过称重控制质量和积累重量资料时,要求载重有明确的分类。

从以上分类的目的可以得出舰艇载重分类的准则:

(1) 重量取决于相同因素的载重合在一起,这样便于计算。

(2) 将具有同样用途的载重合在一起,这样便于分析比较设计质量。例如:将舰上有关武器的重量合在一起,通过武器重量占排水量的百分数,可以比较两艘舰的武器装载量。

(3) 将施工时组成一个部件的载重合在一起,这样便于在施工建造中通过称重控制重量和积累实际的重量资料。

(4) 不能遗漏一项载重,也不能有载重重复计入。

3.1.2　舰艇载重的分类

各个国家对舰艇载重的分类都有自己的标准。即使在同一国家内,由于舰艇的不断发展,舰艇各项载重的特点也会发生变化,因此对舰艇载重的分类也经常进行若干修正。另外,由于舰艇类型的不同,载重分类也可能出现大同小异的情况。对于不同国家、不同时期、不同的舰种,舰艇载重分类标准有所不同,但是总的来说,都是大同小异,存在着许多共性规律。

通常采用的分类方法是将整个舰艇的载重按“部”“节”“组”“项”四级分类,在实际使用中可以根据需要,适当增加或者删减层次。

老的四层表示方法为:将舰艇的载重分成若干个部分(用一、二、三……编号),在每一个载重部分下面又分成若干个节(用拼音字母 A、B、C……编号),每一个节的下面又分成若干组(用罗马数字Ⅰ、Ⅱ、Ⅲ……编号),最后在每一个组下面又分成若干项(用阿拉伯数字 1、2、3……编号),各分项要计算到设备单元级。

新的四层表示方法为:“部”用拉丁字母 A、B、C……表示,其中 I、O 不用;“节”用两位阿拉伯数字 01、02、03……表示;“组”用两位阿拉伯数字 01、02、03……表示;“项”用两位阿拉伯数字 01、02、03……表示。

我国《舰艇通用规范》(GJB 4000—2000)和《水面舰艇重量分项》(CB/Z 205—2004)中规定全船重量分为如下 16 个部。

A:船体结构;

B:推进系统;

C:电力系统;

D:电子信息系统;

E:辅助系统;

F:船体属具与舱室设施;

G:武器发射装置与保障系统;

H:供应品;

J:弹药;

K:人员、行李、食品、淡水;

L:燃油、滑油、给水、喷气燃料;

M:储备排水量;

N:液体负荷;

P:特殊装载;

Q:压载;

R:超载。

表 3-1 给出了水面舰艇部分重量分项标准及各项编号方法。其余部分的详细分类及分项代号,可参考《水面舰艇重量分项》(CB/Z 205—2004)。

表 3-1　水面舰艇部分重量分项标准

分项代号	项目名称
A000000	船体结构
A010000	船体主要结构
A020000	船体舱壁结构
A030000	船体甲板结构
A040000	船体平台结构
A050000	上层建筑结构
A060000	专用结构Ⅰ
A070000	专用结构Ⅱ
A080000	基座
A090000	专用项目
B000000	推进系统
B010000	非核能源发生系统
B020000	推进机组
B030000	功率传递系统和推进器
B040000	推进保障系统
B050000	控制和监测系统
B090000	专用项目

分项代号	项目名称
C000000	电力系统
C010000	电源设备
C020000	配电系统
C030000	照明系统
C040000	电气集中控制和监测系统
C050000	发电机组保障系统
C060000	电缆敷设
C090000	专用项目
D000000	电子信息系统
D010000	水面警戒系统
D020000	水下警戒系统
D030000	情报指挥系统
D040000	火力控制系统
D050000	内部通信系统
D060000	外部通信系统
D070000	对抗系统
D080000	导航系统
D090000	专用项目
E000000	辅助系统
E010000	舱室大气环境控制
E020000	消防系统
E030000	日用水系统
E040000	冷却系统
E050000	燃油、滑油的注入、转运和储存系统
E060000	压缩空气和其他液体系统
E070000	舰艇运动控制系统
E080000	海上补给和接收系统
E110000	机械式转运系统
E190000	专用项目
F000000	船体属具与舱室设施
F010000	船体属具
F020000	舱室分割和表面覆盖

分项代号	项目名称
F030000	防腐与防污
F040000	生活舱室
F050000	服务性舱室
F060000	工作舱室
F070000	储藏处所
F090000	专用项目
G000000	武器发射装置与保障系统
G010000	舰炮与保障系统
G020000	导弹发射装置与保障系统
G030000	深水炸弹发射和投放装置与保障系统
G040000	鱼雷发射装置与保障系统
G050000	水雷发射布放装置与保障系统
G060000	反水雷武器收放装置与保障系统
G070000	软武器发射装置与保障系统
G080000	舰载直升机武器保障系统
G090000	其他武器
G190000	专用项目
H000000	供应品
H010000	船厂供应品
H020000	海军供应品
H090000	其他
J000000	弹药
J010000	枪炮弹药
J020000	对空导弹
J030000	对海导弹
J040000	对地导弹
J050000	深弹
J060000	鱼雷
J070000	水雷
J080000	干扰弹
J090000	其他
K000000	人员、行李、食品、淡水
K010000	人员和行李

续表

分项代号	项目名称
K020000	食品
K030000	淡水
L000000	燃油、滑油、给水和喷气燃料
L010000	正常排水量时
L020000	满载排水量时
M000000	储备排水量
N000000	液体负荷
N010000	船体内的液体负荷
N020000	推进系统工作液体
N030000	电力系统工作液体
N040000	电子信息系统工作液体
N050000	辅助系统工作液体
N060000	船体属具与舱室设施工作液体
N070000	武器发射装置和保障系统工作液体
P000000	特殊装载
Q000000	压载
R000000	超载

表 3-1 中的水面舰艇重量分项标准细化到了"部"和"节",实际规范中细化到了"组"。由于篇幅关系,本书仅在表 3-2 中以"船体主要结构"这一"节"为例列出"组"的代号及名称,其余细节划分可参考《水面舰艇重量分项》(CB/Z 205—2004)。

表 3-2　船体主要结构"节"中各"组"的代号及名称

分项代号	项目名称	说明
A000000	船体结构	
A010000	船体主要结构	
A010100	船体底部结构	包括底部外板和底部骨架以及双层底,但不包括艏艉端部结构
A010200	船体舷部结构	包括舷部外板和支撑骨架
A010300	艉部结构、艏艉柱	包括船体艏部结构、艉部结构和尾封板、艏柱和艉柱的等效焊接结构以及由锻件和铸件构成的艏柱和艉柱
A010400	铆钉、螺钉及焊缝	
A010900	其他	

"部""节""组"的序号和名称应保持不变,但允许增减;"项"的序号根据需要允许重编;允许更为详细地划分"节""组""项";方案设计和初步设计阶段,允许合并"组""项"计算,技术设

计和施工设计阶段,原则上应分项计算重量、重心,但也可以考虑按总体分段来计算重量、重心。

在设计中,一般将重量、重心的结果列成一张表,称为载重表。表上除了列入各项载重的名称和大小外,还要列入各项载重对中横剖面、中线面和基平面的力臂和力矩,以便计算各部分载重和整个舰艇的重心位置。因此,载重表也称重量重心计算书,如表 3-3 所示。

表 3-3 重量重心计算书

序号	项目名称	重量	纵向				横向				垂向		备注
			中剖面前		中剖面后		距中线面(右)		距中线面(左)		距基线(上)		
		t	m	t×m	m	t×m	m	t×m	m	t×m	m	t×m	
1 2 3	船体结构 船体主要结构 船体底部结构 外板 底部纵向构件 底部横向构件 …												

根据设计阶段的不同,舰艇载重计算的详细程度也有所不同。在初步估算排水量时,由于已知条件少,通常将载重分为十几个大部进行估算。设计阶段越深入,载重计算也越细,载重计算的精确性也越高。

西方各国对舰艇载重有各自的分类标准,但也是大同小异。美国海军舰艇载重分类标准中,将载重按本身的性质特点分为如下几部分。

(1) 船体结构,包括主船体、上层建筑、桅杆、烟囱、基座、装甲、液体负荷等。

(2) 推进装置,包括主机、传动、轴系、推进器及其轴架、液压系统、操纵设备等。

(3) 电气设备(电站),包括发电机、配电板、消磁装置、电缆和支架等。

(4) 通信和控制,包括各种探测、通信、导航、指挥和控制设备等;

(5) 辅助系统,包括空调、海水系统、淡水系统、制淡系统、压缩空气系统、液压系统、舰艇装置和辅助设备等。

(6) 舾装和设备(舰用系统),包括通道和入口、冷却和通风、照明、非结构性隔壁、油漆等。

(7) 武器,包括导弹、火炮、水中兵器、飞机、弹药、航空通信、航空燃油等。

(8) 人员,包括人员、行李、生活设施、人员保障、食品、食用水和洗涤水、备品等。

(9) 燃油,包括燃油、滑油、给水等。

(10) 其他。

按载重的功能特点可分为平台和负载两大部分。

(1) 平台包括船体结构、推进装置、电气设备、辅助系统、舾装和设备、其他等。

(2) 负载包括燃油、人员和有效负荷等。有效负荷又称战斗负荷,包括武器、探测、通信、导航和控制设备等。

3.2　舰艇排水量的种类

根据国家军用标准,正常排水量 500 t 及以上的称舰,500 t 以下的称艇。水面舰艇按正常排水量的大小划分不同型级,如表 3-4、表 3-5 和表 3-6 所示。

表 3-4　水面舰艇(不含两栖战舰艇)型级划分

型级		正常排水量 Δ/t
大型	1	$\Delta \geqslant 10000$
	2	$5000 \leqslant \Delta < 10000$
中型	3	$2500 \leqslant \Delta < 5000$
	4	$1000 \leqslant \Delta < 2500$
	5	$500 \leqslant \Delta < 1000$
小型	6	$200 \leqslant \Delta < 500$
	7	$50 \leqslant \Delta < 200$
	8	$\Delta < 50$

表 3-5　两栖战舰艇型级划分

型级		正常排水量 Δ/t
大型	1	$\Delta \geqslant 10000$
	2	$5000 \leqslant \Delta < 10000$
中型	3	$2500 \leqslant \Delta < 5000$
	4	$750 \leqslant \Delta < 2500$
小型	5	$200 \leqslant \Delta < 750$
	6	$\Delta < 200$

表 3-6　辅助舰船型级划分

型级		正常排水量 Δ/t
大型	1	$\Delta \geqslant 10000$
	2	$8000 \leqslant \Delta < 10000$
	3	$6000 \leqslant \Delta < 8000$
中型	4	$4000 \leqslant \Delta < 6000$
	5	$3000 \leqslant \Delta < 4000$
	6	$1000 \leqslant \Delta < 3000$
小型	7	$500 \leqslant \Delta < 1000$
	8	$\Delta < 500$

整个舰艇的重量是随着舰上燃油、弹药、淡水、食品、消耗品等可变载荷的消耗和补充而改变的。随着装载情况的改变,舰艇的各种性能也会相应发生变化。为了便于验算各种装载情况下的舰艇性能,以保证执行战斗任务和安全航行,同时也为了对舰艇的各种性能提出确切的要求,对各种典型装载情况下的排水量含义做了统一规定。常用的有空载排水量、标准排水量、正常排水量、满载排水量、最大排水量五种。它们的定义参见 2.2.1 节。

各类排水量所包含的内容见表 3-7。其中特殊装载是指两栖战舰艇和辅助舰船因特殊用途而装载的人员、物品等的重量。

表 3-7 水面舰艇的五种排水量所包含的各部分载重

序号	重量分类	排水量				
		空载	标准	正常	满载	最大
1	船体结构	√	√	√	√	√
2	推进系统	√	√	√	√	√
3	电力系统	√	√	√	√	√
4	电子信息系统	√	√	√	√	√
5	辅助系统	√	√	√	√	√
6	船体属具与舱室设施	√	√	√	√	√
7	武器发射装置及保障系统	√	√	√	√	√
8	供应品	—	√	√	√	√
9	弹药	—	√	√	√	√
10	人员、行李[1]、食品、淡水	—	√	√	√	√
11	燃油、滑油、给水、喷气燃料	—	—	√[5]	√	√
12	储备排水量[2]	√	√	√	√	√
13	液体负荷	—	√	√	√	√
14	特殊装载[3]	—	—	√	√	√
15	压载[4]	△	△	△	△	△
16	超载	—	—	—	—	√

注:表中"√"表示有;"—"表示没有;"△"表示可能有。

[1] 人员及行李重量,正常排水量 200 t 及以上的水面舰艇,军官和士兵分别按每人 130 kg、110 kg 计算;正常排水量小于 200 t 的水面舰艇,分别按每人减少 10 kg 计算;非住宿艇按每人 90 kg 计算。

[2] 包括现代化改装储备和设计建造储备。

[3] 当有特殊装载时。

[4] 压载是指水面舰艇上增加的固体压载。

[5] 为 50% 装载。

舰艇设计时,通常以正常排水量时的装载状态作为设计状态,正常排水量又称为设计排水量。

3.3　重量估算

排水量的确定主要取决于各部分载重的重量计算(估算)。因此,重量估算就成为确定排水量的中心问题。重量估算是否正确,直接影响到排水量估算是否正确。

舰艇每个部分载重的重量,是通过对各部分重量起主要影响的因素(如主尺度 L、B、T、D 等)和各种统计系数建立的关系式估算出来的。

在设计最初阶段,重量估算要求满足一定的准确性。由于影响各项重量的因素有很多,而且它们的影响在各种不同情况下又不完全一样,所以在实际估算时只根据几个起主要影响作用的因素建立近似关系式。正因为这样,同一重量的估算往往有好几种形式。但是,每种关系式都有一定的局限性。在实际使用中,必须根据设计舰的载重特点,选择合适的关系式。另外,重量估算的精确性还取决于合适的母型和各种估算系数的正确性。

(1)舰艇设计初期(方案或方案论证)。

此阶段重量资料不全,装备状态未完全确定,通常采用估算的方法来确定舰艇各部分的重量,进而确定排水量。常用的估算方法有立方模数法、百分比法、分细目换算法。

(2)方案设计、初步设计。

此阶段重量重心主要为估算,按重量分项标准中的部、节、组、项估算,可以将节、组、项适当合并。主要采用分细目换算法进行。

(3)技术设计。

此阶段重量重心为计算,按重量分项标准中的部、节、组、项,根据图样和明细表详细计算。

(4)施工设计。

此阶段重量重心为详细计算,按施工图和明细表计算重量和重心坐标,按重量分项标准中的部、节、组、项计算到设备单元级,管系、电缆也应详尽统计计算。

下面针对方案论证和初步设计阶段,对各部分载重举出几种常用的估算方法。

3.3.1　船体结构部分重量 W_c

影响船体结构重量的因素有很多,如舰艇的主尺度、船型系数、舱室布置、结构形式、材料的物理性质等。很明显,当舰艇的舱室布置、结构形式和材料种类选定以后,影响船体结构重量的主要因素是舰艇的主尺度和船型系数等。

1. 影响船体结构重量的因素

1) 主尺度及船型系数

(1)舰长 L:从构件的几何尺寸和数量上看,舰上大多数构件都与舰长有关。从强度要求看,舰长越长,其所承受的纵向弯矩越大,对船体总纵强度的影响也越大。为了满足强度要求,舰体等值梁的剖面模数也要求增大,从而要求船体纵向构件的尺寸也增大。所以舰长对船体重量的影响最大。

(2)舰宽 B:从构件数量看,横向构件与舰宽有关;从强度条件看,舰宽对横向强度有较大的影响,但对于船体总纵强度影响不大。因此,舰宽的影响小于舰长。

(3)型深 D:从构件数量看,型深对船侧结构、舱壁、支柱有影响;从强度上分析,型深增加,船体梁的剖面模数增大,对强度有利。如果保持等强度的话,型深增加后,可使纵向构件的尺寸减小,也即增加型深后,船体结构重量不一定增加,有时其至有利于减轻重量。

(4)吃水 T:吃水变化对总纵强度和局部强度有一定影响。因为吃水增加,舷外水压力也随之增加,从而需增强船体和增加船侧结构尺寸。所以,增加吃水,会引起船体结构重量增加,但总的说来,较其他主尺度的影响小一些。

(5)船型系数 C_B:C_B 的增减对船体结构的构件数量和尺寸影响甚小,也即对船体结构重量的影响很小。

总之,主尺度和船型系数按对船体结构重量影响的大小来排列,为 L、B、D、T、C_B。

2)布置特征

舱室布置特征不同,船体结构重量也不同。如甲板层数、舱壁数、上层建筑的大小等均对船体结构重量有影响。

3)结构材料

船体使用的材料不同,如钢材或铝材,钢材中的高强度钢或普通钢,都会对船体结构重量有很大影响。

4)舰种、规范、航区

设计舰的舰种不同,使用的规范不同,活动海区的不同,则对船体结构要求有所不同。因而也影响到船体结构重量。例如,常在冰区航行的舰艇,其结构要加强。

5)结构形式

如果设计舰在相同排水量、主尺度和相同外力的作用下,采用不同结构形式(如纵骨架式和横骨架式等),则船体结构重量也不相同。

2. 估算公式

1)立方模数法

此法假定船体结构重量正比于船体内部总体积,并以 $L \times B \times D$ 作为内部总体积的特征数,则有

$$W_c = q_c LBD \tag{3-6}$$

式中:

W_c——船体结构重量(kg);

q_c——计算系数,它的数值根据设计舰的特点,参照相近的母型或统计资料选取;

L、B、D——设计舰的舰长、舰宽和型深(m)。

母型的计算系数 q_{c0} 可根据母型舰艇体结构重量 W_{c0} 和母型舰长 L_0、舰宽 B_0 和型深 D_0 用下式计算:

$$q_{c0} = W_{c0} / (L_0 \cdot B_0 \cdot D_0) \tag{3-7}$$

各种舰艇 q_c 的统计如表 3-8 所示。

表 3-8　各种舰艇计算系数 w_c 和 q_c 的一般范围

舰种	w_c	$q_c/(\text{kg/m}^3)$
巡洋舰	0.28～0.39	67/84/92
驱逐舰	0.28～0.38	69/88/98
护卫舰	0.32～0.45	77/96/104
扫雷舰	0.35～0.48	91/120/140
猎潜艇、炮艇	0.32～0.40	65/100/130

注:表中 q_c 列对应的三个数值从小到大分别为其取值的下限、常用值和上限。

当设计舰的上层建筑、首尾舷弧的相对尺度与母型差别较大时,可将式(3-6)中的型深 D 用相当型深 D_1 代替,则

$$W_c = q_c L B D_1 \tag{3-8}$$

$$D_1 = D + \sum l_i h_i / L + (h_f + h_a)/6 \tag{3-9}$$

式中:

l_i、h_i——设计舰各上层建筑的长度和宽度(m);

h_f、h_a——设计舰的首尾舷弧高度(m)。

用立方模数法估算 W_c,既简单又方便,且有一定的精度,故广泛应用于设计初始阶段。但也存在以下四个方面的问题:式中仅反映了 L、B、D 对 W_c 的影响,而没有考虑其他很多与 W_c 有关的因素;当用立方模数法换算时,实质上是把船体看成一个均匀实心体,这显然是与实际情况不符的;按上述公式计算时,W_c 仅与 L、B、D 三者乘积有关,而不能反映尺度比的影响,实际上当尺度比不同时,特别是 L/B 不同时,即使立方模数相等,W_c 也不会相等;上述公式中 L、B、D 的指数均为 1,即认为三者对船体结构重量具有同等程度的影响,但实际情况并非如此。

2）百分比法

船体结构重量 W_c 可以看成与排水量 Δ 成正比,这时

$$W_c = w_c \Delta \tag{3-10}$$

式中:

w_c——计算系数,即 W_c 占排水量 Δ 的百分比。

根据设计舰的特点,w_c 按照相近的母型或统计资料选取。

$$W_{c0} = w_{c0} \Delta_0 \tag{3-11}$$

式中:

w_{c0}——母型的船体结构重量系数;

W_{c0}——母型的船体结构重量;

Δ_0——母型排水量。

各种舰艇 w_c 的统计资料如表 3-8 所示。

3）平方模数法

平方模数法的计算式为

$$W_c = C_c L (B + D) \tag{3-12}$$

式中:

C_c——计算系数,取自母型或统计资料。

平方模数法认为船体结构重量 W_c 与面积成正比,把船体看成空心的结构,这比立方模数法合理一些,更适合于小型舰艇。

4）分细目换算法

如果设计者有相近母型舰艇体结构的详细重量资料,对每一分项的结构特点列出相应的计算公式,则可以得到设计舰艇体结构较准确的重量。

表 3-9 中列出了船体结构部分各项载重的换算关系式。其中:$L_{机}$ 为机炉舱长度,$L_{首}$ 为首楼长度,n 为主横舱壁数,P 为主机功率。

设计舰艇体结构相应项的重量为

$$W_i = W_{i0} \times M_i / M_{i0} \tag{3-13}$$

式中:

W_i、W_{i0}——设计舰和母型舰对应于第 i 项的重量；

M_i、M_{i0}——设计舰和母型舰对应于第 i 项的换算关系式。

表 3-9　船体结构各项载重换算关系式

序号	载重名称	换算关系式
1	外壳板	$L^2(B+4T)$ 或 $L^2(B+2D)$
2	底壳板	L^2B 或 $L_{机}B$
3	双层底范围内的底部构架	L^2 或 $LT(B+2D)$
4	双层底范围内的舷部构架	LT 或 $LT(B+2D)$
5	双层底范围外的舷部和底部构架	$LT(B+2D)$
6	首楼甲板及其构架	$L^{1/2}B$ 或 $L_{首}B$
7	上甲板及其构架	L^2B
8	中间甲板及其构架	LB
9	下甲板及其构架	LB 或 $BD(L-L_{机})$
10	平台甲板及其构架	$L^{1/2}B$ 或 $BD(L-L_{机})$
11	主横舱壁	LBD 或 nBD
12	主纵舱壁	LT 或 LD
13	次要舱壁、围井、升降道	$(LBT)^{2/3}$ 或 $BD(L-L_{机})$
14	烟囱和烟道	P 或 $\Delta^{2/3}$
15	上层建筑壳板和锻件	与主尺度无关或 Δ
16	桅杆	与主尺度无关
17	舰体内的铸件和锻件	$(LBT)^{1/2}$ 或 Δ
18	舭龙骨	L
19	铆钉头和焊缝 加强结构和基座	$(LBT)^{2/3}$ 或 LBD
20	装置和系统下的加强结构	LBT 或 Δ
21	武器下的加强结构	W_w
22	主机炉下的加强结构	$(LBT)^{2/3}$ 或 P

3.3.2　船体属具与舱室设施部分重量 W_z

这部分重量通常按立方模数或百分比法估算,立方模数法的公式为

$$W_z = q_z LBD \tag{3-14}$$

百分比法的公式为

$$W_z = w_z \Delta \tag{3-15}$$

式中:

q_z、w_z——计算系数,可参考母型舰选取。

如果要求比较精确地估算,在母型重量资料齐全的条件下,可按分细目换算法。

3.3.3 武器部分重量 W_w 和弹药部分重量 W_d

武器部分重量和弹药部分重量可以根据研制总要求的要求(型号和数量),查阅有关武器弹药的重量资料直接算出,与其他因素(如排水量和主尺度)无关,是一常数。这种载重称为独立载重。如果其中有些项目的重量从资料上查不到,如手提武器、扬弹装置、备件和专用工具等,则可参考相近母型的载重资料中的对应项重量换算出。

3.3.4 推进系统部分重量 W_j

当研制总要求中,只规定了要求达到的最大航速,而没有选定主机的型号和数量时,可按下式进行估算:

$$W_j = q_j P_m \times 10^{-3} \tag{3-16}$$

式中:

q_j——主机单位功率重量(kg/kW);

P_m——最大航速时所需的主机功率(kW)。

设计舰所需主机功率 P_m 常用海军系数公式估算,这时式(3-16)可化为

$$W_j = \frac{q_j \Delta^{2/3} v_m^3 \times 10^{-3}}{C_m} \tag{3-17}$$

式中:

v_m——研制总要求规定的最大航速(kn);

C_m——最大航速时的海军系数。

在 3-10 中列出了推进系统部分载重中主要项目重量占整个机械部分重量的百分比。

表 3-10 机械部分各项载重的百分比

项目名称	占机械部分重量的百分比/(%)	
	蒸汽轮机动力装置	柴油机动力装置
主机	30~40	70~75
锅炉	25~35	—
独立辅机	3~5	2~4
动力装置和辅机管路	10~20	6~12
轴系和推进器	8~15	12~18
动力装置操纵部位	约1	约0.5

系数 q_j 根据设计舰所采用的动力装置类型和特点,按照相近的母型资料或统计资料选定。在表 3-11 中列出了各种类型动力装置的 q_j 值的一般范围。

表 3-11 各种动力装置 q_j 值的一般范围

动力装置类型	q_j/(kg/kW)
蒸汽轮机	8~19
中速柴油机	8~18
高速柴油机	1.9~8
燃气轮机	0.7~4

从母型 Fr-C(弗劳德-海军系数)曲线上可以查出设计舰的 C_m 值,但只有在设计舰与母型的推进效率相等的条件下才是正确的。当设计舰与母型的推进效率不一致时,应对母型 Fr-C 曲线上取得的 C_0 值做相应的修正:

$$C = C_0 \frac{\eta_p}{\eta_{p0}} \tag{3-18}$$

式中:

η_p、η_{p0}——设计舰和母型的推进效率。

对于同一种船型来说,影响海军系数的主要因素为 Fr 和 η_p,图 3-1 所示为一般驱逐舰的 Fr-C 曲线。从图中可以看出:当 Fr 在 0.5 附近时,对应的 C 值最小,当 Fr 在 0.35~0.45 之间和 0.55 以上的时候,C 值的变化较大。C 值随推进效率的提高而增加。因此,在选取 C 值时必须考虑到设计舰 Fr 的范围和可能到达的推进效率。如果有母型的实船测速试航资料,从中可以查出不同航速下主机输出功率的轴功率系数值,则可以作出比较准确的 Fr-C 曲线。

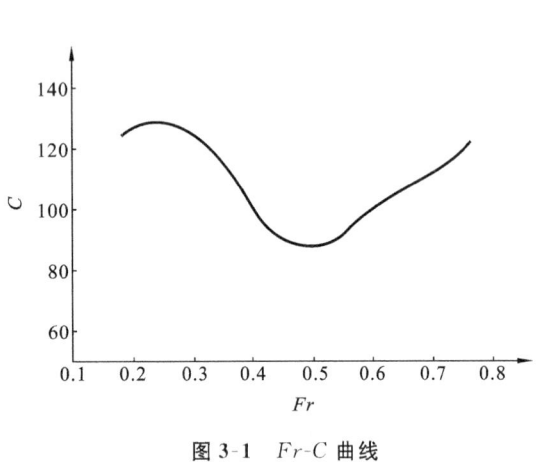

图 3-1　Fr-C 曲线

当主机的型号和数量已在研制总要求中规定时,主机机械部分主要重量的主机重量可从产品说明书中查出,机械部分其他项目的重量,可参考相近母型的重量重心计算书用逐项比较法来确定。因此,可将机械部分重量作为独立载重在表中直接计算出来,这比用近似公式较简单准确。

如果主机型号和数量在研制总要求中没有规定,则根据式(3-16)估算出主机功率后,也可采用分细目估算法估算出机械部分的重量(见表 3-12)。

表 3-12　推进系统部分各项载重的换算关系式

序号	载重名称	换算关系式
1	主机及附属机械	P_m 或独立载重
2	机舱设备	$P_m^{1/2}$
3	独立辅机	$P_m^{1/2}$
4	动力装置管系	$P_m^{1/2}$
5	轴系和推进器	$L \times P_m^{1/2}$
6	操纵控制设备	$P_m^{1/2}$
7	机械设备、备件和专用工具	$P_m^{1/2}$

3.3.5　辅助系统部分重量 W_t

辅助系统部分重量主要取决于系统的种类、管路的直径和长度以及各种系统的功率等。在设计初始阶段可按立方模数法和百分比法进行估算:

$$W_t = q_t LBD \tag{3-19}$$

或

$$W_t = w_t \Delta \tag{3-20}$$

式中：

$q_t = 0.006 \sim 0.011 \text{ t/m}^3$；

$w_t = 0.020 \sim 0.040$。

3.3.6　电力系统部分重量 W_a

电力系统部分重量主要取决于舰艇所需的总功率、发电机型号和用电机械设备的数量种类等。在设计初始阶段可按立方模数法或百分比法估算：

$$W_a = q_a LBD \tag{3-21}$$

或

$$W_a = w_a \Delta \tag{3-22}$$

式中：

q_a、w_a——计算系数，可参考母型或统计资料选取。

各种舰艇 q_a 和 w_a 的一般范围为 $q_a = 0.01 \sim 0.135 \text{ t/m}^3$，$w_a = 0.03 \sim 0.098$。

如果在研制总要求中已选定发电机的型号和数量，或者参考母型舰能计算出设计舰所需发电的总功率（如选取电气化系数 K，即单位排水量所需的发电机功率，则所需发电机的总功率等于 $K\Delta$），然后选定发电机的型号和数量，则可采用分细目换算法估算，其中发电机重量可从产品说明书中查出。电力系统部分各项载重的换算关系式如表 3-13 所示。

表 3-13　电力系统部分各项载重的换算关系式

序号	载重名称	换算关系式
1	电力系统	E
2	蓄电池及充电设备	$E \times L$
3	照明和信号灯	$L \times B \times D$
4	操纵设备	$E \times L$
5	全舰电缆	$E \times L$
6	电气设备固定件	$E \times L$

注：E 为电力负荷总功率（kW）。

3.3.7　电子信息系统部分重量 W_h

电子信息系统部分重量主要取决于雷达、声呐、无线电台、导航和指控系统等设备的重量。当设计舰确定了这些电子设备的型号和数量以后，可按独立载重计算。各电气设备的重量可在产品说明书中查出，其余各项重量可参考母型的重量重心计算书，用逐项比较法计算。若难以确定电气设备的型号和数量，可按立方模数法和百分比法估算。

3.3.8　人员、行李、食品、淡水部分重量 W_r

在研制总要求中已经确定设计舰的人员编制表的条件下，此部分重量可根据任务书规定的自给力和《舰艇通用规范》按独立载重计算。

1. 食品

食品包括主食品和副食品,按每人每昼夜 2.7 kg 计算,舰艇食品储存量应按其全部自给力和编制人员配备。此外,还需要根据自给力的大小配备每人每昼夜 0.75 kg 的备用食品(不必再进行加工的食品):

(1)自给力 5 昼夜和 5 昼夜以上的舰艇,另配不少于 3 昼夜的备用食品;

(2)自给力 5 昼夜以下、2 昼夜以上和 2 昼夜的舰艇,另配 2 昼夜的备用食品;

(3)自给力 2 昼夜以下的舰艇不另配备食品。

2. 饮用水和洗涤水

饮用水和洗涤水(淡水)每人每昼夜的消耗量按表 3-14 计算。

表 3-14　每人每昼夜饮用水和洗涤水消耗量

项目	正常排水量 Δ/t			非住宿艇	
	$\Delta \geqslant 5000$	$500 \leqslant \Delta < 5000$	$\Delta < 500$	有煮水设备	无煮水设备
饮用水/kg	10	10	10	5	3
洗涤水/kg	25	20	15	—	—

非住宿艇是指艇员不居住在艇上或以居住在基地营房为主的小型舰艇,包括出航后根据需要可临时住宿的小艇。

有海水淡化装置的舰艇,建议按其自给力配置淡水,但不论其自给力为多少,应不小于以下规定:

(1)自给力 7 昼夜以上和 7 昼夜的舰艇按 7 昼夜计算;

(2)自给力 7 昼夜以下的舰艇按 5 昼夜计算。

若配备有足够产量的海水淡化装置,经订货部门同意,配置淡水的昼夜数可适当减少。舱、柜"死角容量"所载的淡水不计入总储存量之内。计算应以舰艇编制人员数为依据,表 3-14 所示为最低标准,允许根据各舰的实际情况,适当增大淡水的储存量。

登陆舰艇等有搭乘人员的舰艇,应考虑搭乘人员的淡水消耗量,按每人每昼夜 5 kg 计算,并考虑其在舰上的最大逗留时间。

3. 人员及其行李的重量

每个舰艇人员的体重(按 65 kg 计算)及其所带的行李的重量按表 3-15 计算。

表 3-15　舰员体重加行李重量

项目	正常排水量 Δ/t		非住宿艇
	$\Delta \geqslant 200$	$\Delta < 200$	
军官/kg	130	120	90
士兵/kg	110	100	90

人员及其行李的重量中包括人员本身重量、人员的服装、工作服和私人用品的重量,但不包括卧具、褥垫的重量。

当任务书中没有规定人员编制数时,可参考母型自行确定。海军各类舰艇都按照"精兵、合成、平战结合、提高效能"的基本要求,依据舰艇一级战斗准备部署的实际需要,适当兼顾航行值更、训练执勤和维护保养的原则确定人员编制数。下面举出一种舰艇的人员编制方案,供学习时参考。

1）军官编配

（1）舰艇领导干部。

驱逐舰、护卫舰和其他二级舰艇编舰长 1 人、政委 1 人、副舰长 1 人；扫雷舰、登陆舰、猎潜艇和其他各类三级舰艇编舰艇长 1 人、政治教导员 1 人、副舰艇长 1 人；护卫艇、导弹艇、鱼雷艇、扫雷艇和其他各类四级舰艇，一般编舰艇长 1 人、副舰艇长 1 人；部分人数较多、长期分散执勤的舰艇，增编政治教导员 1 人；登陆艇、测量艇、交通艇等五级舰艇，只编艇船长 1 人。

（2）舰艇部门干部。

大、中型水面舰艇的机电部门编机电长 1 人、副机电长 1 人；其他各战斗部门原则上编部门长 1 人，部分专业技术复杂、作战指挥或值更执勤任务较重的部门可增编副部门长 1 人；各勤务保障部门只编勤务主任 1 人，不编副职。

（3）专业技术干部。

卫生干部：驱逐舰和远洋辅助舰船编卫生主任 1 人、军医 1 人；护卫舰、扫雷舰、登陆舰和重型辅助舰船编军医 1 人，其他小型舰艇不编专职卫生干部。

技术干部：根据各舰艇的使命任务和特种装备的使用要求视舰艇需要配置。

机要干部：三级以上舰艇原则上编译电员 1 名；部分舰艇可不编，执行任务时由上级临时派遣。

2）士官编配

舰艇区队长、军士长、各类技师、部分小型舰艇的艇船长等，均编配士官；需要保持稳定的各类专业技术班长、组长亦编配士官。

3）士兵编配

航海兵员：三级以上舰艇的舵信、操舵兵按三更编配，电航、导航兵按二更编配；四级以下舰艇的操舵兵按一至二更编配，电航兵按一更编配。

观通兵员：三级以上舰艇的信号、报务兵一般按三更编配，少数舰艇可按二更编配；四级以下舰艇的操舵兵按一至二更编配，电航兵按一更编配。

机电兵员：三级以上舰艇的各类机电兵一般按三更编配，其中应急动力和舱段兵可酌减，四级以下舰艇一般按一至二更编配。

枪炮兵员：根据武器装备的战术技术性能和操作使用要求，编配基本骨干号手，一般号手由其他兵员按战斗部署职责要求，经专业训练考核合格后担任；新型全自动炮，编配输供弹药和检修维护人员。导弹兵员和水中兵器兵员的编配原则同枪炮兵员。

雷达声呐兵员：根据雷达、声呐装备的战术技术性能和操作使用要求，编配基本骨干号手。大、中型舰艇的警戒雷达、声呐可按二更（个别的可按三更）编配人员。

指挥仪、测瞄仪兵员：编配原则同雷达声呐兵员。

帆缆兵员：二级舰艇编 6～10 人，三级舰艇编 3～5 人，四级舰艇编 1～2 人。

防化兵员：二级战斗舰艇编 2～3 人，三级战斗舰艇编 1 人，四级以下战斗舰艇和登陆、辅助舰艇原则上不编。

3.3.9 液体负荷部分重量 W_f

船体内积剩的液体载荷包括各种舱底积剩的液体载荷和各种管系、机械装置内的液体载荷。舱底积剩的液体载荷用泵也难于抽尽,常称"死角油(水)"。所以将这些液体负荷归纳起来组成一个部分载重。它的重量与底舱面积、各种系统的型号和数量有关,在设计的初始阶段通常采用立方模数法、百分比法和平方模数法估算:

$$W_f = q_f LBD \tag{3-23}$$

或

$$W_f = w_f \Delta \tag{3-24}$$

或

$$W_f = K_f LB \tag{3-25}$$

式中:

q_f、w_f、K_f——计算系数,可参考母型或统计资料选取。

各种舰艇 q_f、w_f 的一般范围为 $q_f = 0.002 \sim 0.013 \ t/m^3$,$w_f = 0.005 \sim 0.05$。

3.3.10 供应品部分重量 W_g

供应品通常指保证舰艇正常运行、作战、维修保养、日常生活等所需的非固定物品,如救生设备、医疗设备、帆缆以及与机械、系统、观通、武器相关的器材、备品、专用工具等,还包括消耗材料、零星用品(如床上用品、炊具、办公用品、文体器材等)、完工文件等。在初始阶段,通常作为独立载重计算或按百分比法估算:

$$W_g = w_g \Delta \tag{3-26}$$

式中:

w_g——计算系数,可参考母型或统计资料选取。

各种舰艇 w_g 的一般范围为 $w_g = 0.007 \sim 0.02$。

3.3.11 燃油、滑油、给水、喷气燃料部分重量 W_y

该部分重量应包括主机(或主锅炉)、电力系统、辅锅炉、造水机、空压机、机动小艇和厨房炉灶等的燃油、滑油和机械用水的消耗量,还包括舰载直升机的航空煤油、滑油、洗涤用蒸馏水和淡水等。

1. 燃油

舰艇上所携带的燃油,应当保证在规定的续航力及停泊时间之内,所有主辅机械及生活设备的用油需要,并且还要增加一定的余量,以备暖机、进出基地和港湾、大风浪天气航行时间增加的需要。

舰艇上每一种消耗燃油的机械设备的耗油量,都可按式(3-27)计算:

$$W_{yi} = kG_{yi}t \tag{3-27}$$

式中:

W_{yi}——某机械设备的总耗油量;

G_{yi}——该机械设备的单位时间耗油量;

t——该机械设备的总工作时间;

k——储备系数,一般取 $k = 1.00 \sim 1.15$。

1）主机（或主锅炉）燃油

主机的耗油量主要取决于巡航（或经济）航速下续航力 R（n mile）、巡航（或经济）航速 v_s（kn）和耗油量 g_{01}（kg/(kW·h)）。在初始设计阶段可按式(3-28)估算：

$$W_{y1} = k g_{01} \frac{R}{v_s} P_s \times 10^{-3} \tag{3-28}$$

或

$$W_{y1} = k g_{01} \frac{v_s}{C_s} \Delta^{2/3} \times 10^{-3} \tag{3-29}$$

式中：

P_s——巡航航速时的主机功率；

C_s——巡航航速下的海军系数，按相近的母型选取。

各类主机 g_{01} 的一般范围列于表 3-16 中。

表 3-16　各种动力装置的 g_{01} 值的一般范围

动力装置类型	g_{01}/(kg/(kW·h))
蒸汽轮机	0.32~0.94
柴油机	0.22~0.29
燃气轮机	0.24~0.66

2）电力系统用燃油

电力系统中的耗油机械就是发电机组，由航行发电机组和停泊发电机组（或应急发电机组）组成。它是除主机外耗油量最多的辅机。电力系统的耗油量与舰艇各种工作状况下所需电力负荷功率、工作时间、柴油发电机型号等因素有关。按负荷的大小可分为巡航工况、作战工况和锚泊工况，其中以作战工况时负荷最大，锚泊时负荷最小。

在计算电力系统的耗油量时，通常分航行状态和停泊状态两种条件分别计算。航行状态下的负荷取航行工况负荷和作战工况负荷的平均值，或者就以作战工况负荷作为航行时的负荷，这样偏于安全。各工况下的负荷值在初始阶段依据任务书中规定的或设计舰选定的用电机械参考母型确定。

电力系统耗油量 W_{y2} 可按式(3-30)计算：

$$W_{y2} = k \left[\frac{E_1}{\eta_1} \cdot \frac{R}{v_s} \cdot g_{02} + \frac{E_2}{\eta_2} \left(24A - \frac{R}{v_s} \right) g'_{02} \right] \cdot 10^{-3} \tag{3-30}$$

式中：

E_1——航行状态下电力负荷的平均值（kW）；

η_1——巡航发电机组的发电机效率，一般取 0.88~0.93；

g_{02}——巡航发电机组的柴油机耗油率（kg/(kW·h)）；

R——续航力（n mile）；

E_2——停泊状态下所需电力负荷（kW）；

η_2——停泊发电机组的发电机效率，一般取 0.88~0.93；

g'_{02}——停泊发电机组的柴油机耗油率（kg/(kW·h)）；

A——自给力（d）；

v_s——巡航航速（kn）；

k——储备系数，一般取 $k=1.10$~1.20。

如果以上各参数可参考母型和产品说明书确定,则电力系统的耗油量 W_{y2} 可按独立载重计算。

3）其他辅机等用燃油

辅锅炉、制淡装置、空压机及油灶等的耗油量可用式(3-27)并参考母型或产品说明书作为独立载重计算。

在设计初始阶段,电力系统及其他船用机械没有合适的母型或统计资料按独立载重计算时,也可按占主机耗油量的一定百分比计算:

$$W_{y2} + W_{y3} + \cdots = \varepsilon W_{y1} \tag{3-31}$$

2. 滑油

舰艇上所需的滑油量应满足如下要求:

(1) 补充主、辅机工作时滑油的漏失和烧损;

(2) 航行中对循环系统中的滑油进行更换,一般考虑更换一次。

主机及其他辅机所需滑油量可按式(3-32)计算:

$$W_{ei} = k g_{ei} P_i t_i \cdot 10^{-3} + 2 Q_i \tag{3-32}$$

式中:

W_{ei}——主机或其他辅机所需滑油量(t);

g_{ei}——主机或某辅机的滑油消耗率(kg/(kW·h));

P_i——主机或某辅机的常用功率(kW);

t_i——主机或某辅机的工作时间(h);

Q_i——主机或某辅机循环系统中滑油总量(t);

k——储备系数,一般取 1.10~1.20。

在设计初始阶段,主机和各种辅机所需滑油量也可用占该项燃油量的百分比计算:

$$W_{ei} = \gamma W_{yi} \tag{3-33}$$

式中:

γ——百分比,柴油机可取 0.03~0.05,蒸汽轮机可取 0.008~0.010。

3. 航空煤油、航空滑油、航空用水

直升机所需航空煤油消耗量应按架数、在自给力时间内要求出航的次数以及油箱容量等计算。在设计初始阶段,一般参考母型作为独立载重计算(还应包括直升机所需滑油、蒸馏水、航空用水的消耗量)。

4. 给水

给水是为了补充主锅炉(蒸汽轮机作主机)和辅锅炉内的炉水、柴油机内的冷却水在工作中的漏失耗损。漏失率的大小与机械类型、管路长短及装配精度有关。

采用蒸汽轮机的舰艇,一般设有蒸发器,所制的淡水一般可以补足炉水的漏失,因此舰上所需给水只要保证在更换炉水时能够充满锅炉及机械系统即可,在设计初始阶段可取为燃油重量的 5% 左右。辅锅炉只用于取暖、炊事、油品加热等,所需炉水应按照锅炉的蒸汽量和工作时间来计算。

柴油机内的冷却水需要量也可参考母型按燃油量的一定百分比(如 5% 左右)计算。

3.3.12　储备排水量 W_b

储备排水量一般有两种:一种是设计者用来弥补在不同设计阶段各项重量估算中可能产

生的误差所保留的重量;另一种是考虑今后进行现代改装时,需要更换某些旧设备或增装某些新设备而委托设计部门在设计中保留的重量。通常采用百分比法进行估算:

$$W_b = w_b \Delta \tag{3-34}$$

式中:w_b 为计算系数,如果只考虑各部分载重在计算时所产生的误差,则根据不同的设计阶段,误差大时 w_b 应取大些,否则取小些。通常在初步设计或论证阶段取 $w_b = 0.04 \sim 0.07$,技术设计时取 $w_b = 0.02 \sim 0.03$,施工设计时取 $w_b = 0 \sim 0.02$;如果考虑现代化改装时的需要,则应在各阶段设计中,将 w_b 再增加 $0.03 \sim 0.12$。

3.4　重量重心的计算方法

舰艇的载重计算是一个逐次近似的过程,不可能一次就得出准确的结果。重量重心计算是否正确,直接影响到设计的质量。在初步确定排水量时,由于设计刚开始,还没有具体确定的船体结构,只能根据母型的载重资料以及设计舰采取的各项措施进行粗略估算。当设计进行到后续各阶段时,根据图样齐全的程度,还要对设计舰的重量重心进行多次的计算,以便逐步精确地校核排水量及有关总体性能。在具有详细施工图样的情况下,计算船体结构重量重心问题就变成各部分零件的几何形状计算问题,在此不做讨论。本节只介绍在各部分船体结构和布置基本上已经确定但还不完全的条件下,计算各项载重的重量和重心的方法。

1. 按若干个剖面计算重量和重心

1) 计算对象和特点

适合用这种方法计算重量重心的载重有船体结构。其中包括:甲板铺板、甲板构架、外壳板、舷部构架、内底板和底部构架等。这部分载重的特点是分布在整个舰长上,而且在长向上割断的重量可以看成按照一定的曲线规律分布。因此,采用这种方法计算船体结构的重量时,首先要对整个船体进行合理的分段。分段的交界处应该选在结构形式或主要组成构件开始突然变化的地方。分段数目根据船体结构的特点和对结界要求的精确性而定。分段数越多,计算精确性越高,但工作量也越大。对一般舰艇可分为如下五段:① 双层底之前为一段;② 机炉舱之前到双层底终了处为一段;③ 机炉舱为一段;④ 机炉舱之后到双层底终了处为一段;⑤ 双层底之后为一段。

2) 计算步骤

(1) 根据结构特点分段,通常分为 4~6 段,现以 5 段为例(见图 3-2)。

(2) 对每段作出一个横剖面结构图,结构图的位置通常选在各段中部的某一理论站处。

(3) 计算上述各剖面处每米舰长纵、横结构的重量 W_i 和重心高度 z_i,这时可以将纵向构件和横向构件分别计算。

每个纵向构件每米舰长的重量可以根据板厚、板宽和型钢的每米长度重量资料求得,其重心高度可以从剖面图上估算出来,计算参见表 3-17。

计算每米舰长横向构件重量时,可假设横向构件的重量平均分布在一个站距内。因此,可以先算出各剖面处所有横向构件的总重量 $W_{横j}$(j 为段号),然后用 $W_{横j}$ 除以一挡站距 b_j,就得出每米舰长横向构件的重量 $w_{横j}$,即

$$w_{横j} = \frac{W_{横j}}{b_j} \tag{3-35}$$

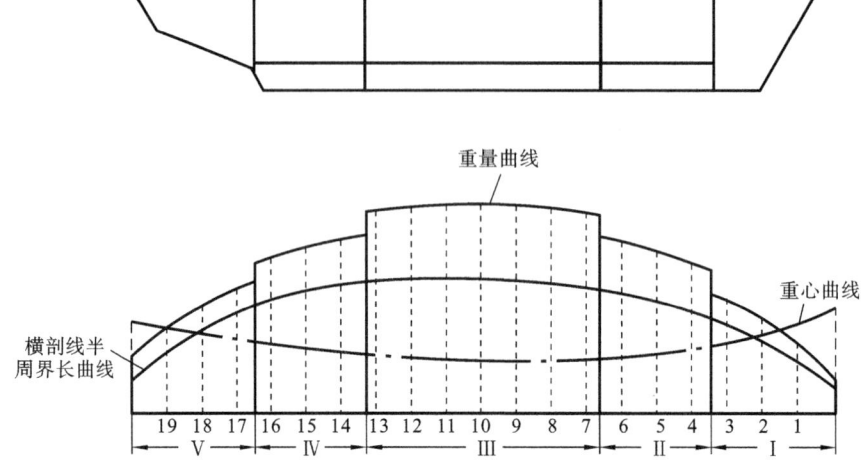

图 3-2　按五个横剖面计算的船体重量曲线

表 3-17　在××号横剖面处一舷的纵向构件重量的计算

序号	构件名称	构件数量	构件横剖面尺寸/cm	构件横剖面面积/cm²	剖面面积中心到基线的距离/cm	对基线的力矩（×10⁻²）/(cm²·cm)
	龙骨立板					
1	钢板	1/2	100×1.2	120	51.5	62
2	上角钢	1	7.5×7.5×1.0	14	3.7	1
3	下角钢	1	7.5×7.5×0.8	11	99.3	11
	第一纵桁					
4	钢板	1	90×1.0	90	52.5	47
5	上角钢	2	7.5×7.5×0.8	23	4.6	1
6	下角钢	2	6.5×6.5×0.7	17	90.4	15
⋮	⋮					
	外壳板					
	第一列板	1	150×1.5	225	1.0	2
	⋮					
	第五列板	1	150×10	150	102.0	153
	⋮					

　　每个横向构件的重量也可以根据它们的形状、大小、板厚、型钢规格算出，它们的重心高度可以从结构图上估计出，计算参见表 3-18。

　　有了各个剖面的纵向构件和横向构件每米舰长的重量和重心的高度，合成后就可以求得各个剖面处每米舰长的结构总重量 W_j 及其重心高度 z_j，其计算可参见表 3-19（Ⅰ～Ⅳ）和表 3-20 进行。

表 3-18　在××号横剖面处一舷的横向构件重量的计算

序号	构件名称	构件数量	横剖面尺寸 /cm	构件横剖面面积/cm²	构件长度 /cm	构件的体积 （×10⁻²） /cm³	构件的重心到基线的距离 /cm	构件对基线的力矩 /cm³·cm
4	龙骨与第一纵桁之间的肋板	1	100×0.7	70	180	126	55	69
⋮	⋮	⋮	⋮	⋮	⋮	⋮	⋮	⋮
13	三角托板	6	40×40×7	—	—	59	280	165
⋮	⋮	⋮	⋮	⋮	⋮	⋮	⋮	⋮
19	加强横梁面板	1	60×0.7	42	770	323	645	2080
⋮	⋮	⋮	⋮	⋮	⋮	⋮	⋮	⋮

表 3-19　一舷的纵向构件和横向构件总重量的计算

序号	I	II	III	IV	V	VI
项目计算	每米舰长构件的体积			每米舰长构件的重量	半周界长度	在每米周界上的重量强度
	纵向构件 $100V'$	横向构件 V''/b	总计 （I+II）	（III×7.85×10⁻⁶）		
单位	cm³	cm³	cm³	t	m	t/m
I	V'_1	V''/b	V_1	W_1	l_1	$q_1=W_1/l_1$
II	V'_2	V''/b	V_2	W_2	l_2	$q_2=W_2/l_2$
III	V'_3	V''/b	V_3	W_3	l_3	$q_3=W_3/l_3$
IV	V'_4	V''/b	V_4	W_4	l_4	$q_4=W_4/l_4$
V	V'_5	V''/b	V_5	W_5	l_5	$q_5=W_5/l_5$
VI	V'_6	V''/b	V_6	W_6	l_6	$q_6=W_6/l_6$

（4）根据型线图量出各横剖线的半周界长度 l_{i0}；

（5）根据各段的 W_j 与 l_{i0} 成正比的关系，分别对各段求出位于其他每站处的每米舰长构件的重量 W_{ji}，这时

$$W_{ji}=W_j\frac{l_{ji}}{l_j}=q_jl_{ji} \tag{3-36}$$

式中：

W_j——在第 j 段中，根据剖面结构图算出的每米舰长构件重量；

l_j——计算 W_j 的剖面处的横剖线半周界长度；

W_{ji}、l_{ji}——在 j 段 i 站处的每米舰长构件的重量和横剖线半周界长度；

q_j——每米周界长度的重量强度。

每个段的重量强度为

$$\left.\begin{aligned}q_1&=W_1/l_1\\q_2&=W_2/l_2\\q_3&=W_3/l_3\\q_4&=W_4/l_4\\q_5&=W_5/l_5\end{aligned}\right\} \tag{3-37}$$

对于同一分段来说，q_j 值为常数，q_j 值的计算在 3-19 中进行。W_{ji} 的计算在表 3-20 中第 IV 栏中进行。

表 3-20　一舷的纵向构件和横向构件的重量重心计算

I	II	III	IV	V	VI	VII
站号	半周界长度	重量强度	每米舰长的构件重量（II × III）	高度上的		长度上的力矩（I × IV）
				力臂	力矩（IV × V）	
20	l_{20}	q_5	$W_{20}/2$	z_{20}	$W_{20} z_{20}/2$	$20 W_{20}/2$
19	l_{19}	q_5	W_{19}	z_{19}	$W_{19} z_{19}$	$19 W_{19}$
18	l_{18}	q_5	W_{18}	z_{18}	$W_{18} z_{18}$	$18 W_{18}$
⋮	⋮	⋮	⋮	⋮	⋮	⋮
11	l_{11}	q_3	W_{11}	z_{11}	$W_{11} z_{11}$	$11 W_{11}$
10	l_{10}	q_3	W_{10}	z_{10}	$W_{10} z_{10}$	$10 W_{10}$
9	l_9	q_3	W_9	z_9	$W_9 z_9$	$9 W_9$
⋮	⋮	⋮	⋮	⋮	⋮	⋮
2	l_2	q_1	W_2	z_2	$W_2 z_2$	$2 W_2$
1	l_1	q_1	W_1	z_1	$W_1 z_1$	$1 W_1$
0	l_0	q_1	$W_0/2$	z_0	$W_0 z_0/2$	0
总计			Σ_1	—	Σ_2	Σ_3

（6）重量曲线可以通过上面求出的 W_{ji} 值作出。重心曲线则通过对每段求出的计算剖面处的每米舰长构件的重心高度 z_i（z_1、z_2、z_3、z_4、z_5）作出。重心高度 z_j 的计算通过表 3-21 进行。

表 3-21　纵横构件在高度上的总重心位置计算

序号	I	II	III	IV	V
项目计算	构件在高度上的力矩			每米舰长构件的体积（表 3-19 中的 III 栏）	构件重心距基线的高度（III ÷ IV）
	纵向构件 $10^4 m'$	横向构件 $10^6 m''/b$	总和（I ＋ II）		
单位	cm^4	cm^4	cm^4	cm^3	cm
I	$10^4 m'_1$	$10^6 m''_1/b_1$	m_1	V_1	z_1
II	$10^4 m'_2$	$10^6 m''_2/b_2$	m_2	V_2	z_2
III	$10^4 m'_3$	$10^6 m''_3/b_3$	m_3	V_3	z_3
IV	$10^4 m'_4$	$10^6 m''_4/b_4$	m_4	V_4	z_4
V	$10^4 m'_5$	$10^6 m''_5/b_5$	m_5	V_5	z_5

（7）计算构件总重量 W：

$$W = \int_0^{20} W_{ji} \, \mathrm{d}x = 2\Sigma_1 \cdot \frac{L}{20} \tag{3-38}$$

（8）计算构件重心纵坐标 x_g 和重心高 z_g：

$$x_g = \frac{\int_0^{20} W_{ji} x_i \, \mathrm{d}x}{W} = \frac{\Sigma_3}{\Sigma_1} \cdot \frac{L}{20} \tag{3-39}$$

$$z_{\mathrm{g}} = \frac{\int_0^{20} W_{ji} z_i \, \mathrm{d}x}{W} = \frac{\Sigma_2}{\Sigma_1} \qquad (3\text{-}40)$$

式中：

Σ_i——与表 3-20 中对应；

L——舰长；

x——沿舰长方向的坐标；

x_i——第 i 站沿舰长方向的坐标值。

2. 按单位面积的重量计算重量,按面积中心的位置计算重心

适合用这种方法计算重量和重心的载重有各种舱壁（如横舱壁、纵舱壁、次要舱壁以及上层建筑围壁等）、绝缘、油漆、地板覆盖物等。

计算方法是：先根据该部分的结构图求出单位面积舱壁的重量（在没有结构图时,也可以按母型或统计资料选取）,然后乘上该舱壁的面积就得到了它们的重量。它们的重心位置可以看作在它们的面积中心上。

3. 按单位长度的重量计算

适合用这种方法计算重量和重心的载重有纵舱壁、舭龙骨、护舷木等。这些构件的特点是在整个长度上可看作是均匀分布的。因此,在计算它们的重量时,可以根据它们的结构尺寸算出每米长度的重量,然后乘上它们各自的长度。它们的重心在长度上的位置和在高度上的位置可以从总布置图或结构图上量出。

4. 直接按实物的重量重心资料和布置位置计算

适合用这种方法计算重量和重心的载重有各种装置、设备和单个部件,如武器、机械、观通设备,采用通用图样制造的门、窗、桌、椅等。

它们的重量重心资料可以从产品说明书上获得。在没有重心资料时,可以根据它们的外形尺寸大概估计其重心位置,它们在舰上的重心位置可从总布置图上确定。

5. 按百分数估算

舰上有些载重的重量与另外某一载重的重量成一定的比例关系,因此可以通过与之相关的其他已知重量估算出这些载重的重量。例如加强结构和基座的重量占它们所支持的装置重量的 8%～12%,它们的重心位置可根据它们所支持的装置位置用目测法确定。

储备排水量可以用占排水量若干百分数的方法计算,其重心在纵向的位置可取在船中,重心高度可取在上甲板上,这样偏于安全。

积剩的液体载荷的重量,可以根据舰上各种液体舱中的油水重量计算,通常按整个液体舱内所装液体重量的 0.5%～5% 计算。其重心位置取在各液体舱的底部。

某些载重部分中,可能包括一些先前没有具体考虑到的它们的构造问题的载重项目。例如动力装置部分中的一些管路、电气设备中的电缆等。这些重量可根据母型或其他资料,取它占所在项目重量的若干百分数求出,它们的重心位置则根据各自的特点,在总布置图上大致估算出。

6. 根据母型或统计资料,按照与相应的因素成比例的方法换算

这种方法通常适用于那些尚未考虑具体构造的载重,它们与各因素的比例关系可参看表 3-8、表 3-11 和表 3-16。

7. 根据一定因素直接计算

例如主油水部分的重量可根据巡航航速和该航速的续航力、所需主机功率、主机耗油率直接计算出来,其重心位置则从总布置图上各油水舱的位置算出。

又如人员、食品、淡水等的重量可根据人员编制表、自给力和《舰艇通用规范》中规定的标准直接算出。它们的重心位置:人员、行李取在上甲板的船中;食品、淡水的重心位置可从总布置图上水舱和食品库的位置算出。

很多载重项目可以用几种不同方法计算它们的重量,选用哪种方法主要视当时资料的齐全程度和对精确性的要求而定。

3.5　重量曲线制作方法

重量曲线是一条说明整个舰艇的重量沿舰长分布情况的曲线。制作重量曲线的目的是校核舰艇纵向总强度。由于整个舰艇由各种各样的载重部分组成,因此这条曲线实际上应该是一条高低不平、变化复杂的不规则线条,但是为了运用方便起见,我们将各个站距内的重量简化成平均分布的形状,如图 3-3 所示。因此,关键在于确定分布在每一站距内的重量。

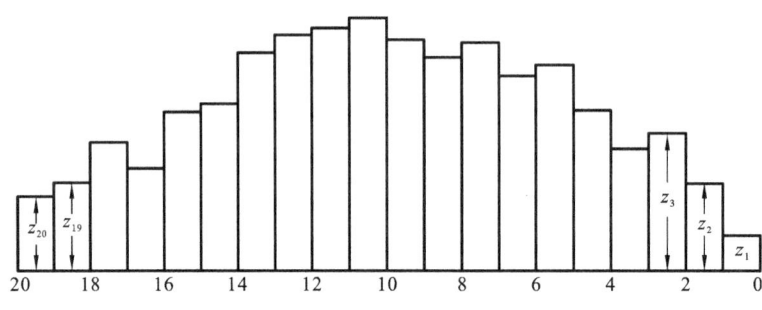

图 3-3　按每个站距平均分布载重的重量曲线

1. 已知条件

舰艇的重量重心计算书和总布置图。

2. 基本方法

将各项载重根据它们所在位置和各自的特点分布在相应的站内。在分布这些载重时要满足两个条件:一个是分布以后的重量与原来的重量相等;另一个是分布以后的该项载重的重心位置与原来的重心位置相同。只有这样才能使最后作出的重量曲线的总重量和总重心位置与实际情况相符。同时,重量的分布才更符合实际情况。最后将分布在同一站内的全部载重项相加,就得出了各个站的重量曲线纵坐标。根据这些纵坐标就可以作出与图 3-3 类似的重量曲线。

各种不同特点载重的分布方法如下。

1)集中载重

一般分布在不超过两个站距的载重都可以将它们看作集中载重来处理。这时集中载重的重力作用位置就在它们的重心位置上。属于这类的载重有:横舱壁、舰炮、弹药、导弹发射装置、水中兵器、桅杆、烟囱、直升机、主机、锅炉等。

为了使分布以后的重心仍然保持原来的位置,在图 3-4 所示的情况下必须将该集中载重分布在两个相邻的站距内,分成重心位于每站中点的两个重量,且应保证两个重量的和等于该集中载重的重量。

根据以上条件就可以求出两个分布重量的大小:

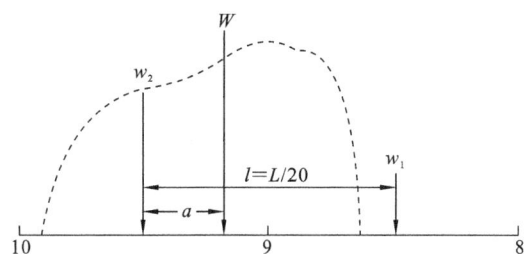

图 3-4　集中或分布在一小段上的载重情况

$$w_1 + w_2 = W \tag{3-41}$$

$$w_1/w_2 = (l-a)/a \tag{3-42}$$

如果集中载重的重心位于站上,那么 $w_1 = w_2$;如果集中载重的重心位于站间的中点,那么这个载重就只分布在这一个站内。

用一张纸条量取一个站距的长度,在纸条上将这个站距长度分成 10 等份,并标上刻度。在中点的刻度处标上 1.0,两端的刻度处标上 0.5,其他刻度从两端 0.5 开始向中间数分别为 0.6、0.7、0.8、0.9,如图 3-5 所示。在使用时,将纸条两端的 0.5 刻度标记放到总布置图上该集中载重所在站距的两个相邻站上。如果这时集中载重位置对应的刻度为 0.7,那么说明其中 0.7W 应该分布在该站距的中点(见图 3-5 中的 w_2),而其余的 0.3W 则分布在与上述站距相邻的靠集中载重位置较近的站距内(见图 3-5 中的 w_1)。

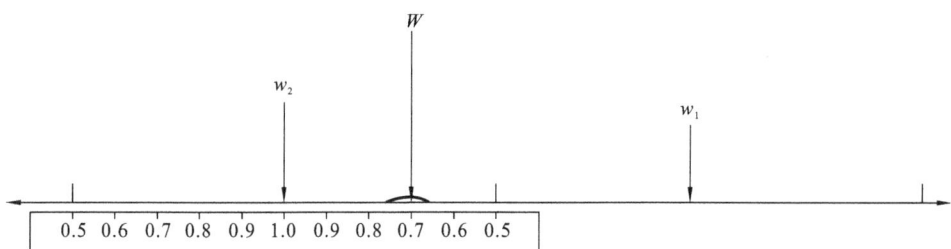

图 3-5　用比例尺分配集中载重图

在分布独立载重时,可能会遇到位于首尾两个站距以外的独立载重情况(如锚机、舵机、尾封板等),如图 3-6 中的 W。在这种情况下,可以将这部分重量分布在 0~1 和 1~2 两个站距内(在尾部的情况下则分布在 18~19 和 19~20 两个站距内),为了满足重心不变的条件,w_2 应为负值,这时

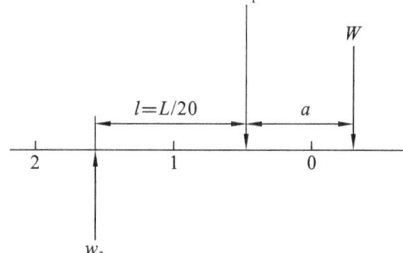

$$W = w_1 + w_2 \tag{3-43}$$

$$w_1 a = w_2(l+a) \tag{3-44}$$

图 3-6　在 0 站中点以外的集中载重情况

从式(3-43)和式(3-44)可以得到

$$w_2 = w_1 a/(l+a) \tag{3-45}$$

$$w_1 = W - w_2 \tag{3-46}$$

当与分布在站距内的其他重量相加时应注意 w_2 为负值。

2)平均分布在一定长度上的载重

这种载重的分布情况如图 3-7 所示。属于这类载重的有舭龙骨、纵舱壁、主轴、护舷木等,可以将它们分成几部分处理,对布满整个站距的载重部分的重量,认为其作用在该站距的中点。对两端未布满整个站距的重量,则将它们作为集中载重处理,这样图 3-7 所示情况就可以用图 3-8 表示。

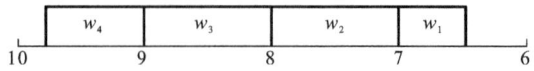

图 3-7 平均分布的载重情况

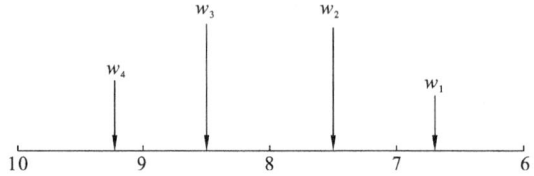

图 3-8 平均分布的载重按集中载重分配的情况

3) 按一定规律分布在整个舰长的载重

属于这一类载重的有甲板、外壳板及其构架、舰艇系统、储备排水量等。这种载重的特点是按照一定的曲线规律分布。例如:甲板重量按照它的外形曲线规律分布;外壳板重量按照横剖线周界长度曲线规律分布;舰艇系统和储备排水量的重量可按抛物线或横剖面面积曲线的规律分布。

如果我们知道按照某曲线规律分布的曲线坐标(见图 3-9)和按照该曲线规律分布的载重的总重量,那么就可以用下述方法求出分布在各站距中点的重量。

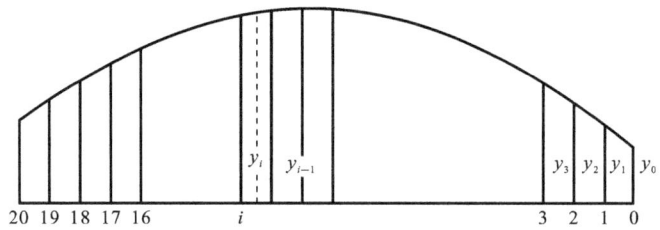

图 3-9 按某一曲线规律分布在整个舰长上的载重情况

分布载重的重量曲线所包含的面积(即载重的总重量)与分布曲线所包含的面积之比,也就等于两条曲线各个对应的纵坐标之比。如果以 q_i 代表重量曲线第 i 号站纵坐标,y_i 代表分布曲线在 i 号站的纵坐标,那么分布曲线所包含的面积 F 为

$$F = \Sigma \cdot L/20 \tag{3-47}$$

其中

$$\Sigma = y_0/2 + y_1 + y_2 + \cdots + y_{19} + y_{20}/2 \tag{3-48}$$

重量曲线所包含的面积就相当于所要分布的载重重量 W。因此,可以求出重量曲线各站的纵坐标与分布曲线相应的纵坐标之比 W/F,那么有

$$q_i = y_i W/F \tag{3-49}$$

分布在 i 号站距间的重量为

$$w_i = L(q_{i-1} + q_i)/2 \times 20 \tag{3-50}$$

我们将 w_i 的重心看作位于该站中点,这对整个这部分重量的重心位置来说,误差可以忽略不计。

3）全舰重量曲线的计算

将重量重心计算书上每一项载重分布在相应的站中点上，并将已分布好的重量填于表 3-22 内的相应格子内。将分在同一站内的重量相加后，就得到整个舰艇分布在各站中点的重量 w_1、w_2、$\cdots$、w_{20}。用站距 $L/20$ 除以这些重量，就得到作重量曲线所需的纵坐标 z_1、z_2、$\cdots$、z_{20}。根据这些纵坐标就可以作出与表 3-22 对应的重量曲线。

表 3-22　重量曲线计算表

序号	载重名称	重量	分段							左边之和
			$0\sim1$	$1\sim2$	$2\sim3$	$\cdots$	$17\sim18$	$18\sim19$	$19\sim20$	
	船体 A 裸船体 I 金属船体									
1 2	外壳板 内底板	w' w''	a'_1 a''_1	a'_2 a''_2	a'_3 a''_3	$\cdots$ $\cdots$	a'_{18} a''_{18}	a'_{19} a''_{19}	a'_{20} a''_{20}	w' w''
	以上之和 力臂乘数 乘积	w — —	w_1 1 w_1	w_2 2 $2w_2$	w_3 3 $3w_3$	$\cdots$ $\cdots$ $\cdots$	w_{18} 18 $18w_{18}$	w_{19} 19 $19w_{19}$	w_{20} 20 $20w_{20}$	W — M

在正式绘制重量曲线以前，必须校核重量和重心位置，以免在计算中发生错误。重量和重心位置的校核可在表 3-21 中的最后几栏进行。这时

$$W = w_1 + w_2 + \cdots + w_{20} \tag{3-51}$$

$$x_{\mathrm{g}} = L(10.5 - M/W)/20 \tag{3-52}$$

要求重量的误差不超过 $\pm 0.5\% W$，重心位置的误差不超过 $\pm 0.1\% L$。

复习思考题

1. 试分析重力与浮力不平衡对舰艇总体性能有哪些影响？
2. 舰艇载重分类的准则是什么？
3. 舰艇载重分为哪些部分？
4. 何谓空载排水量和满载排水量？
5. 舰艇设计中采用什么排水量作为设计排水量？
6. 估算各部分载重重量时通常采用哪几种方法？每种方法的实质是什么？
7. 何谓独立载重？武器、弹药、指挥观通部分载重为什么可按独立载重计算？
8. 如何估算主机燃油的重量？
9. 如何估算电气部分的重量？
10. 有几种估算船体部分重量的方法？哪种方法比较精确？
11. 储备排水量有什么用途？各设计阶段，储备排水量系数的范围是多少？
12. 如何确定人员、行李、食品、淡水部分的重量和重心位置？
13. 试述设计初始阶段估算舰艇重心的重要性。它对舰艇性能有哪些影响？
14. 如何估算横舱壁、舭龙骨、加强结构和甲板的重量和重心位置？

第4章 确定水面舰艇主尺度和船型系数的方法

4.1 概　　述

舰艇的排水量、主尺度（L、B、D、T 等）、船型系数（C_B、C_P、C_{WP}、C_M 等）以及主尺度比（L/B、B/T、D/T、$L/\nabla^{1/3}$ 等）统称为舰艇的主要要素，它们是描述舰艇几何形状的一些最基本的特征数据。这些要素对舰艇的主要战术技术性能诸如快速性、稳性、适航性、不沉性、强度、总布置、经济性等都有重大影响，对舰艇质量的好坏有决定性的作用。因此，恰当地确定这些要素，是舰艇总体设计中一项最基本最重要的工作。一般新型舰艇的设计，通常是从确定这些要素开始的。

在确定舰艇排水量和主尺度的过程中，有以下三个突出特点，即矛盾错综复杂、问题具有多解、过程逐步近似。

在设计的初始阶段，确定舰艇排水量和主尺度所利用的各种数学公式都是很简单的。实际上，确定舰艇排水量和主尺度的关键性工作，不是数学运算，而是分析和选择。所以在学习本章时，主要注意力不应放在数学运算的公式和方法上，而应该放在分析矛盾的主次和相互关系上，放在选择主要要素的原则和方法上。例如：在确定主要要素时应该考虑哪些因素；各种不同矛盾之间有怎样的辩证统一关系；在多种复杂矛盾中如何针对设计舰的具体情况抓住主要矛盾；怎样解决好主要矛盾和其他矛盾之间的关系；如何根据设计舰的具体情况确定各项技术指标的适宜值，以便按这些数值选择最佳方案；等等。

4.2 舰长的确定方法

舰长 L 通常是指设计水线长，即设计水线面与船体型表面首尾端交点间的水平距离。

1. 舰长 L 的变化对舰艇性能的影响

（1）舰长 L 对快速性影响最大。在一定的排水量和航速的条件下，随着 L 的增大，舰体的摩擦阻力增加而剩余阻力减小。

舰体的摩擦阻力与水下湿表面面积成正比。对具有方艉的中型舰艇，湿表面面积按式（4-1）计算：

$$S = KL^2 \tag{4-1}$$

式中：

　　K——计算系数，可从图 4-1 中查出。

或

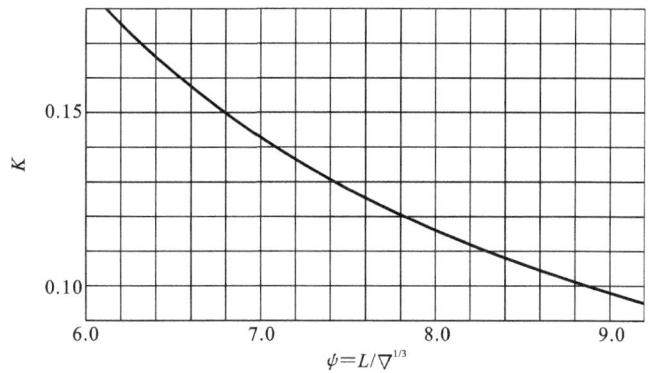

图 4-1　方艉舰艇 K-$L/\nabla^{1/3}$ 曲线(适用于 $C_P = 0.58 \sim 0.64$)

$$S = L(1.36T + 1.13 C_B B) \qquad (4-2)$$

对于高速圆艉艇,船体湿表面面积 S 可采用式(4-3)计算:

$$S = 2.75 \sqrt{\nabla L} \qquad (4-3)$$

式中:

∇——容积排水量($\mathrm{m^3}$)。

从以上三个经验公式可以看出,对于高速中小型舰艇,舰体的摩擦阻力与舰长 L 或 L^2 成正比。如驱逐舰、护卫舰、猎潜艇和导弹艇等,在高航速时,剩余阻力占总阻力的主要部分,增加舰长,虽然摩擦阻力有所增加,但剩余阻力下降很快,合成后总阻力仍呈下降趋势,故对快速性有利。一艘 $\Delta = 2400$ t,$v_s = 40$ kn 的驱逐舰,在设计时舰长对阻力的影响曲线(R-L 曲线)如图4-2 所示。从图可看出,在 $L < 175$ m 时,增加 L 对减小总阻力是很有利的,但 $L > 175$ m 时,总阻力减小就很缓慢了。

对于中、低速的舰艇来说,摩擦阻力占总阻力的主要部分。因此,适当减小 L 对快速性是有利的。

(2) 从 L 对船体结构重量的影响上看,现代舰艇大多采用纵骨架式,参与总纵强度的构件重量 W 与 L 的变化关系式如下:

$$W = K_1 \frac{\nabla L^2}{D} \qquad (4-4)$$

式中:

K_1——计算系数,参考母型选取。

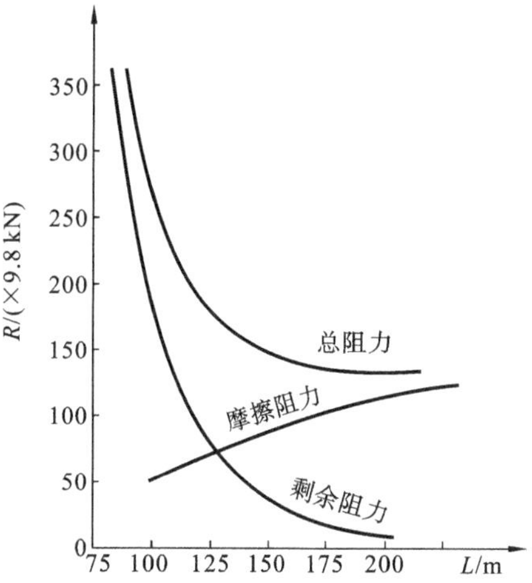

如果方形系数 C_B 为常数,则式(4-4)化为

$$W = K_2 \frac{L^3 B T}{D} \qquad (4-5)$$

从式(4-5)可见 L 的变化对船体结构重量的影响很大。

(3) L 增加将引起回转直径 D_T 增大,从而使回转性能变差。这个结论可以从回转直径 D_T 的经验公式中看出:

$$D_T = \frac{L^2}{K \cdot S} \qquad (4-6)$$

图 4-2　驱逐舰的 R-L 曲线

式中：

K——与船型有关的系数；

S——舵板面积（m²）。

但是，增加 L 对航向稳定性有利。

（4）选择舰长 L 时必须满足总布置对 L 的要求。

（5）增加 L 在一定程度上加大了受敌人攻击的目标，提高了敌方武器射击时的命中概率。

（6）对于大型舰艇，选择 L 时还必须考虑航道、港湾、船台和船坞等对 L 的限制。

2. 舰长 L 的选择

选择 L 时主要考虑的因素的优先次序为快速性、总布置和浮力。

对于中型高速舰艇，在选择 L 时，步骤如下：选择若干个 L 值，根据相应的船模阻力系列试验图谱，分别计算出各个 L 值下的总阻力 R，然后作出 $R\text{-}L$ 曲线，最后选择出满足稳性和总布置要求的阻力最小时的 L 值。有时，人们喜欢用无因次船型系数 $\psi=L/\nabla^{1/3}$ 或 $l=L/B$ 与阻力的变化关系，用与上述选择 L 相似的方法确定最佳 ψ 和 l 值。

对于总布置有特殊要求的舰艇，往往先按总布置要求确定 L 的下限后，再校核快速性等。例如：航空母舰的舰长 L 由飞行甲板所需的长度确定；坦克登陆舰的舰长 L 由坦克舱的布置所需长度确定。

4.3　舰宽的确定方法

舰宽 B 通常是指设计水线宽，即设计水线面处船体型表面垂直于中线面的最大水平距离。

1. 舰宽 B 的变化对舰艇性能的影响

（1）受 B 影响最大的是舰艇的横稳性。从关系式 $\nabla=C_{\mathrm{B}}LBT$ 可知，在 ∇ 不变的条件下，要改变 B，就应该同时改变 C_{B} 或 L 或 T，下面分别讨论这三种情况。

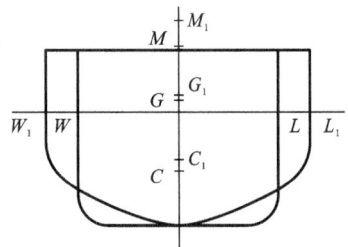

第一种情况，保持 ∇、L、T 不变，通过减小 C_{B} 来增大 B，如图 4-3 所示。若 B 增大至原来的 k 倍，则 C_{B} 将减小至原来的 $1/k$，这时船底有一部分容积会往外移，也即由水线 WL 变为 W_1L_1。B 增大前，原横稳心半径为

$$r_0 = \frac{1}{C_{\mathrm{B}}LBT} \cdot \frac{2}{3}\int y^3 \mathrm{d}x \tag{4-7}$$

B 增大至原来的 k 倍后，水线面每个纵坐标都增大至原来的 k 倍，则新横稳心半径为

图 4-3　L、T、∇ 不变时增大 B 的情况

$$r = \frac{1}{(C_{\mathrm{B}}/k)L(kB)T} \cdot \frac{2}{3}\int (ky)^3 \mathrm{d}x = k^3 r_0 \tag{4-8}$$

由此可见，B 增大至原来的 k 倍后横稳心半径 r 增大至原来的 k^3 倍。从图 4-3 还可以看出，浮心垂向坐标 z_{c} 也有若干提高，重心高度 z_{g} 也有若干提高，但实际这种提高是不大的。因此，横稳性高 h 会由于 B 的增大而得到很大提高。例如 B 若增加 5%，r 由 3 m 增到 3.5 m，h 由 1.0 m 增到 1.5 m，即增大了 50%。

第二种情况，保持 ∇、T、C_{B} 不变，通过减小 L 来增大 B，如图 4-4 所示。当 B 增大至原来的 k 倍时，L 将减小至原来的 $1/k$。变化后的横稳心半径为

$$r = \frac{1}{C_B (L/k)(kB) T} \cdot \frac{2}{3} \int (ky)^3 (\mathrm{d}x/k) = k^2 r_0 \qquad (4\text{-}9)$$

此时,横稳心半径增大至原来的 k^2 倍,而舰艇的浮心和重心高度仍然保持不变,因此横稳性高 h 也增大至原来的 k^2 倍。

第三种情况,保持 ∇、C_B、L 不变,通过减小 T 来增大 B,如图 4-5 所示。当 B 增大至原来的 k 倍时,T 相应地减小至原来的 $1/k$。变化后的横稳心半径为

$$r = \frac{1}{C_B L(kB)(T/k)} \cdot \frac{2}{3} \int (ky)^3 \mathrm{d}x = k^3 r_0 \qquad (4\text{-}10)$$

此时横稳心半径增大至原来的 k^3 倍,而重心高度 z_g 增大得比第一种情况快,浮心也随 T 的减小而减小,所以横稳性高 h 的增大程度要比第一种情况的小。

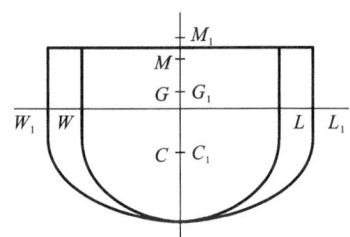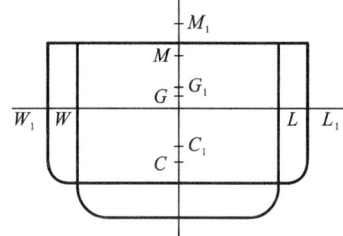

图 4-4　T、∇、C_B 不变时增大 B 的情况　　　　**图 4-5　L、∇、C_B 不变时增大 B 的情况**

由以上分析可知,在一定排水量下,不论以何种方式增大 B,都将导致横稳性高 h 的增大,但其增大程度各有不同。此外,以上讨论的是舰艇内没有自由液面的情况,在有自由液面的情况下,横稳性高 h 应对自由液面做必要的修正。

(2)选择 B 必须满足总布置的要求,特别是对于中小型舰艇,这一点显得更为重要。例如:对于有些导弹艇、鱼雷艇和炮艇来说,B 的大小由机舱所需要的宽度来确定;对于采用多轴(如三轴和四轴)的新型舰艇,选择 B 还要考虑到推进器在艉部的布置情况。

(3)从快速性的角度出发,增大 B 会引起阻力增加,对快速性不利。因为在 ∇ 和 L 保持不变的情况下,增大 B 会使剩余阻力和摩擦阻力都有所增加,特别是对高速舰艇来说,增大 B 会使剩余阻力增加更快。

(4)增大 B 将引起船体横向构件重量增加。对纵向构件来说有两种情况:当用减小 L 来增大 B 时,纵向构件的重量会有所减轻,这是总纵弯矩减小和相当梁剖面模数增加的缘故;当用减小 T 来增大 B 时,由于相当梁剖面模数与其高度的平方成正比,减小 T 则相当梁剖面模数减小,纵向构件的重量有所增加。

(5)从减小目标的大小出发,增大 B 也是不利的,因为它会导致甲板面积增大。

(6)对于大型舰艇来说,选择 B 还应考虑到船坞闸门、运河、港湾入口处等宽度的限制。对某些火车运输的小艇来说,选择 B 还应考虑到铁路对 B 的限制。

从上述分析可知,增大 B 在大多数的情况下是不利的。只有稳性不够或总布置有要求时,才考虑增大 B。

2. 舰宽 B 的选择

选择 B 时考虑的是横稳性(上限和下限)、总布置(主要是机炉舱的宽度)和浮力等三方面的要求。B 选择过大时,不但会影响舰艇的快速性,而且会导致横摇剧烈。因此满足横稳性下限和总布置所需的最小 B 的条件下,B 选小一些为好。

例如在满足初横稳性高 $h>1.0$ m，横摇周期 $T\geqslant 10$ s，机炉舱布置所需最小宽度 13 m 的条件下，确定驱逐舰的舰宽 B。

已知：$\nabla=3500$ m³，$L=126$ m，$C_B=0.495$，$C_{WP}=0.76$，$D=7.8$ m。选取舰宽 B 五个值，即 12.4 m、12.8 m、13.2 m、13.6 m、14.0 m，进行初横稳性高 h、横摇周期 T 与总布置校核。如表 4-1 所示，同时满足初横稳性、横摇周期和总布置条件的最小舰宽 $B=13.2$ m。

表 4-1　确定驱逐舰最佳舰宽 B 计算表

序号	名称	单位	数值				
1	舰宽 B	m	12.4	12.8	13.2	13.6	14.0
2	吃水 $T=\nabla/LBC_B$	m	4.53	4.38	4.25	4.13	4.01
3	宽吃水比	—	2.74	2.92	3.106	3.29	3.49
4	横稳心半径	m	3.356	3.699	4.054	4.428	4.83
5	浮心高	m	2.784	2.692	2.612	2.538	2.465
6	型深 D	m	7.8	7.8	7.8	7.8	7.8
7	相当型深 $(1.04\sim1.07)D$	m	8.3	8.3	8.3	8.3	8.3
8	重心高	m	5.45	5.45	5.45	5.45	5.45
9	初横稳性高 $h_1=r+z_c-z_g$	m	0.690	0.941	1.216	1.516	1.845
10	自由液面修正值 Δh	m	0.12	0.12	0.12	0.12	0.12
11	修正后初横稳性高 $h=h_1-\Delta h$	m	0.57	0.821	1.096	1.396	1.725
12	横摇周期 $T=0.8B/\sqrt{h}$	s	13.24	13.30	10.16	9.20	8.5
13	满足总布置要求所需最小舰宽	m	13.0	13.0	13.0	10.0	13.0

4.4　吃水和型深的确定方法

吃水 T 通常是指舰艇的设计吃水，即基平面到设计水线的垂直距离；型深 D 是指在上甲板边线最低点处，龙骨板上表面（基线）至上甲板边线的垂直距离。通常，甲板边线的最低点在中横剖面。

4.4.1　吃水 T 的变化对舰艇性能的影响以及吃水 T 的选择

1. 吃水 T 的变化对舰艇性能的影响

（1）在容积排水量 ∇ 不变的条件下增大 T 会使船体的纵向构件重量减轻，不论用减小 B 还是减小 L 的方法来增大 T 都会导致同样的结果。因为相当梁的剖面模数与型深的平方成正比，与舰宽呈线性关系。后一种情况比前一种情况减轻的重量更多，因为随着 L 的减小，总纵弯矩也随之减小了。

（2）T 与航速的关系，如果通过减小 B 来增大 T，则不但会因湿表面面积减小而使摩擦阻力有所减少，而且会因舰艇瘦长度提高而使剩余阻力下降；如果用减小 L 来增大 T，则虽然摩擦阻力有所减少，但会因瘦长度减小而使剩余阻力有所增加。

（3）增大 T 会使舰艇的初稳性下降，尤其是靠减小 B 来增大 T 时，会使初横稳性下降得更厉害。

（4）从布置推进器和舵的观点来看，T 大一些为好。

（5）从回转性的角度来看，通过减小 L 来增大 T 对回转性有利，否则是不利的。

（6）对某些在浅水中航行的舰艇来说，T 的选择要考虑到舰艇在浅水中航行的可靠性。如对扫雷艇来说，T 的选择要考虑到扫除锚雷时的安全。对大型舰艇来说，选择 T 不仅要考虑航道水深，还要考虑进坞和进港。对于登陆艇来说，T 的选择要满足登陆人员、车辆等对涉水深度的要求。

从以上分析可知，总的来说增大 T 对改善舰艇性能是有利的，但受航道、港湾水深和稳性及螺旋桨直径等的限制。

2. 吃水 T 的选择

选择 T 主要从浮力及推进器的布置上考虑。从对舰艇性能影响程度上来说，T 比起 L 和 B 来说处于较次要的地位。在一般情况下，设计舰艇时首先确定 L 和 B，T 也就相应确定了。不单独对 T 进行作图和计算。在 L 和 B 满足主要性能的条件下，总是选取尽可能大的 T。在设计中只有对 T 有特殊要求的舰艇，如登陆艇、扫雷艇和航空母舰等，才对 T 有明确的限制。

4.4.2　型深 D 的变化对舰艇性能的影响及型深 D 的选择

1. 型深 D 的变化对舰艇性能的影响

（1）舰艇的储备浮力主要取决于干舷高 F，储备浮力与干舷高 F 成正比关系。对水面舰艇来说，为了保证有良好的抗沉性，一般要求中部干舷高 F 等于或大于 T，也即要求

$$D/T \geqslant 2.0 \qquad\qquad (4\text{-}11)$$

（2）舰艇的储备稳度也与干舷高有密切的关系。从图 4-6 可知，当中部干舷高 F 增大时，静稳性曲线所包含的面积也随之增大，这就意味着储备稳度的加大。这时的初横稳性高 h 却由于重心位置的提高而有所减小。

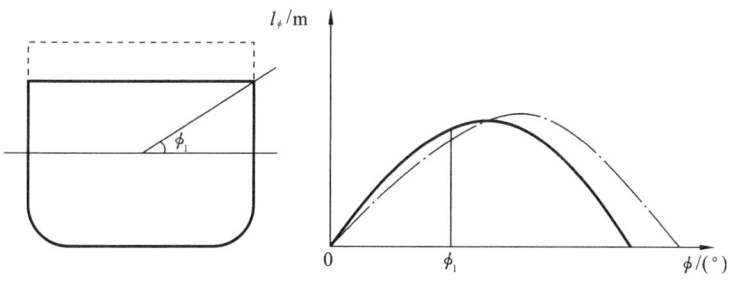

图 4-6　增大干舷高 F 对静稳性曲线的影响

（3）增大 F 可减少甲板浸水，对改善舰艇的适航性有利。

（4）增大 D 可减轻船体纵向结构的重量，但数量有限。因为纵向结构不仅用来保证船体的总纵强度，同时也保证结构的局部强度。当纵向结构减小到不能保证局部强度要求时，则继续增大 D 又将使船体结构重量回升。

（5）D 对舰艇的总布置也有较大影响。D 的选择必须满足甲板分层的要求。例如小型舰艇的 D 往往是由机舱布置所需高度确定的。在设计初始阶段，船体、装置和设备、系统、液体

负荷等部分重量常用立方模数公式 $W_i = g_i LBD$ 估算,从公式可以看出,各部分重量 W_i 与 D 成线性关系。为了减小排水量,通常从甲板分层的要求来确定 D 的下限,在校核稳性、适航性等后将 D 选定下来。

(6)增大 D 会增大目标的侧投影面积,即降低舰艇的隐蔽性,增加敌方武器的命中概率。所以,从上述观点来看,是不希望增大 D 的。

(7)增大 D 会增大舰艇的受风面积,使抗风性能降低。

2. 型深 D 的选择

D 的选择主要取决于主船体内的甲板分层、储备浮力和储备稳性的要求。通常 D 取各个甲板高度之和加上双层底高度。甲板层高一般为 $2.0 \sim 3.0$ m,净高一般不小于 1.9 m,但某些百吨以内的小艇允许低于层高的下限值。双底层高度一般在 $0.6 \sim 2.0$ m。一般希望甲板入水角大于 $20°$,静稳性力臂消失角大于 $60°$,这一要求也导致了 $D/T \geqslant 2.0$。

4.5 主尺度比确定方法

主尺度比主要包括:长宽比、相对长度和宽度吃水比。

4.5.1 长宽比

长宽比 L/B 说明了舰艇设计水线的瘦长度,它与舰长 L 的变化规律相似,L/B 的变化对舰艇性能的影响简述如下:

(1)增大 L/B 对减小舰艇的剩余阻力有利,并能改善舰艇的航向稳定性;

(2)增大 L/B 使船体结构承受的弯矩增加,从而导致船体结构重量增加;

(3)如果增大 L/B 是通过减小 B 来实现的,则会导致舰艇的稳性减小;

(4)增大 L/B 对舰艇的回转性是不利的;

(5)增大 L/B 还会导致侧投影面积的增加,对抗风性不利,并增大了被敌方武器攻击的命中概率。

总之,增大 L/B 对快速性有利,但对其他很多性能是不利的。

对于高速舰艇来说,在满足稳性、总布置和不使船体结构重量过大的条件下,希望将 L/B 选大一些,但还要考虑到对其在波浪中的快速性的要求。对于小型舰艇来说,从机舱布置的要求出发,B 取得较大,所以 L/B 值也较小一些。

各种水面舰艇 L/B 的一般范围见表 4-2。

表 4-2 各种水面舰艇船型系数的一般范围

舰种	L/B	ψ	B/T
巡洋舰	$8.5 \sim 11.3$	$8.0 \sim 9.3$	$2.9 \sim 3.5$
驱逐舰、护卫舰	$8.9 \sim 11.9$	$8.0 \sim 9.8$	$2.8 \sim 3.6$
登陆舰	$3.4 \sim 7.2$	$6.5 \sim 7.3$	$3.5 \sim 4.6$
扫雷舰	$6.3 \sim 8.5$	$7.3 \sim 8.6$	$3.2 \sim 3.7$
快艇	$3.5 \sim 7.5$	$5.5 \sim 8.0$	$3.0 \sim 4.4$

设计中,选定 L/B 与选 L 的方法类似,不再赘述。

4.5.2　相对长度

相对长度（瘦长系数）$\psi = L/\nabla^{1/3}$，ψ 反映了整个船体型线瘦长的程度，它与 L 和 L/B 有类似的变化规律，故不再赘述，各种水面舰艇 ψ 值的一般范围见表 4-2。

4.5.3　宽度吃水比

宽度吃水比 $b = B/T$，B/T 反映了设计水线以下中横剖面的宽扁程度，它与舰宽 B 有相似的变化规律。宽度吃水比 B/T 的变化对舰艇性能的影响如下：

（1）B/T 值与稳性有较大的关系，增大 B/T 一般可使舰艇的稳性提高；

（2）在 L 不变的条件下增大 B/T 对阻力不利，这是因为舰宽增大了，而吃水减小，不仅使剩余阻力增大，而且在一般情况下会使湿表面面积增大，从而使摩擦阻力增大；

（3）在保持 L/B 不变的条件下增大 B/T，会使 L 加大，T 减小，引起 ψ 的增大，所以剩余阻力有所减小，但这时摩擦阻力会有所增大；

（4）增大 B/T 会使纵向结构的重量增加，这是由于相当剖面模数减小，因此必须加大结构尺寸来保证强度，但在 T 保持不变的情况下例外。

B/T 主要由舰艇的稳性来决定。在保证有足够稳性的条件下增大 B/T 一般是不利的。在选择 B/T 时还要考虑到全速满舵回转时的横倾角 $\phi \leqslant 12°$，破损时的极限横倾角 $\phi \leqslant 10°$，以及舰艇允许的最小的横摇周期。各种水面舰艇 B/T 的一般范围见表 4-2。

在设计中，可以用选取 B 的方法来确定 B/T。

4.6　主要船型系数的确定方法

本节主要介绍棱形系数、方形系数、水线面系数和中横剖面系数。

4.6.1　棱形系数

棱形系数定义为 $C_P = \dfrac{\nabla}{A_M \cdot L} = \dfrac{C_B}{C_M}$，$C_P$ 的大小表示舰艇容积排水量沿整个舰长的分布情况。C_P 越大，容积排水量沿整个舰长上的分布就越均匀；反之，则容积排水量越集中在舰艇的中部。C_P 的变化对舰艇性能的影响如下。

（1）C_P 对快速性的影响最大，主要表现在对剩余阻力的影响上，其影响程度与弗劳德数 Fr 有关。

图 4-7 中的实线为依理论和实验（泰勒标准模型实验）所给出的对应剩余阻力最小的最佳棱形系数 C_{popt} 值曲线。从图可知，随着 Fr 的增大，C_{popt} 也逐渐增大。

图 4-7 中的虚线为各种舰艇所采取的 C_P 值曲线。与 C_{popt} 相比，在中低速（$Fr < 0.35$）时，两者出入较大。其原因是：对低速船，首波峰所占船长比例小，因此要求首尾尖瘦，C_P 值小；但这类舰艇兴波阻力占总阻力的比例较小，而如果取对应兴波阻力最小值的 C_{popt}，则 C_B 亦随之偏小，为保持排水量不变，势必增加舰长 L，从而使结构重量和造价增加；另外，过小的 C_P 值或

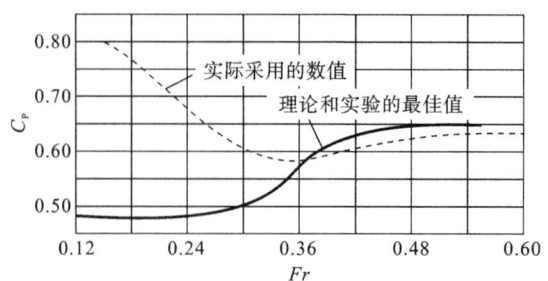

图 4-7　理论 C_{popt} 值和实际采用的 C_P 值曲线

C_B 会使首尾过于尖瘦,不利于舱室布置。

对于高速舰艇,实际选用的 C_P 值较 C_{popt} 值低一些,这是为了兼顾巡航时阻力性能亦佳。

(2) C_P 对总布置的影响也很大,因为 C_P 的变化受 C_B 和 C_M 的牵制。对于高速舰艇,从阻力的角度希望有较小的 C_B 和较大的 C_P,但这就必须有较小的 C_M,可是 C_M 减小会引起总布置上的困难,尤其是机炉舱布置上的困难。对于中低速舰艇,从阻力的角度希望选用较小的 C_P,但过小的 C_P 会使首尾舱室瘦小,造成布置困难。所以在选择 C_P 时要满足总布置的要求。

(3) 当 C_P 值选得过小时,水下容积相对地集中在舰艇的中部,这使舰艇的载重也集中在舰艇的中部,因而减少了舰艇本身的质量惯性矩,对纵摇不利。

选择 C_P 主要依据快速性和总布置两个基本条件。各种水面舰艇的 C_P 值的一般范围见表 4-3。

表 4-3　各种水面舰艇 C_B、C_P、C_{WP}、C_M 的一般范围

舰种	C_B	C_P	C_{WP}	C_M
巡洋舰	0.44~0.60	0.61~0.65	0.64~0.72	0.72~1.00
驱逐舰、护卫舰	0.40~0.52	0.55~0.65	0.66~0.78	0.70~0.80
扫雷舰	0.50~0.60	0.61~0.68	0.68~0.75	0.80~0.88
高速舰	0.37~0.50	0.58~0.70	0.70~0.80	0.65~0.75

一般对于水面舰艇来说,当 $Fr=0.30\sim0.50$ 时取 $C_P=0.57\sim0.60$,当 $Fr=0.50\sim0.60$ 时取 $C_P=0.60\sim0.68$ 对快速性有利。一般来说,排水量较小的舰艇,倾向于较大的 C_P 值,有的高速舰艇 C_P 值接近 0.67。

图 4-8 给出了取不同 Fr 时,对水面舰艇有利的 C_P 值的大致范围。

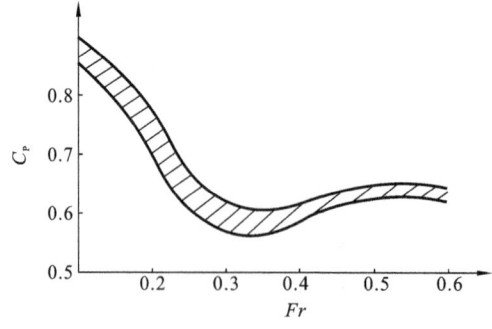

图 4-8　C_P-Fr 的关系曲线

4.6.2　方形系数

方形系数 $C_B = \nabla / LBT$，C_B 的大小表示船体水下体积的肥瘦程度。C_B 的变化对舰艇性能的影响如下。

（1）对高速舰艇来说，C_B 的变化对快速性的影响最大。减小 C_B 能使剩余阻力减小，因为主尺度增大会使 ψ 增大、C_P 减小，但摩擦阻力会有所增加，总阻力仍有所减小。

（2）减小 C_B 会使稳性提高，因为主尺度增大，稳心半径也会增大。但是 C_B 对稳性的影响不如 B 和 C_{WP} 对稳性的影响大。

（3）从总布置的观点来看不希望 C_B 太小，因为这样会使舰艇非常尖瘦。

（4）从船体结构重量的观点来看，C_B 选大些较有利，因为这样可使 L 减小进而使总纵弯矩减小。

选择 C_B 主要从快速性、稳性和总布置三方面考虑，再配合其他船型系数进行。

在不同的 Fr 下，舰艇 C_B 值存在一个最佳的范围，如图 4-9 所示。各种水面舰艇的 C_B 值的一般范围见表 4-3。

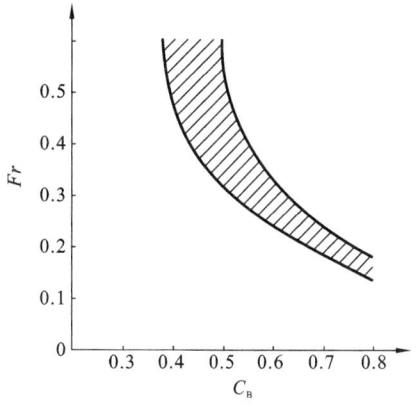

图 4-9　C_B-Fr 的关系曲线

4.6.3　水线面系数

水线面系数 $C_{WP} = A_W / LB$，水线面系数 C_{WP} 的大小表示水线面的丰满程度。C_{WP} 的变化对舰艇的稳性的影响最大。在排水量和主尺度不变的条件下，增大 C_{WP} 就增大了设计水线面面积 S。因此，稳心半径 r 也随之增大，浮心高 z_c 也增大。一般来说稳心半径 r 与 C_{WP} 成正比，z_c 与 C_{WP} 成正比。

选择 C_{WP} 主要从稳性、快速性两方面来考虑。各种舰艇的 C_{WP} 值的一般范围见表 4-3。

因为与快速性关系更密切的是 C_B、C_P、ψ 和设计水线的形状，而 C_{WP} 值受它们的制约，所以在设计中，通常是确定上述三个系数后，再相应地确定 C_{WP}。

4.6.4　中横剖面系数

中横剖面系数 $C_M = A_M / BT$，中横剖面系数 C_M 的大小表示设计水线以下中横剖面的丰满程度，它与 C_P 和 C_B 有密切的关系。

C_M 对快速性的影响主要通过 C_P 和 C_B 表现出来（$C_M = C_B / C_P$）。在一定的 C_B 下减小 C_M，C_P 就会增大。对于高速舰艇，C_B 值一般选得较小，为了获得较大的 C_P，C_M 的值一般较小。对于中低速舰艇，由于要求较小的 C_P，C_M 值一般取得较大。

减小 C_M 会受到总布置的限制，因为这时中横剖面型线将变得较尖瘦，给机炉舱的布置增加困难。此外，减小 C_M 会使船体结构重量有稍许增加。

实验证明，C_M 在使用范围内变化时对阻力的影响不大。因此，C_M 的选择主要考虑与 C_B 和

C_P 取值相适应,先确定 C_B 和 C_P,则 C_M 也就相应确定了。

各种舰艇的 C_M 值的一般范围见表 4-3。

复习思考题

1. 何谓舰艇的主要要素?

2. 与快速性有重要关系的要素有哪些? 为什么?

3. 与稳性有重要关系的要素有哪些? 为什么?

4. 确定吃水和型深主要考虑哪些因素?

5. 长宽比主要影响舰艇的哪些性能? 如何影响?

6. 常用的舰艇船型系数有哪些? 驱逐舰、护卫舰的船型系数一般在哪个范围取值? 原因是什么?

第5章　水面舰艇型线设计

5.1　型线设计的原则和方法

在舰艇的排水量、主尺度、船型系数确定以后,还要进行船体外形的设计和型线图绘制。主尺度和船型系数仅能表示出船体形状的主要特征,精确确定船体形状的则是舰艇的型线。

舰艇型线与舰艇的快速性、适航性、操纵性、稳性、舱室布置、船体结构以及施工工艺等有关系,是评价舰艇设计质量好坏的一个重要指标。

构成舰艇外形的主要因素有:

(1) 主尺度,如 L、B、T、D 等;

(2) 船型系数,如 C_B、C_P、C_{WP}、C_M 等;

(3) 局部形状,如首、中、尾型线,侧面轮廓,甲板边线等。

5.1.1　型线设计的原则

在进行型线设计时有如下原则。

(1) 具有优良的航海性能。

船体型线对舰艇的快速性、适航性、稳性、抗沉性和操纵性等都有重大的影响。除了登陆舰艇和扫雷舰艇等具有特别要求的舰艇外,一般都把快速性放在首要的地位来考虑。在舰艇的排水量和主尺度已定的情况下,主要从快速性、适航性和操纵性上来考虑船体水下部分的型线,从适航性、稳性的角度来确定船体水上部分的型线。同时要做到船体水下和水上部分线型的合理配合。

(2) 满足总布置要求。

现代舰艇武器强、电子设备多、主机功率大、自动化程度高、居住性要求好,需要大量的舱室容积和甲板面积来布置各种战斗技术装备和工作、生活舱室。所以,在型线设计中应该满足总布置的要求。在型线设计中遇到总布置与航海性能发生矛盾时,常常需要适当地牺牲某些航海性能来满足总布置的要求。例如,对某些导弹艇和炮艇,由于主机数量多和尺寸较大,常常不得不牺牲一些快速性,加大艇宽来满足机舱布置的要求。

(3) 结构和工艺合理。

在型线设计中,应考虑到结构设计的要求,便于施工建造。例如:曲率大且复杂多变的外形,不仅浪费人工、材料,而且难以保证施工质量;过长过浅的尾悬体会影响尾部的强度和刚度;外飘过度、底部扁平的舰首会增大舰底的砰击而影响结构强度等。所有这些都是型线设计中值得注意的问题。

（4）具有最小的排水量。

在满足舰艇主要战术技术性能的前提下，应尽量使设计出的型线具有合理的最小尺寸，以保证获得最小的排水量。这对提高航速、减小被攻击的投影面积、降低建造和维修费用、缩短建造周期等都有显著的意义。

在型线设计中考虑舰艇的航海性能、总布置、结构、工艺等要求时，首先要根据不同类型舰艇的使用特点，综合权衡。另外，设计中可参照优秀母型船型线，并依据设计舰的要求采用适当的方法作适当的修改，这是型线设计常用的方法。

鉴于船体型线涉及因素复杂，型线设计的优劣还没有明确的准则。因此，型线设计只能依具体情况分别考虑。

型线设计时，常采用合适的船模系列型线，它是由各船型研究单位进行大量的船模系列试验研究后提供的各种船型设计资料。型线设计时也常常需要自行设计，包括手工绘制及用电子计算机产生型线。但是，不论用哪种方法，都必须掌握主要形状特征和参数对舰艇性能、布置等的影响规律，并以此作为型线设计的基础。

5.1.2 型线设计的基本方法

型线设计是舰艇设计中的一项重要工作，对舰艇各项性能影响很大，与整个设计的成功与否关系密切。设计者应该力求使设计出的船体外形具有优良的航海性能（如快速性、稳性、适航性和操纵性等）、满足总布置要求、施工方便并具有较小的排水量等。

在进行型线设计时通常采用下面的一些方法。

（1）分析现役舰艇的统计资料，找出设计舰的船型系数和主尺度的大致变动范围。

现役舰艇的型线，都是经过试航和长期服役考验的，有的舰艇还经过实战的考验，它们的优缺点明确、资料齐全可靠、舰员使用经验丰富。对于同一类型的舰艇来说，它们的战术技术性能都大同小异。因此，根据同型舰艇的统计资料进行分析比较，可以从中吸取优点，克服缺点，比较正确地选择设计舰型线各要素的大致变动范围。

（2）参照舰艇系列化实验资料。

各国海军都很重视各种舰艇船型的系列化实验。这些实验通常是先选择性能优良的母型，然后有规律地改变主尺度和船型系数，进行系列化实验，得出阻力和耐波性的图谱等资料。设计者经过分析研究后，根据设计舰研制总要求的规定，可以采用某系列的母型作为型线设计的依据时，用变值法（网格法）确定设计舰的排水量和主尺度就可直接利用该图谱计算设计舰的有效功率等，方便而准确地提供阻力性能数据。但这类资料大多限于阻力性能的研究，且只着重于水下部分的型线，水上部分的型线还要参考性能优良的实舰和有关公式进行设计。

各国海军对舰艇的系列实验资料进行公开发表的不多。适合大型中低速水面舰艇用的有美国的泰勒系列，母型如图 5-1 所示。适合中型高速水面舰艇（如驱逐舰、护卫舰）用的有苏联的瓦洛金系列，母型如图 5-2 所示。适合小型高速舰艇用的相对多些，如英国的 NPL 系列、瑞典的 SSPA 系列等，NPL 系列的母型如图 5-3 所示。

我国自 20 世纪 60 年代起对驱逐舰、护卫舰、圆舭艇和滑行艇等船型也进行过船模阻力系列试验，并作出了相应的图谱，有的已列为国家标准和指导性技术文件，在研究新型水面舰艇中发挥了重要作用。

例如：为了确定实际舰的船型系数，如 φ、C_B、C_P、C_{WP}、C_M 或 L/B、B/T、D/T 或主尺度 L、

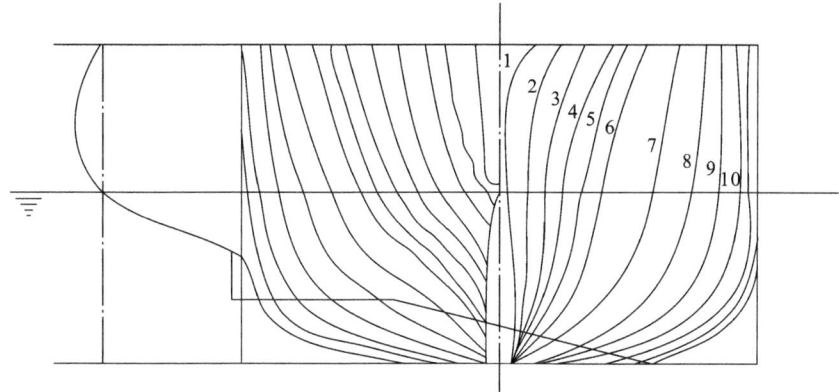

图 5-1　泰勒系列的母型

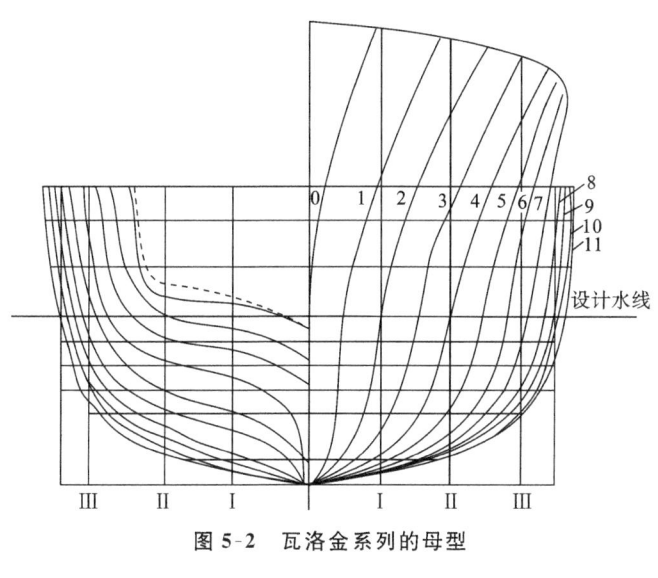

图 5-2　瓦洛金系列的母型

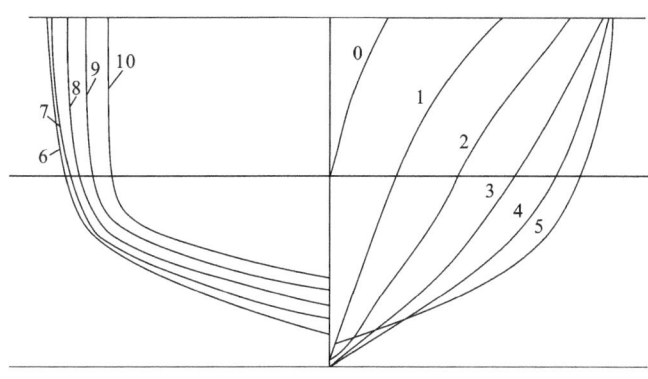

图 5-3　NPL 系列的母型

B、T、D 等,可以采用变值法将所需要确定的因素各选取几个值、相互排列组合成若干个方案,然后根据有关系列试验图谱计算出各个方案下的总阻力或有效功率。另外再利用有关近似公式计算出各个方案下的稳性、横摇周期、回转直径和适航指数 R 等,并校核每一方案的总布置。接着根据各个方案的计算结果绘出各种关系曲线图,或利用计算机按各种性能的优劣大小排序,最后从中选出最佳方案。

（3）根据母型作适当修改。

用前述的方法能确定设计舰的最佳排水量、主尺度和船型系数。但是船型要用型线图来表示。虽然我们可利用下一节所叙述的方法作出全新的型线图,但工作量很大。如果能找到合适的母型,就可以通过相似变换法将母型的型值变换成设计舰的型值,并根据设计舰的特点对母型首、中、尾型线作适当修改,从而比较简便地作出设计舰的型线图。

（4）用试验研究的方法选择型线。

在设计新舰艇时,通常要设计几个型线方案,做出模型,然后进行各个方案船模的阻力和耐波性试验,必要时还要做自航试验,在试验比较的基础上确定最佳型线方案。

5.2　首部、中部和尾部的型线设计

舰艇型线设计可以分为首部、中部和尾部三个部分进行。

5.2.1　首部型线设计

1. 设计水线

对于高速舰艇,设计水线形状对舰艇的兴波阻力和涡流阻力有较大的影响。选择设计水线及其以下部分的形状时,主要从减少静水兴波阻力出发,选择较小的水线半进流角 i_E,在较长范围内保持尖瘦的外形,保持直线形或微凸形至第 7 站,如图 5-4 所示。

图 5-4　高速舰艇的设计水线形状

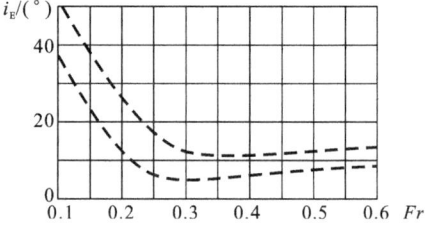

图 5-5　$Fr\text{-}i_E$ 曲线

贝克对驱逐舰艇模做过试验,试验表明当其他条件相同时半进流角 i_E 由 9.9°增加到 13.6°,在 $Fr > 0.5$ 的区域内阻力约增加 2%,亦即 i_E 每增加 2°时阻力仅增加 1%。这说明保持较小的水线半进流角 i_E 是必要的,但不要片面追求使其过小,应以使整个首部型线尖瘦以及协调和顺为原则。设计水线半进流角 i_E 与 Fr 的统计变化关系如图 5-5 所示,亦可采用式(5-1)计算:

$$i_E = -300/v_m \tag{5-1}$$

式中:

v_m——舰艇的最大航速(kn)。

驱逐舰和护卫舰设计水线的半进流角 i_E 一般在 8°~12°的范围内,因 Fr 和 L 不同而异,可参考表 5-1 选取。

半进流角 i_E 减小后,将使水线面系数 C_{WP} 减小,对稳性不利。另外,水线若太尖瘦,会使首部舱室(如锚链舱)布置困难,增加施工的难度。因此,在进行首部型线设计时,不但要考虑降低阻力,而且还要照顾到稳性和总布置的要求。

表 5-1　驱逐舰和护卫舰的设计水线的半进流角 i_E 值表

L/m	$i_E/(°)$	
	$Fr=0.30\sim0.40$	$Fr=0.50\sim0.60$
70~90	11	9
≥100	10	8

2. 首部横剖面

从快速性的角度来看,首部设计水线以下的横剖面形状采用 U 形比 V 形有利。因为这样可以把部分容积从设计水线附近移到该水线以下的深处,从而使设计水线附近的各水线做得更尖瘦一些。

从适航性的角度来看,首部设计水线以下横剖面形状采用 V 形比 U 形有利。这是因为 V 形首部横剖面能增加舰艇在波浪中纵摇与升沉的阻尼;而 U 形的船底较平,在波浪中纵摇厉害且容易产生较大的底部砰击。国外许多新型驱逐舰的首部设计水线以下横剖面采用深 V 形,就是出于对适航性改善的考虑。

例如,美国有一家公司,应用计算机舰艇综合设计程序进行了深 V 形方案($\Delta_{满}=1229$ t)设计研究,研究结果表明它与相同大小的圆舭形方案相比具有下列优点:在 10~30 kn 航速、2.9 m 有义波高下航行时,深 V 形方案的纵摇幅值小于 3°,船中垂向加速度小于 3 m/s^2;砰击概率比圆舭形低得多;在 5~6 级海况下深 V 形最高航速远高于圆舭形舰,波浪中附加阻力明显小于圆舭形;比圆舭形具有更多的内部甲板面积,因此上层建筑可以相应减小;有效载荷比较高等。

设计水线以上的首部横剖面形状对适航性的影响最大。1960 年,纽顿在英国的实验结果认为:设计水线以上首部横剖面增加外展并带大折角的型线(见图 5-6),可以大大减少甲板上浪和淹湿,相当于增加首部干舷的作用,同时纵摇和失速也较小。虽然有人对这一结论提出过异议,但各国驱逐舰、护卫舰采用带大折角和外展型横剖面的较多。

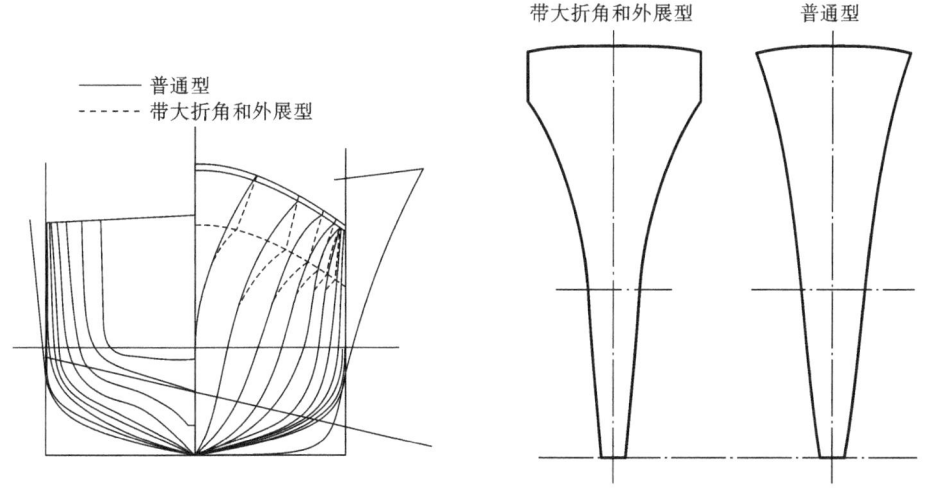

图 5-6　首部横剖面的形状

图 5-7 所示为不同首部横剖面型线对甲板上浪的影响。从图可知,首部横剖面不宜过分外展。图 5-8 中,将 ϕ 定义为外展角,它是第 3 站横剖面的甲板舷边点到 1/2 首部型深 D_s 处

的连线与中线面的夹角;β 定义为第 3 站横剖面 1/2 首部干舷 F_s 处至设计水线以下 1/3 处这段直线与中线面的夹角。根据淹湿情况较好的驱逐舰和护卫舰统计,$\phi = 27° \sim 29°$,$\phi/\beta = 1.5 \sim 2.0$。

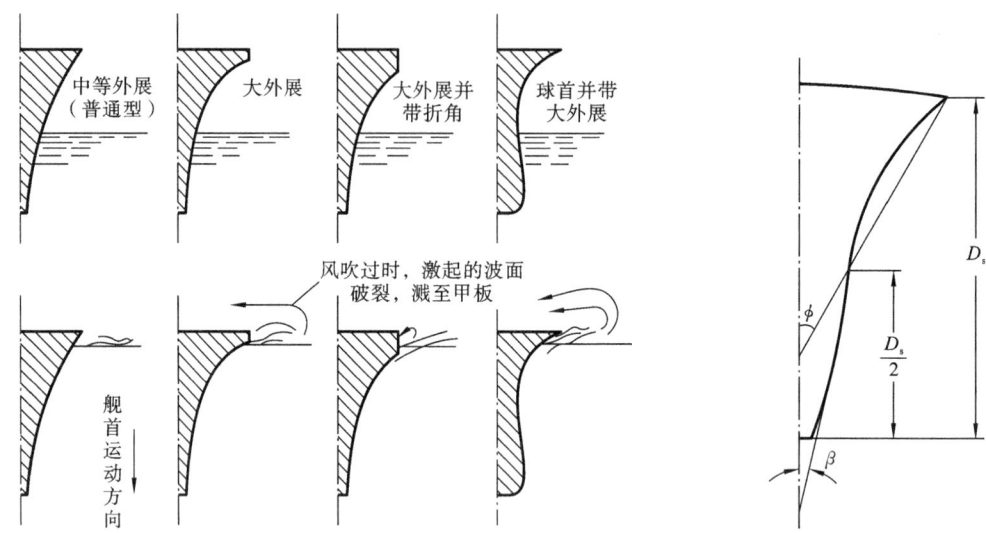

图 5-7　不同首部横剖面型线对甲板上浪的影响　　图 5-8　第 3 站横剖面的 ϕ 和 β 示意图

首干舷高度 F_s,不仅是确定舰艇主尺度和船型系数的一个重要因素,而且是核准甲板上浪和淹湿的依据。

美国海军工程中心将计算出的各型舰艇"首干舷系数"和首部型深 D_s 统计值进行绘图,并取最大值进行包络,得出最大首干舷高统计曲线。如图 5-9 所示,"首干舷系数"$f_s = 92\%$ 以上的阴影线所示区域,均为可采用区;在平均首干舷系数以上,统计资料表明甲板上浪和淹湿情况是良好的;斜十字交叉阴影区为推荐使用区。对中、小型舰艇而言,$f_s = 100\%$,对大型舰艇而言,f_s 可以小于 100%。

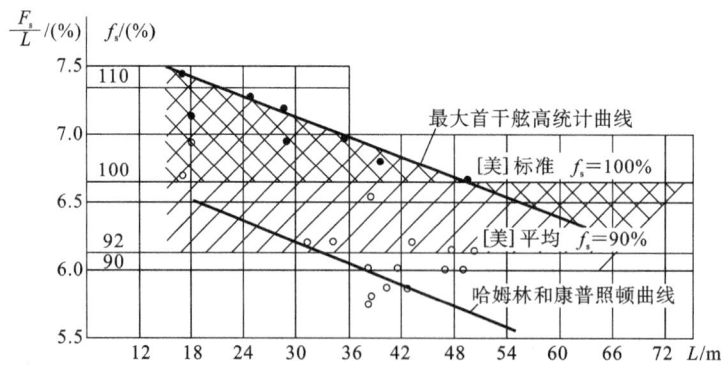

图 5-9　舰艇首干舷高统计曲线

确定设计舰首干舷高 F_s 时建议采用如下步骤:

(1) 用 $F_s/L(\%)$ 值来衡量舰艇首部的干舷高度;

(2) 取最大首干舷高统计曲线,对舰艇首部干舷高度值进行初估,见表 5-2。

(3) 同时希望 $D_s/T \geqslant 3$。

(4) F_s 的确定还应与主尺度和船型系数的选定协调一致。

表 5-2　在不同舰长下首干舷高与舰长 L 的百分比值

舰级 （L 与排水量）	65 m 以下	65～85 m	85～120 m	120～145 m	145 m 以上
	500 t 以下	500～1000 t	1100～3000 t	3000～5000 t	5000 t 以上
F_s/L	7.4% 以上	7.4%～7.2%	7.2%～7.0%	7.0%～6.8%	6.8% 以下

（5）甲板上浪发生在 2～3 站附近，同时为了不影响舰首武器的射界和舰员操作，在确定 F_s 时，既要保证 2～3 站有足够的干舷，又要平坦过渡，不使首部脊弧线突然上翘。

3. 球首

目前，国内外中型舰艇上加装球首相当普遍，这主要是出于安装大型声呐换能器的需要，而非像民船安装球首是为了减小兴波阻力的需要。图 5-10 所示为某驱逐舰球首型线简图。

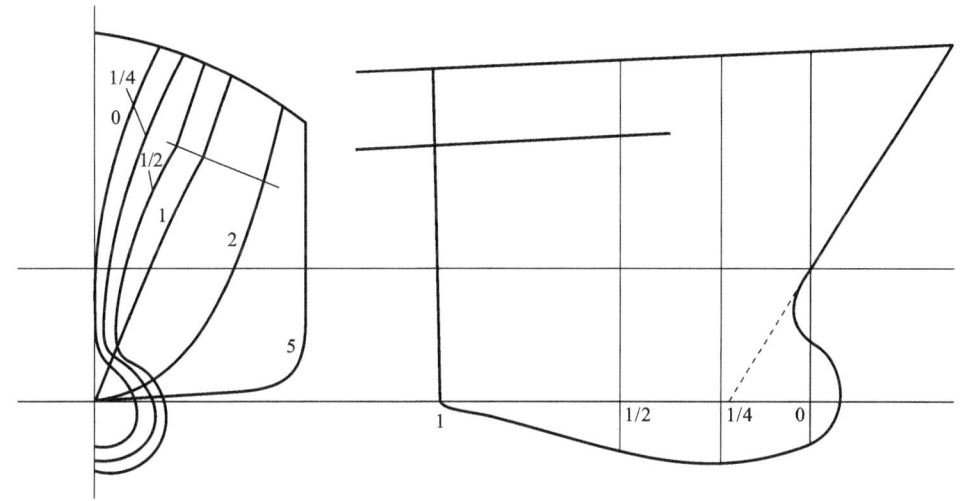

图 5-10　某驱逐舰球首型线简图

国内对驱逐舰、护卫舰球首的模型试验研究表明：

（1）球首剖面形状对阻力的影响。椭圆形阻力明显比圆形的要优越。

（2）球首剖面面积大小对阻力的影响。影响阻力的因素较为复杂，阻力不仅与速度变化有关，而且与球首的位置、球首湿表面面积及球首排水体积有关。一般来说，当 $Fr > 0.25$，球首最大横剖面面积 ΔA 与船体最大横剖面面积 A_{max} 的比值变化在 $\pm 3\%$ 范围内时，阻力的变化不超过 2%。

（3）球首纵向位置对阻力的影响。大致趋势是：纵向位置向前，阻力性能愈好，但在 0 站后 2.34%L 至 0 站前 5.16%L 间，其差别不明显。而纵向位置后移到 0 站后 4.84%L 时，阻力明显增加。球首形心纵向位置在 0～1 站之间为宜。

（4）球首垂向位置对阻力的影响。总的说来，在一定深度之后，阻力随球首垂向位置下降而增大，但从适航性角度看取较大的深度为宜。

（5）球首型线必须光顺，避免有剧烈的变化，以延缓和阻止空泡发生。球首最大横剖面之后的水线面向后收缩应缓慢，以避免形成涡流。球首头部应丰满，接近水滴形，可降低自噪声。

（6）为减小球首底部砰击，球首横剖面底部可设一定的斜升角（如 13°左右）。

在实际设计中，球首的大小、形状和位置应根据声呐的尺寸和使用要求，并考虑抛锚起锚操作方便，且不使阻力性能恶化，通过试验来选取。

4. 首柱

现代舰艇的首柱一般有五种,即直线前倾型、飞剪型、破冰型、大圆弧型、后倾穿浪型,如图 5-11 所示。目前采用最多的是直线前倾型首柱,其有较大的前倾角,通常为 30° 左右,有的超过 40°。该型首柱的优点为:

(1) 使设计水线以上的水线具有较小的半进流角,对波浪中的快速性有利;

(2) 增加了首部甲板的长度和面积,有利于布置;

(3) 由于设计水线以上各水线的延长,可在保证较小的半进流角条件下增大首部横剖线的外展以改善淹湿性;

(4) 构造比较简单,外形美观,给人一种高速的感觉。

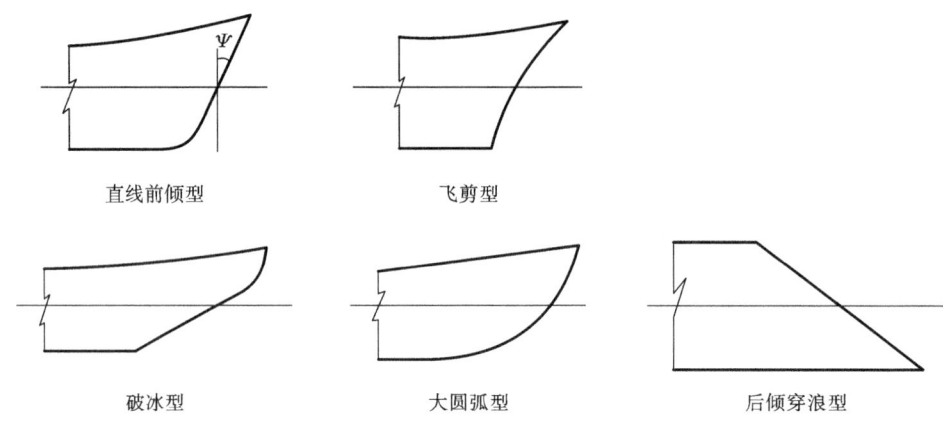

直线前倾型   飞剪型

破冰型   大圆弧型   后倾穿浪型

图 5-11 首柱的几种形式

当然,这种首柱也有一定的缺点:水下切去一部分使设计水线以下各水线减小半进流角较困难,从而影响快速性;另外对航向稳定性也不利。采用飞剪型首柱可弥补这一缺点。飞剪型首柱的侧面呈凹形曲线,向前伸出到设计水线之前,且有一个较大的悬伸部,其构造比直线前倾型复杂些。

破冰型首柱在设计水线以下的侧形与基平面成远小于 45° 的夹角,以便在冰区航行时首柱易于冲上冰面,然后利用船首的重力将冰层压破前进。

后倾穿浪型首柱能最大限度地增加水线长,降低阻力,改善快速性。但在高速和高等级海况航行时,首部甲板极其容易上浪。该型首柱曾广泛用于 20 世纪初期的战列舰和大型巡洋舰,20 世纪末又开始采用,特别是在游艇及高性能船舶上。

5. 首部舷弧线

舷弧线是指甲板边线在侧视方向的投影线。首部舷弧线的设计应依据如下原则:尽量减少甲板上浪;使主船体的重心高度不致有过大的增加;具有一个雄伟的外观等。

为了不使首主炮(或首部导弹发射装置)和上层建筑抬得过高,从中部到首主炮处的一段舷弧线可设计成曲线形,从首主炮到舰首段的一段舷弧线多设计成直线形,曲线与直线的连接处应平顺过渡。

5.2.2 中部型线设计

中部型线主要指中部横剖面的形状,如图 5-12 所示。中部的型线一般都稍向外展,其外

展角度 $\nu=4°\sim7°$，这样可增加舰艇的大角稳定性，但外展过大会增加靠码头时的困难。如果中部横剖面比较丰满，可以增加横摇阻尼。中部横剖面形状对快速性的影响不大。

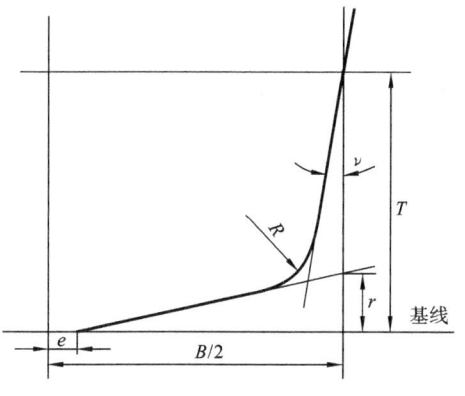

　　中部横剖面底部横升角 β 过大对机舱布置不利，但过小又会使尾部纵剖线过于陡峭，增加推进器的斜流影响。所以一般 β 取 $10°\sim13°$。

　　平板龙骨的宽度 $(2e)$ 应考虑中央龙骨的焊接和进坞坐墩的问题，一般平板龙骨的宽度 $2e=0.3\sim0.6\,\mathrm{m}$。甲板梁拱 h_B 一般取 $1/50$ 舰宽，即 $h_\mathrm{B}=B/50$。

图 5-12　船中横剖面型线

　　从施工工艺的角度希望横剖面形状由几段近乎直线段构成，如舷部为一段直线，底部由两段直线构成。

　　如果事先选定好 β、ν、$2e$、r，就可以把舭部圆弧确定下来，使它满足：

$$A_\mathrm{M}=BTC_\mathrm{M} \tag{5-2}$$
$$r=(B/2-e)\tan\beta_{10} \tag{5-3}$$

式中：

A_M——中横剖面面积（m^2）；

β_{10}——第 10 站的底部横升角。

5.2.3　尾部型线设计

1. 两种尾型的比较

水面舰艇的尾型一般有方尾和巡洋舰尾两种，如图 5-13 所示。

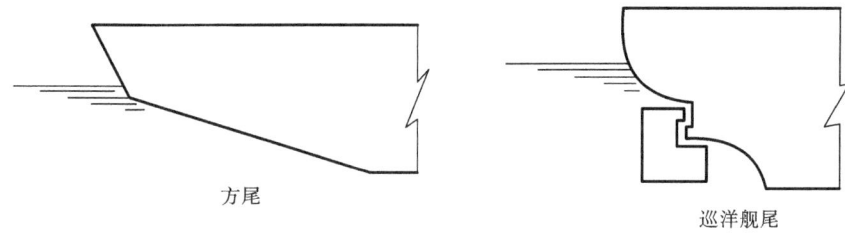

　　　方尾　　　　　　　　　　　　　巡洋舰尾

图 5-13　水面舰艇的尾型

　　方尾的尾端呈平面或曲面形状，且与中线面成直角或近似直角，船体型线的纵剖线和各水线则都终止于该面的船尾处。

　　巡洋舰尾具有近似锥形平顺面的尾伸部，其水平剖面则类似半卵形的船尾部。

　　对于 $Fr>0.43$ 的舰艇，采用方尾对快速性有利。现代高速舰艇几乎都采用方尾，方尾具有如下优点：

　　（1）方尾最突出的优点是能降低高速航行时的阻力，$Fr>0.5$ 以后，阻力可减少 $10\%\sim15\%$；

　　（2）方尾比较丰满，有利于尾部甲板、舵机舱和推进器的布置；

　　（3）方尾能增加稳性，便于施工。

但方尾也有如下缺点：

(1) 在波浪中航行方尾会受到较大的冲击,尾部容易被波浪掀起而产生埋首现象,从而导致舰艇在波浪中的快速性和适航性恶化;

(2) 倒车时阻力较大,并易使尾部甲板上浪或溅水,从而迫使降低倒车航速;

(3) 在低速时,方尾的静水阻力较大。

巡洋舰尾的优缺点正好与方尾相反。

2. 方尾尾板的型线

方尾的主要特征参数是尾板相对宽度 b/B(尾板宽 b 与舰宽 B 之比)和尾部第 20 站的底部横升角 β_{20}(一般用 β_{20} 代表尾部横升角 β_T)。根据瓦洛金的轻型水面舰艇船模系列试验结果,可以看出当 $Fr>0.43$ 时,尾板越宽或尾板底部越平,对阻力越有利。$\xi_{b/B=0.6}$ 表示尾板相对宽度 $b/B=0.6$ 时的剩余阻力系数;$\xi_{\beta_T=9°}$ 表示尾板底部横升角 β_T 为 9° 时的剩余阻力系数。

图 5-14 表示了剩余阻力随尾板相对宽度的变化规律。图 5-15 表示了 $Fr=0.45\sim0.7$ 时剩余阻力随尾板底部横升角的变化规律,在 $Fr=0.45\sim0.7$ 时,阻力随尾板底部横升角减小有下降的趋势。

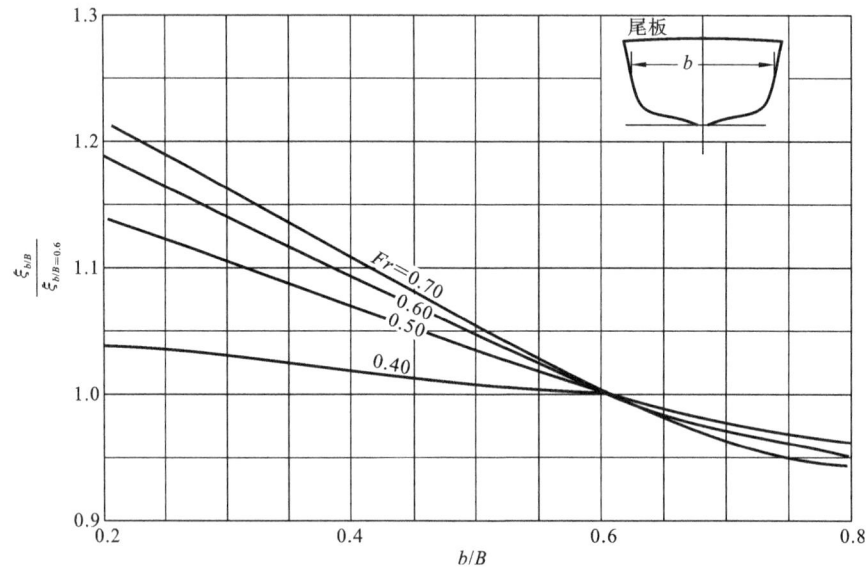

图 5-14 尾板相对宽度 b/B 的变化对阻力的影响

尾板宽度 b 的选择还应考虑到舰艇的稳性,即应保证有足够的水线面系数 C_{WP}。同时为了防止推进器工作时吸入空气和水上漂浮物,应尽可能使设计水线在推进器处的宽度能将推进器盖住。由于船中以后的设计水线一般接近直线,设计水线最大宽度约在第 11 站,如图 5-16 所示,为使设计水线盖住推进器,则应使

$$\frac{b}{2}+L_1[(B-b)/(0.9L)]\geqslant C+D/2 \qquad (5-4)$$

式中：

C——推进器轴线距中线面距离(m),一般 $C=(0.7\sim1.0)D$;

D——推进器桨叶的直径(m);

L_1——推进器盘面距离第 20 站的距离(m),一般 $L_1=(0.06\sim0.065)L$;

b——尾板宽度(m),此处近似将尾板看作是在第 20 站。

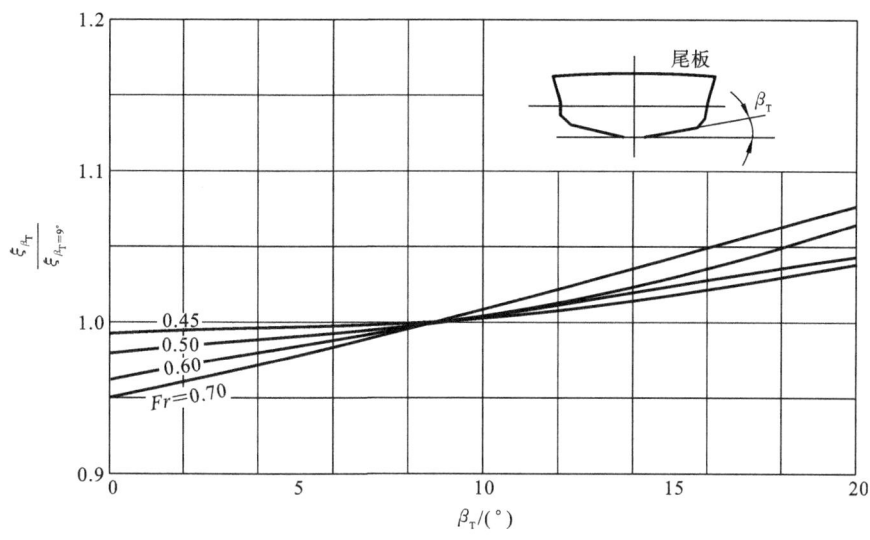

图 5-15　尾板处底部横升角 β_T 的变化对阻力的影响

若尾板设计得很宽,底部很平,对阻力、稳性和推进器工作都是有利的。但过宽和底部过平的尾板,纵摇时底部会受到较大的砰击,特别是在顺浪航行和波速大于舰速时砰击较显著。因此,大多数驱逐舰和护卫舰,一般取 $b/B = 0.70 \sim 0.80$,$\beta_{20} = 7° \sim 15°$。

关于尾部横剖面的形状(19 站或 20 站),尾部稍向外展的直舷或内凹形较好,如图 5-17 所示。其优点是增加了尾板面积,增加了大角稳性,增加了尾部储备浮力和舱室容积。

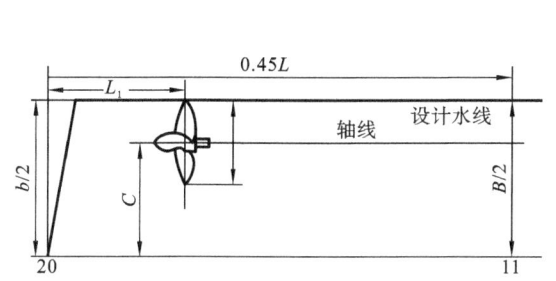

图 5-16　推进器与设计水线相对位置示意图

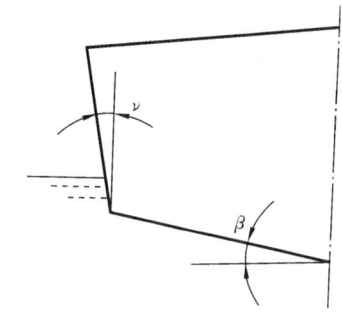

图 5-17　尾部横剖面型线

至于方尾在尾板处的浸水深度 H,一般可用下式估算:

$$Fr_H = v_S \sqrt{gH} \geqslant 4 \sim 5 \tag{5-5}$$

式中:

v_S——巡航速度(m/s);

Fr_H——以尾板浸深为量纲的弗劳德数。

此外,考虑尾部型线时,还应满足舵和舵机舱的布置要求。

常见的方尾的尾部型线有三种,分别如图 5-18、图 5-19、图 5-20 所示。图 5-18 所示为一种平直的尾板,它在结构和施工工艺上都较简便,但低速航行时尾端易产生涡流使阻力增加,尤其在倒航时阻力很大,尾板会受到倒航时水流较大的冲击力。为了避免这些不利的因素,将尾部改成图 5-19 和图 5-20 所示的型线,这两种尾型都能改善舰艇在倒航时的性能,同时还能改善低速时的性能,但高速时快速性比图 5-18 所示的尾型稍差。为了改善倒航性能,有的驱逐舰采用圆弧方角尾型,如图 5-21 所示。

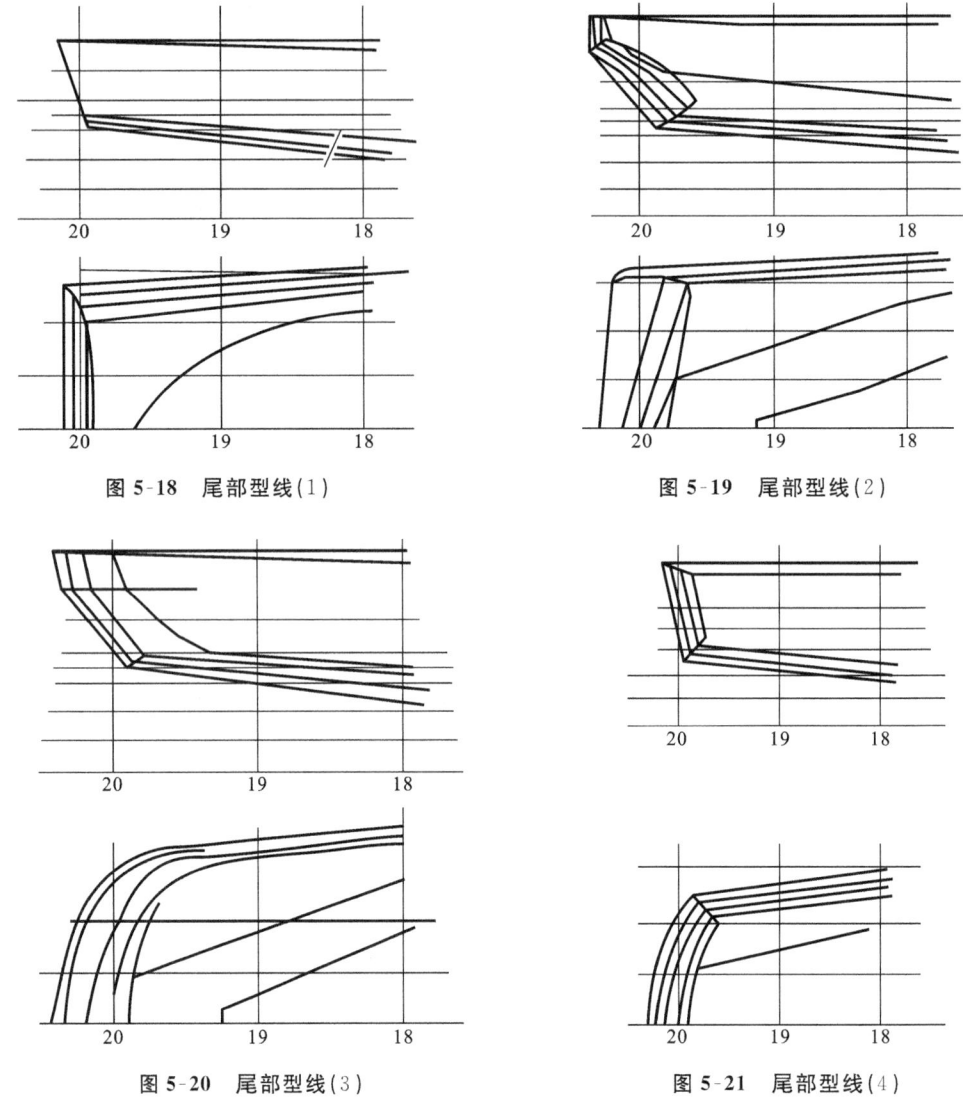

图 5-18 尾部型线(1)   图 5-19 尾部型线(2)

图 5-20 尾部型线(3)   图 5-21 尾部型线(4)

3. 尾部纵剖线的斜度

尾部纵剖线的斜度与冲向推进器的水流方向有很大的关系。驱逐舰的推进器直径一般都很大,因此冲向推进器盘面处的水流斜度各点都不同,一般采用算术平均值。确定推进器上缘的水流斜角,取水流平行于推进器处的纵剖线,下缘水流的斜角取平行于舰艇运动方向。因此,流向推进器的平均斜角为

$$\nu = (\theta + \psi)/2 \tag{5-6}$$

$$\theta = \psi_b + \varphi \tag{5-7}$$

$$\psi = \psi_b + \psi_g \tag{5-8}$$

式中:

ψ_b——轴系与基线的夹角(°);

ψ_g——纵剖线与基线的夹角(°);

φ——航行纵倾角(°),随航速而变。

当流向推进器的水流可以不计斜流影响时,则要求

$$\nu = (2\psi_b + \psi_g + \varphi)/2 \leqslant 5° \tag{5-9}$$

$$\psi_g \leqslant 10° - 2\psi_b - \varphi \tag{5-10}$$

式中 ψ_b 一般为 $2°\sim3.5°$;ψ_g 一般为 $3°\sim5°$。

5.3　变换母型法

当设计舰的排水量、主尺度、船型系数已确定并进行了型线设计以后,就要求绘制出型线图。绘制型线图的方法有很多,其中变换母型法最为常用,变换母型法又可分为几何相似法和函数相似法。

5.3.1　几何相似法

这种方法的实质是:将母型的型线,在长度、宽度和高度上,根据设计舰的主尺度作相应的放大或缩小。这时,新型线图的型值可以根据母型的相应型值按下述比例关系求出:

$$x_i = \lambda_l x_{i0}, \quad y_i = \lambda_b y_{i0}, \quad z_i = \lambda_t z_{i0} \tag{5-11}$$

式中:

λ_l——长度上的比例系数,$\lambda_l = L/L_0$;

λ_b——宽度上的比例系数,$\lambda_b = B/B_0$;

λ_t——高度上的比例系数,$\lambda_t = T/T_0$;

L、B、T——设计舰的长、宽、吃水;

L_0、B_0、T_0——母型的长、宽、吃水;

x_i、y_i、z_i——设计舰在长度、宽度和高度上的型值;

x_{i0}、y_{i0}、z_{i0}——与 x_i、y_i、z_i 相对应的母型型值。

有了以上这些型值,就可以绘制出设计舰的型线图了。但是,采用这种方法绘制型线图的条件是:已知母型的型线图和设计舰的主尺度;设计舰与母型的船型系数 C_B、C_P、C_{WP}、C_M 相等。

例如:

$$C_B = \frac{\nabla}{LBT}$$

类似可以证明:$C_P = C_{P0}$;$C_{WP} = C_{WP0}$;$C_M = C_{M0}$。

采用这种方法绘出的型线图的特点是:与母型型线图保持几何相似的关系,这种相似可以是完全几何相似,也可以是变形相似。

所谓变形相似,就是指两个物体在长度上、宽度上和高度上的任意相应尺度之间,各自保持一定的比例关系。这时

$$\lambda_l \neq \lambda_b \neq \lambda_t$$

或者

$$\lambda_l = \lambda_b \neq \lambda_t; \quad \lambda_b = \lambda_t \neq \lambda_l; \quad \lambda_t = \lambda_l \neq \lambda_b$$

完全几何相似时,长、宽、高三个方向上的尺度比例系数是相等的,这时

$$\lambda_l = \lambda_b = \lambda_t$$

这种变换就是数学上所谓仿射变换的特例。

这种方法的主要优点是一次就可以作出既配合又符合所需排水量和主尺度要求的型线图来,工作量大大减少;其次,在母型型线图的几何特征值已知的条件下,可以直接换算出设计舰型线图的各种几何特征值,不需要通过新的型值进行复杂的计算。例如:

特征值	母型舰	设计舰
容积排水量	V_0	$V = V_0 \lambda_l \lambda_b \lambda_t$
浮心长位置	x_{c0}	$x_c = x_{c0} \lambda_l$
浮心高	z_{c0}	$z_c = z_{c0} \lambda_t$
水线面面积横向惯性矩	i_0	$i = i_0 \lambda_b^3 \lambda_t$
横稳心半径	r_0	$r = r_0 \lambda_b^2 / \lambda_t$
水线面面积	S_0	$S = S_0 \lambda_l \lambda_b$
横剖面面积	w_0	$w = w_0 \lambda_b \lambda_t$
纵稳心半径	I_0	$I = I_0 \lambda_l^3 \lambda_b$

基于上述优点,同时因为各种船型试验资料和优良的现役舰艇资料越来越丰富,所以这种方法仍被广为应用。但是,这种方法必须使设计舰和母型舰的船型系数相等,局部型线也不能有较大的改变,因此,应用受到一定程度的限制。

5.3.2   函数相似法

如果设计舰的船型系数与母型不相等,通过函数相似法可以绘制出设计舰的型线图。这种方法在实质上与变形相似法的差别是:新的型值与母型的相应型值不是成正比关系,而是成函数关系。例如:

$$x = f_x(x_0), \quad y = f_y(y_0), \quad z = f_z(z_0) \tag{5-12}$$

但是,实际作型线图时,站距和水线间距是等距的,只是靠型线值 y 的变化来改变曲线的形状。所以,实际使用时:

$$x = \lambda_l x_0, \quad y = f_y(y_0), \quad z = \lambda_t z_0 \tag{5-13}$$

为了消除缩尺影响,使问题简单,我们采用相对于最大型值的相对坐标。采用相对坐标作出的曲线的最大纵坐标和横坐标为1,这样就得到

$$x = x_0, \quad y = f_y(y_0), \quad z = z_0 \tag{5-14}$$

式中:

$$x_0 = \frac{X_0}{X_{0\max}}, \quad y_0 = \frac{Y_0}{Y_{0\max}}, \quad z_0 = \frac{Z_0}{Z_{0\max}}$$

母型的相对坐标:

$$x = \frac{X}{X_{\max}}, \quad y = \frac{Y}{Y_{\max}}, \quad z = \frac{Z}{Z_{\max}}$$

下面先以前半段水线作为例子,看如何具体运用这种方法。

图 5-22 中实线所示曲线为相对坐标表示的母型的前半段水线。其水线面系数 C_{WPS0} 可以根据该曲线面积求得。现在要在这条曲线的基础上运用函数相似法,作出一条水线面系数为 C_{WPS} 的新水线。

问题的关键在于:找出新的纵坐标与相应原有纵坐标之间的关系,从而确定这些新的纵坐标,使通过这些纵坐标所作出的曲线满足 C_{WPS} 的条件。

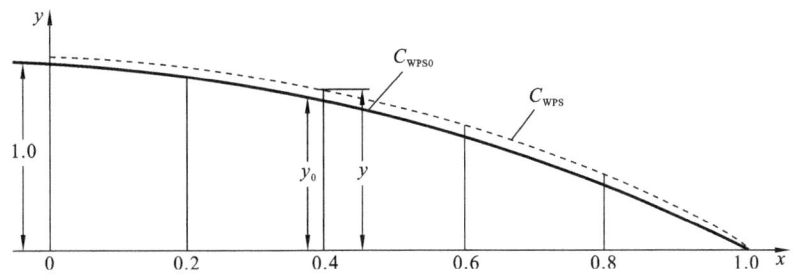

图 5-22　不同 C_{WPS} 下的前半段水线变换图

在寻找新老纵坐标的关系时,为了使问题简化,将这两条水线都看成是具有一定次数的抛物线。因此,在所取坐标条件下,母型曲线的表达式可以写成:

$$y_0 = 1 - x_0^m \qquad (5\text{-}15)$$

抛物线的次数 m 取决于曲线的丰满系数 C_{WPS0},有

$$m = C_{WPS0} / (1 - C_{WPS0}) \qquad (5\text{-}16)$$

式(5-16)可通过曲线的丰满系数定义得到证实。新作水线的表达式可以写成:

$$y = 1 - x_0^{m \times n} \quad (x = x_0) \qquad (5\text{-}17)$$

如果要满足丰满系数 C_{WPS} 的要求,该抛物线的次数 $m \times n$ 必须为

$$m \times n = C_{WPS} / (1 - C_{WPS}) \qquad (5\text{-}18)$$

从而可以求出:

$$n = C_{WPS} / [m(1 - C_{WPS})] = (1 - C_{WPS0}) \times C_{WPS} / [C_{WPS0}(1 - C_{WPS})] \qquad (5\text{-}19)$$

找出了新老坐标之间的关系后,仍然回到原来水线的实际情况来求新的水线的纵坐标,由于 $x_0^m = 1 - y_0$,所以这时新作水线的纵坐标与原有纵坐标的关系为

$$y_i = 1 - (1 - y_{0i})^n \qquad (5\text{-}20)$$

式中:

　　y_{0i}、y_i——母型和新作水线在 i 站处的相对纵坐标。

根据新的纵坐标作出的水线满足水线丰满系数 C_{WPS} 的要求。

对横剖面型线来说,方法与水线的变换相似,如图 5-23 所示。这时新老坐标之间的关系为

$$y_0 = 1 - (1 - y_{0j})^n \qquad (5\text{-}21)$$

式中:

　　j——水线号。

但此时

$$n = C_M (1 - C_{M0}) / [C_{M0}(1 - C_M)] \qquad (5\text{-}22)$$

当船型系数与母型不一样时,用函数相似法绘制的型线图实际上就是上述类似方法的具体运用。根据船型系数的不同情况,有各种不同的运用方式。现仅就最常遇到的几种情况介绍如下。

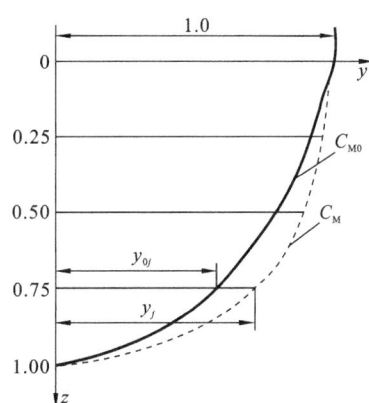

图 5-23　不同 C_M 下横剖面曲线变换图

(1)第一种情况:C_{WP} 和 C_P 不变,C_B 和 C_M 与母型不同。

这种情况的特点是:水下容积沿长向的分布与母型相似(因为 C_{WP} 和 C_P 不变);只要改变

C_M 就能使 C_B 得到相应的改变(因为 $C_B = C_M \times C_P$,而 C_P 是不变的)。

所以首先可以通过上述函数相似法,将母型中横剖面系数从 C_{M0} 改变为 C_M,如图 5-24 中右图所示。然后为了保持水下容积沿长向的分布与母型相似的条件,各条水线在其他站处的相对纵坐标,按各水线在中横剖面处纵坐标加大的比例作相应的放大,如图 5-24 中左图所示。

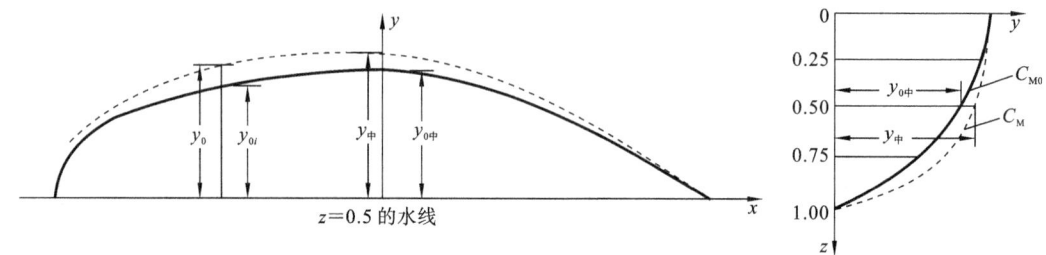

图 5-24　不同 C_{WP} 和 C_M 下水线和横剖面曲线变换图

图 5-24 中举出了 $z = 0.5$ 的水线的例子,该水线新的型值可以按式(5-23)算出:

$$y_i = y_{0i} \times y_中 / y_{0中} \tag{5-23}$$

对各条水线用类似的方法算出所有纵坐标的相对纵坐标值后,再根据设计舰的宽度 B、长度 L 和吃水 T,换算出全部型值的绝对值。通过这些型值,就可以绘制出所需的设计舰型线图。

(2)第二种情况:C_{WP} 不变,C_P、C_B 和 C_M 与母型不同。

这种情况的特点是:水下部分容积的分布规律,除了在高度上有改变以外(C_M 改变),沿长向也有改变(C_P 改变),但这个改变仅限于设计水线以下,在设计水线以上没有改变(C_{WP} 不变)。

因此,这时不仅要用函数相似法改变船中横剖面的形状,而且要用这种方法改变母型横剖面面积曲线。为了避开缩尺影响使问题简便,同样采用相对坐标,如图 5-25 所示。

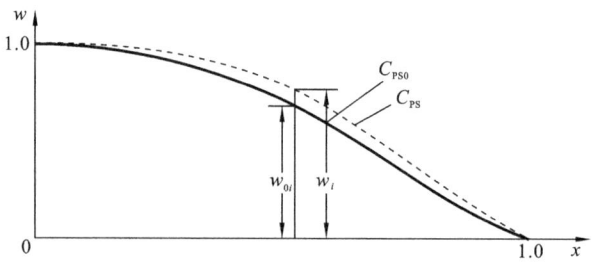

图 5-25　不同 C_P 下横剖面面积曲线变换图

这时

$$w_1 = 1 - (1 - w_{01})^n \tag{5-24}$$

$$n = C_{PS}(1 - C_{PS0}) / [C_{PS0}(1 - C_{PS})] \tag{5-25}$$

式中:

C_{PS0}、C_{PS}——母型和设计舰前半段横剖面面积曲线的丰满系数。

在新作的横剖面面积上,可以求出设计舰在设计水线下各站应具有的面积(将图上量得的相对纵坐标换算为绝对值):

$$\Omega_i = w_i C_{M0} B_0 T_0 \tag{5-26}$$

下一步就要按此要求改变其他各站的横剖面的形状。在改变其他各站之前,先看一下这些横剖面形状的变化特点。从实际情况可以看出,因为 C_{WP} 没有改变,所以用相对纵坐标作出的设计舰设计水线是与母型一样的(用纵坐标绝对值作出的设计水线与母型几何相似)。因此,在用相对坐标作各个站的型线时,设计水线处的宽度应保持与母型一样。但各站的丰满系数已经由横剖面面积曲线确定了。

$$C_{Mi} = \Omega_i / (B_i T_i) \tag{5-27}$$

式中:

B_i、T_i——新作型线图在 i 站处的实际宽度和吃水。

B_i、T_i 可以根据母型的相应数据,按几何相似法求得(C_{WP}不变,侧面形状几何相似),即

$$B_i = B_{0i} B / B_0$$
$$T_i = T_{0i} T / T_0$$

所以,要满足这些要求,各个站要按照各自的丰满系数 C_{Mi},以及与母型相应的 C_{M0i} 值,按函数相似法改变各横剖面的母型型线。这时

$$y_{ij} = 1 - (1 - y_{0ij})^n \tag{5-28}$$
$$n = C_{Mi}(1 - C_{M0i}) / [C_{M0i}(1 - C_{Mi})] \tag{5-29}$$

式中:

y_{0ij}、y_{ij}——母型和设计舰型线在第 i 站第 j 号水线处的相对纵坐标;

C_{M0i}、C_{Mi}——母型和设计舰在第 i 站处的横剖面丰满系数。

在各个站分别求得这些相对纵坐标后,将它们换算成绝对值。根据这些纵坐标的绝对值就可以作出所需的设计舰型线图。

$$Y_{ij} = y_{ij} B_i = y_{ij} B_{0i} B / B_0 \tag{5-30}$$

(3) 第三种情况: C_{WP}、C_P、C_B 和 C_M 都与母型不同。

这种情况基本上与上述第二种情况类似,所不同的就是设计水线的形状有所改变。因此,设计舰型线的设计水线的纵坐标就不再与母型相应的纵坐标保持几何相似关系($B_i \neq B_{0i} B / B_0$),而需用函数相似法,按照新的设计水线丰满系数 C_{WP} 求出设计水线新的相对纵坐标,从而求出设计水线在各站处的宽度:

$$B_i = y_i B / 2 \tag{5-31}$$

余下的绘制方法与上述第二种情况没有任何差别。

由于在求变换指数 n 时采用了曲线为抛物线的假设,因此,当曲线的实际形状与抛物线的形状差别较大时,带来的误差较大。通常丰满系数的改变在 $3\%\sim5\%$ 的范围内时,这种方法可以得到满意的结果。如果遇到所得结果与实际需要之间差别较大而不能满足要求时,可以用累次近似的办法弥补,只是工作量较大。如果编成计算机程序进行电算,可以弥补工作量的缺陷。

设计水线和横剖面面积曲线前、后段的丰满系数,可以通过水线面面积中心和浮心的坐标计算:

$$\left. \begin{array}{l} C_{WPS} = C_{WP} K \cdot x_f / L \\ C_{WPW} = C_{WP} - K \cdot x_f / L \end{array} \right\} \tag{5-32}$$

$$\left. \begin{array}{l} C_{PS} = C_P K_1 \cdot x_c / L \\ C_{PW} = C_P - K_1 \cdot x_c / L \end{array} \right\} \tag{5-33}$$

式中:

C_{WPS}、C_{WPW}——设计水线的前体和后体的水线面系数;

C_{PS}、C_{PW}——前体和后体的棱形系数；

K、K_1——计算系数，可根据母型型线图算出。

x_f、x_c——设计舰的设计水线形心纵坐标和浮心纵坐标，参考母型与长度 L 成正比的方法求出。

5.4　横剖面面积曲线法

在没有相似的母型的型线图，而需要绘制设计舰的型线图时，可以采用横剖面面积曲线法，其步骤如下。

1. 作侧面轮廓的型线

通过 5.2 节的叙述，可以确定设计舰的首、中、尾部形状，甲板边线形状，龙骨坡度（在有坡度的情况下），再根据设计舰的主尺度 L、B、T、D，就可作出侧面轮廓的型线，如图 5-26 所示。

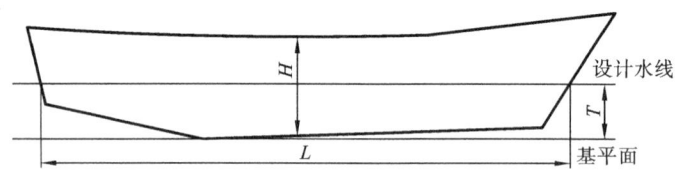

图 5-26　侧面轮廓

2. 作设计水线的型线

（1）根据 L 和 $B/2$ 作出格子框；

（2）根据快速性的要求确定设计水线半进流角 i_E；

（3）根据尾型的要求确定尾板宽度 b（对方尾舰艇）；

（4）确定最大设计水线宽度的位置，对高速舰艇来说，一般在第 11 站左右；

（5）根据第 4 章的叙述确定水线面系数 C_{WP}；

（6）根据首、中、尾型线的要求，在格子框内作出设计水线的型线，如图 5-27 所示。

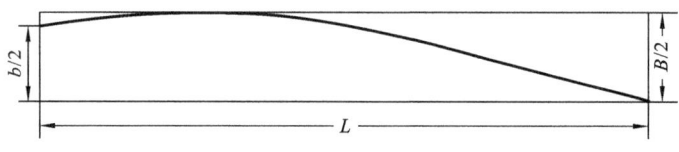

图 5-27　设计水线型线

3. 作横剖面面积曲线

在没有合适的母型横剖面面积曲线作参考时，可采用如下步骤自行设计，参见图 5-28。

（1）根据 L 和 $C_M BT$ 绘出格子框 $ABCD$。

（2）在 $\overline{BC}$ 线上截取 $\overline{BE} = \overline{FC} = L(1-C_P)$。

（3）连 $\overline{AE}$ 及 $\overline{FD}$，则梯形 $AEFD$ 的面积即等于排水容积∇：

$$\text{梯形 } AEFD \text{ 面积} = (\overline{EF} + \overline{AD}) \cdot \overline{AB}/2 = [\overline{BC} - (\overline{BE} + \overline{FC}) + \overline{AD}] \cdot \overline{AB}/2$$

$$= [L - 2L(1-C_P) + L] \cdot C_M BT/2 = C_P C_M LBT = \nabla \tag{5-34}$$

（4）作出横剖面丰满系数不大于 1 的限制线，该限制线的纵坐标为相应站处的设计水线宽度与横剖面吃水的乘积。

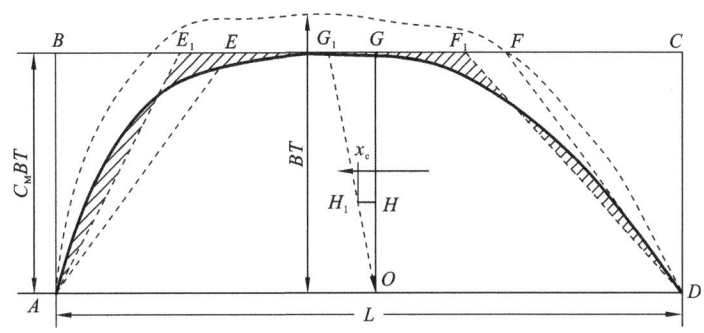

图 5-28　横剖面面积曲线制作图

（5）如果浮心 x_c 不在船中，那么根据仿射变换的原理，作出与梯形 $AEFD$ 面积相等的梯形 AE_1F_1D。将直角坐标 GOD 改为斜坐标 G_1OD。原有各点的位置随着坐标轴的改变，沿水平方向移动相应的距离。为此就需要将坐标轴 OG 向 x_c 所在的一边偏一角度，使 OG 上的点 H（对称梯形 $AEFD$ 的面积中心）沿水平方向移向 H_1，使 $\overline{HH_1}=x_c$。这样就求得了新的斜坐标 OG_1。在新的坐标系上同样取 $\overline{E_1G_1}=\overline{EG}$，$\overline{F_1G_1}=\overline{FG}$，就可以作出所要求的梯形 AE_1F_1D。这时梯形 AE_1F_1D 的面积等于梯形 $AEFD$ 的面积，而它的面积中心 H_1 离船中的距离为 x_c。

（6）将直线 $\overline{AE_1}$ 及 $\overline{DF_1}$ 代之以曲线，使曲线下所围的面积与梯形 AE_1F_1D 的面积相等，并使曲线的形状符合对横剖面面积曲线的要求，此曲线即为所要绘制的横剖面面积曲线。

如果具有合适的母型横剖面面积曲线，那么可以根据相似条件，用变换母型法作出新的横剖面面积曲线。为了满足相似条件，这两条曲线所包含的面积丰满系数（即 C_P）必须相等。这时所作横剖面面积曲线在各站处的纵坐标（即横剖面面积 A_M），可以通过母型在相应站处的纵坐标 w_0 按式（5-35）求得：

$$w=w_0(BTC_M)/(B_0T_0C_{M0}) \tag{5-35}$$

式中 B、T、C_M 和 B_0、T_0、C_{M0} 分别为设计舰和母型的宽度、吃水和中横剖面系数。

如果设计舰的浮心纵坐标 x_c 与母型的 x_{c0} 不相等，同样可以用上述仿射变换的方法，使该曲线的面积中心移到所需的位置上，如图 5-29 所示。图中 H 为改变以前的面积中心的位置，H_1 为改变以后的面积中心的位置。通过 H 点作垂线 OG 与基线相交于 O 点，然后通过 H 点向所需移动的方向作水平线，并截取一段 HH_1 长度等于浮心改变前后在长向位置的差（x_c-x_{c0}）。通过 H_1 和 O 点作直线 OG_1。从基线上的各站所在点出发，作一系列与 OG_1 线平行的斜线。将各站的垂直线与曲线的交点水平地移向相应的斜线上，这样得到一系列交点。通过这些交点所作出的曲线，就是所要求的横剖面面积曲线。

这种方法的使用受到一定程度的限制。例如，如果改变以后的曲线超出基线长度范围之外，显然是不合理的。

4. 作上甲板边线

上甲板边线可以根据总布置和适航性的要求作出。

5. 作横剖面型线

通过以上作图，可以求得任一站处在设计水线以下的面积 w_i、半宽 $B_i/2$、吃水 T_i 和上甲板半宽 $B_{甲i}/2$，有了这些值就可以用类似的面积梯形的方法作出各个横剖面的型线。

首先作一个面积梯形，如图 5-30 所示的梯形 $OABC$。其中 AB 为相应横剖面在设计水线处的半宽，OA 近似为相应的吃水。AB 垂直 OA，CB 平行 OA，C 点的位置由下式确定：

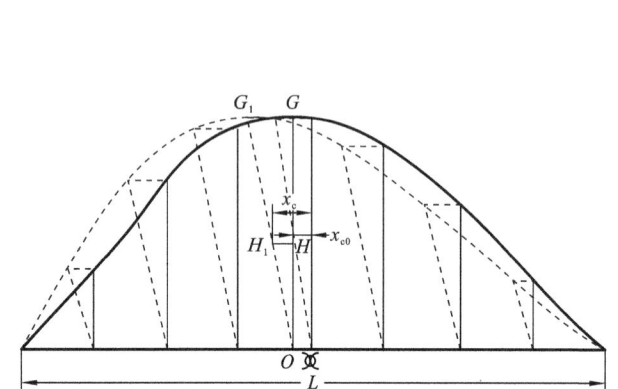

图5-29　设计舰与母型的浮心纵坐标不相等时横剖面面积曲线变换图　　　　图5-30　横剖面型线

$$\frac{BC+T_i}{2} \cdot \frac{B_i}{2} = \frac{w_i}{2}$$

由此可得

$$BC = \frac{2w_i}{B_i} - T_i \tag{5-36}$$

以等面积梯形作为参考,并考虑所需横剖面的外形特征后,用以上类似的方法,就可以作出该横剖面的外形以及其他横剖面的外形。这样就能绘制出横剖面图。在作图中应该校核是否满足总布置的要求,其中着重校核锚链舱、首弹药舱、机炉舱、后弹药舱和推进器及舵的布置。

6. 作半宽水线和纵剖面图

有了横剖面图,就可以用一般的方法作出半宽水线图和纵剖面图。

最后,将以上各图经过多次配合、验算、修正和光顺,就绘制出了所需的型线图。

这种方法的优点是没有合适的母型作参考,或船型系数不同时,亦能较方便地绘制出所需的型线图。缺点是要经过多次配合、验算和光顺,才能得到较满意的结果,工作量比较大。

复习思考题

1. 构成船体外形的主要因素是什么?
2. 船型设计应依据哪些原则?
3. 设计水线由哪些特征和参数组成?
4. 首部设计水线以下横剖面型线设计主要考虑哪些性能?有几种形式?其特点是什么?
5. 首部设计水线以上型线设计时主要考虑哪些因素?横剖面型线有哪几种形式?其特点是什么?
6. 首部干舷高如何确定?
7. 有几种首柱形式?其特点是什么?
8. 军舰设置球首的作用是什么?

9. 军舰有几种尾型? 它们的优缺点是什么?

10. 设计尾部型线时要考虑哪些因素?

11. 用变换母型法绘制型线图有哪些特点和条件?

12. 用函数相似法绘制型线图的实质是什么?

13. 用横剖面面积法绘制型线图的主要步骤是什么?

14. 船型设计有哪些方法?

第6章 水面舰艇总布置设计

6.1 总布置设计的主要内容和基本原则

水面舰艇的总布置设计是一项复杂的系统工程,它不仅要在有限的空间里配置大量的武器装备、技术设施,设置各种用途的舱室,而且要考虑设计结果对舰艇的作战能力、生命力、保障能力和建造工艺性等的影响。总布置设计的过程是一个充满矛盾、统一矛盾、解决矛盾的过程,也是一个抓住主要矛盾、平衡各类需求,进行多方案的优化、综合和取舍的过程。总布置设计的目的是在满足舰艇各种战术技术性能的前提下,合理地确定舰艇的整体布置,绘出详细的总布置图,通过布置上的措施,为提高舰艇的作战能力和保证日常生活勤务创造必要的条件。

6.1.1 总布置设计的主要内容

总布置设计的主要内容如下:
(1) 舰型的选取、水密隔舱壁划分和甲板分层、上层建筑的勾画(包括桅杆、烟囱);
(2) 各种战斗技术器材的布置;
(3) 各种战斗部位、工作舱室和生活舱室的布置;
(4) 重量重心计算和浮态调整;
(5) 协调各部位的通道和梯口。

总布置设计体现在总布置图和重量重心计算书上。总布置图包括纵剖面图,各层甲板、底舱、上层建筑等的平面图,典型部位的横剖面图,还有侧视图、俯视图、侧影图等。

6.1.2 总布置设计的基本原则

1. 战术上的要求

(1) 总布置应符合研制任务的总要求,最大限度地满足用方的要求,最有效地发挥舰艇上各系统和武器、装备、器材的功能,以提高舰艇的作战能力。总布置应合理紧凑、协调一致。

(2) 注意提高舰艇的生命力,从布置上保证动力装置、弹药舱、作战指挥室及其他战斗技术舱室的最大安全性。

(3) 应在保证战术技术性能的前提下,为舰员提供良好的工作和生活条件(如温度、湿度、噪声、光线、视界、联络等),以及便捷的战位通道。

(4) 选取符合舰艇总布置、性能、结构强度等各方面要求的舰型。舰艇的外形应威武、美观,并兼顾舰艇隐身性、电磁兼容和三防等要求。

2. 技术上的要求

水面舰艇总布置设计应为保证舰艇的总体性能、结构强度、各种装备器材的使用、维修和舰艇的建造及其工艺性等提供良好的条件。具体要求如下。

（1）根据对研制总要求的研究、分析，结合舰艇的经济性指标及今后的现代化改装，在总体布置方案的基础上，提出对舰艇排水量、主尺度（长、宽、型深）的要求，并为最终确定这些基本设计参数提供依据。

（2）总布置设计应保证舰艇在各种装载情况下必要的和最适宜的浮态、初稳性及大角稳性，满足安全、防火、防爆等方面的要求，应严格控制全舰的重量重心，以取得适当的重心高度，重量分布应使舰艇的浮态平衡，对各种装载状态下的舰艇重心变化幅度也应适当控制；舰艇主横隔壁的划分除应满足各类舱室的布置要求外，同时还必须满足舰艇不沉性和结构强度的要求，防止造成舰艇尾部振动的不利影响。

（3）各类舱室的温度、湿度、噪声振动等环境条件应符合有关军用标准的规定，尽可能结合舰艇的强度条件和结构的合理性进行布置，防止应力集中；为保证舰艇的总纵强度，应按舰艇长度均匀地分布重量（载荷），尽可能避免结构构件的不连续或突变。

（4）布置上应考虑燃油总管、水管、风管等布置要求，力求最短，以减少重量，提高生命力。

舰艇总布置设计在贯彻上述原则时，会出现各种矛盾，例如各种战斗技术装备布置之间的矛盾，从总布置上提高舰艇攻击力与加强自身防御之间的矛盾，总布置要求与航海性能、结构强度、建造工艺要求间的矛盾等。在处理这些错综复杂的矛盾时，应从舰艇的主要任务出发，掌握好局部服从整体、次要服从主要的原则。

6.2　舰艇总体布局

在开展总布置设计时，首先需要考虑舰艇的总体布局，如建筑形式、安全区划、功能区划等。

6.2.1　舰艇的建筑形式

水面舰艇的建筑由主船体、上层建筑以及外露的桅杆、甲板装备、武备、烟囱等舱面部件组成，上甲板以下的船体部分称为主船体，上甲板以上的各种围壁建筑统称为上层建筑，包括船楼和甲板室。设在上甲板首部和尾部的船楼，分别称为艏楼和艉楼，设在中部的称为桥楼。

1. 舰型

舰型一般是指舰艇的外形特征，包括主船体形式和上层建筑形式两部分。

主船体的形式一般有五种，如图 6-1 所示。

第一种低舷平甲板型。这种形式的特点是干舷比较低，为通长甲板，首部上甲板脊弧的斜升角较大，机炉舱直通上甲板，上层建筑为甲板室，较长。

第二种短艏楼型。这种形式的特点是有短艏楼，其长度为 $L/3 \sim L/2$，上层建筑也较长，主船体的容积比第一种大。

第三种长艏楼型。这种形式的特点是艏楼延伸至船中之后，达到 $2L/3 \sim 3L/4$，上层建筑较小，主船体的容积较大。

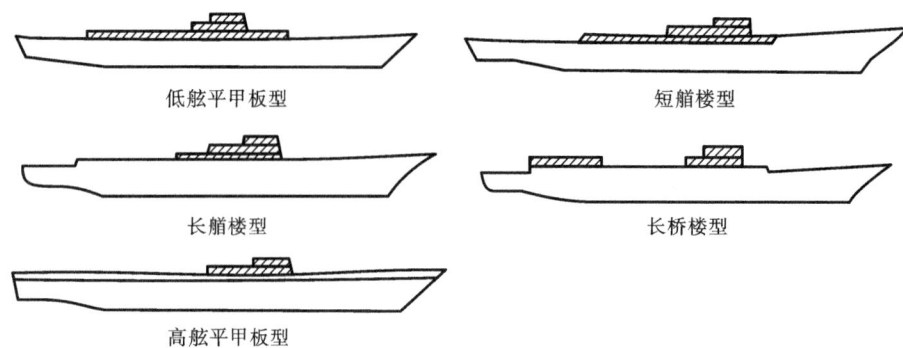

低舷平甲板型   短艏楼型

长艏楼型   长桥楼型

高舷平甲板型

图 6-1　水面舰艇的五种舰型

第四种桥楼型。这种形式的特点是船楼设在船中部,桥楼长度大于 $0.15L$ 的船,称为长桥楼船,桥楼长度小于 $0.15L$ 的船为桥楼船。

第五种高舷平甲板型。这种形式的特点是在第一种舰型的基础上,再增加一层通长甲板,即将艏楼延伸到尾部就成了这种形式。它的干舷较高,上层建筑较小,大部分舱室都可布置在主船体内。

事实上,舰型的发展、演变是与武器装备的进步和战术技术的发展、提高密切相关的。第二次世界大战前(包括二战期间),武器装备水平低下,电子设备极少,海战的武器主要是火炮和性能不高的鱼雷。为了占据有利地形,航速起着关键性的作用。在这种情况下选择低舷平甲板舰型是有利的。它偏低的重心、瘦长的尺度可保证舰有较高的航速,低的舰舷可使鱼雷顺利入水。舱室和耐波性能不是主要矛盾,而恶劣的居住环境更看作是对舰员意志的磨炼。短艏楼舰型较低舷平甲板舰型,舱容略有增加,耐波性也有一定的改善,这种舰型多用于扫雷舰。

第二次世界大战以后,科学技术发展很快,水面舰艇的装备也发生了很大的变化,对舰艇的战术性能要求也越来越高。如普遍装备导弹兵器,电子装备成倍增加,护卫舰以上的舰艇普遍装备直升机,动力装置功率越来越大,适航性、居住性、防护力等要求也越来越高。因此在总布置设计中,舱室容积、甲板面积、耐波性和防护力等的矛盾比较突出。采用长艏楼型和高舷平甲板型能较好地解决上述矛盾。这是因为它们具有如下优点:

(1) 主船体容积大大增加,有利于解决舱室容积不足的矛盾,并将大部分重要舱室置于防护力较好的主船体内,有利于构成内部通道;

(2) 干舷增加,如低舷平甲板型的 $D/T = 1.71 \sim 1.92$,而高舷平甲板型的 $D/T = 2.13 \sim 2.42$,这样不但能提高耐波性、大角稳性和不沉性,而且对布置垂直发射武器有利;

(3) 上甲板距中和轴较远,能增加相当梁剖面模数,对舰艇的总纵强度和刚度有利,对产生相同的应力而言,可较平甲板型有较小的甲板和船底构件尺寸,对减轻结构重量和提高舰内空间净高度是有利的。

当然采用这两种形式也有它的缺点,如重心升高,为保证必要的初稳性,就需增加舰宽,这将会影响舰艇的快速性,舰宽增加使排水量增加也会影响航速。对于现代化的舰艇来说,由于探测器作用距离和武器打击威力的延伸,舰的速度已不再是关键因素,因此采用长艏楼型或高舷平甲板型后带来的缺点并不突出。

2. 上层建筑的形式、层数和造型

上层建筑的形式与主船体的形式密切相关,而且要根据武器的布置、舱室容积、适航性等方面的要求而确定。为能布置各种武备和技术器材,上层建筑采用阶梯形布置形式;为减少舰艇的雷达波反射截面积,上层建筑整体形状要求简洁,采用整块面板组合,减少台阶,减少角反射;为了增加武器的射界和缩小死区,从平面投影看,上层建筑都削去四角。图 6-2 所示为几种舰艇的侧影图,从中可看出不同的建筑形式特点。

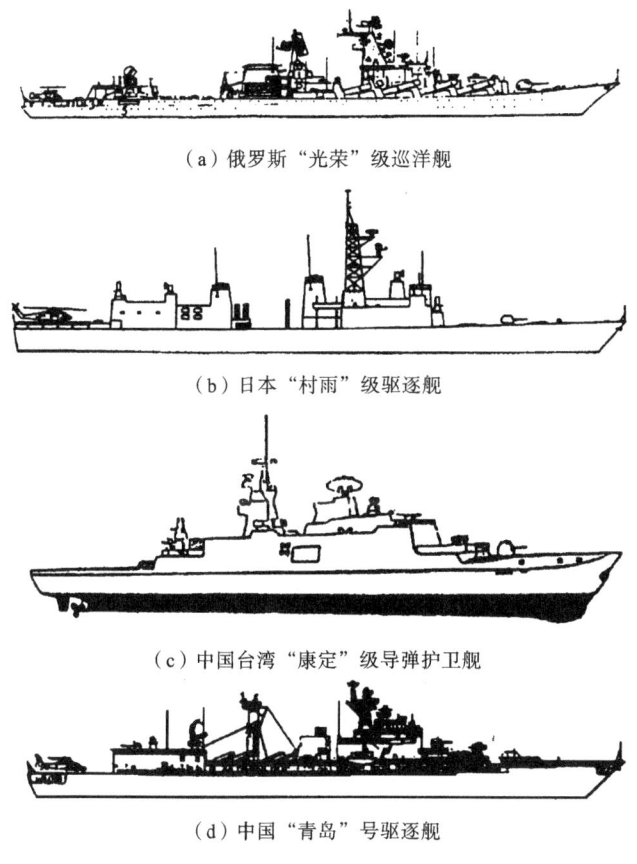

（a）俄罗斯"光荣"级巡洋舰

（b）日本"村雨"级驱逐舰

（c）中国台湾"康定"级导弹护卫舰

（d）中国"青岛"号驱逐舰

图 6-2　几种舰艇的侧影图

　　上层建筑的大小和层数对舰艇的重心高度、受风时的横漂力及横倾力矩影响很大,应根据必需的舱室面积、露天甲板上武器、设备的布置、驾驶视野、桅杆、烟囱的数量、重量和重心高度等因素来决定,以保证各种探测器及武器分别有较大的视界、射界,满足各类天线(雷达、通信、电子战等)的布置要求,同时舰艇的稳性也能得到切实保证。

　　上层建筑的层数还与舰的大小有关,影响舰艇的外观造型。舰艇不仅是水上战斗武器,而且还是一座浮动的水上工程建筑,造型设计时,在满足使用要求的前提下,应使舰艇轮廓鲜明、完整,主次分明,并有稳定向前的动态感,威武、雄伟且具有时代感,各个上层建筑之间要平衡、协调、紧凑,以使舰艇造型美观,整个舰的上层建筑轮廓都应包络在一条自然的流线内。为保证上层建筑内人员的活动自如,要求上层建筑每层的高度为 2.0～2.4 m,净高不得小于 1.9 m。

　　在进行上层建筑外形设计时,应充分考虑隐身性的要求。根据目前对外形隐身的研究成果,通常将上层建筑各外侧壁设计成向内倾斜一定角度(5°～15°不等)。从减少雷达波反射截面积的隐身性来讲,内倾角度越大越好,但侧壁内倾必然会减少舱容,影响设备布置,因此,倾斜角度选取应视军方对舰的性能指标要求和舰的排水量、可用容积大小等来确定。

6.2.2 舱室的区划

主船体在垂向用甲板或平台分成若干层空间,在纵向或横向以横隔壁或纵隔壁分成若干舱段,从而构成舰艇的主要舱室。如再在各个主要舱段或上层建筑内用轻围壁、纵壁分隔,就形成了舰艇的全部舱室。习惯上将主横隔壁分隔的大舱段统称为"舱",在"舱"或上层建筑中用轻围壁分隔的空间称为"室"。

水面舰艇的种类很多,舱室的布置都不一样,即使是同一种类的舰艇,由于型号不同,舱室布置也可能差别较大。但是,各种舰艇的布置也有很多相似的地方,从中能找出一定的规律性。以驱逐舰和护卫舰为例,各种舱室的布置大致可区划为七个部分,如图 6-3 所示。

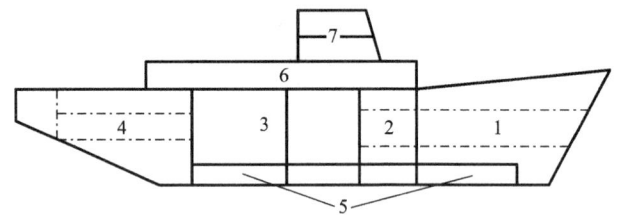

图 6-3 舱室区划图

第一段:占舰长的 $30\%\sim35\%$,主要布置生活舱室和仓库。一般分为三层:第一、二层多布置士兵和干部住舱、厕所、盥洗室、浴室,还有锚机舱、帆缆仓库等;第三层布置弹药舱、声呐舱和各种仓库。如果需要布置导弹舱,其高度要占去 $2\sim4$ 层甲板高。

第二段:占舰长的 10% 左右,一般也分为三层,主要布置雷达室、无线电室、导弹和舰炮的指挥仪室、航海仪器室(如电罗经室、测深仪室和计程仪室),还有干部住舱布置在第一、二层内。有的也将作战指挥室布置在这一段内,比布置在上层建筑内要安全。

第三段:占舰长的 $30\%\sim40\%$,多为一层或两层,主要布置机炉舱、辅机舱,还有集控室、减摇装置舱、制冷站等。对长艏楼和高平甲板型的舰艇,在第二层甲板上还可以布置各种工作舱和生活舱等。

第四段:占舰长的 20% 左右,主要布置士兵住舱、干部住舱、弹药舱、舵机舱和各种仓库。

第五段:为双层底,主要布置燃油舱、淡水舱、滑油舱等。

第六段:为上层建筑第一层,主要布置干部住舱、会议室、厨房、厕所、淋浴室、盥洗室、洗衣房、直升机库、雷达室、通风机室等,还有机炉舱棚、烟囱、燃气轮机进气道等。

第七段:为上层建筑第二、三、四层,主要布置指挥台、驾驶室、海图室、作战指挥室、声呐听音员室、雷达室、无线电室,还有信号台、桅杆、烟囱、雷达天线等。

主舰体内甲板的层数应根据舰艇的类型、排水量、舱高等因素确定。如图 6-4 所示,各种舰艇的甲板层数的一般范围如下:

巡洋舰、航空母舰　　　　　　　　 $5\sim10$ 层

驱逐舰、护卫舰　　　　　　　　　 $2\sim5$ 层

导弹艇、鱼雷艇、猎潜艇　　　　　 $1\sim2$ 层

甲板层高一般为 $2.2\sim3.0$ m,净高不应小于 1.9 m,双层底的高度由油水的需要量和型深等因素确定,为便于施工和维修,其高度不应小于 0.6 m。

主舰体内的水密横舱壁数应根据舰艇的类型、抗沉性要求、各舱室所需长度、结构强度等

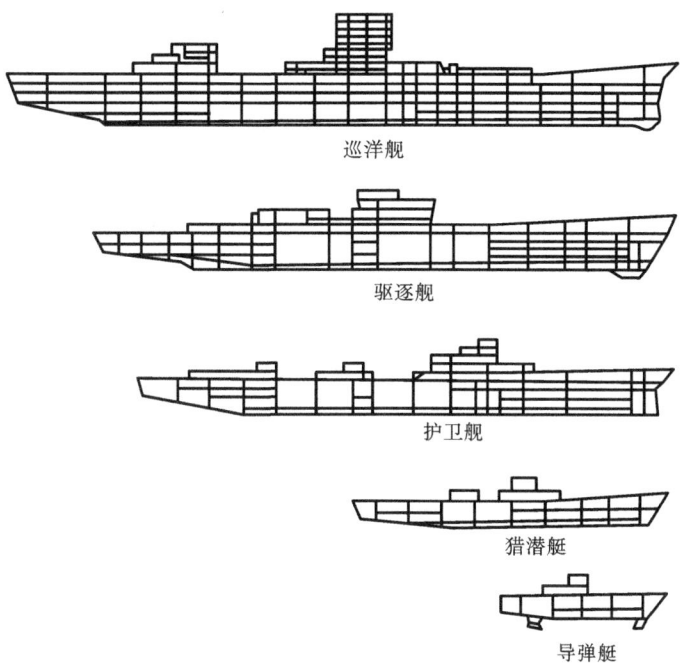

巡洋舰

驱逐舰

护卫舰

猎潜艇

导弹艇

图 6-4　几种舰艇的水密横舱壁数目和甲板层数布置示意图

因素确定。其一般范围如下：

巡洋舰、航空母舰	16～26 个
驱逐舰、护卫舰	14～19 个
导弹艇、鱼雷艇、猎潜艇	5～12 个

各种舰艇上层建筑层数的一般范围如下：

巡洋舰、航空母舰	5～10 层
驱逐舰、护卫舰	3～5 层
导弹艇、鱼雷艇、猎潜艇	1～3 层

上层建筑每层高度一般为 2～2.4 m，净高不得小于 1.9 m。

6.2.3　防火及三防设计

1. 防火布置设计

火灾是舰艇上常见的主要危险之一。因为舰艇上有大量的易燃物品，所以特别容易发生这种危险。为了预防这种经常可能出现的威胁，在舰艇总布置设计中必须采取有效的控制措施。主要措施是：一旦起火舱室边界要把火势控制在起火的舱室内，至少把火灾控制在舰艇较小的范围内，不使其扩散。

1）防火区域划分

（1）防火主竖区。

通常我们将舰艇的船体和上层建筑以"A"级分隔分为若干个主要的垂向防火区。这些防火区横向应是从左舷到右舷，垂向从龙骨直到上层建筑。每个防火主竖区在任何一层甲板上的纵向长度一般应不超过 40 m。

主横水密分舱舱壁可用作防火主竖区的限界面(防火区边界)。舱壁甲板(为保持主横舱壁水密性所达到的最上一层甲板)以上的形成防火主竖区边界的舱室,应尽可能与直接在舱壁甲板以下的主横水密舱壁位于同一垂直平面内。

防火区边界的用途是防止火焰在全舰范围内蔓延,同时把火灾控制在失火区域内。防火区边界上的隔热材料应为不燃材料。

在确定防火主竖区边界的位置时,应考虑下列因素:① 主横舱壁的位置;② 防火主竖区内易燃物的数量和类型;③ 配备的灭火装置的形式和数量;④ 火灾发现时间;⑤ 对保证舰艇战斗力的重要性;⑥ 人员防护措施。

(2) 防火水平区。

如果某一防火主竖区内需要以水平"A"级分隔再分成水平区,则此水平分隔纵向应延伸至相邻的两个主竖区限界面,横向应延伸至该舰艇的船体外板或其他外部限界面。甲板可用作防火水平区的边界。

(3) 防火主竖区的内部分隔。

在防火主竖区内,对舰艇作战、指挥、控制所设置的重要舱室,如作战室、控制室,以及具有高度失火危险的舱室,应在其周围设置防火边界,以防止火灾在防火主竖区范围内蔓延。

2) 防火布置

防火布置应注意以下事项。

(1) 水面舰艇固定灭火系统的站室、消防泵、灭火剂容器以及其他装置,均不得布置在舰艇防撞舱壁之前。

(2) A类机器处所(布置有主推进装置的内燃机或燃气轮机、作为其他用途的合计总输出功率不小于 375 kW 的内燃机或燃气轮机、任何燃油锅炉或燃油装置的处所和通往这些处所的围壁通道)的供排气通风用的天窗、门、通风管和烟囱的开口,以及机器处所的其他开口的数量应减少到满足通风及舰艇在各种工况航行时所必需的最少数目。

(3) 燃油舱不宜与弹药舱毗邻布置,若不可避免时,应设置隔离空舱。延伸舯部的燃油舱的高度应尽可能低于标准排水量水线。

(4) 喷气燃料加油站应位于露天甲板上,并应尽最大可能远离机器处所和有较大失火危险的场所,以及可能构成着火危险的甲板机械和设备。

(5) 机库的布置应远离产生大量热源的舱室,若机库必须与上述舱室相邻时,则其间的分隔舱壁和甲板应为"A-60"级。

(6) 氧气和乙炔气瓶不要存放在易燃物附近,一般直立布置在露天甲板下具有自然通风的专用舱室内。若将气瓶存放在露天甲板上,要防止气瓶受到机械损伤和阳光直接照射,并应有适当保护措施,以防止无关人员接近。乙炔气瓶和氧气瓶应各自单独存放,且这些舱室应有通向露天甲板的出口。

(7) 控制室和电气设备室宜布置在既便于使用又远离热源和爆炸源的安全处所。组成同一武器系统的舱室,宜相对集中布置,并尽量设在同一防火主竖区内。功能相近的不同系统的舱室,以相互远离布置为宜。

2. 三防布置设计及基本原则

三防是指舰艇和人员遭受核武器、生物武器和化学武器袭击时所采取的防护措施(简称三防)。舰艇三防应遵循避免沾染(规避污染)、防护和洗消三要素的原则。舰艇上一般都设有三防器材、药品库和一定数量的储存箱柜,对于重点防护的舰艇还设有三防指挥室或部位以及三防密闭区和人员洗消站。

三防设施的布置应满足监测报警、对人员的防护、对食品和淡水的防护、消除沾染等的需要。三防布置设计基本原则如下。

1) 上层建筑结构

舰艇的上层建筑宜采用简洁、光顺、连续的造型,减少受风面积,避免外延结构。主船体不宜设置舷窗,上层建筑尽可能少设窗。避免露天结构有凹穴,防止沾染物及污水聚积。露天甲板舷边结构及上层建筑的露天甲板应便于洗消后的污水排放。

2) 三防密闭区

采用全时密闭防护的舰艇,通常把全舰分成若干个有通道相连的密闭区,各密闭区应能独立防止空气中的沾染物渗入,布置密闭区时应与舰艇主船体内水密区的划分相互协调。各个密闭区内应分别设置通风、空调系统和人员出入口。

采用定时密闭防护的舰艇,应按作战指挥、人员工作、居住、就餐、娱乐及有密闭要求的舱室分别设置密闭区。食品贮存、厨房等舱室应设置独立密闭区。

舰艇内部不能实施密闭的区域,应与毗邻的密闭区域相隔离,并应设置单独通至露天甲板的出入口。上层建筑供舰员出入的门应尽量少设置。通过密闭区周界的管路、电缆、门、窗、盖等处,应有密闭措施。

3) 集体防护部位

通常在主船体的密闭区内设置集体防护部位,可选择合适的士兵舱兼用,集体防护部位应靠近人员洗消部位设置,两者之间应设有畅通的通道。

4) 三防部位

用于指挥三防的三防部位可以单独设置,也可合到损管部位中。三防部位的面积应满足布置必要的三防仪器、通信工具等设备和人员操作的需要。

5) 核辐射探测设备

对空气的探测器宜布置在舰艇的驾驶室、密闭舱室、主辅机舱(或锅炉舱)、空气过滤系统、舰艇露天的适当部位,对海水的探测器应布置在舰艇水线以下的船壳板上。

6) 人员洗消站和洗消路线

舰艇一般分别设置首、尾人员洗消站,其面积应符合实施人员洗消部署的要求,设置满足规范要求的淋浴喷头数量。洗消站的位置应设在密闭区进出口处,洗消站的出口与密闭舱室相通。洗消站内分设脱衣、淋浴和穿衣室,各室进出口应设密闭门。

图 6-5 所示为人员洗消部位布置示意图。

洗消路线的设计原则是避免产生交叉沾染,并便于人员的流动。一般为:露天部位—人员洗消部位—通道、梯口—三防密闭区域或集体防护部位。

人员洗消部位应配置必要的化学、辐射检测设备和通信工具。

7) 个人防护器材

露天战位和舰内非密闭区战位人员的个人防护器材存放在密闭的个人防护器材柜中,柜布置在就近便于取用处。其余个人防护器材则按需要布置,或存放在三防器材贮藏室(柜)内。

8) 洗消设施

舰艇上的水幕系统,其形成的水幕和水膜要能覆盖上甲板和上层建筑的各个主要露天部位。舰用洗消器一般应安放在洗消器室内或露天甲板上适当位置。舰用洗消器室一般布置在首尾部,门直接与露天甲板相通。舰艇按需要设置若干个洗消作业点,并相应配置电源和水源

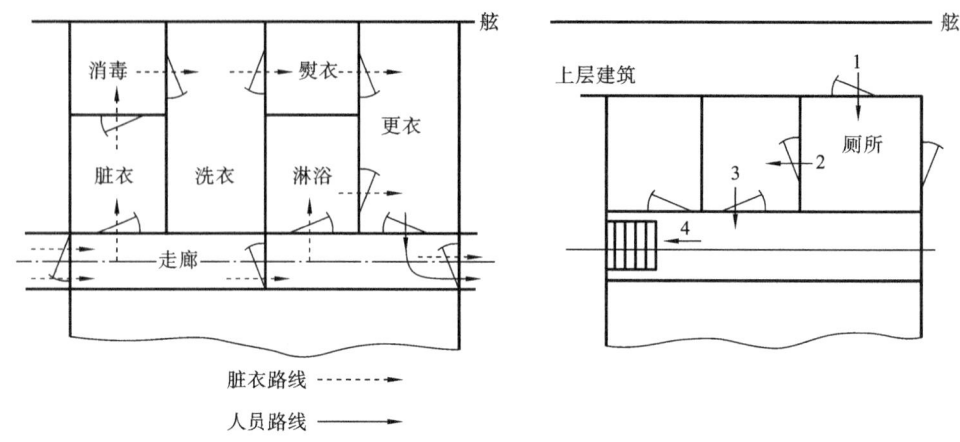

图 6-5　人员洗消部位布置示意图

1-粗冲洗;2-脱衣;3-冲洗;4-检查并由梯子进入士兵舱更衣

接头。舰用洗消剂一般密封存放在三防器材贮藏室中或其他适当部位。

9) 其他

三防战位一般宜布置在上甲板之上,并距舰指挥所或舰艇三防指挥所(三防部位)较近的处所。各战位的布置应尽量减少外露战位人员,对不能实施密闭的动力装置舱室,宜设置密闭的集中控制部位。

6.2.4　全舰损管设计

舰艇上为预防、限制和消除可能发生的损害而进行的损害管制简称为损管。这里的损害是指舰艇浸水和失火以及核生化造成的舰艇和人员的损害。损管的主要目的是使舰艇在任何应急状态和战斗损坏期间仍具有继续执行指定任务的能力。损管功能主要如下:

(1) 用设置水密舱壁、水密关闭装置限制、缩小舰艇破损浸水的范围,用设置吃水、浸水、液舱液位显示装置及舰艇浮态显示装置显示舰艇的损害程度及破损浮态,通过压载、排水及损管堵漏以保持必需的稳性和浮力。

(2) 用各种不同手段保持要害设施工作的连续性,如采用应急便携式电缆等保证供电和通信不中断,采取有效隔离已破损管路系统(消防总管、燃油输送、疏水等系统)的方式保证推进装置工作的连续性。

(3) 预防、探测(如喷气燃料可燃气体浓度监测)和报警失火,运用消防器材和固定灭火系统灭火。

(4) 利用舰艇的三防设备和系统(探测、报警、防护、洗消等)避免、减少或消除核生化对舰艇及人员的损害。

由此可见损管包含防沉或抗沉、损管控制、防火和灭火、三防等内容,有关防火与三防的布置设计在前面已做介绍。

损管布置设计的基本原则如下。

1) 设备与舱室布置原则

(1) 舰艇设备和系统的布置与安装应便于实施损管,特别是破损水线以下的舷侧和舱壁,舱室内的设备应适当离开舷侧布置,或做成易于拆卸的,以便堵漏。

（2）局部或整个位于破损水线以下的要害处所尽可能设计成具有水密边界的，完全处在破损水线以上的要害处所尽可能设成气密边界。

（3）舰艇内部的所有舱室和空舱要有方便的通道，在经常有人出入处的通道关闭装置应采用考虑人员安全的快速启闭型装置。

（4）不能直接通至破损水线以上位置的要害处所，其通道可采用水密围井通至破损水线以上。

（5）有气密要求的舱室，其通风管道应在该舱室的外侧设置气密关闭装置。

2）损管中心和损管站布置原则

舰上通常需设置损管中心和损管站。损管中心和损管站均应布置于破损水线以上的甲板（损管甲板）上，且损管中心应尽量布置在舰中部，损管站分为首损管站、中损管站和尾损管站，分别布置在损管甲板的首部、中部和尾部。

3）水密舱壁布置原则

（1）舰艇应按不沉性及结构强度的要求，将舰艇分成若干个水密区域，设若干个通至舱壁甲板的主横水密舱壁，以防止舰损后沉没。水密舱壁上一般不宜设置运转的机电设备。

（2）防撞舱壁上不准开设任何门、人孔或通道开口。

（3）通风管不得通过破损水线下的主横水密舱，舱壁甲板以下的通风管道必须穿过破损水线以上的各水密舱壁时，应装有水密截止附件。

（4）穿过舱壁甲板以下的水密甲板和平台的通风管道，在浸水可能通过通风管道使相邻舱室浸水时，应将通风管道至少从破损水线高度处到该管道穿过的水密甲板、平台处的一段做成水密风管或在穿过水密甲板、平台处设置水密截止附件。

（5）通风系统的露天开口不得位于舱壁甲板以下。舱壁甲板以上的露天开口的设计应考虑能防止由于破损水线的位置引起舱壁甲板以上或以下的舱室浸水。

（6）电缆通过主横水密舱壁时，应设置可靠的填料函。传动轴（杆）通过主横水密舱壁时，应设可靠的水密装置，并采取合理措施，防止由于传动时的振动引起舱壁水密性的破损。

4）甲板布置原则

强力甲板及其以下的各层甲板和平台必须保持水密性。甲板上只允许开设最必要的舱口。舱口盖的位置尽可能靠近船的中线面。

5）液舱布置原则

（1）液舱应尽可能对称设置。可能形成大横倾角的对称的舷部液舱，在不满足规范要求时，可设置连通管，并设阀控制。

（2）对隔舱浸水后有可能产生横倾的舰艇应设平衡设施。平衡设施应能在 $10 \sim 15$ min 内将浸水横倾后的舰艇从横倾 $10°$ 扶正到不大于 $3°$。

6）损管器材布置原则

损管器材包括堵漏支撑器材、消防器材及三防器材。损管器材的配置应符合《新造舰艇海军供应品标准》的规定。

（1）各类堵漏和支撑器材均应放在适当的部位，不影响人员活动，既要有固定的安放设施又要便于取用。堵漏器材一般分散设置在水线附近有人工作和通行的舱室和通道内，支撑器材一般设置在水线以下毗邻主水密舱壁、面积较大、战斗时有人的舱室内。

（2）在损管甲板上一般还设置损管器材舱或损管器材柜，存放不便分散存放的损管器材。

（3）手提灭火器一般布置在各个舱室的入口附近和最易失火并便于取用的地方。应急消防泵一般布置在露天甲板既方便取用又隐蔽的处所。损管队灭火人员用的消防装备存放在既方便到达又即刻可用的处所。太平斧和撬杠应固定在露天甲板上层建筑围壁的适当位置。

（4）三防器材通常存放在舰艇上的三防器材和药品贮藏库(柜)内。贮藏库(柜)一般布置在上甲板便于存取的地方。

6.3　舱面设备的布置

水面舰艇的舱面设备主要分为三大类：武器装备、观通天线、船舶装置设备。舱面设备的布置与其设备舱室密切相关，如武器装置与弹药舱、锚装置与锚链舱等，在下面的介绍中，将相关部分一并讲述。

6.3.1　武器装备的布置

水面舰艇的武器种类很多，有导弹、舰炮、鱼雷、水雷、深水炸弹、电子战系统、直升机系统等。各种舰艇根据它们所担负的不同使命任务，装备有不同类型和数量的武器。图 6-6 所示为几种水面舰艇的武器布置图。

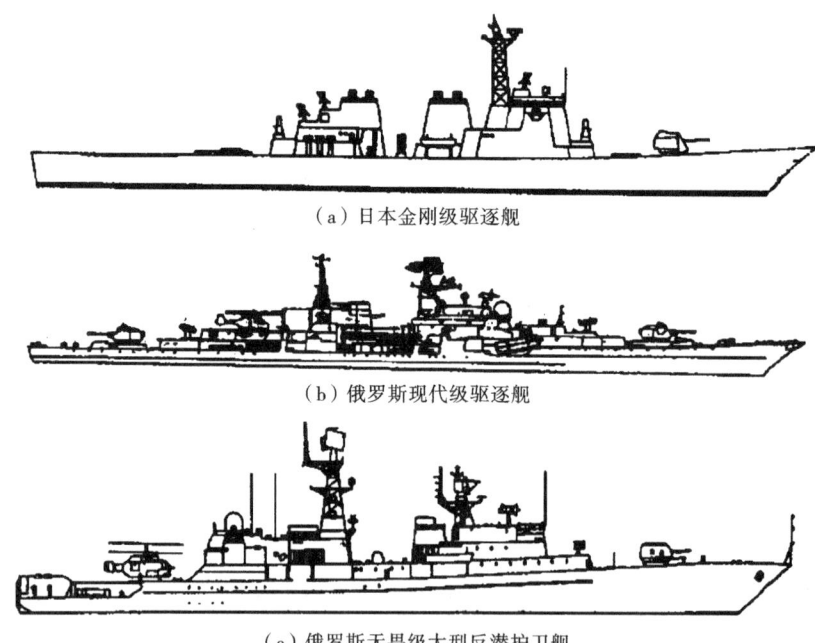

（a）日本金刚级驱逐舰

（b）俄罗斯现代级驱逐舰

（c）俄罗斯无畏级大型反潜护卫舰

图 6-6　几种水面舰艇的武器布置图

1. 设计基本原则

（1）一种武器系统的使用，应尽量发挥其效能，不影响其他武器系统的同时使用。

（2）武器装备的布置应符合其安装、使用、维护、保养等基本技术要求，应考虑当武器装备进行发射时，产生的各种物理场(如燃气流、冲击波的温度、压力、噪声、冲击振动等)对周围的影响，不应危及人员的安全及造成舰艇结构和设备的损坏，凡回转式装置在其规定的回转范围内，不应有障碍物，避免碰撞，并应设置必要的航行固定设施。

（3）武器装备的布置应考虑尽可能增强其生命力,一般除必须分散布置者外,应按其所属的武器系统相对集中布置。

（4）武器装备布置时应尽量对称、紧凑、合理,尽量使整个武器系统的重心降低。

（5）弹药舱的容积应符合弹药装载数量的基本要求,布置紧凑,便于使用,应尽可能布置在水线以下,如高出水线时,应注意采取必要的安全措施。

（6）弹药舱不宜与机舱、炉舱、辅机舱、燃油舱等高温、易燃舱室毗邻布置。不可避免时,应采取隔热、设置隔离舱等安全措施,弹药舱内壁应敷设隔热绝缘材料。

（7）各种弹药的存放条件应符合所存弹药的环境要求,弹药舱的温度一般不应大于30 ℃。

（8）各种武器装备的备件、附件、专用工具等应存放在适当的部位,经常使用的或非经常使用的,应放在相应的贮藏舱内。

2. 导弹武器

导弹射程远、命中精度高、破坏力大,已成为现代水面战斗舰艇的主要武器。目前,世界各国海军水面舰艇上装备有舰舰、舰空和反潜等三种类型的导弹。导弹武器的布置通常包括导弹发射装置、导弹舱和指挥系统等三部分。

1) 导弹发射装置

导弹发射装置是用来固定、贮存和发射导弹的装置,舰舰(舰岸)导弹发射装置一般分为回转式、倾斜固定式和垂直发射式三种。舰空导弹有回转式和垂直发射式两种。

导弹垂直发射装置是 20 世纪 70 年代研制成功的一种新型发射装置,开始时用于舰空导弹的发射,近年来扩大到也能发射舰舰导弹和反潜导弹,或发射多用途导弹。美国海军的 MK-41 型垂直导弹发射系统已经普遍安装在大、中型水面舰艇上,有 A、B 两种。其中 A 系统由七个标准模块(56 个储运箱)和一个补给填装模块(5 个储运箱)组成,共 61 个储运箱,长 8.76 m,宽 6.10 m,高 7.67 m,重达 95.5 t(不含导弹)。B 系统由三个标准模块(24 个储运箱)和一个补给填装模块(5 个储运箱)组成,共 29 个储运箱。MK-41 垂直发射系统主要由标准模块、补给模块和控制台组成。

（1）标准模块是系统的最小结构单位,同时也是一个独立的战斗单元。每个模块由 8 个储运发射箱组成。储运发射箱有三种型号,其中 M-13 用于发射“标准”对空导弹,M-14 用于发射“战斧”巡航导弹,M-15 用于发射“阿斯洛克”反潜导弹。每个储运箱中存放一个垂直发射导弹。每个标准模块上装有舱口盖驱动电机、发射程序器、电缆、电机控制箱、电源、喷注装置、排气道、增压室和排气系统(见图 6-7)。

（2）补给填装模块的尺寸和标准模块相同,只是安装了一个相当于三个储运发射箱的导弹补给填装设备。该设备由一台折叠式液压起重机和一个液压升降平台组成。起重机可以在舰艇航行时对 8 个模块进行补给,每小时可补给 10 枚导弹(横摇 5°以内,纵摇 2°以内的海况下)。

（3）控制台包括两个立式控制台,位于作战中心,与舰上作战系统相连,用于控制导弹的发射。

此外还有 MK-48“北约海麻雀”垂直发射系统、英国“海狼”导弹垂直发射系统、以色列“巴拉克-1”型垂直发射系统、苏联 SA-N-6 舰空导弹垂直发射系统。因为现代舰艇对隐蔽性的要求越来越高,所以水面舰艇中采用导弹垂直发射装置的越来越多。如苏联“基洛夫”级巡洋舰和“光荣”级导弹驱逐舰、美国“阿里·伯克”级驱逐舰和英国“23 型”护卫舰,以及我国的一些

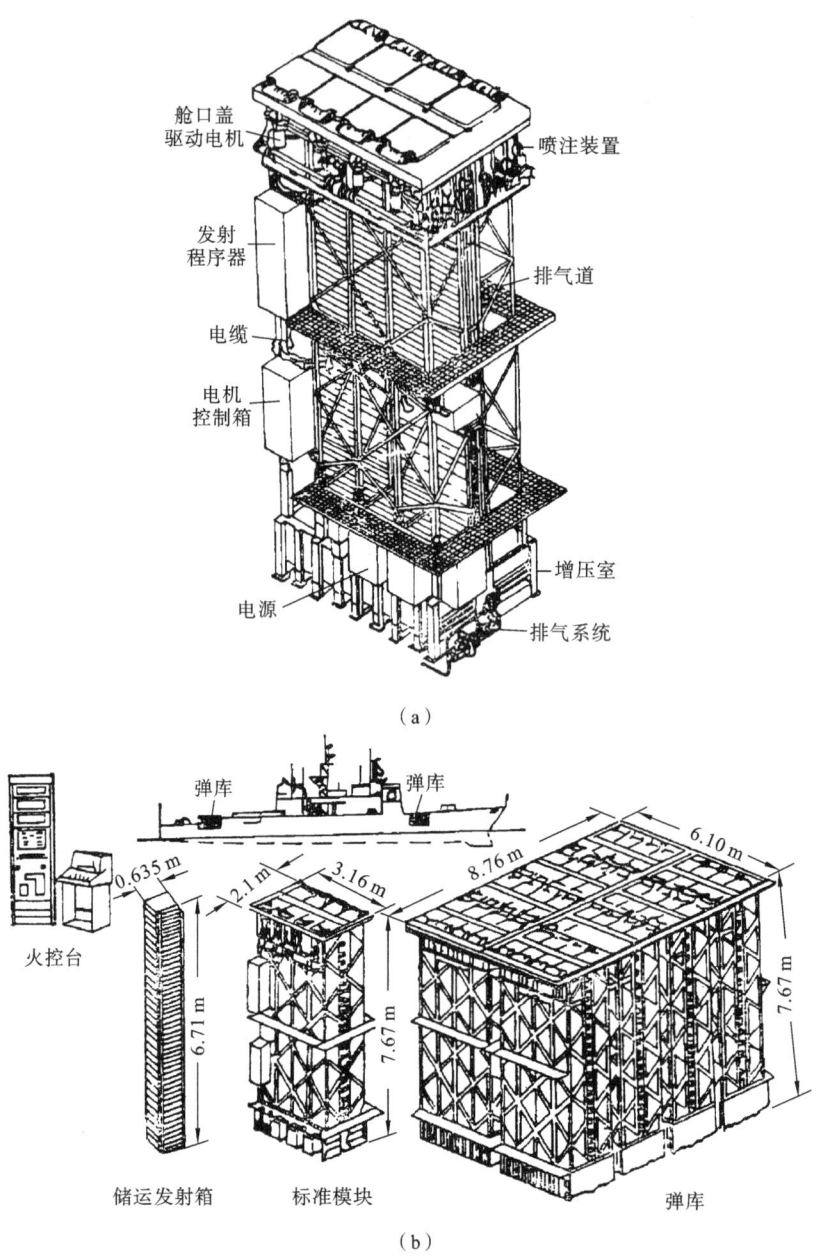

（a）

（b）

图 6-7　MK-41 导弹垂直发射系统的标准模块

驱逐舰和护卫舰等都采用了导弹垂直发射装置。

导弹垂直发射的技术优点是：① 能实施全方位发射，不受射界的限制，也不存在调整发射架的问题，大大缩短了系统的反应时间；② 存储量大，发射率高（每秒发射一枚导弹）；③ 可同时拦截多个目标；④ 重量轻、尺寸小；⑤ 系统结构比较简单、可靠性高、成本低；⑥ 装舰适应性强；等等。所以该技术备受各国海军的重视。其缺点是使导弹的近界区增大，需占三到四层的甲板高度，排水量较小的舰艇上装备比较困难。

导弹发射装置的布置要求如下。

（1）导弹发射装置的布置应考虑不致受本舰电磁场的辐射危害，并避免处于舰上较恶劣的环境部位,不受其他武器操作和发射的影响,以保证导弹武器的安全性和可靠性;要根据导弹的特性、尺度、重量以及发射、贮存、输弹的形式,并结合舰艇的实际确定其布置位置。

（2）舰舰导弹发射装置多为固定式,当导弹具有攻击转角时,可根据导弹的特性选择相应的舷角布置,结合导弹发射的初始弹道和舰艇的运动情况,确定装置的固定纵倾角,确保导弹不与舰艇的任何部分相碰;对不具有攻击转角的导弹,其发射装置为回转式,宜布置在较低的露天甲板的中线面上,其射界范围不应小于最低限度的使用需要。

（3）回转式舰空导弹发射装置的射界范围应尽可能大,并与导弹的特性相适应。回转式反潜导弹发射装置宜布置在较低的露天甲板中线面上。

（4）布置导弹发射装置时,应考虑导弹发射燃气流作用区对舰艇结构和物件的影响,必要时,应考虑采取适当的加强和防护措施。某些部位宜采用导流装置和防火涂料。

（5）布置各种舰载导弹武器时,还应考虑舰艇装填导弹时的操作区域和装填设备的布置位置。

2）导弹舱

通常装备有舰舰导弹的舰艇,无备用弹时,导弹直接置于导弹发射装置内,不设导弹舱;有备用弹的设导弹舱。装有舰空导弹的舰艇,导弹数量较多,因此大多设置导弹舱。

导弹舱的布置要求如下:

（1）导弹舱的布置应该按照导弹的备弹基数、尺寸、重量和存储、输弹形式等来确定,并应和发射装置的布置协调一致;

（2）舰空导弹一般设置在主舰体内较低部位,必要时,可设置在过渡舱或转运舱;

（3）舰舰导弹舱和反潜导弹舱应临近发射装置部位,有的布置在主舰体内,也有的布置在上层建筑内,必要时应考虑防护措施。

3）指挥系统

导弹的指挥系统通常由导弹攻击雷达、指挥仪、指挥部位组成。当警戒雷达发现目标时,导弹攻击雷达对被选定的目标进行精确跟踪,并将确定目标的精确坐标和运行参数自动传给导弹指挥仪。其特点是测量精度高,抗干扰能力强。导弹攻击雷达是一种火控雷达,其天线高度要求保证它的作用距离和导弹的射界相适应,其视界也要与导弹的射界相适应。导弹指挥仪主要用于接收导弹攻击雷达和本舰送来的敌我运动参数,计算导弹的自控飞行方向和自控飞行时间以及发射的瞄准角。指挥仪的陀螺平台用来测量舰艇的摇摆角;发射控制台用来控制导弹发射;射前发射仪用来控制导弹发射前的监测和准备,并向弹上装定自控飞行时间和制导头作用距离。指挥仪舱有布置在上层建筑内的,也有布置在主舰体内的。导弹指挥部位要求布置在靠指挥台和发射装置比较近的地方,并有广阔的视界,能观察到每座导弹发射装置的动作。

3. 舰炮武器

舰炮武器由舰炮、弹药舱和指挥系统三部分组成,它们的布置要求与导弹武器基本相同。

1）舰炮

舰炮在舰上可采用中线面或舷侧布置形式。一般作为主炮使用的舰炮宜布置在上甲板和上层建筑第一层平台的中线面上。当设有两座以上的舰炮时,应考虑集火射击的要求,尽量使之能有较大的共同射界。图 6-8 所示为第二次世界大战中巡洋舰的舰炮布置图。

根据舰艇的类型、尺度大小及使命任务,舰上还配有作为副炮使用的舰炮和作为近程反导或其他用途的舰炮。通常配置两座、四座、六座或更多,其布置形式主要有菱形布置和矩形布

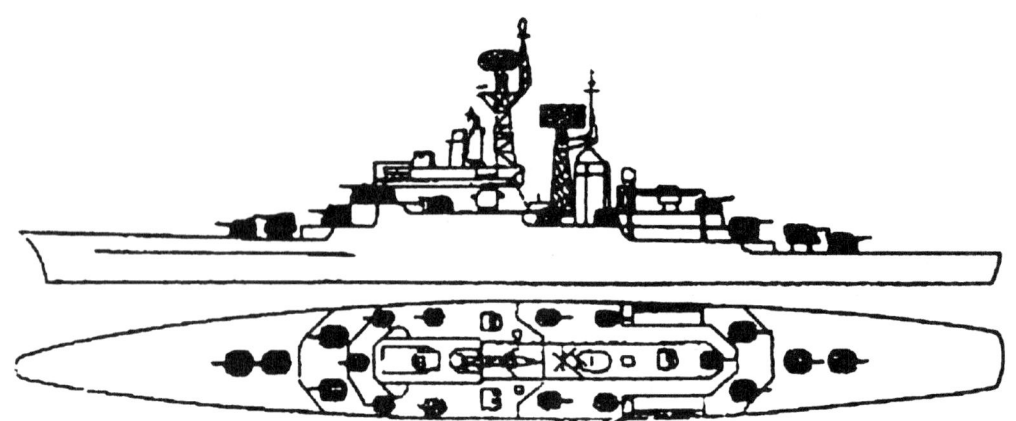

图 6-8   第二次世界大战中巡洋舰的舰炮布置图

置。配置两座时主要有两舷侧布置和艏艉布置两种形式。一般布置在各层上层建筑首尾或四周,要求在舰艇的任何方向上都没有死界,并能有尽量多的副炮参与射击。副炮和近程反导舰炮的布置不能影响主炮的射界,通常应布置在主炮的射击死区内。由于副炮和近程反导舰炮的位置较高,布置时要考虑供弹方便和对舰艇重心高度的影响问题。

舰首或舰尾甲板上,布置在中线面上的主炮,其方向射击扇面应不小于±120°,尽量扩大主炮的俯仰角射界。舰炮不宜布置在距首、尾端部 0.1 倍船长范围内。作为主炮使用的舰炮及其转运间、输弹机、弹药舱等,应布置在同一个水密舱段内。其他舰炮的布置,应考虑弹药舱的布置部位,不应远离弹药舱,以免弹药的运送距离过长。不带有转运间的舰炮,一般宜布置在主横舱壁、纵舱壁等舰艇结构较强的部位。

舰炮的射界图表明了舰炮在舰上布置后的射界范围。射界图用极坐标表示,每门炮都应作射界图,如图 6-9 所示,图中 α 表示舰炮的仰角,β 表示舰炮的旋回角,阴影线部分表示舰炮在此范围内可以射击的射界。确定舰炮的最大射界要考虑舰炮射击时产生的气浪对人员、设

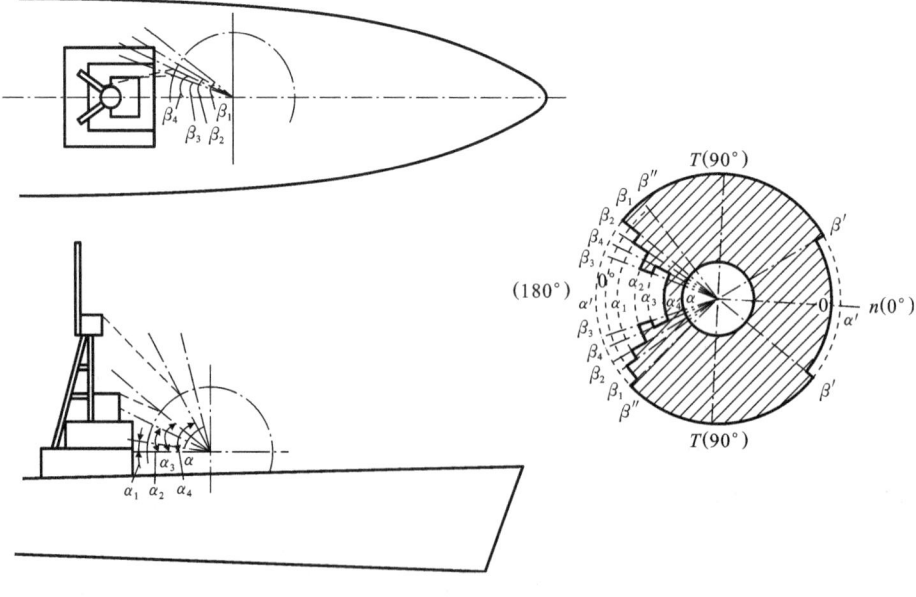

图 6-9   舰炮射界图

备和强度不大的结构的影响,其影响的范围通常可以用气浪圆锥角表示(在气浪圆锥角范围内为危险区),圆锥角的中心线与炮管中心线重合,圆锥角的顶点设在炮口处,圆锥角取 30°。为了容易看清,在射界图上尽量取整度数做单位,将从布置图上量得的最大射角小数点以后的数舍去。

2) 弹药舱

弹药舱根据需要可以存放散装、箱装、弹链、弹夹等各种形式贮存的炮弹。弹药舱的布置应满足以下基本要求:

(1) 弹药舱的容积必须充分容纳所贮存的弹药数量,其空间还应满足安装弹药放置架、输弹机及其他备品的布置需要,以供人员进行搬运弹药等作业所需的操作空间。舰艇上的贮弹量应符合研制总要求所规定的弹药基数,并有适当的裕度。弹药舱的贮弹量可扣除炮位上大弹箱、转运间和初发弹药箱等部位的弹药数量。弹链、弹夹可根据情况存放在弹药舱或其他适当处所。弹药舱的高度一般不超过 1.70 m,过高会增加搬运的困难,甚至引起弹药爆炸的危险。此外,为避免积水对弹药的影响,弹药架底部需要垫起 10~15 cm。

(2) 供弹方便迅速。弹药舱应该靠近供弹的舰炮,以缩短供弹的距离,此外还要考虑到便于向弹药舱装弹。

(3) 防护力强。应尽量将弹药舱布置在水线以下,并最好离两舷一定的距离,这样既可提高防护力又能自然灌注。在小型舰艇上,弹药舱没有条件布置在离开两舷一定距离处时,也应该让弹药架离开两舷 300 mm 以上,这样可以减轻弹药舱受舷外非接触爆炸的影响。最好每座主炮设一个弹药舱,一组副炮可以合用一个弹药舱。

(4) 尽量不与高温舱室(如机炉舱)和燃油舱毗邻。舰上的弹药舱应沿舰艇长度方向分散布置,避免与其他舱室相通,应尽可能从上面的通道进入弹药舱,推进器轴及导管等不能通过弹药舱。

3) 指挥系统

舰炮指挥系统由炮瞄雷达、光电跟踪仪、光电测距仪、指挥仪、显控台等设备组成。跟踪瞄准以炮瞄雷达为主,光电跟踪仪、光电测距仪为辅,用来跟踪瞄准目标、测量目标的距离、方位和高角,观测弹着偏差。指挥仪根据炮瞄雷达等连续送来的目标参数,结合炮弹飞行时间计算出提前量——舰炮的方向和高低瞄准角、引信分划。为了使弹炮打得准,还需考虑风、大气密度、弹重、膛蚀对弹的初速度的影响,对炮弹旋转飞行在方向上的飘移、舰艇摇摆和运动因素进行修正。显控台用来控制火炮射击并显示跟踪目标的情况。

舰炮控制系统的布置要求与导弹控制系统类似,不再叙述。图 6-10 所示为几种舰炮布置图。

4. 鱼雷武器

鱼雷武器按其使命可以分为反舰鱼雷和反潜鱼雷;按制导方式可以分为自导鱼雷和线导鱼雷;按动力类型可以分为电动鱼雷、蒸汽瓦斯鱼雷和火箭助飞鱼雷(反潜导弹)等。有的鱼雷既能反舰又能反潜。目前各国海军鱼雷约有 43 种,鱼雷直径有 324 mm、400 mm、482 mm、533 mm、550 mm 五种,长度有 2 m 多的,也有 5~7.5 m 的,航速 30~40 kn,最大为 50~60 kn,航程 10000~20000 m。自导鱼雷主要有声自导鱼雷和尾流自导鱼雷,声自导的作用距离一般为 1000~1300 m。

鱼雷发射装置的安装要求如下。

(1) 鱼雷发射装置的布置应考虑发射鱼雷时的初始弹道和鱼雷入水时的姿态角要求,避

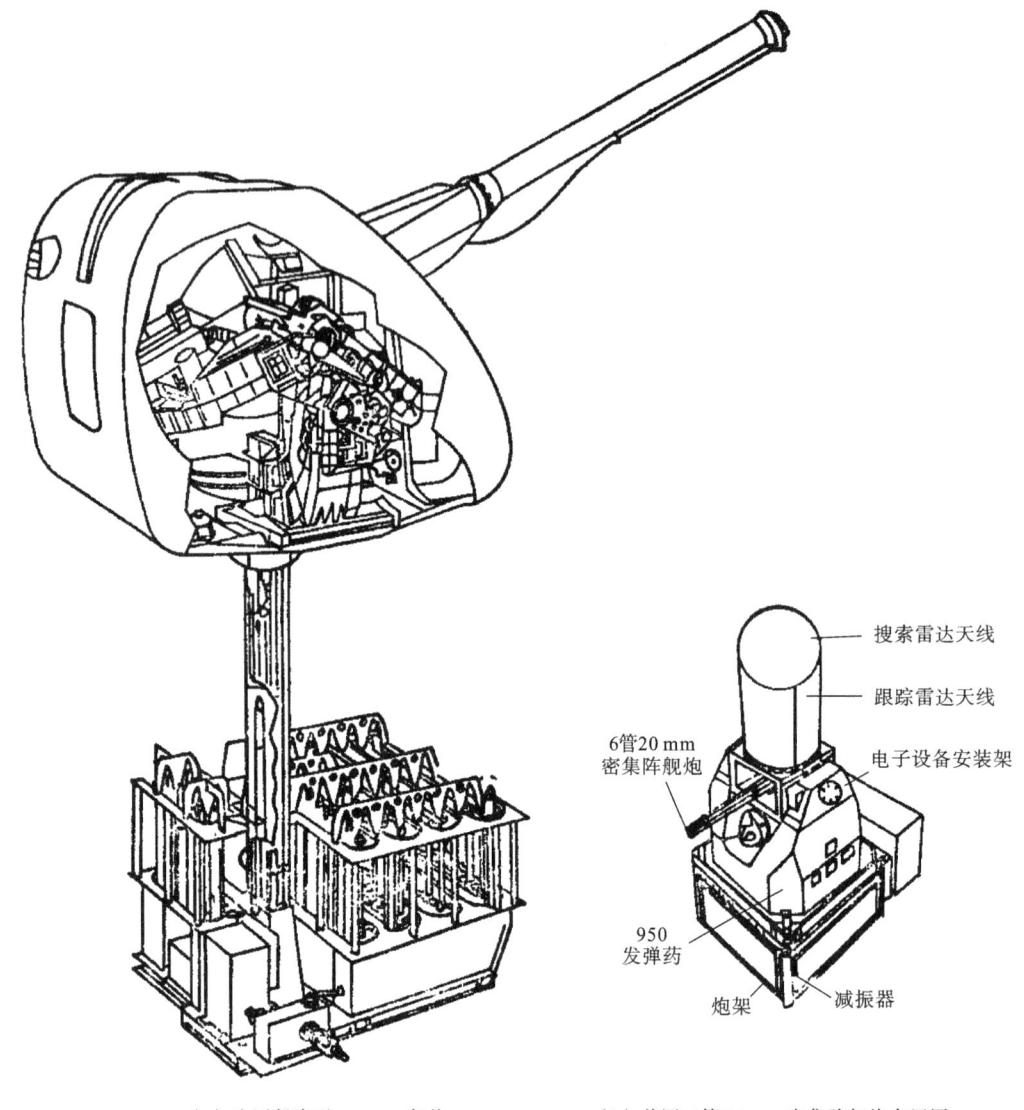

（a）法国紧凑型100 mm舰炮　　　　　（b）美国6管20 mm密集阵舰炮布置图

图 6-10　舰炮布置图

免鱼雷与甲板等物件相碰撞和鱼雷埋首,并要考虑装填鱼雷的可行性。

　　（2）回转式发射装置可布置在甲板中线面上或两舷,在其附近应考虑留有装填鱼雷的空间。固定式鱼雷发射装置一般应对称布置于甲板两舷,其张角的确定应考虑鱼雷在双管齐射后,在水中不致相碰并可形成合适的攻击扇面。

　　（3）鱼雷发射装置应尽量不超出甲板边线,无法满足时,其伸出甲板部分必须装平台予以保护。发射装置后部甲板的长度应保证在鱼雷装填时其重心始终位于甲板上的承载架之间。

　　（4）安装在主船体内的各种鱼雷发射装置,其布置应考虑设置带水密盖的鱼雷发射口,并应能保证鱼雷的装载和发射。

　　（5）舰艇上如设置具有重复装填能力的鱼雷发射装置,则应按需要设置鱼雷舱。鱼雷舱布置在船体内时,应设置鱼雷输送装置;鱼雷控制室应布置在鱼雷发射装置附近;航空鱼雷舱的布置应与舰载直升机系统的布置协调一致;如需要在舰上进行鱼雷注液等操作时,应考虑设置必要的工作部位和设施。若设置注液舱,其布置位置宜接近鱼雷发射装置。

(6) 鱼雷指挥仪一般布置在作战指挥室或临近的舱室内,以便于舰艇指挥员指挥监控。鱼雷艇上只有轻小的鱼雷射击瞄准具,则直接布置在指挥台上,供艇长指挥计算。

5. 深水炸弹武器

深水炸弹是一种结构简单、潜水性能优于声自导鱼雷,且可靠性好、造价低、不受干扰的武器。但其射程近、空中无控制、落点散布大,水中下沉速度慢,命中概率低,不能打击深潜潜艇。20 世纪 60 年代以来,随着反潜自导鱼雷的出现,深水炸弹逐渐退居为一种辅助性的反潜武器,主要用于扩大战果和近距离、浅海的反潜,以及用于干扰声自导鱼雷。

深水炸弹根据投掷方式的不同,可分为舰尾直接投掷式、舰舷发射炮投放式和舰首发射火箭式。现在广泛保留使用的是火箭式深水炸弹。火箭式深水炸弹也叫反潜火箭,没有自导装置,射程为 1200～6000 m。

1) 发射装置布置

火箭式深水炸弹发射装置,根据其战斗使用特点,通常采用固定式或回转式,设置在露天甲板的两舷或中线面上,应有较大的射界,且能在最小至最大射程的发射仰角内安全发射。在舰首布置发射装置时,一般宜设在挡浪板之后的保护区内。在布置火箭式深水炸弹发射装置时要注意发射时高温火焰对后面的装置和舱室的影响。发射装置的布置应与深弹舱的布置协调一致,便于弹药的装填。图 6-11 所示为火箭式深水炸弹发射装置布置示意图。

2) 深弹舱布置

火箭式深水炸弹的弹药舱一般布置在发射装置下的主船体内,应设置运送与输弹装置。当采用自动装填形式时,应使输弹口能对准发射装置以便于自动装填,在深弹舱内或在其上面的舱室内要设置输弹装置的操作部位。

深水炸弹的引爆器材及雷管应锁存在舰长室特制的金属箱内。

6. 电子战系统

电子战系统包括电子对抗和水声对抗,能使敌舰攻击己舰时“看不清”和“打不准”,已经成为现代舰艇不可缺少的“软武器”,包括雷达侦察机、雷达干扰机、敌我识别器、水声侦听机、多频箔条火箭及红外线闪光火箭发射装置、拖曳式诱饵等。雷达干扰机能使对方雷达迷盲、导弹的自导头(雷达波自导)失灵;多频箔条火箭、红外线闪光火箭和拖曳式诱饵可以制造假目标,使己舰避开敌方导弹和自导鱼雷的攻击。

雷达干扰机和雷达侦察机的布置要求与一般雷达的布置要求相似,布置时要注意各种天线的相互干扰。敌我识别器应布置在桅杆的最高处,使其能在最远的距离上识别敌我。

多频箔条火箭和红外线闪光火箭等的无源发射装置,一般布置在上层建筑的第一和第二层上甲板两舷的露天部位,应保证使用要求,并与副炮的布置协调一致,避免相互影响,还要保证一定的射界。其弹药宜布置在发射装置临近的舱室内。当使用回转式或具有一定散射角度的固定发射装置时,布置要符合战术使用要求,并要有一定射界范围(见图 6-12)。

水声对抗系统的主要使命是防御潜艇发射的线导、声制导鱼雷的攻击,提高水面舰艇的自身生存能力。水声对抗系统主要由鱼雷报警声呐、拖曳式声诱饵、助飞声诱饵、助飞干扰器和水声对抗发射装置组成。

水声对抗鱼雷报警声呐、拖曳式声诱饵通常布置在尾部甲板上,水声对抗发射装置一般也布置在上甲板或上层建筑甲板上。为减少舱面上的发射设备,水声对抗发射装置可与电子对抗发射装置或其他发射装置共架共管。拖曳式声诱饵的绞车和拖缆可与鱼雷报警声呐共用。

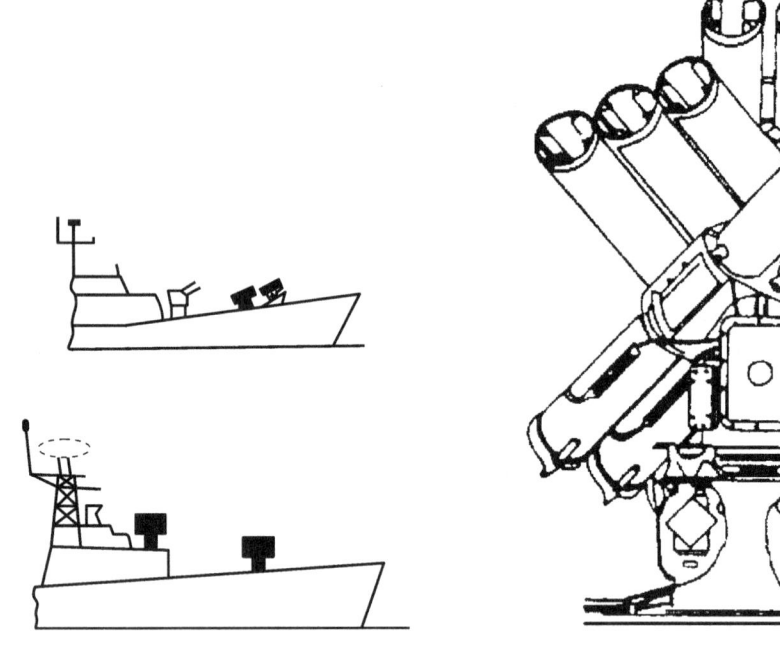

图 6-11　火箭式深水炸弹发射　　　　　　图 6-12　"乌鸦座"干扰火箭发射装置图
　　　　装置布置示意图

水声对抗的控制室通常布置在上层建筑内环境较好的部位。

图 6-13 所示为电子战系统布置示意图。

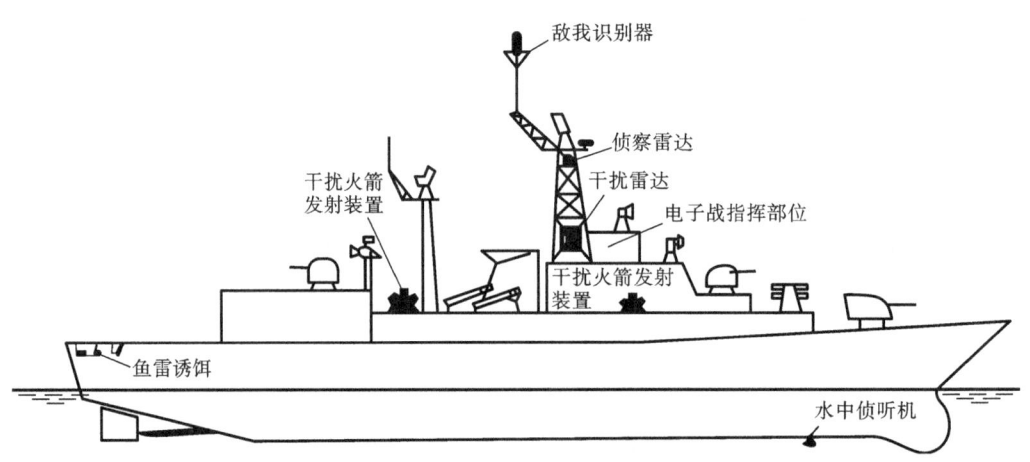

图 6-13　电子战系统布置示意图

7. 直升机系统

除了航空母舰、直升机母舰装载有直升机外,现代巡洋舰、驱逐舰、护卫舰以及一部分两栖攻击舰、军辅船上,大多装备有直升机系统,携带一到数架直升机。舰载直升机主要用于反潜,还可用于导弹的中继制导、袭击水面目标、搜索、救护、垂直补给等任务。装有一到两架直升机的舰艇的作战能力,将远远超过不装载直升机的舰艇的作战能力,所以备受各国海军青睐。

直升机舰面设施的布置包括起降平台、机库、指挥塔台、直升机导航助降设备、维修设备及其他设施等。

1）起降平台

起降平台（飞行甲板）宜布置在尾部开阔处，保证直升机从左、右舷和尾部三面无障进离，起降平台的布置应距水面适当的高度，尽量避免遭受浪水飞溅影响。

起降平台的布置应符合直升机进行维修、战勤作业活动的要求，并能使直升机的牵引移动和转向等活动不受阻碍；确定起降平台的长度通常要考虑直升机起落时其旋翼（或尾翼）的叶尖与机库或舰上的上层建筑的最小起落安全距离，直升机前后轮距，直升机在甲板上的操作等。起降平台的长度一般为直升机旋翼旋转时的最大长度加上最小起落安全距离，如图 6-14 所示。

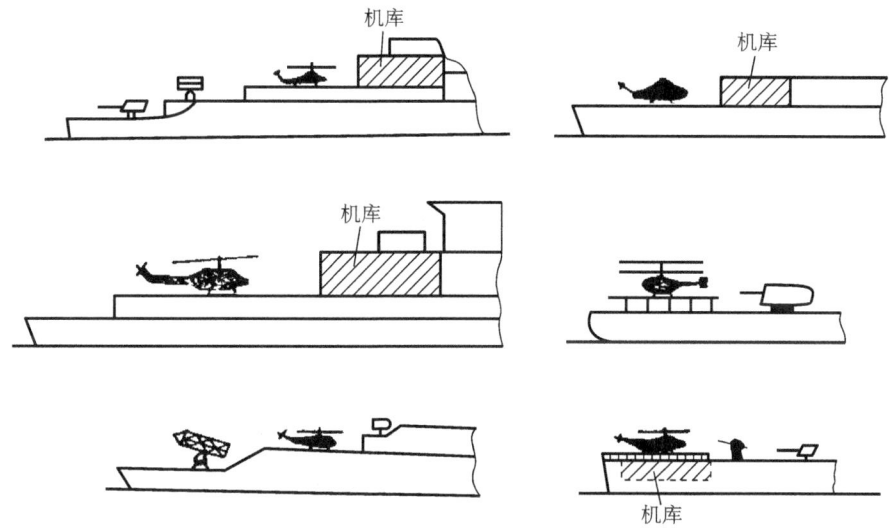

图 6-14　直升机起降平台和机库布置示意图

最小起落安全距离按下式计算：

$$d_f = (0.25 \sim 0.35)D$$

式中：

d_f——最小起落安全距离（m）；

D——直升机旋翼直径（m）。

起降平台宽度宜取起降平台所在位置处该层甲板宽度，但不应小于最小宽度。起降平台的最小宽度为

$$b_{min} = a + 2c$$

式中：

b_{min}——起降平台最小宽度（m）；

a——直升机主轮间距（m）；

c——直升机主轮与起降平台同一侧舷边之间的距离（m），c 值一般取 3.0～3.5 m。

起降平台上应标出直升机的安全降落区标记，直升机在安全降落区的任何部位（机轮全部置于标记圈内）时，旋翼的翼尖到机库或上层建筑均有一定的距离。

在起降平台上布置设备时，应保证不影响直升机的安全。在降落区布置的设备应为埋入式的，不得凸出于平台表面；在平台的左右舷和尾部边缘布置设备，其高度应不大于 300 mm，但允许做成向外可倒式。

起降平台应尽量平坦,不宜有纵向脊弧,横向梁拱也不宜大于 $B/100$(B 为舰艇的最大宽度),起降平台一般可兼作舰艇垂直补给的接收部位。

起降平台上应设有系留直升机的设备。

2)机库

装载有直升机的水面舰艇一般应设置机库,并尽量采用固定式机库,条件不允许时,可采用其他形式的机库,如伸缩式、荷叶式、机库平台合一式等,如图 6-15 所示。

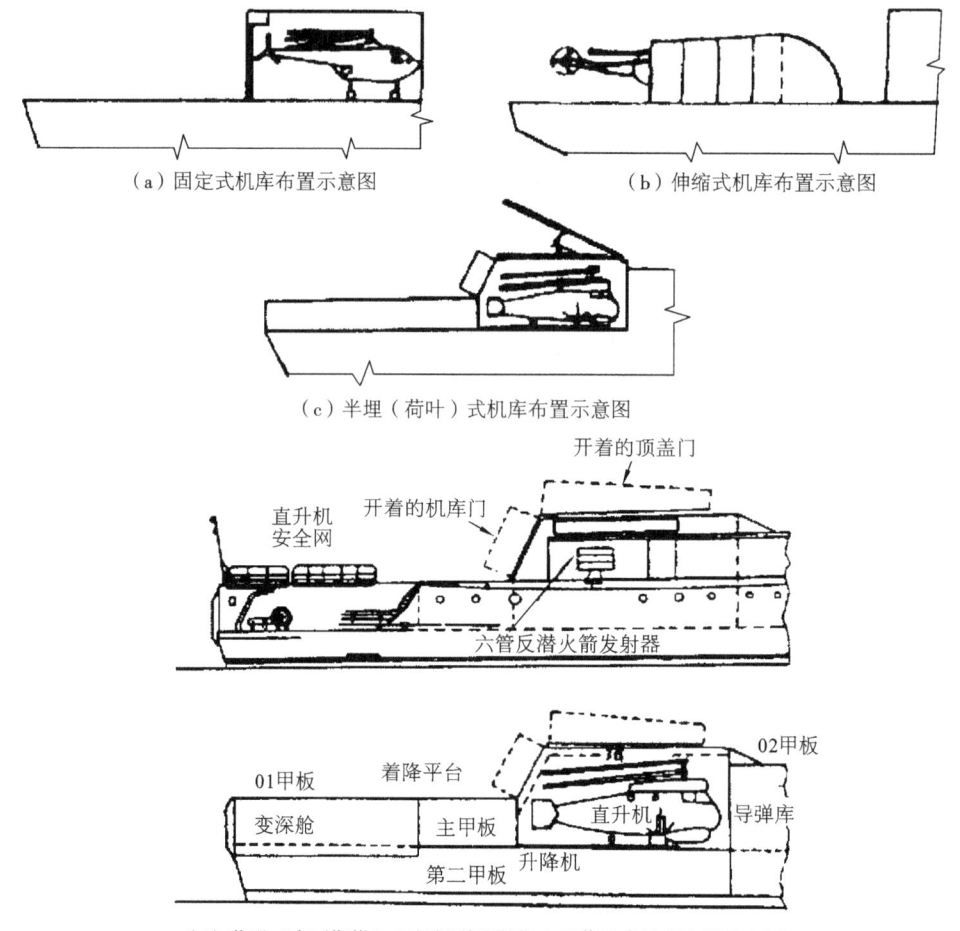

（a）固定式机库布置示意图　　　　　　　（b）伸缩式机库布置示意图

（c）半埋（荷叶）式机库布置示意图

开着的顶盖门

开着的机库门

直升机安全网

六管反潜火箭发射器

01甲板　　着降平台　　　　　　　02甲板

变深舱　　　　主甲板　直升机　导弹库

第二甲板　　升降机

（d）苏联"克列斯塔"Ⅱ级导弹巡洋舰上的荷叶式机库布置示意图

图 6-15　几种直升机机库布置示意图

固定式机库,其优点是结构简单,机库内可以配备较完善的备件备品和维修器材,使舰艇具有较强的飞机维修能力。但它占的面积和容积较大。

活动式机库,如伸缩式、荷叶式、机库平台合一式等,其最大优点是能节省机库的长度,当舰艇在长度上布置固定式机库困难较大时,可采用活动式机库中的任一种形式。

机库布置基本原则如下。

(1)固定式机库一般布置在起降平台的前面,并在同一层甲板上。

(2)机库的容积应能容纳规定数量的直升机,并能适应一般维修作业等活动的需要。机库长度比直升机旋翼与舰桨折叠后的长度至少大 1.6 m;机库宽度,当存放一架直升机时,应比直升机折叠后的宽度至少大 1.6 m,而存放两架直升机时,应比两架直升机的宽度之和至少大 2.8 m;机库的高度应比直升机的高度至少大 1.0 m。

（3）直升机机库应远离产生大量热源的舱室,若机库必须与上述舱室相邻,则其间的分隔舱壁和甲板应为"A-60"级。

（4）围隔机库的舱壁和甲板应为钢质结构。

（5）机库内所有装备、设施和设备,其结构应能排除在使用过程中形成火花的可能性,否则应采取其他有效措施排除燃料及其蒸气着火和爆炸的可能性。

（6）如设有专用的维修间和备件、附件库,应与机库直通。

3）系留装置

为了确保直升机停放的安全,在起降平台和机库内设有系留装置,由直升机机身系留环、系留索和甲板上的系留底座组成。系留布点形式有矩阵式(每四点构成正方形,点距为 1.2 m ×1.2 m～2.0 m×2.0 m)和交叉式(每四点构成菱形,其纵向点距为 1.2～2.5 m,横向点距为 1.0～2.0 m)两种。鱼叉-格栅装置既能协助直升机降落又能快速系留直升机。

4）助降装置和牵引装置

助降装置用于完成回收、系留和牵引三项任务,即帮助驾驶员将直升机引导至平台降落点,着舰瞬间将直升机固定在平台上,着舰后将直升机矫正到进库轨迹中心线上,由绞车牵机进库。助降装置的机载设备由探管、吊引绞车、吊引钢索与连接头、剪断销和尾探管所组成,舰载设备由电动液压机组、拉降与牵引组合绞车、拉降索与连接头、拉降井、缓冲器、操纵控制台和尾探管格栅等组成。

鱼叉-格栅装置既能瞬间将直升机系留在起降平台上,又能协助直升机在恶劣海况下安全降落。

牵引装置的功能是在舰艇摇摆状态下确保直升机安全进出机库。牵引装置的形式有人力牵引和机械牵引两种。机械牵引又分轨道式机械牵引和无轨式机械牵引。舰艇在横摇±5°、纵摇±2°以内采用人力牵引;在横摇±10°、纵摇±2.5°以内采用无轨式机械牵引或轨道式机械牵引;在横摇±31°、纵摇±9°以内采用凹槽式导轨机械牵引。

5）维护设备和舱室

（1）电子设备维修间:设有电子设备、仪器的校验设备,约需 6 m²;

（2）机械维修间:设有直升机地面设备、飞机维修工具,以及电气、冷气、液压设备等,约需 10 m²;

（3）声呐维修间:可与电子设备维修间合并,设有维修声呐的设备,约需 6 m²;

（4）飞行管理间:有飞行资料、航图、维护资料、安全救生设备,约需 6 m²。

以上舱室都布置在机库内或附近甲板上。

6）指挥塔台

指挥塔台一般设在机库后上方,要求视界广阔,负责转达舰长的指令和指挥直升机的起降,设有导航、通信、指挥等设施。

7）供电、油、气、水等的设施

（1）供电设施:包括直流电源、交流电源和充电机等设备,设在专门舱室内;

（2）航空煤油舱:包括油库、日用油柜、沉淀油柜等,并设有加油泵、抽油泵、过滤器、加油软管及煤油化验仪器等;

（3）副油舱:包括滑油、液压油、洗涤汽油、污油及仪表油等的箱柜;

（4）淡水、蒸馏水及冲洗设备:设有冲洗直升机用的淡水柜、蒸馏水箱以及冲洗泵等;

（5）供气设备：有冷气瓶、氮气瓶、压缩空气接口等；

（6）液压源：有专用液压车等。

8）武器库

武器库贮存直升机用的空投鱼雷、深水炸弹等弹药，通常布置在离机库和起降平台较近的下层舱室内，并配有扬弹机和装弹车等设施。

9）消防设施

在机库、起降平台、油舱、武器库以及各种维护舱室内均设有消防水龙头、二氧化碳灭火器、泡沫灭火器、卤化物灭火器等消防设施。

8. 水雷武器

除了专门的布雷舰外，其他担负有辅助布雷任务的水面舰艇的露天上甲板上设有布雷轨道、布雷台等设施。

采用舰尾投放式布雷的水面舰艇，可在露天甲板中、后段的两舷设置纵向固定式或可折叠式标准布雷轨道，用以在舰上存放和推送各种水雷。

设置雷轨的区域，其通道要有适当的宽度，应能保证在雷轨上存放和运送载雷小车（雷车）并留有适当的操作位置。当雷车在雷轨上推送水雷时不应有障碍物阻拦，雷车不使用时能固定在甲板上。雷轨的长度可按载雷数量和舰艇的实际情况来确定，一般应至少设置一条横向雷轨，用以调度雷轨上的雷车，其位置一般宜设在雷轨的中、后部。雷轨的上升斜度不得超过 10°。雷轨的最大弯折度，按最长的水雷计算，曲率半径不得小于 8 m。

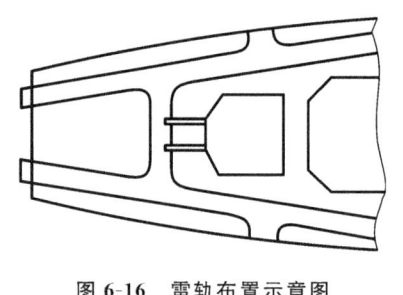

图 6-16　雷轨布置示意图

布雷台应设在雷轨末端，用作水雷的投放部位。布雷台应以一定坡度伸至舰尾端部之外，以保证布雷时水雷安全入水。为便于舰员布雷操作，在布雷台两侧应留有适当的操作空间。

根据各种类型的水雷尺寸，要在布雷区域的甲板上按一定的排列形式设置固雷点，每个水雷应由两对固雷点固定。在执行布雷时，水雷通常直接安放在雷轨上，但引炸管应另行放置，投雷前再装上，以确保安全。

图 6-16 所示为雷轨布置示意图。

6.3.2　观察、通信、导航天线布置

1. 天线布置基本原则

（1）舰艇上各种电子设备天线的选型与配置数量应适应舰艇的使命、任务及舰艇的排水量、主尺度和容积，并充分顾及舰艇总体电磁环境和兼容性。天线的布置应尽可能减少天线之间的干扰，充分发挥天线的效能。

（2）各种天线的布置应尽量减少舰艇结构、上层建筑对其工作区的影响，采用分散、分层布置等形式，充分利用空间，合理分布。天线的安装与架设应尽量利用舰艇的结构及上层建筑，减少专设的安装结构。

（3）各种天线的布置应接近相应的电子设备以减少馈线长度。装舰的电子设备的工作频率应尽量错开，减少同一频段的电子设备数量。各种天线之间应有适当的间隔距离。

（4）用电设备应尽量置于舱内，远离各种天线，不应布置在天线感应区内。

（5）各种天线的布置应考虑大功率发射天线的高频辐射对人员、武器、燃油及其他电子设备构成的危险性，应间隔一定距离。

为了确定合理的天线布置，必要时可进行模拟试验或估算分析工作，以提高舰艇的电磁兼容性。

2. 雷达天线的布置

水面舰艇装备的雷达主要用来测量目标的坐标参数。雷达种类繁多，如用于警戒、导航、识别、侦察、导弹攻击、炮瞄、干扰等的雷达。每部雷达几乎都包括天线、发射接收机、组合机等几个主要部分，其中天线布置在甲板面上，而发射接收机、组合机等布置在舱室内。这里主要讲述天线的布置。

导航雷达天线的布置应保证无首部盲区和尽量小的近界盲区，当其兼有警戒或直升机导引等使命任务时，应按相应要求确定架设高度。

各种警戒雷达、目标指标雷达天线的布置应使其视角开阔，有较远的作用距离，其架设高度应根据舰艇具体情况与雷达设备的工作特性确定，一般负有对海警戒任务的雷达天线宜高置。

各种火控（跟踪）雷达、导弹制导（攻击）雷达天线的布置，按武器系统的要求和武器的射界范围等进行协调解决。

敌我识别器的天线布置，应将回答器的天线置于桅杆顶部最高处，询问天线的视界应与其配套使用的警戒雷达的视界协调，可采用两舷成对布置的天线共同来保证。

各种雷达侦察与干扰设备的天线配置数量与布置应根据舰艇的具体情况确定并适应电子战系统的要求，不应影响其他电子设备的使用，一般应使其视界范围尽量达到 360°，可以采用两舷成对布置的天线来保证。

雷达的探测距离不仅与雷达本身性能有关，而且与它的天线布置的高度有关，所以在布置雷达天线时，应保证必要的高度。因为各种雷达自身性能和所担负的任务不同，所以对天线的布置要求也不同。

3. 通信天线的布置

通信天线是无线电通信设备的一个组成部分。天线原则上分为前后两个布设区域，一般前区为接收天线架设区，后区为发射天线架设区，两个区域应尽量远离。设有两个主要桅杆的舰艇一般可按前、后桅杆划分区域。单桅舰艇通常包括桅杆在内划为前区，其后为后区。

短波通信天线的布置，一般应使收信天线与发射天线两者尽量远离，大功率发射天线宜设在尾部。超短波天线的布置，应注意相互间隔适当距离，并注意其与雷达天线的布置间隔，尽量避免在雷达的波束内。

各种水平天线的布置宜尽量利用舰艇结构架设，要保证水平天线有适当的长度。

卫星通信天线的选型应适应舰艇的具体情况，宜采用舰用轻小、牢固的天线，其布置应适应工作要求。

4. 无线电导航天线的布置

各种无线电导航天线的布置应满足相应设备的要求，与其他电子设备天线的布置相互协调，应考虑尽量减少与金属结构和其他天线的干扰，一般宜架设在海图室或导航室的附近，如驾驶室顶上。无线电定向仪的天线安装平台应比较牢固。

6.3.3　船舶装置布置

船舶装置包括舵装置、系船装置、小艇和救生装置、减摇装置、海上补给接收装置。其中系船装置、小艇和救生装置以及海上补给接收装置大部分布置在甲板面上,本节重点介绍。

1. 系船装置

系船装置的布置要求如下。

(1) 锚装置的布置应保证起锚和抛锚操作能顺利进行,航行时固定牢靠(见图 6-17)。

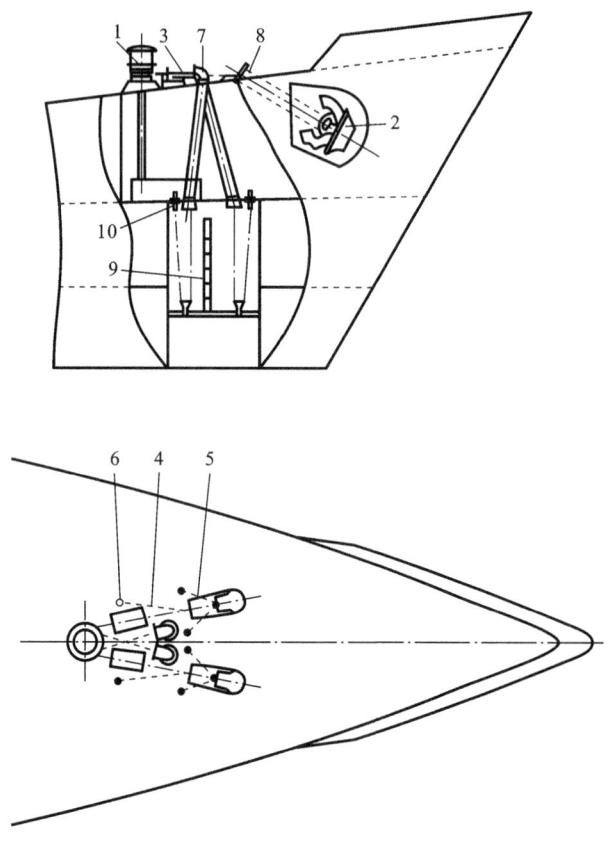

图 6-17   锚装置布置示意图

1-起锚绞盘;2-锚;3-锚链;4-停泊止锚器;5-航行止锚器;6-工作止锚器;7-锚链管;8-锚链筒;9-锚链舱;10-弃链器

(2) 锚链筒、锚床或锚穴的设计应保证舰艇横倾 3°任一舷起锚时,锚爪不会钩住首柱、球鼻首和龙骨。

(3) 锚收藏时离水面应有一定高度,尽可能避免直接受海浪冲击。

(4) 起锚系缆绞盘的布置位置应与系泊装置匹配,如有需要可设绞盘间,该舱室的大小应能满足其安装使用要求;当有人力驱动绞盘要求时,甲板上绞盘四周应留有作业位置。

(5) 锚链舱位置应便于锚链顺利地进舱,锚链舱应能容纳全部锚链,并留有适当的空间高度,能使人员进入整理锚链。

(6) 系缆桩、导缆钳、导索孔的布置,应保证舰艇的系船效果。系缆索和卷车等系泊设备,应配合适当,便于使用。在系泊作业中系缆索不应与其他物件碰磨。

(7) 专用拖桩应布置在甲板强力构件上,首部拖桩应布置在起锚系缆绞盘之前,尾部拖桩应布置在系缆绞盘之后。

(8) 缆索卷车的布置应便于收藏缆索,并不得影响舰员的活动,当采用各种纤维索时,允许存放在便于取用的贮藏舱内或甲板上。

（9）系缆桩的中心线与舷边的距离应不小于 $1.5D$（D 为系缆桩直径），系缆桩与邻近的导缆钳之间应有适当的距离，系缆时，缆索不得与其他物件碰撞。导缆钳中心线到舷边的距离应小于系缆桩的中心线到舷边的距离。

2．小艇和救生装置

（1）小艇装置应呈纵向朝舰首布置，如必须横置时，应配备必要的起吊设备，并保证能安全收放。

（2）小艇装置尽量靠舰艇中段布置。横向位置一般尽量靠舷边布置，但不应超出舰体型线之外，并考虑有至少 3°的舰艇避倾角。垂向位置原则上应尽量离水面近一些，但应有适当高度，避免风浪中被损坏。

（3）没有起艇机的小艇起吊设备的布置应考虑使用人力或使用艏、艉绞盘起吊小艇的可能性。

（4）小艇和救生装置的布置均应不妨碍舰员的活动，不影响武器的使用，并不能布置在本舰武器发射时的影响区内。

（5）救生筏的布置应适当分布，并考虑取用和投放方便，在紧急情况下便于舰员接近。

（6）救生圈通常悬挂在上层建筑的栏杆或侧壁上，以便于取用。配有自亮浮灯和救生浮索的救生圈应整套存放在一起。

3．海上补给接收装置

1）一般要求

舰艇接收海上补给的范围包括液货补给、干货补给及人员传送，1000 t 以上的战斗舰艇应有海上补给接收装置，1000 t 以下舰艇按研制任务书规定设置。接收装置的布置应不减少武器的射界和妨碍各种武器威力的发挥。

接收海上补给的形式可采用横向补给、纵向补给、垂向补给，各种水面舰艇可根据舰艇的具体条件选择不同的补给形式。1000 t 以上的舰每舷应设置两个接收站，前站设在首部上甲板上，可以接收横向补给和纵向补给，以接收干货为主。2500 t 以上的舰每舷应设置三个接收站。垂直补给站一般设在尾部比较宽敞的部位，以接收干货为主。

海上补给接收装置应力求结构简单、工作可靠、操作方便、占地面积较小，适于在舰上布置安装。舰艇上设置数个接收站时，应具有同时工作的可能性。

在接收补给的舰上除安装接收装置、滚轮导管器等设施和零置用具外，其他辅助设备均应存放在补给船上，接收舰上不考虑其存放位置。

图 6-18 所示为海上补给示意图。

2）接收站

横向补给接收站的间距应与补给船距离相当，接收的正横方向应留有至少±30°扇面角的活动范围。接收站附近应有适当的作业面积，接收柱到舷边应留有足够的距离。补给接收柱的高度应保证在接收补给过程中，能使货物在甲板上安全接收，不碰及甲板舷边。纵向补给接收站只接收液货，一般设置在舰首部，可与首部横向补给接收站共用受油（水）口。垂向补给接收区域应设有明显的标志。

3）其他设施

接收海上补给的舰艇，应在海上补给站设置操纵部位，液货补给操纵部位一般宜设置在动力损管部位，并配置必要的监控仪表和操纵设备。舰艇应保证接收海上补给作业时通信联系畅通及夜间补给作业时的灯光照明等的需要。接收燃油海上补给的舰艇上至少应设置一组接

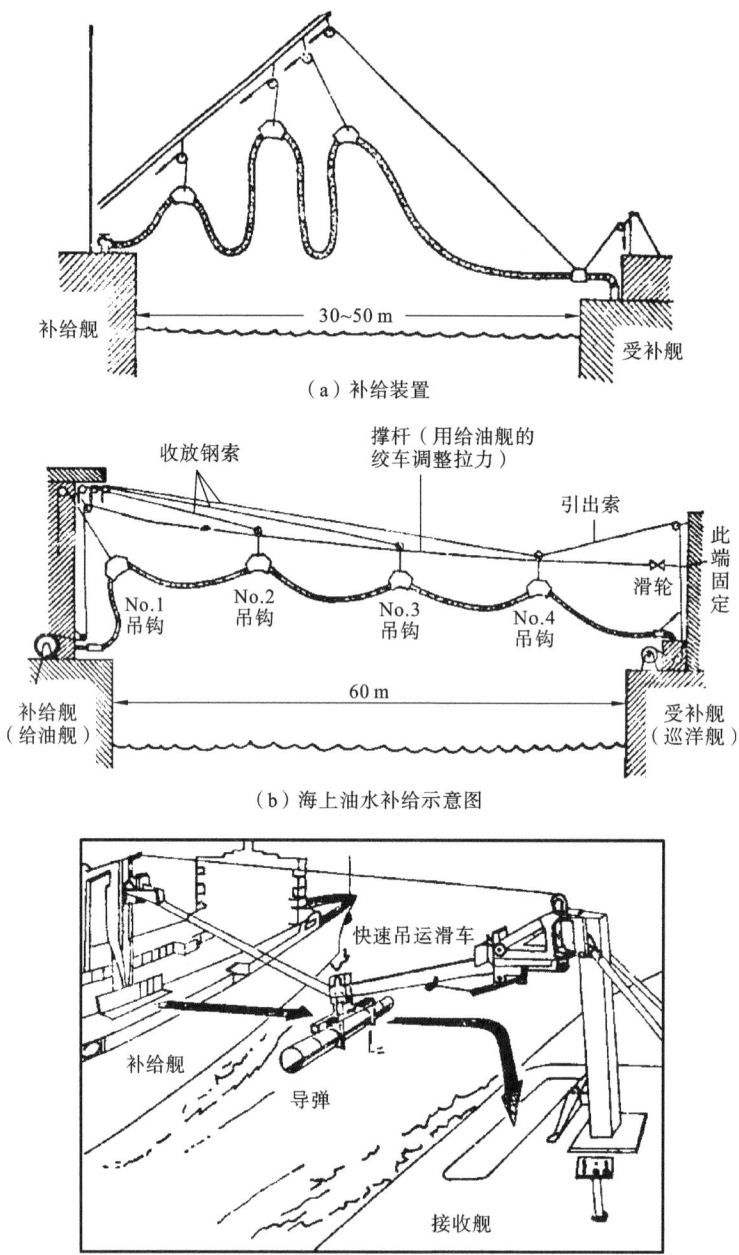

（a）补给装置

（b）海上油水补给示意图

（c）海上导弹补给示意图

图 6-18　海上补给示意图

收油舱,其组成包括受油舱、溢油舱和贮油舱。接收油舱组应尽量布置在舰艇中部距某一个接收站较近的主船体底部,以便于控制舰艇浮态。受油舱宜为深油舱,溢油舱应尽量接近受油舱。接收油舱组的总容量约为燃油总贮存量的 1/3。允许利用一般贮油舱作为接收油舱,但应能保证接收燃油海上补给的需要。接收淡水补给时,接收水舱可利用舰艇水舱,不必设专用舱组。舰艇接收滑油补给的形式应根据舰艇具体情况确定,一般情况下,滑油补给量不大时可采用桶装形式视作干货补给接收。舰艇接收干货补给时,要能及时疏散,进舱。还应考虑输送路线,要有比较宽敞的通道,通道的出入口应有醒目标志符号,配备必要的设备。

6.3.4　桅杆和烟囱的布置

1. 桅杆

1）一般要求

（1）各种水面舰艇至少应设置一个桅杆，具有两个以上桅杆时，用来悬挂桅杆顶旗和架设必需的信号设施的桅杆应高于其他桅杆。

（2）各种水面舰艇应设置首、尾旗杆。舰艇上采用的各种形式的桅杆，其形状应与兼容的外形配合适当，使舰艇具有协调、均称、威武的外貌和造型。

（3）桅杆的高度应根据天线、号灯、号旗等的布置需要确定，但尽量控制其高度。

（4）悬挂号旗、号型等信号设备的桅杆一般应设置在驾驶台或指挥桥楼附近便于使用的部位，在桅杆、桅柱顶部或支索上应安装足够数目的滑车和旗绳，至少有两根旗绳，其高度各能同时悬挂号型的旗绳两副。

（5）桅杆的布置应注意利用舰艇结构，如固定在主横隔壁、强横梁、纵桁等较强的结构上。

（6）水面舰艇上的前桅一般应布置在驾驶室之后。

（7）主烟囱后面的桅杆应与烟囱间隔一定距离，以防止排烟时造成桅杆及其上的设备严重污染。

（8）利用桅杆附设起重吊杆时，起重吊杆的活动范围应不妨碍舰艇上其他设备使用和人员行动。

2）桅杆形式

桅杆的形式很多，如单桅、三脚桅、四脚（格子）桅、筒形桅、烟桅，等等。

单桅的结构简单、重量较轻，但刚度和强度不如其他桅，不能布置较多的雷达天线。一般在小型舰艇和军辅船上使用较多，少数大、中型舰艇的主桅也有用单桅的。有两个桅杆的舰艇，其后桅有不少采用单桅的。

三脚桅、四脚桅的刚度和强度比单桅好，能布置较多的雷达天线，但结构复杂、重量比单桅大，在水面舰艇上采用最为普遍。

为了缩小桅杆的尺寸和所占甲板面积，又要保证桅杆必要的刚度和强度，以便布置众多的雷达天线，在四脚桅的基础上发展形成了筒形桅。筒形桅有椭圆形桅、角锥形桅、矩形桅和塔形桅等几种结构形式，重量要比四脚桅大些，但桅杆内部空间可布置必要的舱室和设备。

后来由于舰上武器和电子设备大量增加，甲板面积紧张，重心高度问题突出，在中型舰艇上出现了桅杆烟囱一体化的形式，称为烟桅。

图 6-19 所示为水面舰艇上常见的几种桅杆形式。

2. 烟囱

各种舰艇根据所用动力装置的类型，可以采取烟囱排烟、舷外排烟或水下排烟等形式。当采用烟囱排烟时，一般可以根据舰艇总布置和机炉舱的布置确定烟囱的数量和布置。具体要求如下。

（1）烟囱的形状和位置应使舰艇具有协调、匀称、威武的外貌和造型，烟囱的位置还应与动力装置舱室的位置配合适当，便于烟囱管系的布置。

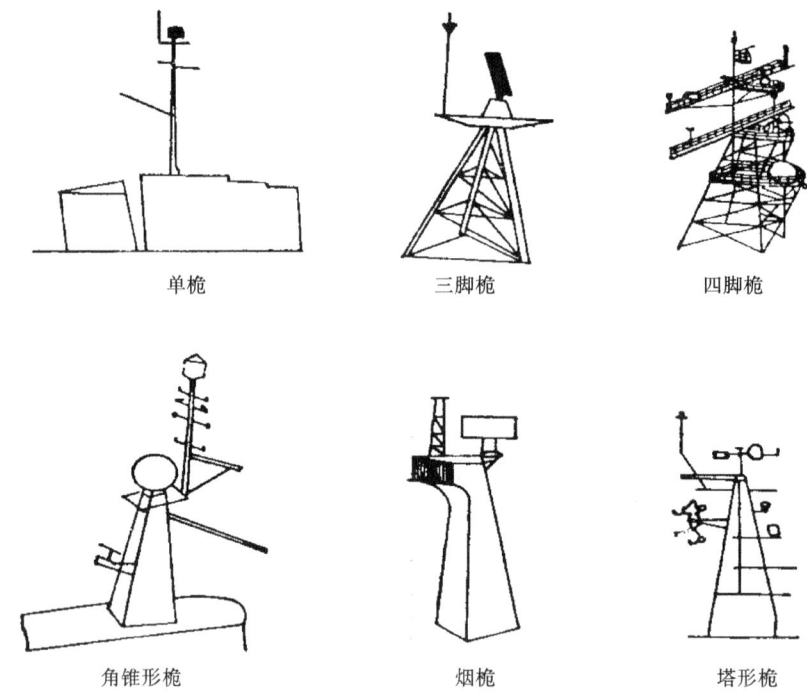

图 6-19　水面舰艇上常见的几种桅杆形式

（2）烟囱的内部空间和外壁应充分利用，在烟囱内有施工和维修工作时，应设置进出烟囱的通道和留有必要的空间。

（3）烟囱形状的选择应尽量减少烟气的下沉以免造成对舰艇的烟害。烟囱的水平剖面形状和侧面形状均应注意它们对烟气流向的影响，宜采用前壁后倾的形状。

（4）烟囱的高度应根据舰艇总布置、动力装置的排烟速度以及桅杆、天线等布置情况配合协调。

（5）为辅助动力装置专门设置的辅烟囱和厨房烟囱的布置，也应注意配合适当，尽量减少烟害影响。

图 6-20 所示为各种烟囱形式。

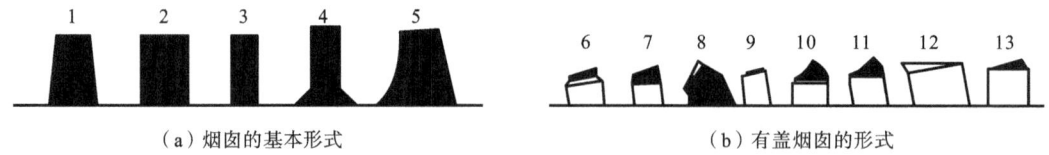

（a）烟囱的基本形式　　　　　　　　　　（b）有盖烟囱的形式

图 6-20　烟囱形式

1-锯形烟囱；2-正常烟囱；3-管式烟囱；4-并颈式烟囱；5-流线形烟囱；6、7-美国巡洋舰和驱逐舰例；8、9-荷兰驱逐舰例；
10-法国巡洋舰和驱逐舰例；11-原联邦德国驱逐舰例；12-原联邦德国护卫舰例；13-原联邦德国猎潜舰例

3. 烟囱和桅杆联合体

烟囱和桅杆联合体的布置应符合烟囱及桅杆布置的共同要求，符合动力装置排烟的要求。排烟口要有一定的高度，以减少烟害对舰体的影响，并应注意排烟对其上部的桅杆及其他设备的影响。燃气轮机装置一般不宜采用烟囱和桅杆联合体形式。

6.4　舱室布置

舰艇舱室主要有：工作舱室、设备舱室、生活舱室、液舱和贮藏舱室等，所有舱室、可用处所和空舱应设置相应的门、舱口盖、人孔盖和可拆板等，提供实际可行的通道。

6.4.1　工作舱室和设备舱室的布置设计

舰艇总布置设计应根据舰艇设备的配置、战斗使用和日常勤务需要等实际情况设置工作舱室和设备舱室。

1. 基本原则与舱室分类

1）基本原则

（1）舱室布置时，应考虑作战系统和舰上其他各系统的组成，尽量发挥设备的功能和作用，使其便于战斗使用、联络指挥和管理，有利于保证生命力，尽量避免相互干扰，提高舰艇的作战能力。

（2）总布置应尽量为各种工作舱室和设备舱室确定合适的位置、面积、容积、形状等，以便提供较好的工作条件，进行紧凑合理的舱室布置。

（3）各种工作舱室和设备舱室的布置应尽量减少相互之间的干扰，注意减少各种振动源、噪声源、热源等对重要的电子设备舱室的环境影响。

（4）重要的舱室宜布置在便于使用而又比较安全的地方，必要时可采取防护措施。

（5）组成同一个武器系统的舱室和设备宜相对集中布置，尽量设在同一个水密隔舱区域内或相近布置，功能相近的不同系统的舱室，以相互远离布置为宜。

2）舱室分类

根据舰艇的大小和工作、设备舱类别，总布置通常将舰上划分为不同的功能区，如工作区、设备区、机舱区、居住生活区等。

水面舰艇上的各类舱室众多，但就舰上各系统的功能来说，舰上的工作舱室和设备舱室主要分为以下几类：指挥、操纵舱室，火控系统舱室，警戒探测设备舱室，通信系统设备舱室，水声设备舱室，导航设备舱室，动力装置舱室，电气设备舱室，船舶辅助系统设备舱室。本节将对上述各类舱室的布置设计进行介绍。

2. 指挥、操纵舱室

1）作战指挥室

作战指挥室是在战斗情报中心室的基础上逐步发展起来的。战斗情报中心室起源于第二次世界大战中，当时在少数新造的大、中型舰艇上首先设置这种舱室，但面积小、设备简陋。它的主要任务是给舰长及时提供作战情报数据，仅由标图员将本舰各种探测设备和友舰发来的情报数据在标图板上加以综合显示。到20世纪50年代，此类舱室作为全舰的作战系统分为观通、数据处理和武器射击等三个部分。到20世纪60年代，又将上述三个功能结合起来，出现了战术数据处理系统，设置在面积较大的战斗情报中心室内。进入20世纪70年代以后，为了适应现代海战的特点，要求舰艇能够做到立体协同、早期预警、先敌发现、快速反应、先发制人，能够应付高速度、多层次、多方向、多目标的攻击并实施反击，因此战术数据处理系统进一步发展成全舰综合作战系统，例如美国的"海军战术数据自动处理系统"、法国的"海军战术情报处理系统"、英国的"海军战术数据自动处理系统"等。舰长的作战方式也发生了根本的变化,从传统的以舰桥指挥台为作战指挥中心,靠指挥台宽敞的视界以目力观察为主了解作战全局,转变为在上层建筑或主舰体内设置一个宽敞而密闭的作战指挥室。作战时,舰长和有关指挥员都集中在作战指挥室内,人机配合,通过各种电子设备在最短的时间内完成警戒、探测、识别、综合显示、威胁判断、跟踪、友军和敌方的目标指示、武器射击、情报传递、协同统一系列战斗的过程,而且可以同时处理上百个目标的信息。由于作战指挥室是战斗情报中心室发展而来的,因此也称为战斗情报中心室,但它的职能已有很大的发展。

作战指挥室应能作为舰艇指挥所,布置相应的设备和部位。作战指挥室最好布置在主舰体内比较安全的地方,也可布置在上层建筑指挥台和驾驶室附近。其舱室面积应满足作战指挥系统设备的要求,且应留有足够的操作空间,便于作战指挥。

情报数据处理计算机室应靠近作战指挥室布置,并能提供良好的温度、湿度、振动等环境条件。计算机的特种电源室宜靠近计算机室布置。图 6-21 为作战指挥室内设备布置示意图。

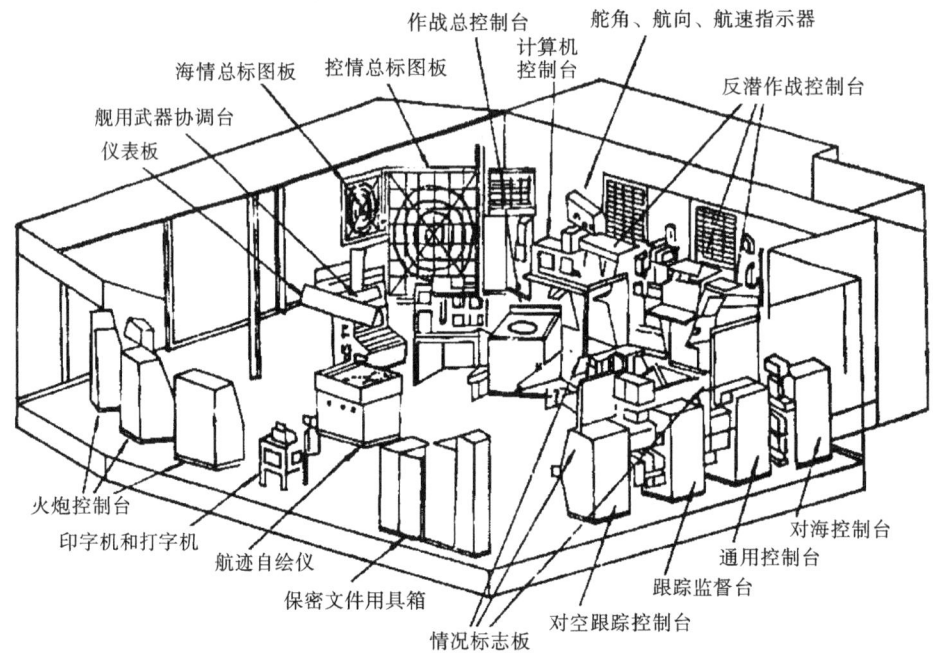

图 6-21　作战指挥室内设备布置示意图

2) 驾驶室

驾驶室是舰艇航行中操纵舰艇的主要部位。对于只有露天指挥台的舰艇来说,驾驶室还是雨天或通过放射性、毒气、生物战沾染区时舰长的指挥部位。驾驶室的布置要求如下。

(1) 驾驶室应有良好的视界,宜设置在上层建筑前部的最高处,并横贯上层建筑,且要保证水平瞭望视界不小于 180°(向左、右舷各 90°),舰首方向水面瞭望视界盲区不宜大于一倍舰长。

(2) 驾驶室外两侧应设置侧翼平台,在平台上应能观察到前、后甲板上的系泊、锚泊等作业的操作情况。

(3) 当设置预备驾驶部位时,应有一定视界,并远离驾驶室。

(4) 当驾驶室内设置舰指挥所时,应有足够的面积布置必要的指挥设备和便于作战指挥。

3. 火控系统舱室

舰艇上应根据武器控制系统设备的组成实际情况,确定设置指挥仪室、方位水平仪室、综合火控系统舱室及其特种电源舱室(机组室)等。布置要求如下。

(1) 火控系统舱室的布置应与武器系统的设备和舱室布置综合考虑,应使该武器系统的各个部位尽量靠近。火控系统舱室一般布置在主舰体内部、具有良好的环境条件而又比较安全的部位。

(2) 不同武器的火控系统舱室应适当分散布置,以减少同时受损的机会。

(3) 舰炮武器系统的指挥仪室、方位水平仪室、特种电源设备舱室等应尽量集中布置,并应与火控跟踪雷达室尽量靠近,距离舰炮装置不宜太远,特种电源设备舱室、机组室宜布置在舰的较低部位。

(4) 各种舰载导弹武器系统的指挥仪室、特种电源设备舱室与制导(攻击)雷达室应相对集中布置,并应与导弹发射装置靠近。

(5) 各种反潜武器系统的指挥仪室、特种电源设备舱室等应相对集中布置,并应与反潜武器装置、声呐舱室靠近。鱼雷射击指挥仪设备宜靠近鱼雷发射装置布置。

(6) 方位水平仪室应布置在接近舰艇横摇中心轴线的部位,并应将方位水平仪主设备安装在舰艇中线面或靠近中线面处;方位水平仪下不宜设置液舱;允许把方位水平仪或水平仪布置在指挥仪室内;方位水平仪室在安装方位水平仪的纵向垂直平面内应尽量避免设立支柱。若舰上有平台罗经,就不需要设置方位水平仪室。

(7) 综合火控系统舱室与其备用舱室的布置应考虑操作管理方便,保证生命力,一般布置在主舰体内中段较安全的地方。

(8) 火控系统的特种电源室的布置,应考虑不影响系统的正常工作。

(9) 稳定瞄准部位应布置在上层建筑顶部,并保证光学测距仪和炮瞄雷达天线有足够的视界和视距;其下部的基座和加强结构的设置应具有较好的刚度,避免产生严重的振动现象。

4. 警戒探测设备舱室

警戒探测设备通常包括警戒探测雷达、导航雷达等。雷达设备除布置在露天的雷达天线外,还有数据处理设备、显控台及发射机、接收机设备、变频机组等,都布置在相应的舱室内。

1) 雷达室

(1) 组成同一个作战分系统的设备可设置在同一舱室内。一般敌我识别装置布置在其相应协同使用的雷达设备舱室内,导航雷达设备布置在驾驶室或海图室内,不单独设置舱室,某些火控跟踪雷达或与火控系统合成的综合机柜可与火控系统的其他组成设备合用一个舱室。

(2) 各种雷达舱室的布置一般应与天线、高频部位、特种电源设备(机组室),以及组成同一个作战分系统的其他设备舱室综合考虑后统筹确定,应尽量缩短波导管和馈线长度,并宜相对集中布置。

(3) 舰艇上具有警戒或目标指示功能的各种雷达应适当分散配置。

(4) 各种武器系统的火控跟踪雷达或导弹制导(攻击)雷达室应靠近相应指挥仪室布置,并应与武器装置的位置配合适当。各种火控跟踪雷达或导弹制导(攻击)雷达舱室(连同武器系统的舱室)宜适当分散。

2) 雷达高频室

根据舰艇上雷达设备的配置情况与实际需要设置雷达高频室,高频室的布置应尽量靠近天线,以减少波导弯头管数量,满足波导管和馈线长度的要求。

　　3）雷达特种电源设备舱室（机组室）

　　原则上雷达机组室应与雷达室尽量靠近,但从控制舰的重心高度和舰的噪声环境考虑,雷达机组室应尽量布置在船体内较低的部位。机组室设置时可考虑将几种设备互不干扰的特种电源布置在同一个舱室内。

　　5. 通信系统设备舱室

　　1）报务室

　　报务室的布置应便于作战使用,远离振动、噪声、热源及电源干扰等影响较大的区域,宜布置在水线之上,与通信天线的布置配合协调。

　　当舰上设置两个或两个以上的报务室时,一般宜前后、上下、左右交叉分散布置,当需要各报务室较近布置时,应考虑保证生命力的措施。前报务室一般为收信设备中心,宜靠近舰指挥所布置,后报务室一般为发信设备中心,宜远离前报务室布置。当根据实际需要设置第三报务室时,一般为超短波、短波等近程无线电设备舱室,宜布置在前上层建筑内靠近舰指挥所的地方,如作为应急报务室,还应布置应急通信设备。

　　2）译电室

　　舰艇应设置专用译电室,其布置应邻近前报务室,并能在其间设置一个报文传递口。当译电室兼做译电员住室时,其面积应考虑布置必要的舱室设备和铺位的需要,铺位数应满足舰艇通用规范的要求。

　　3）信号员室

　　护卫舰及其以上的舰艇宜设置信号员室,一般应临近信号部位布置,并靠近舰艇指挥所。信号员室内设置超短波电台时,应有适当的操作使用面积。信号旗箱应靠近信号旗挂索布置。

　　6. 水声设备舱室

　　舰艇水声设备用于水中搜索探测目标、水中武器射击指挥、水中通信和导航等方面。根据舰艇水声设备的配置情况,通常设置声呐室、水中通信机舱、声呐舱、听音室等。其布置要求如下。

　　(1)声呐舱的布置应尽量使声呐换能器具有良好的工作环境,一般布置在远离机舱、辅机舱、螺旋桨等区域的舰首部,并使换能器有适当的沉深。

　　(2)当声呐换能器装于舰艇球鼻首导流罩内时,该导流罩的布置应符合声呐换能器的安装和使用要求以及舰艇结构的设置,并应与首锚装置的使用要求配合得当,球鼻首的长度应符合舰艇进坞时坞墩的安放要求。

　　(3)升降式声呐或其他形式舰壳声呐的布置应考虑舰艇在风浪中的纵摇运动和砰击现象,减少水动力噪声影响,避免声呐导流罩上产生空泡现象,以保证声呐的正常工作,一般应布置在首垂线后 0.15～0.25 倍舰艇设计水线长度的区域内。

　　(4)声呐室应尽量靠近声呐换能器安装部位布置,各种形式的舰壳声呐室均应布置在声呐舱之上的船体内部舱室里。

　　(5)水中通信机的换能器和设备舱室的布置要求与声呐设备舱室相同,并应与声呐换能器安装部位间隔适当距离,避免相互干扰影响。

　　(6)听音室的布置环境要求比较安静。声呐和水中通信机的听音部位可以合用一个专用听音室,也可布置在作战指挥室内。

　　(7)各种声呐设备的探测视界应尽量大,在舰艇的首部方向不应有盲区,舰艇尾部的盲区范围不应大于 $\pm 30°$,并应与反潜武器系统的射界范围配合适当。

7. 导航设备舱室

舰艇导航设备是用来指示航向、航速、航程、舰位的设备,以保障舰艇安全航行和武器系统的准确使用。其中用于指示航向的设备有磁罗经、电罗经、平台罗经等,指示航速和记录航程的设备有各种计程仪,测量水深的设备有各种测深仪,测定舰位的仪器有磁罗经、电罗经、惯性导航仪、六分仪、无线电定位仪、无线电定向仪、卫星导航接收机等。

1)海图室

海图室应靠近驾驶室布置,在其左、右舷侧翼露天平台上应各设置一个罗经测向部位,组成 360° 的测向视界,在交界处尽可能有一定的重叠视界。当海图室与驾驶室合一布置时,应能同时符合二者的布置要求。

航海仪器一般布置在海图室内,当有必要设置专用航海仪器舱室时,宜邻近海图室布置。

2)罗经室

主罗经室宜布置在接近舰艇横摇中心轴线的部位,并应将主罗经安装在舰艇中线面或靠近中线面处;罗经室一般布置在前上层建筑下方的主船体内部横跨中线面的舱室内。当舰艇上设置备用罗经室时,宜与主罗经室相互远离布置。

3)测深仪与计程仪舱

测深仪与计程仪可设置在同一个舱室内,该舱室宜布置在罗经室下方或其附近,且在船体底部横跨中线面的舱室内,使计程仪测量导管能接近中线面布置。舱室高度应保证收放计程仪测量导管的要求,可利用舱口盖开启状态的空间,但平时应保证舱口盖能关闭。

测深仪换能器的安装位置应远离声呐舱、动力装置舱等,选择在对其干扰较少的部位。测深仪与计程仪舱的近前方船体底部不应设有吸水和排水装置或其他凸出物。

8. 动力装置舱室

舰艇动力装置指舰艇推进及其他需要提供各种能源的全部动力设备的总称。一般由推进装置、电站、辅锅炉及配合它们正常工作而设置的海水淡化设备、凝气设备、水处理设备、监控仪表设备及机舱自动化设备等组成。一般按主机的不同,可分为蒸汽轮机动力装置、柴油机动力装置、燃气轮机动力装置、核动力装置以及由不同类别的主机联合组成的联合动力装置等。目前各国正在研究应用电力推进系统。

蒸汽轮机动力装置有单机功率大、可靠性好和使用寿命长等优点,早已成为大、中型水面舰艇传动的动力装置。但由于重量体积大、机动性和操纵性较差、维修保养复杂等缺点,有逐渐被其他动力装置所取代的趋势。柴油机动力装置的经济性好,重量和尺寸较小,但由于单机功率不如蒸汽轮机,一般多用在中、小型水面舰艇上。燃气轮机动力装置是 20 世纪 60 年代发展起来的,它重量轻、体积小、单机功率较大,但经济性比柴油机差,已逐渐成为中、小型水面舰艇的动力装置。核动力装置的单机功率大,续航力可达几十万海里,但重量体积大,造价较高,目前只用在少数大、中型水面舰艇上。联合动力装置可以集中各种主机的优点,取长补短,在水面舰艇上采用逐渐增多。现代舰艇由于对隐蔽性的要求越来越高,由柴油机或燃气轮机驱动发电机,再驱动电动机带动螺旋桨推进的电力推进系统,虽然重量大一些,但振动和噪声小,已在扫雷舰艇和中型舰艇上逐渐采用。表 6-1 所示为动力装置布置对舰艇性能的影响。

现代水面舰艇动力装置的布置包括主机舱、锅炉舱(对蒸汽轮机动力装置)、辅机舱、轴系和推进器等的布置,整个动力装置的重量占排水量的 10%～40%,它的舱室长度占舰艇设计水线长的 30%～40%,因此动力装置的布置对舰艇的整体布局和性能有较大的影响。

表 6-1　动力装置布置对舰艇性能的影响

性能分析	名称	对海军战术使用的价值系数	燃气轮机			柴油机			蒸汽轮机			核动力			理想动力		
			优越性系数	价值	性能评价	优越性系数	价值	性能评价	优越性系数	价值	性能评价	优越性系数	价值	性能评价	优越性系数	价值	性能评价
战术使用性能	起动性	3	3	9	好	3	9	好	1	3	差	1	3	差	3	9	好
	加速性	3	3	9	好	3	9	好	2	6	良	2	6	良	3	9	好
	运行与控制	3	3	9	好	3	9	好	1	3	差	1	3	差	3	9	好
	倒车性能	2	1	2	差	3	6	好	1	3	差	1	3	差	3	9	好
	振动与噪声	2	3	6	好	1	2	差	2	4	良	2	4	良	3	6	好
	防爆性能	1	3	3	好	2	2	良	1	1	良	1	1	良	3	3	好
	机舱条件与人员	1	3	3	好	3	3	好	1	1	差	1	1	差	3	3	好
	舱内维护修理	1	3	3	好	2	2	良	2	2	良	1	1	差	3	3	好
	燃料补给	3	1	3	差	2	6	良	1	3	差	3	9	好	3	9	好
	舰艇在航率	3	3	9	好	1	3	差	1	3	差	3	9	好	3	9	好
技术制造性能	进、排气道,上层建筑	2	1	2	差	3	6	好	2	4	良	3	6	好	3	6	好
	辅助装置,设备互换性	1	3	3	好	2	2	良	2	2	良	1	1	差	3	3	好
	输出功率	3	3	9	好	1	3	良	3	9	好	3	9	好	3	9	好
	可靠性	3	3	9	好	2	6	良	3	9	好	1	3	差	3	9	好
	建造,维护,运行合理性	2	3	6	好	2	4	良	2	4	良	1	2	差	3	6	好
经济性能	滑油消耗	1	3	3	好	1	1	差	2	2	良	2	2	良	3	3	好
	燃油消耗	3	1	3	良	3	9	好	1	3	差	2	6	良	3	9	好
	建造成本费	2	2	4	良	2	4	良	3	6	好	1	2	差	3	6	好
	运行维护费	1	3	3	好	3	3	良	1	1	差	1	1	差	3	3	好
总计		40	48	104	—	43	92	—	34	72	—	31	69	—	57	120	好
与理想动力之比/(%)		—	84.2	86.7	—	75.4	76.7	—	59.6	60	—	54.4	57.5	—	100	100	—
总评名次		—	二			三			四			五			一		

1）动力装置舱室布置的基本原则

动力装置舱室布置基本原则如下（见图 6-22）。

（1）动力装置舱室的布置应保证动力装置有较好的生命力；应将动力装置的主要设备尽量布置在较低的位置,并应考虑使舰艇的重量分布适当,纵向、横向平衡协调；尽量缩短管路长度,以减少舰艇排水量和提高舰艇的性能。

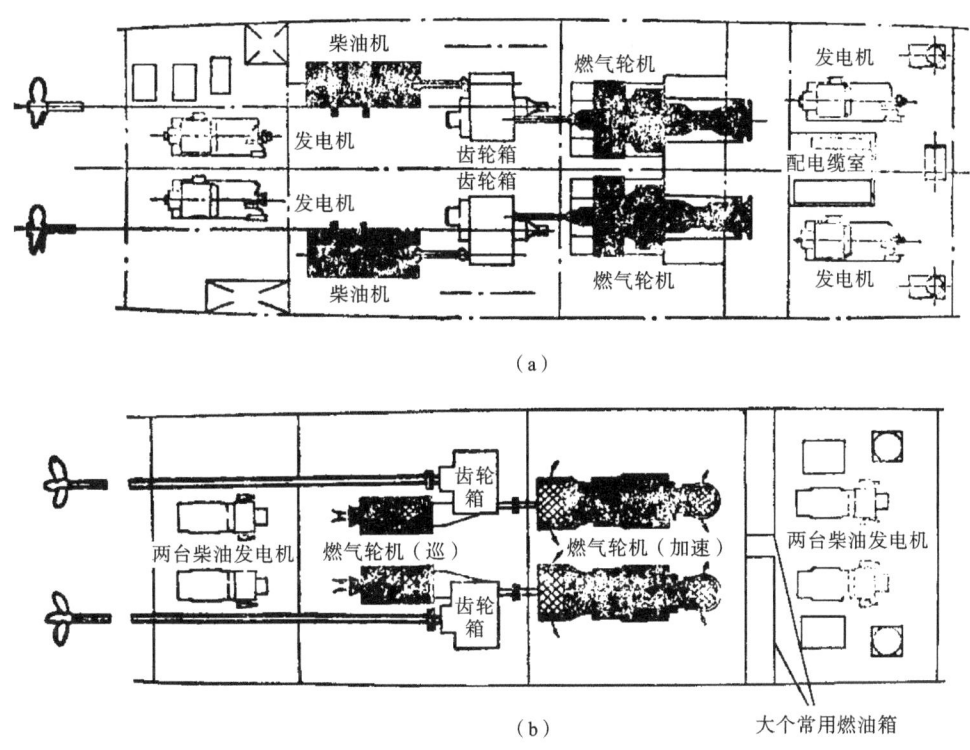

（a）

（b）

大个常用燃油箱

图 6-22　动力装置布置示意图

（2）各种主机舱、主锅炉舱和主机炉舱应尽量做到对称布置,其布置应保证轴系安装倾斜角度小于 5°,并使进排气系统、烟囱等的布置协调。

（3）主动力装置舱室的布置应考虑舰艇在部分舱室破损浸水时,不致失去全部动力;采用蒸汽轮机动力装置时,应尽量使一个主机炉舱内能同时布置一个完整的独立机组;全舰所有主锅炉不宜集中于同一舱内,其他动力装置也不宜将所有主机放在同一舱内。

（4）燃气轮机动力装置舱室应注意到排气管道的布置,尽量使其减少弯头和弯度,并应考虑机组的吊装线路,便于维修。

（5）主动力装置舱室应有两个以上的出入口(包括一个应急出入口),出入口的间隔应尽量远。

（6）辅锅炉一般可与其他动力装置同舱布置,必要时可设置专用辅锅炉舱,其布置宜接近辅机舱,便于进排气管系的安装和布置。

（7）机电集中控制室应尽量布置在与动力装置舱室同一水密舱段内或毗邻舱段内,对该舱要采取较好的隔声、隔热措施,使其具有良好的工作环境。必要时,应设置观察窗和直通动力装置舱室的出入口。

（8）动力损管部位应布置在动力装置舱室邻近区域、破损水线之上的舱室内,应能作为机电部门的指挥所,配置必要的设备和仪表,动力损管部位可与机电集中控制室合为同一舱室。

大中型舰艇上多布置 2～4 个机舱(或锅炉舱),2～4 个轴;小型舰艇上大多布置 2 个或 1 个机舱,1～4 个轴。辅机舱宜邻近主动力装置舱布置,通常发电机组布置在辅机舱内。当舰上有两个辅机舱时,应使其相互远离,以保障舰艇破损浸水时不致失去全部电力。当舰艇上的轴系需要与其他舱室隔离而设置轴隧时,在轴的一侧和轴的上面应留有通道和吊装空间。

2）推进器布置的要求

水面舰艇绝大多数采用螺旋桨推进,只有少数小型舰艇采用喷水推进和空气螺旋桨推进。这里只介绍螺旋桨的布置要求,它取决于舰体尾部型线以及舱和轴系的布置。

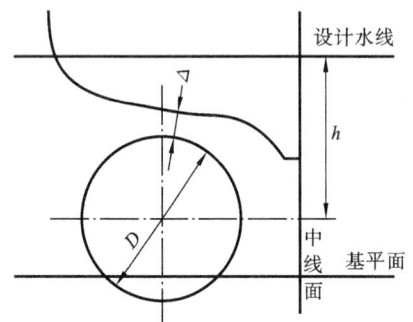

图 6-23　螺旋桨在横剖面上布置示意图

为避免螺旋桨在风浪中露出水面,并从减少空泡提高效率考虑,螺旋桨应埋入水下一定深度。这个深度 h（从螺旋桨轴线至设计水线的距离）应不小于 $0.8D$（D 为螺旋桨直径）,如图 6-23 所示。为减少螺旋桨工作时舰尾船体结构产生的振动,螺旋桨叶尖与舰体之间的距离 $\triangle$ 应不小于 $0.2D$。

螺旋桨叶尖应尽量不露出舷外,如果必须露出舷外,则要加装保护结构。叶尖也最好不伸出船底,特别是在浅水区航行的舰艇更应注意这个问题。装有 2 个轴的舰艇,螺旋桨轴线离中线面的距离必须大于螺旋桨的半径;装有 3~4 个轴的舰艇,螺旋桨圆盘在横剖面上的投影不能有重叠部分,以免发生相互干扰而影响推力。

螺旋桨通常布置在舵的前面,以提高舵的工作效率。在确定螺旋桨布置时,还应考虑到托架与船体底部的固定问题。在扫雷舰上,螺旋桨要远离舷边和舰尾布置,以免在收放扫雷具时被缆索缠住。

9. 电气设备舱室

现代化舰艇的特点之一是电气化程度高,用电量大,电子技术深入到舰艇的各个领域。舰艇电气设备分为电站、电力网和电气负载三大部分。一般舰艇上设置有两个或两个以上电站。辅助电站(如停泊、应急电站等)按舰艇的实际需要设置。电气设备舱室的布置要求如下。

（1）主电站应布置在主船体内比较安全的部位,主电站之间应相互远离布置,电站的位置应尽量与负载的分布情况协调,缩短电缆长度;发电机组应沿舰艇纵向布置,对于柴油发电机组还应考虑进排气管道的布置。

（2）电站可设专用的电站舱,亦可将电站布置在辅机舱或主机舱内,但不宜布置在主锅炉舱或主机炉舱内。

（3）停泊电站可与主电站同舱布置,以便于操作管理,也可布置在其他合适的部位。

（4）应急电站应布置在破损水线以上,便于保证舰艇供电给极重要的用电部位,应急配电板与应急发电机应同舱布置,当主电站的布置对供电生命力有良好保证时,可不设应急电站,但应满足《舰艇通用规范》(GJB 4000—2000)的要求。

（5）蓄电池应尽量按负载分布情况进行布置,舱室应保证一定的气密性,并设置通风系统;蓄电池室的门不应直接通向居住舱内,应急蓄电池组应布置在破损水线之上。

（6）变电设备如变压器一般应尽量利用舰艇上的空间,按其供电设备的分布情况分散配置,通常布置在配电室或相应的设备舱内,宜布置在接近负载的适当部位。

（7）配电板的布置应尽量接近发电机,一般与电站同舱布置,也可靠近电站设置专用配电室。配电室的数量与分布应与电站的分布相适应,配电室的形状应可使总配电板沿舰艇横向布置。对于需前后维修的配电板,在配电板前面和后面均应留有通道,其通道宽度应满足规范要求,从舰艇总布置设计合理性来说,需在配电板结构上采取措施,以便能在前面或侧面进行检修及更换元件,充分利用和节省舰上空间。

（8）设有阴极保护系统的舰艇,在舰艇中部应设置阴极防护舱室,用于布置外加电源和控制设备。

（9）消磁控制室通常布置在舰艇的中部。若采用分区消磁,则应设置分区消磁控制部位,用于布置消磁装置的配电板、控制设备等。消磁机组室原则上靠近消磁控制室布置。

10. 船舶辅助系统设备舱室

船舶辅助系统主要包括舱室大气环境控制系统,消防系统,日用水系统,燃油、滑油的注入、转运和贮存系统,空气和其他流体系统,舰艇运动控制系统,海上补给和接收系统,机械式转运系统。涉及的主要设备舱室有空调器室、通风机室、冷水机组室、冷藏机舱、灭火站、舵机舱等。

1）空调器室

应根据舰艇不同功能区的设置划分空气调节区域,空气调节区域的划分还应与三防、不沉性的要求相协调。每个空气调节区域附近通常设置有空调器室。布置空调器室时应考虑风管的走向,尽量靠近所服务的舱室,一般左右舷基本成对布置。舱室的面积应考虑设备的维修空间。空调器室一般宜布置在设计水线以上。

弹药舱的空调器为特种空调器,一般宜与其他舱室的空气调节系统分隔开,可单独设置空调器室,也可将特种空调器与其他空调器合舱布置。

2）通风机室

通风机及风道应尽量利用舰艇上的空间合理布置,尽量减少专用通风机室。必须设置的通风机室避免布置在居住区。通风机室的布置还应考虑通风系统的风口布置,应尽量使进风口和出风口远离,进风口应避免与空气易被污染的部位邻近布置。

为机舱设置的独立通风系统,通风机的布置应尽量利用舰上空间,如必须设置通风机室时,应设置在机舱区域内。

3）冷水机组室

空气调节系统的制冷冷水机组,一般布置在主船体内较低的部位,通常布置在机舱内或其他机械舱室内。若需设置专用冷水机组室,宜布置在空气调节系统所服务的生活和工作区域附近的船体下部。

4）冷藏机舱

冷藏机组通常布置在冷藏库下部的机械舱室内或冷藏机舱内。冷藏机舱最好与冷藏库在同一舱段内布置。

5）灭火站

灭火站(如卤代烷灭火系统站)应布置在被保护舱室的附近,并与相邻舱室气密分隔。舱室的门应向露天或通道上开启,灭火站的布置应便于操纵、换液、检查和维修。

6）舵机舱

舵机舱通常布置在尾部舵的上方。舵机舱在满足舵机布置要求的前提下,应尽量采用较短的舱长。主操舵装置至少有两个操舵台,其中一个操舵台一般布置在舵机舱内,为保证操舵人员良好的工作环境,可在舵机舱内设置单隔的小舱室,称为舵机操控室。

7）减摇装置

减摇鳍应尽量布置在较宽的横剖面处。收放式减摇鳍的布置要考虑收藏的位置,非收放式减摇鳍的布置应尽量使鳍不凸出在舰艇避碰角(3°)限制线之外,一般情况下应不超出基线。

当采用两对减摇鳍时,前、后减摇鳍的间距一般不宜小于 10 倍的鳍舷长,并使前、后减摇鳍轴线的中心线尽量与舰艇的重心纵向位置对称。

减摇鳍与舭龙骨的布置要配合适当,一般在鳍前的舭龙骨与减摇鳍缘间的距离不宜大于减摇鳍的舷长,鳍后部不宜布置舭龙骨,如需设置时,其间隙距离不宜小于两倍鳍的舷长。

减摇控制室一般尽量靠船中布置,且应靠中线面,若难以做到时,减摇控制室至少有部分是跨中线面的,以满足机柜布置的需要。

8)排疏水系统

舰艇设置双底层时,应在内底板布置若干个污水阱,保证舰艇在正浮或向任一舷横倾 5° 时均可有效疏水。通常每个污水阱的容量不小于 0.15 m³。

排水系统的布置应符合抗沉性的要求。小型舰艇可尽量利用机舱、弹药舱等设置排水及移动式排水泵。较大的舰艇需增设排水泵时,应布置在合适的部位或设置专用舱室,并符合舰艇生命力的要求。

6.4.2　生活舱室的布置设计

舰员是舰艇战斗力的基本保证,舰艇居住性应作为提高战斗力的重要因素,在设计中应予以充分的注意。舰艇居住性应符合"方便、适用、简朴"的原则,目的是为舰员提供舒服和愉快的环境、合适的居住场所、适当的居住设施和一定的服务设施。现代舰艇的续航力大、自给力长、适航性要求高,为适应长期在高海况下航行作战,要求尽量改善舰艇的居住性。例如,美国在第二次世界大战中,设计建造的舰艇优先考虑因素的次序为武器、推进、电子、续航力、居住性,居住性仅作为次要问题排在第五位;而 20 世纪 60 年代以后设计建造的舰艇,居住性已上升到第二位作为重要问题去考虑。

1. 一般要求

1)布置

生活舱室的布置应符合我军的编制特点,有利于官兵一致,防止特殊化和绝对平均主义,并适应我国海区的气象条件。考虑到舰艇战斗力的有效发挥、良好的生活条件和舰日常组织管理方便,生活舱室一般应布置在舰艇水线以上的部位。

2)温、湿度及通风

空调舱室包括居住舱、休息室、餐厅、医务室。要求夏季舱室最高温为 29 ℃,相对湿度不大于 60%;冬季最低温度应为 18 ℃,相对湿度不小于 30%。

通风舱室包括厨房、配膳室、盥洗室、淋浴室、厕所等。对四小时值更的高温区,最高舱温为 35 ℃,相对湿度不大于 50%,气流速度不小于 0.5 m/s;有战位的低温区舱室最低舱温为 10 ℃;卫生舱室舱温冬季最低为 18 ℃。对于无空调设施的舰艇应尽力采用通风、隔热、天幕等措施,其居住舱、休息室、餐厅、医务室、卫生舱室等的冬季最低舱温为 18 ℃。

3)噪声

舰艇应从舰艇总布置、设备选型、安装部位和舱室结构形式等方面考虑降噪问题。

舱室空气噪声限值(A 声级):B 类区域是需保持安静的处所,如医务室、军官住室等,为 65 dB;D_1 类区域是需要考虑舰员生活舒适性的处所,如士兵住舱(室)、休息室、阅览室、兼做休息活动场所的餐厅等,为 70 dB;D_2 类区域是不需要对舰员生活舒适性作严格要求的处所,如厨房、卫生舱室等,为 75 dB;F 类区域是需要考虑舰员听力损伤的处所,如通道、污物处理舱、生活用品贮藏舱室等,为 90 dB。

4）振动

舰艇应从总布置、设备选型、安置部位和结构形式等方面采取必要的减振、隔振措施以避免和消除共振现象。振动极限值：I 类区域是需要保持舒适的处所，如舰首长住室等，频率在 10 Hz 以内的垂直振动为 0.3 m/s²、水平振动为 0.2 m/s²，70 Hz 时垂直振动为 1.5 m/s²、水平振动为 1.0 m/s²；II 类区域是需要保证舰员休息、学习和工作的处所，如住舱、休息室、阅览室、餐厅、医务室、病房等，频率在 10 Hz 以内的垂直振动为 0.5 m/s²、水平振动为 0.4 m/s²，70 Hz 时垂直振动为 2.5 m/s²、水平振动为 2.0 m/s²；III 类区域是人员停留或工作时间较短的处所，如厨房、洗衣室、生活用品贮藏室、卫生舱室、通道等，频率在 10 Hz 以内的垂直振动为 0.8 m/s²、水平振动为 0.5 m/s²，70 Hz 时垂直振动为 4.7 m/s²、水平振动为 2.2 m/s²。

5）舱室照明

居住区内舱室规定的平均照度为：卧室 75 lx、阅览室 225 lx、配膳室 175 lx、卫生舱室 75 lx、会议室 225 lx、餐厅及其他活动场所 150 lx、办公桌和各种工作台面 300 lx 等。

6）色彩

住舱、餐厅、休息室、会议室、阅览室等处地板宜选用耐脏色调，舱壁、舱顶对寒冷海区宜选择暖色调或中间偏暖色调，对热温海区宜选择冷色调或中间偏冷色调；厨房、配膳室的地板宜选用耐脏色调，舱壁、舱顶及设备宜选择白色；卫生舱室及设备宜选用白色或浅色调；医务室、贮藏室、通道的地板宜选用耐脏色调，舱壁、舱顶宜选用白色或浅绿色。

2. 居住舱室

1）居住舱室的一般要求

（1）居住舱室应具有安静、舒适和方便的环境条件，不宜布置在舰艇端部 0.1 倍水线长度范围内。

（2）居住舱室的设置和布置应尽量与舰艇部门、区队、班等组织系统相适应，并使舰员到达各自的战位有较合理的畅通路线。

（3）舰（艇）长室应尽量接近舰（艇）长指挥部位，军官住室应尽量设置在具有良好环境的部位。

（4）在不影响功效的前提下，应使居住舱室设备和设施相互协调，以形成悦目的外观。

（5）住舱设备的布置应便于使用和人员通行。大型家具应有底座支撑并予以固定；活动家具应有防风暴固定设施或存放处所。

（6）居住舱室内床铺宜纵向布置，串列式布置的床铺不宜超过两列。相邻床之间的通道宽度应不小于 500 mm，舱内主通道的宽度宜不小于 800 mm，且应无阻碍。正常排水量 500 t 以下的艇，居住舱室主通道的宽度宜不小于 600 mm。

（7）水平毗邻的床铺之间及床铺的端部应有遮蔽板，靠近洗脸池的铺位应设防溅板。

（8）每列床的最多铺位数，军官为 2 层，士兵为 3 层。

（9）双层床上、下铺的间距不宜小于 750 mm，上层铺与其上方舱顶的净距及三层床两铺的间距应不小于 600 mm。士兵床铺下层铺的底面与甲板的距离应不小于 150 mm。

（10）军官住室及士兵舱的净高度不宜小于 1900 mm，设置三层铺的士兵舱净高度不宜小于 2100 mm。

2）居住舱室的甲板面积

居住舱室的甲板面积要求见表 6-2。

表 6-2　居住舱室的甲板面积要求

项目名称			舰艇正常排水量/t	
			<1000	≥1000
干部住室人均面积 /m²	舰长、政委单人住室		≥8	≥10
	副舰长、副政委、机电长	单人	—	≥7
		双人	≥3.5	—
	其他部门级干部	双人	—	≥3.5
		2~4 人	≥2.5~3	—
	区队长和军士长、干部	4~6 人	—	≥2.5
		4~8 人	≥2.0~2.5	—
士兵住室人均面积 /m²	士兵住舱	双层铺	≥1.5	≥1.7
		三层铺	≥1.4	≥1.5
住室净高度 /m	军官住舱		≥1.9	≥1.9
	士兵住舱	双层铺	≥1.9	≥1.9
		三层铺	≥2.1	≥2.1

注:正常排水量小于500 t 的艇,艇长和指导员可住两人住室,舱室面积不小于4.0 m²/人。

3. 食品供应和餐厅

1) 食品库

粮食库、冷库和日用食品贮藏舱的有效容积应能贮藏舰艇上所需的所有食品。食品库至露天甲板及厨房应有吊运装置。

2) 厨房

(1) 厨房应有通风、排气、集油和泄水装置。烟气不应进入生活和工作舱室。

(2) 食品加工、烹饪和餐具洗涤应有合理的流程布局。

(3) 1000 t 以上的舰艇应设置配膳室。

(4) 厨房应有餐具消毒和废物处理装置。

(5) 厨房不应与居住舱、卫生舱室、医务室和化学区贮藏舱相邻。

3) 配膳室

(1) 配膳室应邻近餐厅设置,也可安置在厨房内。

(2) 配膳室应设置餐具贮存室、配膳桌、供应窗口。军官的配膳室还应配冰箱、熟食毡板、刀架和茶几架。室内应设洗池和地面泄水口。

4) 餐厅

(1) 正常排水量 2500 t 以上的舰应设士兵、军士和军官餐厅;500~2500 t 的舰艇应设士兵(含军士)和军官餐厅;500 t 以下的艇应设军官餐厅,一般也应设士兵(含军士)餐厅。

(2) 餐厅布置应便于人员流动、集会和娱乐活动。

(3) 军官就餐椅数应不少于军官编制数的 2/3,军士就餐椅数一般不少于军士编制数的 1/2,士兵就餐椅数应不少于士兵编制数的 1/3。

(4) 每人所占餐桌面宽度,军官不小于 600 mm,士兵不小于 550 mm。

4. 卫生舱室

1）一般要求

（1）卫生舱室应便于使用，分布合理。作为三防洗消部位使用时，还应考虑洗消路线的合理性，符合三防要求。

（2）卫生舱室一般应布置在水线以上，并靠两舷。

（3）卫生舱室不应布置在餐厅、冷库、食品贮藏舱和医务舱顶上，其粪便、污水排泄管避免通过淡水舱、粮食库、居住舱等。

（4）盥洗室和厕所应尽可能靠近住舱分散布置。每个水密舱室内或人员超过 20 人的居住区内，宜设一个有淋浴器、洗脸池、小便池的卫生间。

（5）淋浴器和大便器的布置应远离出、入门，盥洗室、厕所应设日用洗涤池。

（6）现代舰艇通常分区设置军官专用卫生舱室，布置在军官居住区。病房邻近处设置病员专用厕所，并配备盥洗设备。

2）卫生设备

对士兵：每 25 人配大便池 1 个，每 40 人配小便池 1 个，每 10 人配水龙头 1 个，每 25 人配淋浴器 1 个。对军士：每 10 人配大便池 1 个，每 30 人配小便池 1 个，每 12 人配淋浴器 1 个，每 6 人配洗脸池 1 个。对军官：每 8 人配大便池一个，每 20 人配小便池 1 个，每 10 人配淋浴器 1 个。

5. 服务舱室

正常排水量 1000 t 及以上的水面舰艇应在水线以上设置洗衣间。正常排水量 1000 t 以下的水面舰艇应在卫生间内配置洗衣设备，兼洗衣间功能。

正常排水量 1000 t 及以上的水面舰艇，一般应设置机械修理间和电器修理间，并配有所需的设备。在无条件的舰艇上可在机舱内设置简单的机修设备。

在有条件的舰艇上可设置小卖部，也可利用餐厅的一角开设日用小商品供应的小卖部。

舰艇上每 50 人左右应配备一套理发工具。正常排水量 2500 t 及以上的舰应设置理发室。

6. 医务舱室

正常排水量 1000 t 以上的舰艇应设置医务室，并尽量布置在噪声、振动小和就医方便的部位。如有条件应设置隔离病房，病床数为舰员总数的 1% 左右，病房床铺不超过两层，有条件时，还应设置药品贮藏室。

正常排水量 1000 t 以上的舰艇，至少应设置两个战时救护所，一般可利用会议室或士兵舱作为战时救护所。救护所应便于用担架运送伤员，并配必要的医疗救护器械。

7. 公共舱室

按规范要求，舰艇上至少设置一间会议室。大会议室通常布置在上甲板前上层建筑区域，也可布置在环境条件较好的其他部位，小会议室一般靠近舰长住室布置。会议室的大小应可设置会议桌，并布置至少为军官编制数的座位，当作为战时救护所使用时，应可布置必要的医疗器材柜及保障救护作业的设施。

值班室通常布置在中后部上甲板的舱室内，一般设在右舷交通比较方便之处，并应与舷梯的布置相适应。舰艇上的阅览室、活动室宜布置在生活居住区内。

8. 其他舱室布置

军需室可兼作军需舰员的居住舱室，其布置和要求与军官住舱相同，并应考虑其专用设备的布置。在有文书编制的舰艇上，一般要设置专用文书室。文书室可兼作文书的居住舱室，布置时应考虑其舱室配置的特殊性。图 6-24 为舰艇生活区的几种布置示意图，其中阴影部分表示生活区在舰艇上的大致位置。图 6-25 所示为中型水面舰艇上几种住舱内设施布置。

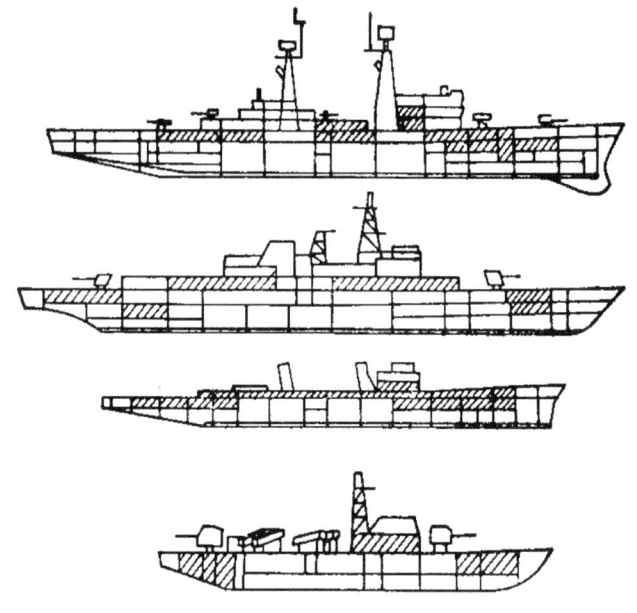

图 6-24　舰艇生活区的几种布置示意图

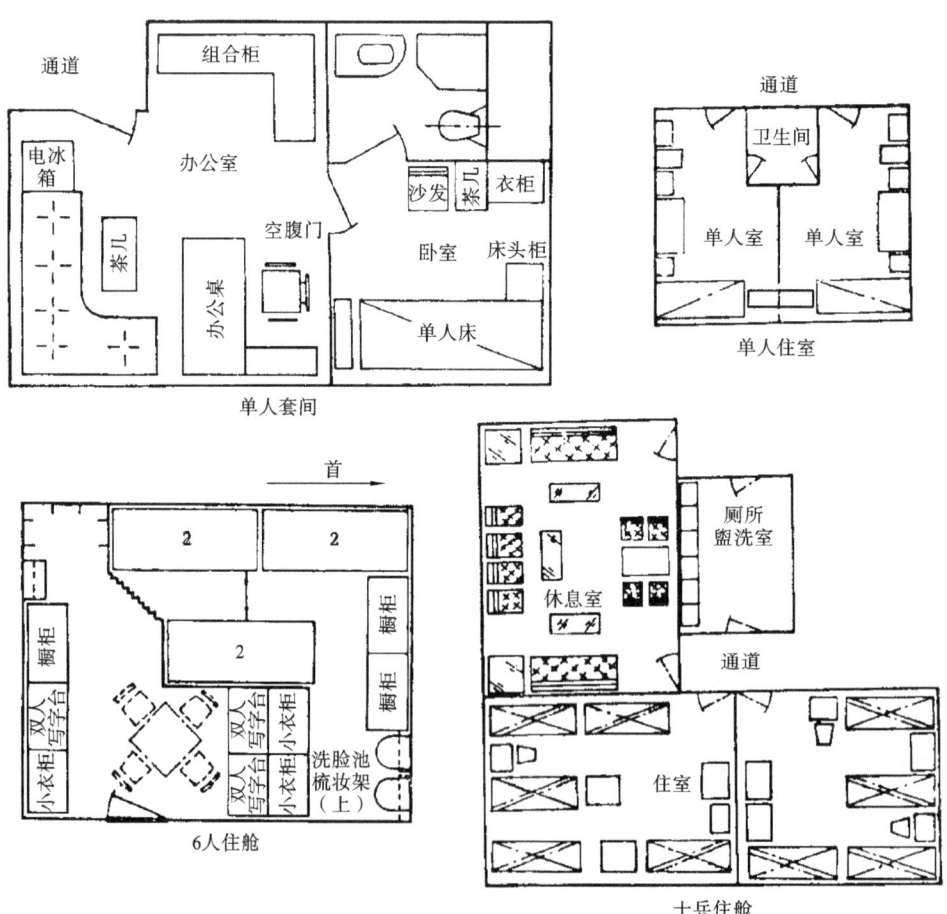

图 6-25　中型水面舰艇几种住舱内设施布置图

6.4.3　液舱和贮藏舱室的布置设计

舰艇上的液舱通常包括燃油舱、滑油舱、喷气燃料舱、淡水舱、压载水舱等。液舱通常布置在船体双层底内和舰的底部部位。

1. 液舱布置基本原则

(1) 各种液舱的数量、容积、尺度和形状应根据需要,视舰艇的具体情况确定,其大小应当适中,不宜划分得过大或过小;各种液舱的数量和分布应保证油水供应系统的生命力和管路系统简便,还应考虑在各种装载状态下舰艇的浮态平衡和稳性无过大变动;液舱横向尺寸不宜太大,以尽量减少自由液面影响,使在不对称浸水时不致有过大的横倾。

(2) 液舱的布置应尽量控制在同一个主水密舱段内,且应尽量对称布置,在不对称浸水后,不应产生过大的横倾角(如不超过 2°或稍大),此时保证舰艇推进系统正常工作使用的日用燃油舱、沉淀油舱、循环滑油舱等,不应作调整使用。驱逐舰、护卫舰及其以下级别的水面战斗舰艇可以利用各种液舱中的液体的移位来平衡舰艇的浮态,而不设专用纵、横倾平衡舱。

(3) 油、水舱一般不用作海水压载舱。需要作为海水压载舱使用的油、水舱,需专门考虑,必要时设置压载水管路系统。

(4) 液舱的通气管口和测量口不应设在生活舱、工作舱和贮藏室内。

2. 燃油舱

(1) 燃油舱总贮存量应满足舰艇研制总要求规定的续航力计算的要求。

(2) 燃油舱一般布置在舰艇底部,不得与弹药舱、淡水舱毗邻布置,必要时应设置隔离空舱,当不可避免在弹药舱底部设置燃油舱时,在使用过程中应尽量首先用完;日用燃油舱应布置在机舱区域,但不得靠舷布置;燃油沉淀舱应布置在日用燃油舱附近,容积应与日用燃油舱容积大体相当;延伸至舷部的燃油舱不宜高出水线。

(3) 护卫舰以上的舰艇上宜设置一个或数个深油舱,其容积大于燃油总贮存量的 10%。

(4) 当舰艇需接收海上补给燃油时,应设置相应的接收油舱组,其中溢油舱的容积应能容纳 3~5 min 的补给量。受油舱一般应比贮油舱、溢油舱高,以保证能在低压头情况下自流注油。在溢出或渗漏的燃油可能落于热表面而构成危险的地方,不得设置燃油舱(柜)。

3. 滑油舱(柜)

(1) 舰艇上滑油贮存舱(柜)容量应满足续航力计算的要求,并考虑一定数量更换的需要,其布置应接近机舱区域,不得靠舷布置。当舰艇上使用不同规格的滑油时,应分别设置滑油贮存舱(柜)。

(2) 循环滑油舱、滑油贮存舱、污滑油舱的容积和布置应符合规范中的规定,其数量与动力装置的配置数量相当。

(3) 滑油舱不应与弹药舱、淡水舱相邻布置,必要时可设置隔离空舱。当其不可避免与弹药舱相邻时,只允许设置污滑油舱,在使用过程中应尽量排空。

4. 喷气燃料舱(航空煤油舱)

(1) 供舰载直升机用的喷气燃料舱应靠近直升机起降平台或在机库下方的主船体内,不得靠舷布置。

(2) 如有条件,在舰艇上宜将喷气燃料舱分为贮存舱、沉淀舱和日用舱。其中,贮存舱可兼作海上补给时的受油舱,沉淀舱可兼作溢油舱,如果考虑沉淀舱兼作溢油舱,则计算喷气燃料贮存量时,应扣除溢油量。日用舱的容积应保证舰载直升机的一次供油量。沉淀舱的容积与日用舱大致相当。溢油舱容积应能容纳 3~5 min 的补给量。

(3) 对贮存闪点不大于 60 ℃(闭环)的喷气燃料的喷气燃料舱应用隔离空舱与邻舱隔开。

(4) 喷气燃料油泵舱一般应布置在机库后部靠近起降平台的区域内。从燃料舱经过油泵舱到达起降平台(或机库甲板)的喷气燃料输送管路不宜通过舰艇的其他舱室。若必须通过时,应采取相应的安全措施。

(5) 喷气燃料舱(柜)距任何热表面的距离应不小于 450 mm,管路、舱(柜)的溢流管和通气管距任何热表面的距离应不小于 450 mm,上述的热表面是指在绝缘层下温度超过 250 ℃ 的任何表面。

5. 淡水舱

(1) 淡水舱可用以贮存饮用水、洗涤水、机械用水和冲洗用水等。饮用水、洗涤水舱的总贮存量应满足全体舰员在自给力时间内所需量的要求,有条件时,应适当增加其贮存总量。

(2) 1000 t 及以上的舰艇,至少应设置两个淡水舱,并应尽量分设在前后两个区域,相互远离布置。

(3) 机械用水舱的布置应满足舰艇推进装置的使用要求。使用蒸汽推进装置的舰艇上应设置给水舱,使用柴油机推进装置的舰艇上的机械用水通常可根据其需要量,与其他淡水共用一个舱。

(4) 舰载直升机飞机冲洗用水的水舱(柜)应根据冲洗机身和发动机的需要分别设置,其容量可按在自给力天数内每天对每一架飞机冲洗一次的需要量确定,冲洗机身的淡水也可与其他淡水共用。设置专用冲洗用水舱时,宜将其布置在距起降平台较近的下方主船体内,冲洗发动机的蒸馏水柜可设在机库内。当舰上设有造水装置时,冲洗用水贮存量允许适当减少。

(5) 禁止将淡水舱和蒸馏水舱布置在机舱、反应堆舱邻近部位(机械和反应堆用水除外),或与油舱、污水舱、厕所、浴室相毗邻。不得在上述淡水舱和蒸馏水舱内穿过与其无直接关系的管路,必要时可设置隔离空舱。

6. 压载水舱

(1) 水面舰艇压载水舱根据设计需要设置,调整纵倾用的压载水舱一般应尽量布置在艏艉端部;调整横倾用的压载水舱应尽量远离中线面布置。压载水舱应尽量布置在最低的位置,任何情况下,压载水舱浸水后不得降低其稳性。

(2) 设有油水代换系统的水面舰艇,应相应设置燃油膨胀舱和燃油沉淀舱。

7. 贮藏舱室

根据舰上实际需要和可能条件,设置专用贮藏舱室或几种物资共用的贮藏舱室,但共用贮藏舱以贮存同一部门的物品为宜。对于小型艇(或船),条件不允许时,可设置贮藏柜、架等。各种贮藏室应充分利用舰艇的空间,布置在管理、使用方便的部位。

(1) 天幕贮藏舱的布置应考虑存取天幕设备方便,一般应设置在舰艇的首尾部接近天幕设置区域。

(2) 帆缆、索具、油漆贮藏舱一般应布置在舰艇的首端,并尽量与其他舱室隔开。油漆贮藏舱应有直通露天甲板的舱口,并设有机械排气通风。

(3) 被服贮藏室一般应布置在便于存取、管理,且又便于通风、防潮的部位。

(4) 救生器材贮藏室应尽量布置在破损水线以上;损管器材贮藏舱的布置应尽量接近损管战位。

（5）机械器材贮藏室、电工器材贮藏室、灯具贮藏室，一般应布置在接近修理间或机电部门的其他舱室处。灯具贮藏室可与锚机绞盘间或电工器材贮藏室合用。

（6）枪炮部门贮藏室、雷弹部门贮藏室一般应布置在便于该部门管理和使用的处所。

（7）潜水器材贮藏室（柜）应布置在适当远离热源、暴晒和潮湿的部位。

（8）三防器材贮藏室（柜）一般应布置在舰艇首、尾部上甲板上便于取用处。

（9）电子设备器材贮藏舱室一般应布置在便于所属部门管理、使用的处所，注意避免靠近热源，防止潮湿。

（10）粮食库应布置在接近厨房或便于装运保管的处所。粮食库不应与卫生舱室、油柜相邻。粮食库的布置还应与冷藏等食品贮藏室的布置综合协调。

（11）贮藏化学品和易燃、易爆气体用的专用贮藏处所及柜，应尽可能远离热源、油舱、弹药库及居住区域。对于还有其他贮藏要求的化学品，应按其特殊要求设置在合适的部位。

6.4.4　通道、门、盖、梯、窗等设计

舰艇内的所有舱室、可用处所和空舱，均应设置相应的门、舱口盖、人孔盖和可拆板，提供实际可行的最方便通道，一般应满足如下要求。

（1）舰艇上通道、门、舱口、梯的布置应便于战斗行动、人员流通、物品运送和设备搬运等各种活动的进行；由通道、门、舱口、梯等组成的流通路线应尽量短、畅通，并保证所有舱室和部位都可到达。

（2）舰艇上通道、门、舱口、梯、窗的布置应尽量紧凑，配置数量适当，在水密结构上和露天部位尽量减少门、舱口、窗的设置，如开设，应保证其水密性。

（3）门、盖、梯、窗的布置应保证安全，不应受本舰武器发射时的燃气流、炮口气浪的影响而破坏。

1. 通道

通道的布置应力求畅通、安全、实用。并应与门、舱口、梯的布置相互协调。主通道的宽度还应满足使用担架运送伤员、舰艇上接收补给品等的运送要求。水面舰艇的通道要求如下。

（1）主通道的净高度不得小于 1.9 m；上甲板或长艏楼甲板在可能时，应尽量在左、右舷各设置一条比较宽的主通道，其宽度不宜小于 1.0 m，1000 t 以上的舰艇宜大于 1.2 m，当主船体的露天甲板舷边无法设通道时，可在上层建筑内部设置通畅的内部通道；露天通道应保证人员能达到该甲板的各个部位，并可通过门、舱口、梯进入上层建筑和主船体内部；上甲板或长艏楼甲板的露天通道在前上层建筑区段时应考虑防风浪措施。

（2）在大中型水面舰艇主船体内至少设置一条内部通道，可不经露天到达除艏端舱室之外的各内部舱室和部位，该通道必须设在主船体内破损水线以上的甲板上，难以做到时，可以把上层建筑内的通道与主船体内各水密舱段间的通道连通，以形成内部通道。内部通道的宽度，单行路线应不小于 0.7 m，主通道或双行路线通道不宜小于 1.0 m。

（3）通向冷藏库、干粮库的通道应与居住舱室隔开。

（4）吊用维修设备所用的各层甲板之间的通道应尽量对准。

（5）通道的布置应保证舰艇生命力和三防能力不受损害。

图 6-26 所示为通道的几种形式。

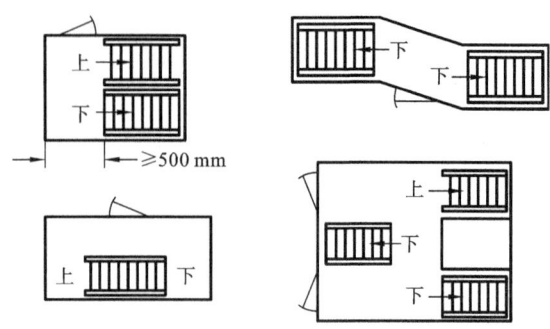

图 6-26　通道的几种形式

2. 盖和梯

（1）人员上下较多的梯子应尽量采用斜梯。人员上下较少的通往各贮藏室、下层舱室及备用出入口等的梯子可采用直梯或蚂蟥钉梯；上层建筑侧壁上宜采用直梯或蚂蟥钉梯。

（2）各个水密舱段内，每层甲板应至少布置一个舱口和梯，形成各层甲板之间的垂直通道。对底部主要舱室，必要时应设垂向围壁通道。

（3）应尽量少设露天舱口，舱口如果必须布置在露天，则宜考虑布置在易于防风、防浪的地方，并且其舱口盖开启方向应向舰首；如有需要，可设置通道罩，通道罩的门应设置在其后壁或侧壁上。

（4）舱口和梯的布置应尽量紧凑，当在上下两层甲板上重叠布置斜梯与舱口盖时，应便于人员的上下行动、舱口盖的开启和安装，上下舱口的位置宜错开一定距离，上、下两层甲板上安装直梯的舱口，一般不宜重叠布置，当必须这样布置时，应采取必要的安全措施。

（5）斜梯应尽量沿舰艇首尾方向布置。

（6）每个液舱应至少设置两个人孔盖，并宜呈对角布置；当其长度超过 6 m 时，应增设人孔盖。小的液舱柜，在不影响通风和施工条件下，可设置一个人孔盖。

（7）2500 t 及以上的舰艇应至少设置一个斜舷梯，通常布置在右舷，1000 t 以下舰艇可采用悬挂式直梯代替舷梯。

（8）露天舱口的位置应尽量靠近中线面，并应避开主要构架。

3. 门

（1）主横舱壁上设置的水密门应尽量靠近中线面布置，在艏艉端部的横舱壁上的门的开启方向，艏部的应向首开，艉部的应向尾开。

（2）主横舱壁上由要求的不沉性所确定的破损水线之下部分，原则上不准设门。在防撞舱壁上的破损水线之下部分严禁设门。

（3）所有露天场所的外门开启方向在纵壁上的均应向首；横壁上的门，位于左侧的开向左舷，位于右侧的开向右舷。上层建筑和主船体内部舱室的门，一般向舱室内开。

4. 窗

（1）舰艇上应根据采光、通风、观察的需要设置舷窗、方窗和天窗。

（2）有三防要求的舰艇，应尽量不设或少设舷窗和方窗。主、辅机舱的主船体上严禁设置舷窗。

（3）在主船体上的舷窗，其窗槛下缘连线的最低点应在舰艇破损水线以上。作逃生使用的舷窗，其透光尺寸不应小于 $\phi 350$ mm。

（4）在上甲板上的厨房顶板上宜开设天窗。在较小型舰艇上，如有必要，在机舱顶板上也可开设天窗。

（5）小型舰艇上的某些居住舱、工作舱、通道等，可以设置菱形甲板窗。

5. 应急脱险通道

1）机舱处所的脱险通道

脱险通道的设计应满足规范要求。每个主机舱应设置两个脱险通道，设两部尽可能远离的钢梯，通至该处所上部同样远离的门，从该门通至开敞甲板设置通道。一般其中一部钢梯从该处所的下部（此处设有一扇自闭钢门）至该处所的安全地点设置连续的钢质防火遮蔽，称之为应急通道。或者设一部钢梯通至该处所上部的门，从该门至开敞甲板设置通道。此外，从该处所的下部远离上述钢梯的另一地点再设置一个可以从两面操纵的钢门，该钢门作为从该处所下部通往开敞甲板的安全应急脱险通道。除机舱外的其他机器处所，其脱险通道的设置可根据该处所的性质、位置以及舰员使用情况等因素来确定。

2）工作和起居处所的脱险通道

每个容纳 10 人或 10 人以上有人工作的要害舱室和每个容纳 21 人或 21 人以上的居住舱和工作舱，均应设置两个出口，作为相互远离的脱险通道。这两个脱险通道应符合以下要求：

（1）在最低的开敞甲板以下的处所，主要脱险通道应是梯道，另一个可以是围壁通道或梯道；

（2）在最低的开敞甲板以上的处所，脱险通道应是通往开敞甲板的门或梯道，或者是这两者的结合。

6. 拆卸线路

总布置设计除考虑正常通道和应急通道外，还应考虑设备从其安装部位拆卸下来并移至舰上修理间或搬出舰外修理的拆卸线路，该拆卸线路应根据大于门、舱盖的设备清单和布置部位、通道的尺寸来确定。

复习思考题

1. 为什么说总布置设计是舰艇设计中极为重要的环节？
2. 总布置设计有哪些主要内容？
3. 总布置设计有哪些要求？
4. 主舰体有几种外形？各有什么特点？
5. 甲板室和桥楼各有几种形式？
6. 中型水面舰艇舱室区划有什么规律性？
7. 武器装备的布置有哪些要求？
8. 导弹垂直发射装置有哪些优点？
9. 弹药舱的布置有哪些要求？
10. 直升机机库有几种形式？各有什么特点？
11. 机舱布置有哪些要求？
12. 布置推进器时应考虑哪些因素？
13. 雷达天线的布置有哪些要求？
14. 水声设备的布置应注意哪些问题？

15. 指挥台的布置有哪些要求？

16. 从总布置上如何改善舰艇的居住性？

17. 液舱一般布置在舰艇的哪个部位？有什么特殊要求？

18. 双层底有什么作用？应根据哪些因素来确定双层底的高度？

19. 桅杆有几种形式？各有什么优缺点？

20. 通道与梯的布置应遵循哪些原则？

第2篇 潜艇总体技术

第7章 潜艇总体技术绪论

7.1 潜艇概述

潜艇以其独特的隐蔽性、突击力强、机动性好和自持力长等优势,受到世界各国海军的青睐。本节主要介绍潜艇的基本概念、发展简史以及现代潜艇的主要特点。

7.1.1 潜艇基本概念

潜艇也称潜水艇,是一种既能在水面,又能在水下一定深度长时间地远离自己的基地进行航行、停留、作战的战斗舰艇。

潜艇作为海军的一种主战装备,本身就是一个由执行相应功能的各种部件、设备、系统/分系统组成的武器装备大系统,也是现代武器库中威力最大最有效的武器装备之一。从工程技术角度,潜艇又是一座反映其所处时代科学技术成就的极其复杂的水中工程建筑物。它的出现,将传统的海战由水面延伸至水下,从而赋予了海洋战争立体化、隐身化等新特点。

潜艇为了获得所要求的使用特性,达到作战使用需求,必须具有一定的几何尺度和排水体积,形成一定的空间和浮力,以容纳和支撑各种负载(包括各种系统/分系统、设备、部件、人员、武备、艇体重量(指质量,下同)等);必须具有适当的建筑形式和合理的总体布置,以优化使用艇上有限的容积,最有效地发挥各系统、设备等的使用效能;必须具有坚固的艇体结构,以保证使用和航行安全;必须具有优良的总体性能(包括使用性能和航行性能),以保证潜艇完成各种任务。这一切的综合集成,构成了潜艇的整体,并随着潜艇设计、生产和使用的实践,逐步导出了潜艇总体和潜艇总体技术的概念、理论及相应的方法,使之成为一门反映潜艇特点的专业化的工程科学技术——潜艇工程技术。

现代潜艇是由艇体及振动噪声控制、操纵、动力、作战、导航、探测、通信、水声对抗、信息、保障等系统/分系统及相应的各种设备、部件等有机组成的极其复杂的工程系统。

潜艇的艇体结构由耐压艇体和非耐压艇体两部分组成。耐压艇体内部的有限空间,根据不同用途划分成若干互不干扰的舱段,如指挥舱、鱼雷舱、导弹舱、柴油机(柴油发电机组)舱、蓄电池舱、核反应堆舱、汽轮机(汽轮发电机组)舱、电机舱等。耐压艇体内、外设置有主压载水舱、燃油舱、淡水舱、调整水舱、纵倾平衡水舱和其他各种用途的液舱。在非耐压艇体区域内不仅布置有舷间结构、艏艉端结构和上层建筑、指挥室围壳结构,还布置有各种设备、管系、电缆、高压气瓶、各类升降装置、方向舵、艏艉升降舵、稳定翼及舵装置等。

　　潜艇是通过对主压载水舱的注排水改变艇的重量而实现下潜、上浮的,即通过消除或恢复艇的储备浮力实现潜浮,形成水下、水上两种基本状态。潜艇一般采用自流注水和压缩空气排水的方法对局部或全部主压载水舱实施注排水。潜艇通过在其艉部垂直设置的方向舵和艏、艉部水平设置的各一对升降舵实现改变航行方向和航行深度的操纵;通过特设的调整水舱和纵倾平衡水舱的调节来均衡其在水中的状态。

　　潜艇通过其动力系统驱动推进器(如螺旋桨、泵喷推进器等)而做各种工况的航行运动。

　　潜艇有着漫长的发展史。它是历经数百年的酝酿,并在近代迅速发展起来的一种新型水下舰艇。

　　人类跨入 21 世纪,随着世界新技术革命的到来,各种高新技术的出现和应用正推动着潜艇的内涵不断扩展,系统组成不断更新,品种推陈出新,战技性能长足提高,使命用途更趋广泛,促使着潜艇技术日新月异、永不停息地发展。

　　纵观当今世界,凡是有领海的国家和地区,不论大小,都在竞相发展或相继采购、装备潜艇。据有关资料统计,世界上拥有潜艇的国家已超过 45 个,现役的各类潜艇共有 610 多艘,其中核潜艇约 150 艘,常规潜艇约 460 艘。各国、各地区的海军之所以对潜艇如此重视,主要是因为潜艇具有比水面舰艇更优越的特性和在历次战争中都取得了赫赫战果。

7.1.2　潜艇发展简史

　　潜艇有着漫长的发展历史。至今,它大致已历经了"幻想探索构想阶段""雏形问世发展阶段"和"现代潜艇发展阶段"。

1. 幻想探索构想阶段

　　蔚蓝色的海洋,广阔无垠,深奥无限。从古至今,面对这神秘莫测的海洋世界,人类产生了美妙的幻想,唤起人们探索大海、征服海洋的渴望。我国著名小说《西游记》、法国著名小说《海底两万里》就是其中的代表作。在《西游记》中,作者笔下的孙悟空能使用避水法,潜入东海龙宫,从东海龙王那里借来了神奇的金箍棒;在《海底两万里》中,作者描写了一艘取名为"鹦鹉螺"号的潜艇,在水下航行两万里的种种经历和惊险。而两千多年前,马其顿国王亚力山大大帝命令制作玻璃桶,并横卧其中在海底几天几夜饱览海中的美景;历史上记载的蛙人(现称潜水员)与大海搏斗的事例(如公元前 415 年的自由潜水员希拉丘萨);有人将渔船改装成能上浮下潜表演的娱乐船和能潜浮的潜水钟(如公元前 330 年由亚里斯发明的潜水钟)等,均反映了人类渴望探秘大海、征服大海的实践行动。

　　人类通过不断地探索、实践,不仅发现了潜艇下潜上浮的原理,而且制造出能在水中潜浮的船只。但是,这些船只是一些罐状、圆筒状等特种形状的容器,没有自航能力、武备等,均还不是真正的潜艇雏形,而是处于构想、探索阶段。然而,人类就是通过不懈地探索、发现、创造、实践,才不断地谱写出潜艇发展的诱人乐章。

2. 雏形问世发展阶段

　　在漫长探索的基础上,随着科技的进步、战争的需求,人们加速了对潜艇的研发、制造。

　　据历史记载,意大利人伦纳德于 1500 年提出了《水下航行船体结构》的理论;1578 年,英国人威廉·伯恩出版了一本潜艇理论的著作——《发明》。他们虽然没有制造潜艇,但他们的理论给后人以很大启示。

　　1620 年,荷兰物理学家科尼利厄斯·德雷贝尔成功地研发并制造出一艘能潜入水下,并可在水下航行的潜水船——被称为"隐蔽的鳗鱼"的桨式潜水船。该船船体为木质的,其外覆盖涂油牛皮,其内装有可作为压载水柜的羊皮囊、布置有多根从船内伸出的木桨,可载 12 人,能下潜 5 m。水手划木桨,船便会在水下运动。德雷贝尔的潜水船可以说是潜艇的雏形,标志着世界第一艘"真正"的和具有实用性的潜艇问世,故人们给他冠以"潜艇之父"的声誉。图7-1展示的是绘于 18 世纪的德雷贝尔潜艇图。

图 7-1 绘于 18 世纪的德雷贝尔潜艇图

在其之后,1776 年美国耶鲁大学毕业的青年戴维特·布什内尔制造了取名"海龟"号的潜艇;1800 年爱尔兰裔美国人罗伯特·富尔顿制造了名为"鹦鹉螺"号的潜艇;1863 年美国人霍勒斯·亨莱设计、制造了命名为"亨莱"号的潜艇,布古安发明了"普朗戈尔"号潜艇等。这些潜艇都是利用人力推进且被用作试图对当时被英国封锁和占领的港口进行偷袭的军事斗争武器。这些潜艇的技术是逐步得到提高的,如"海龟"号(见图 7-2)已装备了简易的通气管,设置了压载水舱,利用压铁抗沉,设立了水平和垂直两个方向的螺旋桨;"鹦鹉螺"号设计了"指挥塔",携带了压缩空气,首次设置了水平舵和使用水雷作武器,水面用风帆推动,水下和无风时用人力转动螺旋桨航行;"亨莱"号(见图 7-3)的特点是船体用铁制作,首次使用鱼雷作武器,但其纵向稳定性差。此问题后来由法国发明家德桑在 19 世纪 80 年代通过在其建造的潜艇上设置纵倾平衡水舱得到解决。

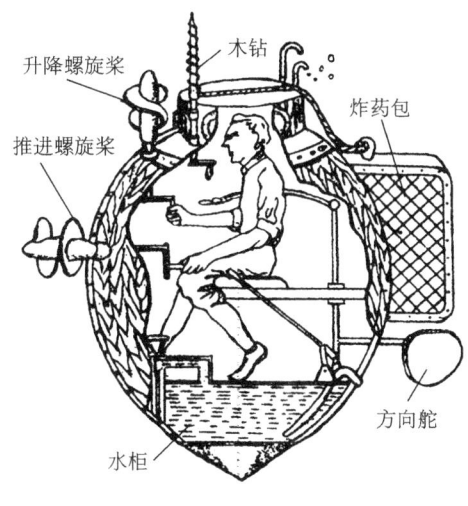

图 7-2 "海龟"号潜艇

图 7-3 "亨莱"号潜艇

据一本名为《益闻录》的书记载,中国曾于 1880 年 9 月由天津机器局设计、建造了一艘技术水平与当时美国的"亨莱"号潜艇相近的潜艇。

潜艇发展至 19 世纪末期,虽然存在仍由人力推动、速度太慢等不足,但潜艇技术的不断提高为现代潜艇的诞生奠定了基础。

3. 现代潜艇发展阶段——五个里程碑

随着蒸汽机、蓄电池、电动机等新技术的出现和应用,加上潜艇设计者不懈努力,促使潜艇技术快速进步,终于在 20 世纪初诞生了现代潜艇。现代潜艇从诞生至今历经百年沧桑,伴随着时代的变迁、战争的洗礼、科技的进步,以下述五型潜艇为代表,在其发展历程中树下五个里程碑。

1) 现代潜艇发展史上的第一个里程碑——"霍兰"号潜艇

1863 年法国建成了一艘装备一部功率约为 60 kW 的压缩空气发动机作动力的"潜水员"号潜艇;1886 年英国建造了一艘使用蓄电池为推进动力的也取名"鹦鹉螺"号的潜艇(水下航速可达 6 kn,续航力达 80 n mile);1893 年,法国人古斯塔夫·齐德负责建造的"古斯塔夫·齐德"号潜艇采用电动机带动螺旋桨获得成功。这表明潜艇的动力装置已发生了质的变革,从此电动潜艇出现。

然而,电动潜艇仍存在水下充电能力、水下稳定性差等问题,此问题后被爱尔兰人约翰·霍兰解决。约翰·霍兰借鉴前人研发潜艇的成果,坚韧不拔,不怕失败,在前后研究、设计、建造了技术水平不断提高的五艘潜艇("霍兰 1"号～"霍兰 5"号)基础上,1897 年 5 月,终于成功地研制出世界上第一艘现代潜艇——"霍兰 6"号,人们将其称为"霍兰"号(见图 7-4)。

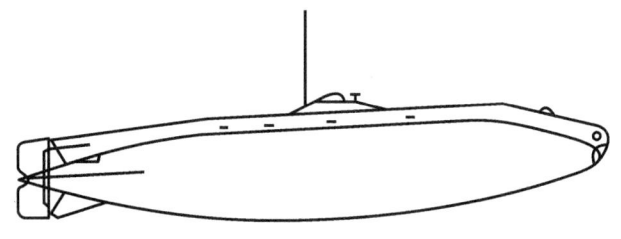

图 7-4　"霍兰"号潜艇外形

该艇长约 15 m,水上航速约 7 kn,续航力约 1000 n mile,水下航速可达约 5 kn,续航力约 50 n mile。技术特征如下:采用双推进系统;水面以汽油发动机、水下以蓄电池电动机作动力;艇部布置一具鱼雷发射管;安装了升降舵;采用较小的上层建筑等。由此,较好地解决了纵向稳定性、深度保持、潜浮问题,实现了鱼雷和潜艇的结合,减小了潜艇的阻力等。

"霍兰"号潜艇以其自身特点成为现代潜艇的先驱,标志着现代潜艇的诞生,被列为现代潜艇设计、发展史上的第一个里程碑。鉴于约翰·霍兰对现代潜艇发展所做的突出贡献,他被誉为"现代潜艇之父"。

几乎与约翰·霍兰同时代,美国人西蒙·莱克成功制造了最早的双层壳体潜艇(也有人提出是法国人芬贝夫于 1899 年制造的"纳维尔"号潜艇或罗伯夫设计的"一角鲸"号潜艇率先采用了双层壳体结构)。这种双层壳体的设计思想影响其后数十年的潜艇设计。

随着人们逐渐认识到潜艇将成为一种具有潜在威慑力的武器,从 19 世纪最后十年至第一次世界大战爆发,潜艇得到飞速发展。如英国 1909 年建成了 D 级潜艇,随后相继建造了 A级、B 级、C 级潜艇;俄国于 1903 年建造了"海豚"型潜艇;德国建成了"日耳曼"改进型潜艇——著名的 U 型潜艇;法国在 1888 年建成的"电鳗"号潜艇基础上,至 1904 年设计建造了各种型号的潜艇 42 艘;日本在采购美国"霍兰"号、英国 C 级潜艇基础上,从 1917 年先后自行设计建造了"海中""特中"型潜艇。这不仅使世界各主要海军强国基本都建立了一支潜艇部队,而且推动了潜艇技术的更快发展,并摸索出了一套有关潜艇部队训练和作战使用的方法。

2）现代潜艇发展史上的第二个里程碑——U-XXI 型潜艇

随着第一次世界大战的爆发,潜艇在大战中的作用日趋突显。德国在潜艇研发、制造方面做出了令人瞩目的努力,从 1909 年建造 20 艘 U-3 型潜艇到设计建造 U-23 型潜艇,进而成功研制 U-35 型潜艇。U-35 型潜艇因受当时水下能源制约,加上当时反潜技术不高,设计思想转向以水面航行性能为主,成为一型代表当时先进技术水平的潜艇,并在第一次世界大战中取得卓越战绩。U-35 型潜艇的战果向世界表明,潜艇已成为海上军事斗争的一种强有力的武器。由此,激发了世界各国海军在第一次世界大战后加速研发潜艇,并在第二次世界大战中再显威力。同时,战争的需求,特别是反潜技术和反潜方法的发展,促使潜艇设计观念更新——由追求以水面航行性能为主逐步转向以水下航行性能为主,竞相采用新技术,把当时的潜艇技术朝着现代化方向推进了一大步。其中德国在 1943 到 1945 年 4 月设计、建造的 U-XXI 型潜艇就是当时众多先进潜艇的杰出代表(见图 7-5)。

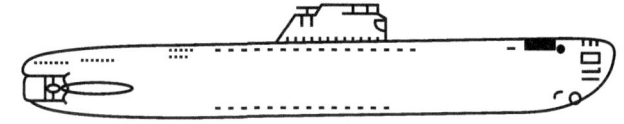

图 7-5　U-XXI 型潜艇外形

该型潜艇主尺度为 76.7 m×6.6 m×6.3 m,水上正常排水量为 1621 t,水下排水量为 1819 t;双轴推进,推进器为三叶螺旋桨,极限下潜深度达 270 m,工作深度为 225 m。

U-XXI 型潜艇具有鲜明而突出的特点,主要有:

（1）采用的型线是水下阻力最小的流线形——世界上首艘流线形潜艇;

（2）首次实现了水下航速(17.5 kn)高于水面航速(15.5 kn);

（3）装载了三组蓄电池(每组有 124 块大容量电池),使该型潜艇具有了前所未有的长时间、远距离和高航速的水下活动能力;

（4）装备了先进的通气管装置,实现了在水下状态为艇上的蓄电池充电(充电时航速仍可达 5～6 kn)——体现了潜艇向以水下活动为主的真正潜艇跨进了一大步;

（5）革新建造工艺和模式,采取了分段(总段)建造模式,创造了一种批量建造模式,可以说,它也是最早实行模块化建造的一型潜艇。

另外,U-XXI 型潜艇为减少阻力大幅度减少艇体外表面上的附体及附属结构,取消了锚装置;采用双壳体结构,中间部分采用“8”字形耐压体结构(为布置蓄电池),首次采用内、外肋骨结合的结构加强形式;布置 6 具鱼水雷共用发射装置,携雷量多达 23 枚;应用低速推进电机(水下最高航速时的转速为 330 r/min),客观上降低了噪声等,都体现了其采用新技术、力求性能先进的特征。

U-XXI 型潜艇从 1943 年开始建造,至 1945 年 4 月德国投降之前,共建造了 119 艘(但因艇上的油压系统问题,该型潜艇迟迟无法投入使用,直至 1945 年 4 月其首制艇 U-2311 号艇才投入使用)。由于该型潜艇的出色性能引起了各国的高度重视,故而在德国投降后,苏、美、英、法等国瓜分了这 119 艘 U-XXI 型潜艇,并成为世界各国战后发展潜艇的重要借鉴。

苏联研发的“33”(R 级)型、美国研发的“加皮”型、英国研发的“海豚”级和“奥白龙”级潜艇等,都融汇了 U-XXI 型潜艇的特点。其中“海豚”级和“奥白龙”级两型潜艇还在着重提高水下续航力的同时,将安静型设计列为总体设计的重点,展示了战后潜艇在减振降噪方面的进步。

有鉴于此,U-XXI 型潜艇被公认为现代潜艇发展史上的第二个里程碑。

3）现代潜艇发展史上的第三个里程碑——"大青花鱼"号潜艇

二战之后,各海军强国均对潜艇水下航行性能展开了深入研究。其中,美国在借鉴 U-XXI 型潜艇性能特点基础上,在该技术领域取得显著成果。1948 年初,美海军潜艇作战部队副司令 C. B. 莫姆森海军少将提出了"建造一艘具有最佳水下性能的战后潜艇"的建议,得到美海军认可之后,组织有关专家进行研究、试验。经大量理论研究、计算和在大卫·泰勒水池进行27 个系列试验模型的系列试验后,最终确定了水下高速潜艇的最佳型线——水滴形艇体型线,并决定建造一艘采用水滴形型线的试验性潜艇——"大青花鱼"(AGSS-569)号潜艇(见图 7-6)。

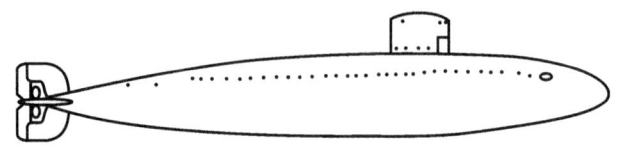

图 7-6　"大青花鱼"号潜艇

"大青花鱼"号试验潜艇主尺度为 62.2 m×8.2 m×5.6 m,水上正常排水量为 1516 t,水下排水量为 1837 t,长宽比为 7.72;单轴单桨;采用双壳体结构,耐压体采用新研制的 HY-80型低碳高强度钢,肋骨和轻外壳则用普通高强度钢;艏水平舵布置在水线以上,采用收推式结构;装备了两组蓄电池(每组 252 块电池);抗沉性能满足一舱不沉制,并设有艏、艉逃生舱。

该艇于 1952 年 3 月 15 日在朴次茅斯海军造船厂开工建造,1953 年 8 月 1 日下水,同年12 月 5 日完工;随后,先后进行了五个阶段的大量试验;1972 年 9 月 1 日退役。

"大青花鱼"号试验潜艇在现代潜艇发展史上,首次采用水滴形型线及单轴单桨(五叶螺旋桨),水下航速达 33 kn,验证了回转艇型、单轴单桨的实用性;首次应用 HY-80 型钢材,验证了其用于潜艇的适用性;试验确定了艉操纵面呈"十"字形并布置在螺旋桨之前;验证了潜用数字式多波束扫描声呐和拖曳声呐的有效性,等等。该艇所取得的一系列出色成果,对美国乃至世界各国海军潜艇的设计和发展,都产生了深远而广泛的影响,成为现代潜艇发展史上的第三个里程碑。

"大青花鱼"号研制和试验成功之后,美国成功研制"长须颌鱼"号水滴形常规潜艇;荷兰引入其技术研制成了"旗鱼"级潜艇;英国借鉴其技术用"支持者"级常规潜艇替代了"奥白龙"级和"海豚"级潜艇。

4）现代潜艇发展史上的第四个里程碑——"鹦鹉螺"号核潜艇

美国海军为提升潜艇的水下连续潜航续航力和验证压水型核反应堆在潜艇推进方面的适应性,几乎与研制"大青花鱼"号潜艇同步,对核动力应用于潜艇进行了科学、系统的研究,并于1954 年成功研制世界上第一艘核潜艇——"鹦鹉螺"(SSN-571)号核动力潜艇(见图 7-7)。

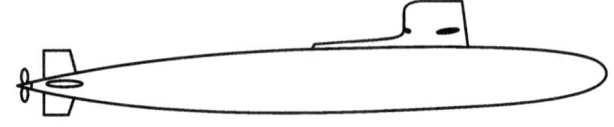

图 7-7　美国攻击型核潜艇外形

核动力被成功应用于潜艇,主要应归功于波兰裔美国科学家海曼·乔治·里科弗。在德国化学家奥托·哈恩、美国物理学家罗斯·冈恩等研究原子能及将其应用于舰艇推进动力的建议启发下,特别是 1945 年美国在日本广岛、长崎投放原子弹之后,里科弗敏锐地意识到,把核动力应用于潜艇将会发生巨大的技术革命。鉴于此,里科弗向美海军提出了研制核潜艇的建议。在经过多番波折之后,美海军同意了他的建议,并于 1948 年 5 月 1 日,美国原子能委员会和海军联合对内宣布建造一艘核潜艇的决定,里科弗被任命为核动力潜艇工程总工程师。

随后,在里科弗坚持提议下,形成了"最佳"的核动力装置方案,建成"陆上潜艇机舱"(实为陆上模拟堆舱)、小型试验潜艇等,通过进行一系列严格的试验,并取得成功后,才于 1952 年 6 月 14 日举行了"鹦鹉螺"号铺设龙骨仪式;1954 年 1 月 21 日下水,同年年底全部竣工;1955 年 1 月 17 日进行首次试航;1957 年进行了三次北冰洋试验性探险;1958 年 5 月 25 日至 8 月,完成了具有重大意义的首次从水下穿越北冰洋的试验。

"鹦鹉螺"号核潜艇长 90 m,水面排水量 3530 t,平均航速 20 kn,最大航速 23.3 kn(有资料称为 25 kn),最大潜深为 150 m;外形呈流线形,艇体外壳厚实;装备的核动力装置约占据艇长的 1/2,并备有一套常规潜艇的动力装置,在水下可以最大航速航行 50 天,全程约 3 万海里,无须添加任何燃料。

"鹦鹉螺"号核潜艇研制成功,开创了舰艇核动力革命的新纪元,不仅对潜艇技术发展具有巨大的推动作用,而且推动了核动力水面舰艇的发展,其成为现代潜艇发展史上的一颗耀眼的明珠——第四个里程碑,由此也体现出美国海军在战后潜艇发展过程中所具有的创造力和勇气。鉴于海曼·乔治·里科弗对核潜艇发展所做的伟大贡献,他被人们誉为美国的"核潜艇之父"。

美国海军在"大青花鱼"号和"鹦鹉螺"号潜艇研制成功之后,将水滴形型线和核动力推进装置成功地进行集成,又研制出具有高技术水平的攻击型核潜艇——"鲣鱼"号。其特点主要有:首次将水滴形型线与大直径五叶螺旋桨相结合,最大航速高达 28.3 kn;首次采用 S5W 型紧凑型压水核反应堆;首次采用围壳舵;首次在舱内采用多层甲板分隔布置。

鉴于"鲣鱼"级核潜艇在总体设计和实用方面取得的成功及其优异的性能,美国海军做出决定,自此之后建造的潜艇全部采用核动力和水滴形型线。因此,如果说"鹦鹉螺"号核潜艇在核动力推进方面具有开创意义,那么,"鲣鱼"级核潜艇则是具有实用性的高速核潜艇的原始母型,它为美国海军核潜艇的发展奠定了重要基础,指明了发展方向,也为其他海军强国所借鉴。

在此之后,美海军又将弹道导弹与核动力潜艇相结合,研究了弹道导弹核潜艇(如"俄亥俄"级);将巡航导弹等战术武器装备于核潜艇,形成攻击型核潜艇(如"海狼"级),并在减振降噪方面取得了令人瞩目的成就(如"弗吉尼亚"级)。随之,苏联、英、法、中国等国也相继发展了自己的弹道导弹核潜艇和攻击型核潜艇,在潜艇减振降噪方面做出了巨大努力,也取得了丰硕成果,特别是苏联(俄罗斯)。

5) 现代潜艇发展史上的第五个里程碑——"哥特兰"号潜艇

常规潜艇因具有吨位和主尺度小、噪声和目标强度低、机动性好、造价低廉以及适于沿海、浅海、沿岸中近海活动等优势,仍受到世界大多数国家海军的重视。但常规潜艇也有其弱势,最主要的弱势是因蓄电池容量有限,水下连续潜航续航力短,需要定时浮至接近水面的通气管航态充电,易于暴露。为了提高常规潜艇的水下连续潜航续航力,降低暴露率,人们曾做过各种努力,进行了多种途径的探索,已成功研制出多种不依赖空气的动力装置 AIP 系统,并相继应用于常规潜艇。其中,瑞典于 1996 年研制成功的装备斯特林发动机(SE/AIP)的"哥特兰"号潜艇,是世界上第一艘成功应用 AIP 的常规潜艇。

瑞典的考库姆公司一直致力于研究把斯特林发动机作为 AIP 应用于潜艇上,1985 年年初,斯特林发动机已达到实用阶段;1987 年 11 月,将装有 2 台 V4-275R 型斯特林发动机(每台输出功率为 75 kW)、控制系统及 2 个液氧罐的全长 6 m 的舱段,改装到 A14 级的首艇"水怪"号上;改装后的"水怪"号于 1988 年 9 月下水,同年 11 月开始试航,获得令人满意的结果;1989 年 4 月,"水怪"号重新服役,其水下连续潜航时间已可达 14 天。

受到"水怪"号改装成功的鼓舞,考库姆公司决定在新研制的"哥特兰"级常规潜艇上也采用 SE/AIP。"哥特兰"级首艇(瑞典国王卡尔·古斯塔十六世给其命名为"哥特兰"号)于 1992 年 11 月 20 日开工建造,1995 年 2 月 2 日下水,1996 年服役,表明第二次世界大战后第一艘非核动力的 AIP 潜艇研制成功。

"哥特兰"号水上排水量 1240 t,水下排水量 1490 t;装备 2 台 V4-275RMKII 型斯特林发动机(额定输出功率 65 kW),2 台柴电机组,1 台主推进电机;SE/AIP 在低速航行时使用,高速时(水下可达 20 kn)仍用艇上蓄电池的能量推进潜艇;水下连续潜航时间也可达 14 天。

装备 SE/AIP 系统的"哥特兰"号潜艇研制成功,标志着第二次世界大战后常规动力潜艇技术取得了具有历史意义的突破性进展。它是世界上第一艘装备 AIP 系统获得成功的常规潜艇,为常规潜艇的发展指明了方向,做出了榜样。人们无可非议地将"哥特兰"号潜艇列为现代潜艇发展史上的又一颗闪烁着光芒的明珠——第五个里程碑。

"哥特兰"号潜艇应用 SE/AIP 的成功,促进了其他 AIP 系统也相继研制成功,并得到实用,如德国将燃料电池应用于"212"和"214"型潜艇,荷兰将闭式循环柴油机(CCD/AIP)应用于"海鳝"级潜艇,法国将闭式循环涡轮机(CCT/AIP)应用于"阿戈斯塔 90B"型潜艇,俄罗斯将低功率小型核动力装置(LLNP/AIP)应用于"K-58"号(J 级-651 型)潜艇等。

常规潜艇 AIP 化已成为未来常规潜艇的发展方向,成为常规潜艇的主要技术特征之一。随着科技的发展和未来作战的需求,现已研制成功的 AIP 的性能会不断提高,而新型的 AIP 将会不断出现(如锂离子动力电池等),并将得到应用。

现代潜艇从"霍兰"号潜艇发展到"鹦鹉螺"号核潜艇,再到"哥特兰"号常规潜艇,已历经约一百年。在这期间,潜艇技术和装备得到不断提高、发展,而在某些方面也呈现了一种周而复始式的循环,如潜艇总体设计观念,从早期以"霍兰"号为代表特别注重水下性能,到第一次世界大战之后的潜艇(如 U-35 型)因受水下能源的限制和反潜威胁不突出,设计的重点转而追求以水面性能为主,到第二次世界大战后期,因反潜威胁剧增和新技术的出现,以 U-XXI 型潜艇为代表又追求以水下性能为主,并一直沿至今日,还将沿至未来。

人类进入 21 世纪,随着新型核动力、高性能 AIP、隐身技术、信息技术、探测技术、新材料、新型武器、低噪声高性能设备等现代高新技术、新装备及新军事理论的创新发展、涌现和应用,不仅促使核潜艇、常规潜艇出现前所未有的发展势头,不断更新换代,而且将使未来潜艇具有总体优化、隐身化、指控信息化、武备精远化、动力装置高比功率化、用途多样化、大潜深、改换装适易性强、可承受性好等鲜明特征。潜艇装备和技术的发展又牵引和催促着潜艇工程技术这门古老而又注入现代技术内涵的学科,使之内涵不断拓展,组成不断更新,发展永不停息。

7.1.3　现代潜艇的主要特点

现代潜艇与其他舰种相比具有如下主要特点。

1)隐蔽性优

现代潜艇由于自身采用了各种有效的隐身技术,并借以占地球表面积 71% 的海洋提供的极为有利的隐蔽活动的天然幕障,一般的探测器材对潜艇是难以奏效的,即使利用声呐对潜艇进行探测,也因海洋提供的自然干扰和海杂波的影响,其探测距离受到限制,故而潜艇具有优良而独特的隐蔽性。这也是现代潜艇有别于其他舰种最主要的特征。

2) 续航力大

现代潜艇有着足够大的续航力,现代常规动力潜艇的通气管航态续航力有的已达 10000 n mile,水下连续潜航续航力也因应用不依赖空气的动力装置(AIP 技术)而提高至 1500～2000 n mile(若采用低温低功率小核堆 AIP 系统,按自持力 60 天计可超过 10000 n mile);核动力潜艇则是以无限的水下潜航续航力而闻名遐迩。续航力大,作战半径就大,而水下连续潜航续航力大则为潜艇隐蔽活动提供了又一保证。由此,现代潜艇可以远离基地,在较长的时间和广阔的水域里进行活动,并可深入敌人的近海岸水域实施作战。

3) 自持力久

现代潜艇的自持力已有了很大的提高,常规动力潜艇的自持力已达 45～60 天;核动力潜艇的自持力更强,一般为 90 天,从理论上讲,只要艇员的体力和精力能支持,几乎是无限的。自持力久为现代潜艇远离基地、长时间在水下活动提供了保证条件。

4) 机动性好

现代潜艇有较高的航速、良好的操纵性、可靠的潜浮系统和动力装置等,加之续航力大、自持力久,不仅使潜艇可以安全自如地进行上浮下潜、变深变向、定深定向、空间旋回等战术机动,而且能使潜艇灵便迅速地停靠、驶离基地,长时间隐蔽活动,安全地进出曲折狭窄的海湾航道,深入敌方近岸进行作战、侦察活动。机动性好是现代潜艇有别于其他舰种的又一主要特征。

5) 独立作战能力强

现代潜艇携带武器的种类、数量较多,加上自持力久,又潜航于水下,隐蔽性优、机动性好,因而具有较强的独立作战能力,既可单艇作战,也可多艇作战,还可与其他兵力(水面舰艇、航空兵等)联合作战。现代潜艇一般以单艇远离基地在敌方海上交通线上或敌基地港口实施独立作战。

6) 突击威力强

现代潜艇由于隐蔽性优、自持力久、续航力大、机动性好、独立作战能力强,能进行水下发射鱼雷、导弹等武器,具有很强的突击威力,因此在当代军事斗争中具有很强的威慑(核威慑及常规威慑)能力。

潜艇与世界上的任何事物一样,有优点也有缺点,有长处也有短处。时至今日,现代潜艇的不足之处主要有:① 自卫能力差,缺少有效的对抗水面舰艇和直升机的防御武器;② 水下通信联络较困难,不易实现双向、适时的远距离通信;③ 探测设备作用距离还不够大,观察范围受限,掌握敌方情况比较困难;④ 常规潜艇水下连续潜航时间短,需定时浮至接近水面的通气管航态充电,易于暴露;⑤ 适居性还不够理想,需要改善。然而,随着科技的进步,新概念隐身技术、电子信息技术、新概念武器、AIP 系统等高新技术被应用到潜艇上,将会或正在使现代潜艇的这些不足之处得以实现跨越式的改观。

7.2　潜艇总体设计概述

总体设计是潜艇研制的基础和技术依据。一艘潜艇的各个研制阶段,从最初的概念设想转化为全寿期作战使用,包括其现代化改装阶段,都离不开总体设计。从现代技术角度看,潜艇总体设计是对潜艇及其构成系统、功能部件进行优化配置的综合设计技术，是潜艇的综合集成技术。潜艇总体设计的优劣主要通过潜艇的各组成要素、各系统的综合效能体现出来，它反映了潜艇工程的完整技术范畴和管理形态，实质上是潜艇总体综合优化设计理论及工程控制和评估方法的概括。

7.2.1　潜艇总体设计概念

潜艇作为一个完整的全武器系统和极其复杂的工程系统，在其狭小的密闭空间内，集中了具有各种不同功能而又相互关联的部件、设备和系统/子系统，组成了一个存在各种矛盾有机的整体。而当代高新技术的应用，又产生了诸如总体性能提高和设备增减与排水量之间的矛盾、技术需求与全寿期费用之间的矛盾，以及电磁兼容性、可靠性、维修性与保障性问题等。这些矛盾和问题主要是通过潜艇总体研究设计来协调、解决。

所谓"设计"和"工程设计"现被诠释为：设计是一种把计划、规划、设想通过视角形式表达出来的活动过程；工程设计则是人们利用科技知识和方法，有目标地创造工程产品、构思和计划的活动过程。

潜艇总体设计是研究如何应用船舶工程技术的理论及相关的军事知识，通过周密的分析、论证，系统地策划、计算、绘图，设计出符合海军作战要求、反映当代科学技术成果水平的潜艇的一门学科。从广义来说，潜艇总体设计的任务是：拟定设计目标；研究潜艇作为一个系统工程的内部规律（潜艇诸因素、诸性能之间的关系）及其与外界相关因素的关系；研究、改进设计概念、设计方法；编制设计规范及有关标准等。

潜艇总体设计是任何一型潜艇研制的基础和技术依据。它同时也是一型潜艇从初始概念设想逐步过渡到最终实现研制目标的创新过程。

潜艇总体设计是潜艇研究设计的综合集成技术和潜艇总体技术的主要内容，也是潜艇总体技术的核心技术和潜艇工程系统的"龙头"。它涵盖潜艇总布置、总体性能研究设计，排水量、主尺度及型线研究设计等内容。

7.2.2　潜艇总体设计的阶段划分

从现代潜艇总体设计理念角度，结合我国有关部门颁发的常规武器装备研制的有关文件和我国潜艇总体设计的惯例，同时考虑到潜艇总体设计是一个分阶段逐步近似、深化、优化的过程，我国潜艇设计工作一般分为七个阶段：顶层论证、顶层设计（概念设计）、方案设计、初步设计、技术设计、施工设计、完工设计。各阶段的主要工作内容大致如下。

1. 顶层论证

一型新潜艇的诞生，首先要被列入国家和国防装备研制的中长期计划，并批准立项。因此，潜艇总体研究设计单位要参加军委装备发展部和海军装备部主持、组织的潜艇发展战略顶层论证，包括战役战术论证和技术论证，论证结果是编制出潜艇中长期发展计划及其论证报告，为型号立项提供政策依据，促进型号立项。

2. 顶层设计（概念设计）

顶层设计是对应我国武器装备研制程序"论证阶段"的总体设计阶段极其重要的一环，以往被称作"总体方案研究"阶段。

　　顶层设计是以被批准的中长期计划工程项目为依据,由海军装备部组织军、地两方面的潜艇总体研究设计、论证单位进行。它是站在被批准立项的新型常规潜艇总体系统工程的"顶层",从该艇的总体、性能、结构、材料、动力、生产条件、设备制造、技术构成、管理体系等方面进行军事分析、技术分析、经济和成本分析,策划出保质按时完成该项系统工程的整体框架、规划。顶层设计以概念设计为核心,并通过概念设计,给出该型潜艇的概念图像。

3. 方案设计

　　方案设计对应我国武器装备研制程序的"方案阶段",也是总体研究设计重要的一环。在方案设计阶段,应解决被设计艇存在的所有重大技术问题,选定主要系统、设备和材料,保证研制总要求中的各项要求与指标的落实。方案设计往往也要做多方案比较,经多次反复分析、修改,才得出较为满意的结果。重大的技术问题要通过模型试验、必要的原理性样机试制才确定。该阶段还要编制可靠性保证大纲、维修性保障性大纲、安全性保证大纲、标准化大纲等文件。

　　方案设计的成果:研制任务书(也有称为"研制总要求(报批稿)");方案设计图样、有关文件及方案论证报告。

4. 初步设计

　　对于新研潜艇应视情况开展初步设计,有时也将其称为扩大的方案设计。它对应我国武器装备研制程序的"工程研制阶段"中的第一个阶段。其主要工作内容为:

　　按研制任务书深化方案设计,提出潜艇设计所采取的各种技术措施和由此进一步确定的潜艇性能,提出证实这些性能得以实现的各种计算(估算),编制模型试验任务书和进行部分试验、完成初步设计图样和技术文件;总体设计单位向系统技术责任单位和设备承制厂(所)提出舰艇环境条件、电磁兼容性等设计要求,并进行接口协调、武器系统精度分配等工作;落实主要系统、设备、材料等的研制、选型。

　　初步设计的成果:初步设计图样和技术文件;完善的研制任务书。

5. 技术设计

　　总体技术设计是在被批准的初步设计基础上进行的。在技术设计中,对初步设计结果做进一步深入补充、完善。一般来说,该阶段对被设计潜艇的基本性能及主要的参数不再做重大变动,主要是在原有基础上更细致地解决一切技术问题,做出详细的计算书,绘制出规定数量的图样,编制出各种技术文件,继续进行一系列的模型试验。具体的工作内容为:

　　按研制任务书和审图机构审查认可的方案设计、初步设计、可靠性大纲、维修性大纲、安全性大纲、标准化大纲及综合保障计划等要求,进一步深化设计和模型(模拟)试验、验证,解决设计中的各种主要技术问题,确定技术状态;确定系统、设备的订货清单,在满足设计要求的前提下尽可能推荐两个以上符合条件的承制厂(所);进一步协调,并基本固化潜艇总体与系统、设备间的接口要求、精度分配等;运用可靠性技术、维修性技术和优化设计技术进行潜艇及其系统设计,综合择优;根据可靠性大纲,编制关键件(特性)、重要件(特性)项目明细表;编制潜艇总体技术规格书。

　　技术设计的成果:总体技术规格书;技术设计图样和技术文件。

6. 施工设计

　　施工设计对应我国武器装备研制程序的"工程研制阶段"中的第三个阶段。施工设计依据研制总要求(研制任务书)、总体技术规格书和被批准的技术设计进行。其目的是确定潜艇的建造方案、工艺措施,编制工艺文件及绘制总体及各系统、各方面的施工图样,同时也要解决潜艇总体布置、建造中的各个细节的技术问题。施工设计与建造厂的设备状况、技术水平及经验有密切关系,施工设计图样、文件要与之相适应,这是一项工作量很大的工作。施工设计图样、技术文件将成为建造厂施工建造的依据。

施工设计的成果:提供完整的施工图样、技术文件,并成为建造厂施工建造的依据。

应予注意的是,随着先进制造技术的引入,潜艇将按总段模块化或模块化方式建造,总体设计应与之相适应进行相应的改革,施工图样、文件的设置和划分也产生了"革命性"的改变。

7. 完工设计

完工设计对应我国武器装备研制程序的"工程研制阶段"中的第六个阶段。潜艇总体设计单位要提交完工图样、文件。完工图样、文件是潜艇部队学习、操作、使用及维护、保养潜艇的主要依据和基础。同时,对该型潜艇今后的批量生产及定型生产也创造了有利条件。完工设计就是根据施工建造和试航中的实际情况,将施工设计资料进一步加工、修正、补充、整理成完善的完工设计资料。因此,完工设计也是潜艇总体研究设计重要的一环。

完工设计的成果:提供完整的完工图样、文件。

应予以说明的是,划分设计阶段的根本目的是通过设计过程的不断深化,使设计结果逐次逼近,取得满足研制总要求的更为优化的方案,同时使设计工作组织严谨、责任明确、程序清晰、便于审核。然而,在不同的情况下,这些设计阶段也是可以变更的,如有时将初步设计与技术设计合并为一个阶段。

7.2.3　潜艇总体设计流程

如前所述,一型潜艇的研究设计一般要经历顶层论证、顶层及概念设计、总体方案设计……直至设计定型等若干设计阶段。潜艇总体研究设计单位,要参与顶层论证阶段的工作,但潜艇总体研究设计单位真正的总体设计工作是从概念设计开始的,概念设计及总体方案设计阶段要进行潜艇研制方案论证、设计和验证,初步确定潜艇主要总体性能、总体布置、主要系统和设备的配置以及系统、设备的性能、功能要求,提出系统、设备清单及研制要求,解决关键技术(或找到可靠的技术途径),落实保障条件,编制研制任务书。该阶段投入的人力和经费虽然不多,但对潜艇的总体设计的成败和全寿期费用投入有着决定性的影响。

1. 设计前的准备

1) 对使用需求的分析

使用需求(研制总要求)是在顶层论证阶段形成的重要文件,是概念设计和总体方案设计的基本依据,因此,在总体设计工作正式全面展开之前,设计师应深刻领会使用需求的实质,进一步明确使用者的意图,树立正确的设计思想,以指导设计工作的有效进行。

从设计潜艇的艇型、作战任务、打击对象、作战海区、作战方式以及主要的战术技术性能的要求中理解它在海军未来战争中的作用与地位,从而理解该型潜艇设计建造的意义。从我国当前工业生产及科学技术的发展趋势上初步判断建造该型潜艇的可行性及关键所在,明确为了取得研制成功必须探讨的技术问题及需要攻克的难关。

2) 搜集分析资料

广泛搜集分析与完成设计任务相关的资料,包括:国内外同类潜艇的现状与发展趋势;作战海区的水文、气象等自然条件;打击对象的战术技术性能和战技活动的特点;我军海战或远航训练中积累的经验,以及对同类潜艇的性能、装备、生活条件及战斗指挥方面发现的问题及改进要求;设计艇所用到的战斗器材和技术装备的资料——有关产品技术性能数据,如重量、外形尺寸、操作维修空间、安装要求、生产供应情况、发展前景及改进的可能性;有关的科研成果和试验数据。

3) 总体设计方案的构思

在分析相关资料和深入研究的基础上,提出总体设计方案构思,包括:进一步明确设计艇的使命任务、作战方式和研制原则;细化设计艇的主要战术技术指标;初定主要装艇设备和主要系统的组成;选定合适的母型艇;确定完整可靠的设计方法;进行关键技术梳理和拟定攻关策略。

2. 重力与浮力的平衡计(估)算

1) 固定浮容积的估算

根据总体设计方案构思和初步选定的上艇设备,按照总布置设计原则,确定艇上各类舱室的尺度,进而初步确定出耐压艇体理论线轮廓并计算出耐压艇体的型容积 V_m;参考母型或统计资料估算耐压船型表面之外的凸出体容积 V_{pd};参考母型或设计规范估算舷间耐压液舱和燃油舱等的容积 V_{cp};汇总 V_m、V_{pd} 和 V_{cp} 得到固定浮容积 V_0。

2) 重量的估算

根据总体设计方案确定的武器配备、艇员编制及居住性等因素,计算上艇有效载荷的重量 W_0;根据潜艇设计原理,建立各项重量估算模型,应用母型艇和统计资料以及初选的上艇设备,按照一定的方法、原则估算艇上各类载荷的重量 W_i,并汇总求得艇的总重量 D_n。

3) 水下状态平衡检查

潜艇处于水下状态,组成潜艇的各类载荷重量的总和(艇的重量排水量 D_n)与艇体水下总水密容积(固定浮容积 V_0)排开水的重量必须严格相等(且平衡),即 $D_n = \rho V_0$,$z_g < z_{V_0}$。当水下状态不平衡时,即 $\Delta = D_n - \rho V_0 \neq 0$ 时,若 Δ 很小,可通过调整固体压载达到平衡;若 Δ 较大,则必须调整艇上的载荷配置或调整艇的总布置方案(即改变耐压艇体尺度),以求得水下状态平衡。

3. 排水量、主尺度校核计算

通过反复调整使艇取得水下状态平衡后,即可确定耐压艇体尺度,在此基础上可参考母型或根据某种设计原则,初步确定主艇体的主尺度及船型系数,进而进行型线设计。

在开展以上各项工作的过程中,应遵循"设备服从系统,系统服从总体,总体为系统、设备上艇创造必要的条件"的总体设计原则,通过反复协调和调整,使总体设计方案不断完善,设计艇的主尺度和排水量得到最终的落实和确定,即形成一个可行方案。

4. 综合评估最终确定设计艇方案

对所有可行方案从作战性能、经济性、风险性、先进性等方面,以作战使用性能为目标进行综合量化评估,选出用户最满意的设计方案,并按规定提供相应设计文档。

至此,总体概念设计(含顶层设计和总体方案设计)阶段的总体设计工作基本结束,总体设计方案已确定,接下来可进行:

(1) 总体技术设计;

(2) 总体施工设计;

(3) 驻厂配建(含系泊试验和航行试验);

(4) 完工设计;

(5) 设计定型。

7.3　潜艇总体设计指导思想

潜艇设计指导思想是总体设计工作的灵魂和核心,本节在对比美俄潜艇设计指导思想基础上,重点介绍我国潜艇设计理念的发展方向。

7.3.1　美俄潜艇设计思想对比

1. 艇型

从流体力学上讲,最适合水下高速航行的艇型是水滴形,然而真正的水滴形潜艇只有一艘,就是美国的"大青花鱼"号试验潜艇。

作战潜艇由于要装备许多武器和设备,因此不能实现真正的水滴形,实际采用的是综合考虑各种因素后的折中方案。美国核潜艇比较注重艇体的水下形状,基本上采用的都是拉长的水滴形,近半个世纪以来没有多大变化。俄罗斯的核潜艇形状比较多,有拉长的水滴形、雪茄形等,D-Ⅳ级弹道导弹核潜艇还有明显的"龟背"。两国开发的核潜艇之所以有这么大的差异,主要是美俄发展起点不同造成的。

美国的潜射弹道导弹一开始就采用固体火箭发动机,导弹的尺寸小,在后续提高性能时,尺寸变化不大,从而对艇型变化要求也不大,形成了美国核潜艇型号少、数量多的特点;而苏联最早的潜射导弹采用的是液体火箭发动机,导弹尺寸大、装艇数量少。随着导弹射程的增大,导弹的尺寸也不得不增大,再加上苏联导弹型号更新速度快、艇上携载量增多,使苏联核潜艇出现了艇型变化多、排水量不断增大的特点。在苏联(俄罗斯)潜射导弹采用了固体火箭发动机后,其艇型也就逐渐稳定了下来。

2. 艇体结构

美国等西方国家认为核潜艇的储备浮力不必太大,所以它们都采用了单壳体结构。在相同排水量的前提下,单壳体潜艇具有较大的内部空间;在功率相同的情况下,单壳体潜艇的水下航速要高于双壳体潜艇。此外,单壳体潜艇的外表面比双壳体潜艇更容易保持光顺,从而可以大幅度降低潜艇在水下的流体噪声。

而俄罗斯则认为储备浮力大可以增强潜艇的抗沉性,因此其核潜艇均采用双壳体结构。除了储备浮力大,双壳体潜艇轻外壳的加工成型相对容易些;而且俄罗斯核潜艇通常都是在冰冷的海域航行,在这种条件恶劣的海域环境下,单壳体潜艇一旦与冰层发生碰撞就有可能发生艇体破损,而双壳体结构的潜艇则要"皮实"得多。此外,双壳体潜艇对反潜武器的耐打击力要强于单壳体潜艇,其两层艇体在遭到敌方反潜鱼雷或深水炸弹的攻击时能起到较好的防护作用。

3. 舱室划分

美国的单壳体核潜艇基本上都采用大分舱原则,其内部水密舱室由原来的 6 个减少到 3 个,尽管 3 个舱室在总体布置上相对容易些,但是其一舱进水就会导致严重后果。而俄罗斯核潜艇的多个分舱虽然技术上复杂一些,但抗沉性要优于美国核潜艇。由此还可以看出,俄罗斯并不像西方国家认为的那样只重视简单、实用和作战能力而忽视生存力;相反,俄罗斯把核潜艇的生命力看得比隐蔽性更重要。当然,俄罗斯也没有轻视隐蔽性,在这方面也投入了大量的努力,并取得了巨大成效。

4. 隐蔽性和潜深

隐蔽性的好坏对核潜艇的生存起着决定性作用,隐蔽性的好坏主要取决于核潜艇噪声的大小。核潜艇噪声源比较复杂,既有流体噪声,又有内部设备(主要是冷却用的主循环泵)工作时产生的噪声。所以,要降低核潜艇噪声,必须采取综合措施,注意每一个技术环节。对流体噪声,主要是优化艇型,尽量减少艇体外部的凸出物。如美国的核潜艇取消了排水孔,艇型非常光顺;俄罗斯核潜艇虽然一直保留排水孔,但数量在不断减少。在降低核潜艇内部噪声上,美俄两国都取得了显著效果。如美国"俄亥俄"级弹道导弹核潜艇上装备 S8G 自然循环核反应堆,在潜艇低速航行时不使用主泵,从而大大降低了潜艇的航行噪声;艇上设备基座普遍采用吸声材料和减振浮筏技术,辅机为低噪声设备且外表面涂有一层吸声涂层。通过采取这些措施,"俄亥俄"级核潜艇的噪声降至"拉斐特"级的 1/2～1/3,达到 90～110 dB,接近于海洋背景噪声。

俄罗斯核潜艇也采取了许多减振降噪措施,并且在核潜艇艇体表面覆有消声瓦,但其核潜艇噪声仍比美国核潜艇大 10～20 dB。

海洋是潜艇的天然庇护所,从目前的探测水平看,尽管应用了一些新技术(如激光雷达、低频拖曳线列阵声呐等),但总体上讲,海水依然"不透明"。大洋深处的水文情况异常复杂,海水盐度和温度梯度等的变化对声呐的探测精度影响很大。因此,增大核潜艇的潜深仍是提高其生存力和攻击隐蔽性的最有效途径之一。

增大潜深涉及艇体材料、结构强度、焊接技术等一系列问题。所以,美国并不太在增大潜深方面下大工夫,其最先进的"海狼"级核潜艇的最大潜深也不过 600 m;美国似乎对降低核潜艇噪声更感兴趣,而像增大潜深所需的高强度合金钢和钛合金等在其核潜艇上的应用并不多见。当然,近些年来情况有所改变,美国也开始积极研究如何增大核潜艇的潜深,但在材料上主要考虑复合材料和高强度合金钢,对钛合金考虑得不多,主要原因一是大尺度钛合金焊接质量难以保证,二是钛合金比较稀有,价格高昂。

俄罗斯对核潜艇潜深则非常重视,为此不惜巨资使用强度大、价格高昂、加工复杂的钛合金。如俄罗斯的 S 级、M 级、A 级攻击型核潜艇,均采用钛合金做耐压艇壳材料,最大潜深达到 800～1200 m,这个深度已经超过了世界现役绝大多数反潜武器的攻击深度。

5. 航速

航速对攻击型核潜艇来说是很重要的指标。利用高航速可以缩短核潜艇的航渡时间,抢占有利阵位,但随着艇载武器速度和射程的增加以及反潜探测技术的不断提高,核潜艇对高航速的要求不如以前那样突出。如美国新建造的"弗吉尼亚"级就把航速定为 25 kn,比"洛杉矶"级低 5 kn 左右。但美国攻击型核潜艇的主要任务是航母的"水下护卫"(现在的趋势是越来越多地用于对地攻击),为航母编队"保驾",故 25 kn 的航速足以满足要求。

俄罗斯攻击型核潜艇的任务主要是反舰,尤其是航空母舰。为此,俄罗斯专门建造了一种巡航导弹核潜艇,如 E 级、C 级、O 级。同时,俄罗斯认为当核潜艇的噪声下降到和海洋背景噪声相同或低于海洋背景噪声时,核潜艇将更难探测,潜艇攻击距离将大幅度缩短。在这种情况下,核潜艇的水下航速和操纵性将成为取胜的重要指标。基于这些原因,俄核潜艇一直保持着较高的水下航速,新一代攻击型核潜艇的水下航速普遍在 30 kn 以上,而 A 级甚至达到了 42 kn 的航速。

经过数十年的发展,美俄已形成了各具特色的设计思想。尽管在这上面存在巨大差异,但两国核潜艇的性能不相上下。俄罗斯核潜艇除了在噪声和声呐技术上与美国有一定差距外,其他方面丝毫不逊色于美国,在某些技术方面还领先于美国。

7.3.2　我国潜艇设计理念的发展方向

我国潜艇的总体设计理念伴随着自行研制潜艇的发展历程,在不断转变、更新,尤其是改革开放以后,随着与国外潜艇强国的技术交流、合作和装备引进的不断加强,受国外先进潜艇设计理念、方法和技术的影响,总体设计理念转变、更新的进程明显加快,并已鲜明地体现在逐代新研潜艇中。但与国外先进的潜艇设计理念相比,与我国海军对潜艇发展的需求相比,仍存在差距。为了促推我国潜艇装备和技术持续又好又快发展,我国潜艇总体设计理念需要与时俱进,不断创新和演进。

1. 适应变革

随着电子信息技术的迅猛发展,战争形态正由机械化转向信息化,舰艇装备的整体面貌正在发生深刻变革,潜艇装备也将随之发生深刻变革。为此,潜艇总体设计理念应适应并跟上这种变革,体现在:

在总体设计上,应由以往以追求平台作战能力为目标的设计理念向以追求信息网络作战能力为目标的设计理念转化;

在发展观念上,应由传统上追求单艇或多艇作战能力的观念向追求与各舰种、编队协同作战能力的观念,乃至作为网络战的水下平台或节点,与其他军兵种形成"海、陆、天、空"一体化的联合作战能力的观念转化。

同时,现代舰艇正在向以节能、低碳、绿色为核心的绿色舰艇设计理念,以模块化、数字化造船等为创新表征的新型设计建造模式演进和变革,这也促使潜艇研究设计者不断更新总体设计理念,以适应或跟上这种演进和变革。

2. 需求牵引

潜艇装备研发的实践表明,潜艇装备的发展一靠需求牵引,二靠技术推动。需求牵引既体现在用海军的需求去牵引潜艇研发的客观规律,也蕴含着潜艇总体牵引其设备、系统研制和发展的内涵。

潜艇总体设计就应有以需求为牵引,通过论证、研究、设计,提出满足用户需求的新研潜艇"最佳"设计方案的理念。这是潜艇总体设计理念具有指导性的最重要的内涵,也给总体设计理念不断创新提供了拓展空间。

实际上,国内外潜艇发展的历程也证实了这一点。如第一次世界大战中,因当时反潜技术不高,又受水下能源制约,需要有在水面快速接敌实施攻击的潜艇,促使潜艇的总体设计理念由追求水下性能转向以水面航行性能和作战为主(以 U-35 型潜艇为代表);第二次世界大战中,随着反潜技术和反潜战法的发展,急需提高潜艇的隐蔽性,促使潜艇总体设计理念又转向以水下航行性能为主,并应用了新型通气管装置等新技术(以 XXI 型为代表);第二次世界大战后,美国为适应其全球战略需求,要提高潜艇水下航速和水下连续潜航续航力,从而促使潜艇设计理念创新,先后研发了水下阻力最小的水滴形潜艇(以"大青花鱼"号潜艇为代表)和核动力潜艇(以"鹦鹉螺"号潜艇为代表)等。

鉴于此,在论证、研究中,要突破定式思维,更新设计理念。例如,从适应海军战略转型需求和近海、中近海、远海作战海域出发,提出适应发展的不同层次的潜艇装备体系;总体设计要据此凸显为适应需求,以不断提升隐蔽性、信息化、居住性及作战能力、生存能力,并注重以控制排水量、减阻增效、加大有效负载(含装备无人作战平台)等为重点的设计理念。这都体现出需求牵引着潜艇总体设计理念不断地创新、演进。

3. 技术推动

潜艇装备的发展一靠需求牵引,二靠技术推动,二者相辅相成。以往,我们对需求牵引较重视,而对技术的推动作用领会不深。实际上,需求是要依据技术来论证、确定的,没有相应的技术做支撑,需求论证得再好也是空的、难以实现的。可以说,在潜艇装备发展、研制过程中,如将需求牵引视作军方主导作用的体现,技术推动则体现着工业部门的主体作用。国内外潜艇发展的实践均证明了这一点。如因为有了核动力技术的发展和支撑,才发展了核潜艇;因为出现了"斯特林"热气机、燃料电池等 AIP 技术,才发展了 AIP 常规潜艇;因为研发和应用了低噪声推进器、优良艇体线型、低噪声机电设备、新型隔振等降噪新技术,才出现了安静型潜艇等。因此,潜艇设计应深刻认识技术推动在潜艇装备发展中的源泉和动力作用,并将技术推动融入潜艇总体设计理念中,进而使技术的推动作用体现在总体设计中和提高潜艇综合作战能力上。同时,在开展预先研究的过程中,要善于开创性地提出并研发潜艇的先进技术、前沿技术、新兴基础技术等;在新型潜艇研究设计中,应用具有潮流性、标志性、实效性及经试验验证和技术成熟度评估的高新技术。这既是潜艇总体设计理念创新的重要内容,也是潜艇总体设计理念创新的重要标志。

4. 集成优化

在总体设计中,应实施集成优化设计。集成优化设计的内涵可概括为:潜艇总体集成优化设计既是将各有关单位的预先研究及创新研发的相关科技成果,优选集成于新研潜艇或在役潜艇现代化改换装之中,又是将潜艇的各构成系统/分系统、设备、功能部件进行综合集成优化配置的创新设计过程,从而使潜艇的总体设计优化、战术技术性能达标、提升。可以说,集成优化设计既是"大总体"设计概念的核心内涵和要求,又是总体设计理念创新的具体体现,同时也是潜艇总体设计单位不断提高总体设计水平和集成抓总能力的重要途径。要实施好集成优化设计,潜艇总体设计单位就要注重顶层设计,发挥好"龙头"牵引作用和将在预先研究、型号专项研究等中获得的科研成果转化为工程应用的"转化作用",处理好"得"与"失"、"有所为"与"有所不为"的均衡设计关系,力争使总体设计达到"目标明确,重点突出,主线清晰,特色鲜明"——获得"最佳"总体设计方案的目标,并体现在排水量有效控制、总体性能满足要求、系统与设备配置合理及功能优化分配、显控台位减少、艇员编制缩小、生活设施舒适、操作流程更科学、全寿期费用降低、风险分析与控制加强、综合作战能力和生存能力以及总体综合保障能力显著提高等方面。因此,潜艇总体设计理念创新应重点体现在强化和实施综合集成优化设计上。

5. 隐身引领

潜艇作为一种以水下作战为主的装备,隐蔽性是其首要的战术技术性能和最凸显的特征,对潜艇的综合作战能力和生存能力具有至关重要的作用。潜艇总体设计单位在潜艇装备研制和技术发展中,要发挥好在隐身性工作上的"龙头"、牵引和集成优化的作用,以总体隐身设计需求牵引潜艇的隐身性设计理论和定量评估技术、高隐身性艇型技术、高隐身性机电设备设计与控制技术、机械噪声控制技术、推进器噪声控制技术、隐身性测试及验证技术、与隐身性设计相适应的潜艇建造工艺技术,以及新概念隐身技术等各相关技术领域的研究、发展及其成果的综合集成应用;在潜艇总体设计中,应体现以隐身性设计引领总体设计的理念,并以定量集成优化隐身设计为重点,实施"近期以声隐身性设计为重点,中、远期以综合隐身性设计为重点"

引领总体设计的理念。同时,还要将这种设计理念融贯于潜艇研究设计的"毛细血管"各个方面,体现在潜艇研制的各个环节。这既是确保潜艇实现预定隐身性指标的重要途径,又是当代潜艇总体设计理念创新的标志性表征之一。

6. 对待"规范"

潜艇研制中所采用的"规范"、标准均是对多年的型号研制、使用和专项研究的理论成果的集成及实践经验的总结,在潜艇总体设计和研制中,通常起着指向、提供设计依据等作用,应认真遵守。但是,作为潜艇研究设计者不能只满足于"设计达到规范、标准就行",应追求设计最好。同时,由于科技不断进步,新技术不断被应用,以及面对海军(用户)根据未来作战需求提出的新的、更高的战技性能要求,如果机械地遵守"规范",将难以保证和体现出新研潜艇的先进性,故而在新研潜艇设计中,应对原"规范"中未涉及的某些新技术应用的相关要求,进行科学论证、研究试验并确定相关要求,可突破"规范"的某些条款,也可对现行规范进行剪裁,以适应新研潜艇装备的研制要求。实际上,国内外的舰艇"规范"均是随着新研舰艇装备的研制及其经验的积累而不断进行修订的,或以原"规范"为基础编制适应新研舰艇的新"规范"(也可先编设计指导性文件或设计规则,经研制成功,积累一定的经验后上升为"规范")。既要正确对待、使用"规范",又要不被其完全束缚,追求最好的设计应是潜艇总体设计理念创新的又一重要内涵。

7. 学习借鉴

潜艇总体设计理念创新还应体现在勤于学习、善于借鉴国外先进的设计理念、方法和技术,以及国内其他军工行业研制武器装备和本船舶行业水面舰艇的总体设计理念和经验,为我所用,以不断更新自己的设计理念,提高潜艇的设计能力和研制水平。但在学习、借鉴国外舰艇先进的设计理念和技术中,一定要牢固树立自主创新的核心观念,坚持依靠国内科研队伍,以自力更生、自主创新研发为主,注重中国国情,处理好创新与继承的关系,同时充分利用当今较为有利的国际环境,开展国际间技术合作,并重视对引进资料的消化、吸收和再创新。另外,要注重通过自主创新研发和学习、借鉴他人科研成果与经验,创建具有中国特色的潜艇总体集成优化设计理论和可实现总体设计方案量化优选的所谓的"计算机辅助潜艇设计"(CASD)方法。只有有了科学的、工程实用的潜艇总体集成优化设计理论和方法,才能更有效地实现潜艇总体设计优化目标。这是潜艇总体设计技术创新极其重要的方面,也是潜艇总体设计理念创新的具体体现。

复习思考题

1. 现代潜艇发展的五个里程碑是哪些? 为何将其列为里程碑?
2. 现代潜艇的主要特点有哪些?
3. 潜艇总体设计划分为几个阶段? 每个阶段的主要任务是什么?
4. 潜艇总体设计的流程是什么?
5. 美俄在潜艇总体设计指导思想方面有哪些不同?

第 8 章　潜艇的总体构成及主要战术技术性能

8.1　潜艇的作战任务

　　潜艇一般在大洋深处独立作战或与海军其他兵力协同作战。攻击型潜艇或飞航导弹潜艇的主要作战任务是消灭敌运输舰艇和大、中型战斗舰艇以及遂行反潜。其辅助作战任务是实施战役侦察、布设水雷、远程巡逻以及运送小批人员或物资等。弹道导弹核潜艇的作战任务是执行战略任务,运载和发射弹道导弹核武器,袭击敌方军事基地、政治中心、工业基地和交通枢纽等目标。下面分别讨论在当代和可以预见的将来,现代潜艇担负的各项作战任务。

　　1. 实施战略核威慑和常规威慑

　　为确保国家战略作战的安全性和有效性,现代潜艇不仅携带鱼雷武器、飞航式导弹、巡航导弹,还装备有弹道导弹。不论是核潜艇,还是常规潜艇,装备了巡航导弹后,不仅可对海上目标实施攻击,而且可从水下发射巡航导弹对敌陆上目标实施攻击,海湾战争、科索沃战争表明潜艇已具备这种能力,成为威慑敌方的常规威慑力量。而装备有弹道导弹的核潜艇已成为战略核打击的重要组成部分,它与陆基洲际导弹、战略轰炸机构成"三位一体"的核打击力量,用来攻击敌方的战略基地和政治、工业、经济中心,成为国家的核威慑力量的重要组成部分。

　　2. 攻击大中型水面舰艇和潜艇

　　消灭大中型水面舰艇和潜艇,摧毁敌方海上有生力量,完成战役、战术任务是以鱼雷和巡航导弹、飞航式导弹为武器的攻击型潜艇的主要任务。攻击型潜艇的水下航速高、机动性好、下潜深度大、攻击力强,可较长时间隐藏在敌舰的航路上待机行动,出其不意地攻击敌舰。攻击型常规潜艇的主要任务是攻击敌方水面舰艇,当然也可攻击敌方各类潜艇;攻击型核动力潜艇的主要任务是攻击敌方常规潜艇、核动力导弹潜艇和大中型水面舰艇。

　　3. 攻击辅助舰艇

　　打击、摧毁敌方护航运输船队,破坏敌方海上交通线,以鱼雷、飞航式导弹、巡航导弹攻击敌方护航运输船队是现代潜艇特别是现代常规潜艇的另一项主要的作战任务。潜艇可以其独特的隐蔽性,在敌方主要的海上运输航路上设伏待机,出其不意地攻击敌方护航战舰及运输船,破坏敌方海上交通线,使其瘫痪。

　　4. 布设水雷

　　现代潜艇还担负对敌方航路、基地、港口布放水雷,破坏敌方交通线,封锁敌方航路、港口的任务。现代潜艇凭借自己独具的隐蔽性好的优点,可由水下逼近敌方航道、基地、港口、设施,进行隐蔽布雷,有效地对敌方实施封锁。

　　近来出现了一种新型水雷称鱼水雷,又称机动水雷。此种水雷可由潜艇远距离布放,然后自行航行到既定位置潜伏,隐蔽待机。另外,潜艇还可通过携带外挂式布雷装置(outboard mine attachment,OMA)实施布雷,并大大增加布雷数量。

5. 侦察、收集情报

现代潜艇也担负对敌方的港口、锚地、航路进行侦察、收集情报的任务。现代潜艇可在水下较长时间待机,对敌人港口、锚地、近岸水下设施、航道、大陆架实施侦察,隐蔽收集敌方情报,也可秘密输送人员上岸进行侦察或潜伏敌区进行特工活动。

6. 担负特殊任务

现代潜艇凭借其优越的隐蔽性等特点,还可担负水下运送人员或无人作战平台(包括深潜器、袖珍潜艇等)、水下运输作战物质器材、救援、科学考察等特殊的、其他舰艇难以完成的任务。

8.2　潜艇的总体构成

潜艇是一种先进的作战装备,是一个复杂的系统工程综合体,它由几个甚至十几个功能系统/分系统组成,潜艇总体设计既要确保它们的功能的完全实现,又要保证各系统间的集中关联,共同为发挥总体作战效能协调地工作。

常规潜艇的总体构成如下:艇体及结构、动力系统、操艇系统、武器系统、导航系统、声呐系统、通信系统、水声对抗系统、信息网络系统、保障系统、大气环境控制系统、综合隐身系统、特殊装置等。

在潜艇设计过程中,按照传统分工,具体的系统设计由各相关专业人员负责完成,但是作为总体设计专业人员,需要了解各系统基础知识、组成及特点。本节主要从潜艇总体组成角度简要介绍艇体及结构、隐身系统、动力系统的一些基础知识,各系统的进一步的知识请参考相关专业资料。

8.2.1　艇体及结构

潜艇的艇体是装备各种系统、设备及指战员工作、生活的空间。潜艇无论是在水面,还是在水下,其航速都与潜艇的阻力密切相关。从流体力学观点看,潜艇的阻力又与其艇体形状及表面光洁度密切相关。同时,潜艇的噪声也与艇体形状密切相关。为此,潜艇为了获取最小的阻力和流体噪声,均追求优良的艇体外形。

现代潜艇自出现以来,艇体形状经历了三次大变化,即从 20 世纪初的雪茄形(原始的水滴形)发展到 20 世纪 40 年代的流线形,20 世纪 50 年代又发展到现代的水滴形。目前,潜艇的艇体形状主要有流线形和水滴形两种。

潜艇不论采用何种形状,都要由艇体结构组合成其完整的艇体,以显现出选定的潜艇形状,形成必要的装备各种系统及设备和提供艇员活动的空间,成为在水中浮动的平台。

艇体结构的形式依据不同的潜艇需求而定。现代潜艇的结构有四种类型:单壳体、双壳体、个半壳体、单双混合壳体。但基本型是单壳体和双壳体两种。

潜艇结构不管是哪一种类型,都要确保潜艇在水面和水下航态时的水密性和紧固性。根据艇体结构所起的作用不同,可把潜艇结构分成耐压结构、非耐压水密结构和非耐压非水密结构三种。

(1)耐压结构。当潜艇潜入水下时,它要承受强大的深水压力并保证艇体水密性。潜上采用耐压结构的部位有耐压艇体、耐压指挥室、耐压水舱、横舱壁等。耐压艇体一般由带肋骨的圆柱壳体和带肋骨的截头圆锥壳体组成。

（2）非耐压水密结构。潜艇在水上时，该结构有可靠的水密性；潜入水下时，该结构内部充满水并与舷外水相通。在水下时，由于结构内部的压力和外部压力相等，因而结构本身不承受深水压力。艇上采用这种结构的部位有主压载水舱、燃油压载水舱、舷外燃油舱等。

（3）非耐压非水密结构。这种结构既不承受深水压力，又不保证水密性，主要用来使艇体形状完整和保护内部的设备。艇上采用这部分结构的有艏端和艉端透水部分、上层建筑、指挥室围壳等。

8.2.2 潜艇综合隐身系统

潜艇在航行中会产生各种物理场，如声场、电磁场、红外场、电场、磁场、水压场、尾流场等，这些物理场提供了可供探测的特征信号。

探测技术的发展使战场日趋透明，但是对潜艇的影响仍然比对海军其他作战平台的影响小得多。潜艇可以承担攻击包括航母在内的大型舰艇编队、反潜、封锁、侦察、布雷甚至用巡航导弹攻击岸上目标等重要任务。潜艇顺利完成这些使命任务的前提是具有优良的隐身性能。影响潜艇隐蔽性的主要因素和探测潜艇的主要手段如图 8-1 所示。

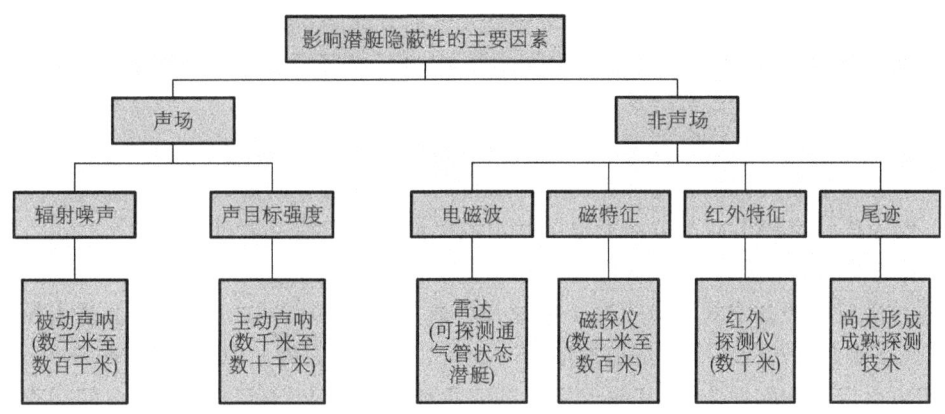

图 8-1 影响潜艇隐蔽性的主要因素和探测潜艇的主要手段

由图 8-1 可见，声探测距离比非声探测距离高出一到几个数量级，在今后可以预测的时期内，探测潜艇的主要技术手段仍将是声信号探测。潜艇一旦失去隐蔽性，就失去其固有优势，处于易受攻击、非常脆弱的地位。因此，隐蔽性对潜艇至关重要。

潜艇的声隐身性能主要体现在两个方面：一是对抗反潜主动声呐的探测能力，用潜艇声目标强度衡量，若声目标强度高，则容易被反潜主动声呐发现；二是防反潜被动声呐的探测能力，主要以潜艇辐射噪声来衡量，若辐射噪声高，则容易被反潜被动声呐发现。

降低潜艇噪声，可以带来五个方面的效益：

（1）提高潜艇隐蔽性，减少反潜探测距离，提高作战效能；

（2）增加本艇声呐探测距离；

（3）减小反潜兵器的命中概率；

（4）提高本艇水声对抗器材的作用效果；

（5）降低舱室空气噪声，改善艇员的生活居住条件，从而提高战斗力。

隐身的本质在于通过采用一系列技术措施使对方的各种物理场探测器失效,其主要途径是降低本艇的目标特征,使其尽可能与背景接近。由于目前探测手段分为声探测和非声探测,因此潜艇隐身技术也分为声隐身及非声隐身技术。潜艇隐身系统则由声隐身与非声隐身材料、设备、控制措施与管理技术等组成。

8.2.3　动力系统

动力系统是保证潜艇航行所需能源及相关机械装置的系统。潜艇设计中设计者需要确定动力装置的功率及艇所要携带的能源的种类和数量。具体的动力装置的设计,如主机的设计或动力装置的工程分析等,按照传统的分工,一般由船舶动力机械专业人员来负责。当然双方要协调一致,设计者也必须具备船舶动力方面的知识,了解国内外潜艇推进机械的各种型号、变形和组合的工艺流程以及性能指标等,对潜艇的推进方式或传动方式、能源的类型和性能等也应有所了解。

对常规潜艇,其动力系统主要由柴油机(或柴油发电机)、AIP 系统、蓄电池、推进电机、轴系、离合器、螺旋桨、控制设备等组成。

对于核动力潜艇,其动力系统主要由核反应堆、主泵、蒸发器、蒸汽发电机组、齿轮箱、轴系、螺旋桨、控制设备等组成。同时,作为备用,还布置有柴油机、蓄电池、电动机等。

现代常规潜艇的设计任务书中一般规定以下几种航速及续航力:水下最大航速和续航力、通气管航速和续航力、水下经济航速和续航力等。所以,潜艇设计者需要确定或选择:

(1)作为水下最大航速航行动力的主电机的功率;

(2)作为水下经济航速航行动力的经济航行电机的功率;

(3)作为水下最大航速航行和经济航速航行的动力源的蓄电池的类型和容量;

(4)作为按一定要求向蓄电池充电的动力的柴油机或柴油发电机组的功率;

(5)作为柴油机能源的燃油的储备量。

核动力潜艇的任务书规定以下几个航速及续航力:用核动力航行时的水下最大航速和续航力、用应急动力装置做水下经济航速航行时的航速和续航力等。因此,对核动力潜艇除了要确定核动力反应堆的功率之外,还要确定它的应急动力装置中的柴油发电机组的功率以及蓄电池组的容量。

曾对常规潜艇采用的多种推进方式进行过探讨,目前使用量多而且已经标准化的只有柴油机-蓄电池推进方式,其传动方式一般分为直接传动和间接传动两种。

间接传动方式的特征如下。

(1)使用高速和中高速柴油机。柴油机与推进轴无直接联系,只满足潜艇充电要求。使用高速柴油机可使柴油发电机组的重量和体积减小。

(2)推进电机功率较大而转速较低。推进器要素完全按水下航行要求匹配,以获得较高的推进效率。

(3)整个动力系统布置的适应性好,工作可靠,易于实现遥控和降低噪声。由于柴油机不与推进轴发生机械联系,其单机功率、数量、转速、布置方式等都可按最佳方案自由选择。一般由于有多组柴油发电机组工作,提高了动力装置的可靠性,可以在航行中轮流检修。柴油机单向恒速转动,简化了柴油机的操作。推进电机不必作发电机运行,减少了电机的工作状态,提高了效率,这些都使实现遥控更为方便。此外,由于柴油机不与推进轴相连,有利于采取降低噪声的措施。

（4）高速、中高速柴油机使用寿命已大大提高，可靠性也已增加，基本上满足了潜艇的使用要求，为采用电传动方式提供了实用可能性。

直接传动方式具有以下特性。

（1）柴油机经前离合器、主电机、后离合器、推力轴承直接带动螺旋桨做水上航行及通气管状态航行；

（2）柴油机带动主电机作为发电机对蓄电池充电，充电的同时亦可带动螺旋桨做水上航行或通气管状态航行，即所谓的螺旋桨充电。

此种传动方式的特征是水上航行与水下航行以及给蓄电池充电三者统一在同一根轴上，这时电动机和柴油机都同时存在两种工况（即航行与充电），两者相互制约，电动机和柴油机的转速和功率不能独立选择。电动机的单机功率不大，所以通常要采用双轴，大型艇采用三轴。但这种布置带来了生命力强、操纵性较好的优点。

目前，世界上大多数常规潜艇采用电力推进方式，这主要与以水下潜航为主的设计思想有关。现代潜艇自动化程度的提高，也必然要求机舱遥控，而电传动的推进方式有利于进行无人的遥控。至于推进效率哪一种传动方式较高，应做具体方案的分析比较才能得出结论。一般地说，电传动方式中能量经过两次传递（转换），损失比直接传动要大些；但电传动方式易于实现水滴形艇尾加低转速大直径螺旋桨（单桨）这种配合，而这种配合往往可以获得较高的螺旋桨效率和船身效率。

核动力潜艇除了有核动力装置之外，一般为了提高核潜艇的生命力还配置蓄电池组及电力传动装置作为应急推进和机动的手段。核潜艇排水量较大，为便于进出、离靠码头以及方向舵发生意外故障时的操纵，往往还装设辅助推进装置，以提供侧向推力。核动力主推进装置由核反应堆提供动力蒸汽驱动主蒸汽透平，经减速齿轮箱带动螺旋桨。辅助推进装置由蒸汽透平发电机或蓄电池组供给电源，驱动辅助推进电机带动辅助螺旋桨。辅助推进器常做成可伸缩的，水下高速航行时可缩至艇体之内，以减小附加阻力。这种辅助推进装置可以在水平面内进行 45°定位（在 360°范围内）。因此可以提供前后左右和左前左后、右前右后八个方向的推力，也可以单独使用作为应急机动或提供侧向推力。另外在潜艇待机时，也可以单独使用辅助推进装置做低噪声低速水下航行。电力传动应急推进装置由应急柴油发电机组或蓄电池组供给电源，驱动应急推进电机带动螺旋桨。应急推进装置使用时要脱开主蒸汽透平与主推进轴之间的离合器。应急电机则借助传动装置与主推进轴连接。应急推进装置在下列情况下使用：反应堆发生故障时；主蒸汽透平发生故障时；通气管状态航行时。应急推进装置也可以与辅助推进装置同时使用。

8.3　潜艇的总体性能概述

本节所述的潜艇总体性能主要包括：潜艇的排水量及主尺度、主要战术技术性能等。潜艇总体性能是对一型潜艇能力的综合描述，是对其军事使用价值的高度概括。

8.3.1　潜艇的排水量及主尺度

排水量是表征潜艇特性的基本量度参数之一，是标志一般潜艇大小的指标，也是潜艇设计、计算和建造的依据。主尺度是描述潜艇几何形状的一些基本的特征数据,对主要的战术技术性能诸如浮性、稳性、快速性、操纵性、强度、总布置等都有重大影响。潜艇的总体设计一般是围绕排水量和主尺度的确定展开的。

1. 潜艇排水量的定义

排水量的原始含义是指艇在水中所排开的水的重量。根据阿基米德原理,可知艇的排水体积与艇本身的重量有着直接的关系。当潜艇处于一定平衡状态时,我们将组成潜艇的各部分重量的总和称为潜艇的排水量,或潜艇的重量排水量。按照潜艇所处的状态的不同,潜艇的排水量通常可分为以下几种。

(1) 空船排水量 D_1。

完全完工的潜艇,装载了任务书中所规定的武备、机械、装置、系统、设备,但不包含人员、弹药、供应品、食品、淡水、燃油及滑油等重量在内的排水量。

(2) 正常排水量 D_n(或水面排水量 $D\uparrow$)。

艇的装备齐全,包括固体压载、备件、设备系统中的液体载荷,并按设计规定携带全部人员、淡水、蒸馏水、燃料、滑油、食品、弹药、供应品以及均衡初水量等变动载荷的排水量。

(3) 燃油超载排水量 D_{ol}。

正常排水量与燃油压载水舱内的超载燃油以及符合设计要求的附加滑油、粮食、淡水、蒸馏水、均衡水等载荷重量的总和。

(4) 水下排水量 $D\downarrow$。

正常排水量与全部主压载水舱中压载水重量的总和。从潜艇的潜浮原理中不难知道,水下排水量也就是正常排水量加上储备浮力。

(5) 水下全排水量 $D_t\downarrow$。

潜艇主船体及全附体外表面所围封的总体积所排开的水的重量,其值等于水下排水量加上非水密部分艇体进水的重量。

潜艇的各种不同排水量在潜艇设计的不同研究范围都有应用。通常我们所确定的排水量是指正常排水量。根据对任务书的分析论证、建筑形式的选取、外形设计,就可以确定艇的储备浮力,然后确定水下排水量及水下全排水量,后者对研究计算潜艇的水下水动力性能是有用的,如用于计算潜艇的快速性和机动性。当有的常规潜艇将部分主压载水舱用来装载燃油以提高其通气管状态续航力时,就要使用超载排水量。

国外资料中还提到潜艇的标准排水量与水面全排水量的概念。前者是指从正常排水量中扣除燃油、滑油的重量后的排水量。后者是指水面(正常)排水量加上潜艇水面状态下非水密部分艇体内的进水重量后的排水量。

2. 潜艇设计中需要确定的主尺度和船型系数

潜艇设计中需要确定的基础要素(见图 8-2)一般包括以下 11 个。

1) 艇长

(1) 总长度(L_{oa})——潜艇艇体型表面(以艇体壳板内表面计之,下同)艏、艉两端点在基线上的投影点之间的距离,也称艇长或最大型长度。它是表征潜艇外形尺寸的参数之一。

(2) 设计水线长度(L_{dw})——正常状态设计水线与艏、艉柱线的交点之间的距离。用此法可测定相对任何水线的长度。

(3) 水密艇体长度(L_{wt})——潜艇最前一个水密舱壁和最后一个水密舱壁理论线之间的距离,也即潜艇水密部分艇体的长度。该长度是潜艇静力性能计算中使用最多的长度参数,也

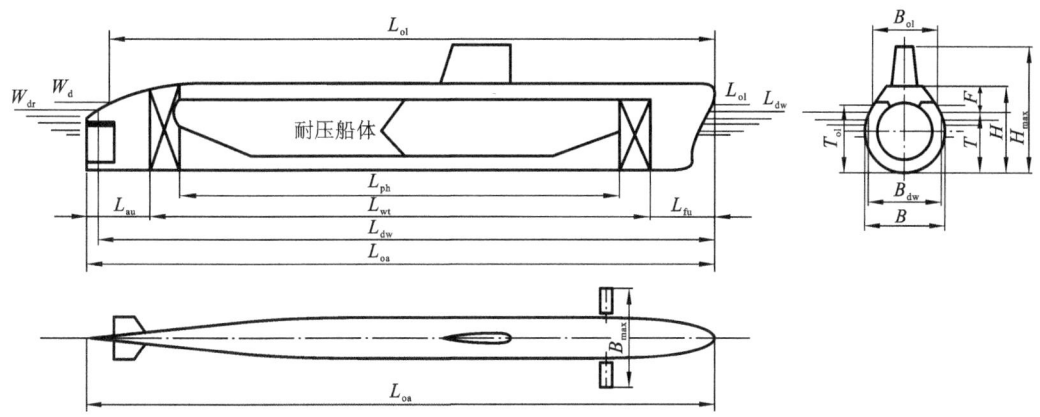

图 8-2　潜艇主尺度

是潜艇型线图分站的依据,其中点所在的横剖面即为潜艇的中横剖面。

（4）耐压艇体长度（L_{ph}）——潜艇耐压艇体艏、艉两端壁理论线之间的距离。

（5）艏端非水密艇体长度（L_{fu}）——艇体型表面艏端点至最前一个水密舱壁理论线之间距离。

（6）艉端非水密艇体长度（L_{au}）——艇体型表面艉端点至最后一个水密舱壁理论线之间距离。

（7）超载水线长度（L_{ol}）——潜艇燃油超载状态下的水线平面与艇体型表面艏、艉部分的交点之间的水平距离。

2）艇宽

（1）艇宽（B）——艇体最大横剖面两舷型表面各对称点之间的最大距离,也称型宽或最大型宽度。它是表征潜艇外形尺寸的参数之一。

（2）最大宽度（B_{max}）——包括凸出体在内的垂直于中纵剖面的艇体宽度方向的最大水平距离。

（3）设计水线宽度（B_{dw}）——平行于中纵剖面,并在设计水线最宽部位引出的两切面之间的距离。用此法可测量相对任何水线的艇宽。

（4）超载水线宽（B_{ol}）——超载水线平面处艇体型表面之间垂直于中纵剖面的最大水平距离。

3）艇高

（1）最大艇高（H_{max}）——指挥室围壳或升降装置导流罩型表面顶点至基平面之间的距离,也称最大型深。它是表征潜艇外形尺寸的参数之一。

（2）型高（H）——潜艇中横剖面处基平面到上甲板下边缘之间的距离,亦称型深。

4）干舷

干舷（F）——潜艇中横剖面处设计水线到上甲板下边缘之间的距离。

5）吃水

吃水是表征潜艇外形及装载状态的一个基本量度参数,也是潜艇设计计算和建造依据之一。

（1）设计吃水（T）——潜艇处于正浮状态,中横剖面处设计水线面与基平面之间的距离,有的也称为模吃水或型吃水。

（2）超载吃水（T_{ol}）——在中横剖面处基平面到超载水线之间的垂直距离。

（3）艏吃水（T_f）——当潜艇有纵倾时，水线面与艏吃水标志线交点到基平面之间的垂直距离。

（4）艉吃水（T_a）——当潜艇有纵倾时，水线面与艉吃水标志线交点到基平面之间的垂直距离。

（5）平均吃水（T_m）——当潜艇有纵倾时，艏、艉吃水不同，中横剖面处的吃水为艏吃水 T_f 和艉吃水 T_a 的平均值，称平均吃水（见图 8-3），即

$$T_m = \frac{1}{2}(T_f + T_a)$$

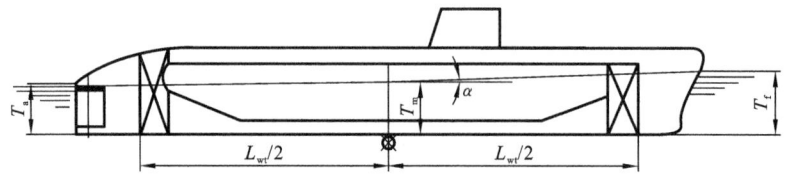

图 8-3 潜艇平均吃水示意图

潜艇艇型系数包括船型系数和主尺度比，是用来近似地表示潜艇外形的某些特点及其对航海性能影响的无因次值。

6）水线面系数 C_{WP}

（1）水上水线面系数 $C_{WP}\uparrow$——潜艇处于水上状态时，水线面面积 S 与外切矩形面积的比值（见图 8-4），即

$$C_{WP}\uparrow = \frac{S}{L_{dw} \times B_{dw}}$$

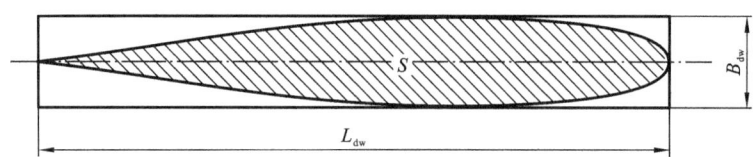

图 8-4 水上水线面系数计算示意图

（2）水下水线面系数 $C_{WP}\downarrow$——潜艇处于水下状态时，艇体的最大水线面面积 S_{max} 与其外切矩形面积的比值，即

$$C_{WP}\downarrow = \frac{S_{max}}{L_{oa} \times B}$$

系数 C_{WP} 表征艇体水线面的丰满程度，C_{WP} 越小，水线面越尖瘦；反之，则越丰满。

7）中横剖面系数 C_M

（1）水上中横剖面系数 $C_M\uparrow$——潜艇处于水上状态时，设计水线下非耐压艇体中横剖面的型面积（$A_m\uparrow$）与该水线下的最大水线宽（B）和吃水（T）的乘积（$B \times T$）的比值，即

$$C_M\uparrow = \frac{A_m\uparrow}{B \times T}$$

（2）水下中横剖面系数 $C_M\downarrow$——潜艇处于水下状态时，非耐压艇体整个中横剖面型面积（$A_m\downarrow$）与艇的型宽（B）和型高（H）的乘积（$B \times H$）的比值（见图 8-5），即

$$C_M\downarrow = \frac{A_m\downarrow}{B \times H}$$

8）方形系数 C_B

（1）水上方形系数 $C_B\uparrow$——潜艇处于水上正浮状态时，设计水线以下的裸艇体的型容积（$V_t\uparrow$）与该水线下的最大水线长（L_{oa}）、最大水线宽（B）和平均型吃水（T）的乘积（$L_{oa}\times B\times T$）的比值，即

$$C_B\uparrow=\frac{V_t\uparrow}{L_{oa}\times B\times T}$$

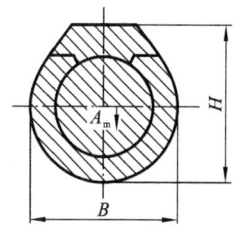

图 8-5　水下中横剖面系数
计算示意图

（2）水下方形系数 $C_B\downarrow$——潜艇处于水下状态时，裸艇体的型体积（$V_t\downarrow$）与艇的最大水线长（L_{oa}）、最大水线宽（B）和型高（H）的乘积（$L_{oa}\times B\times H$）的比值，即

$$C_B\downarrow=\frac{V_t\downarrow}{L_{oa}\times B\times H}$$

方形系数 C_B 也称为排水量系数，它表征的是潜艇艇体总的丰满程度。

9）纵向棱形系数 C_P

（1）水上纵向棱形系数 $C_P\uparrow$——潜艇处于水上状态时，设计水线下的型容积（$V_t\uparrow$）与该水线下的最大水线长（L_{oa}）和中横剖面型面积（$A_m\uparrow$）的乘积（$L_{oa}\times A_m\uparrow$）的比值，即

$$C_P\uparrow=\frac{V_t\uparrow}{L_{oa}\times A_m\uparrow}=\frac{\delta\uparrow}{\beta\uparrow}$$

（2）水下纵向棱形系数 $C_P\downarrow$——潜艇处于水下状态时，裸艇体的型容积（$V_t\downarrow$）与艇的总长度长（L_{oa}）和非耐压艇体整个中横剖面型面积（$A_m\downarrow$）的乘积（$L_{oa}\times A_m\downarrow$）的比值，即

$$C_P\downarrow=\frac{V_t\downarrow}{L_{oa}\times A_m\downarrow}=\frac{\delta\downarrow}{\beta\downarrow}$$

系数 C_P 表征潜艇艇体体积沿艇长方向的分布情况。C_P 大，艇体两端丰满；C_P 小，艇体两端尖瘦。

10）长宽比 $\frac{L}{B}$（水下状态时为 $\frac{L_{oa}}{B}$）

该比值对潜艇的快速性和水下状态时的操纵性有明显影响。研究表明，水下状态该值在 6～8 的范围内时，潜艇所受到的水下总阻力最小。比值越小，即潜艇愈短小，回转运动愈灵敏，即机动性越好。

11）艇宽吃水比 $\frac{B}{T}$

该比值表征潜艇水面状态时的稳性，同时也与潜艇的快速性和航向稳定性有关。

现代潜艇主要是在水下活动，水下的航行性能更为重要。因此，在上述艇型系数和主尺度比中，对水下航行性能影响较大的是 $C_P\downarrow$、$C_B\downarrow$ 和 $\frac{L_{oa}}{B}$。

8.3.2　潜艇的主要战术技术性能

潜艇的各项战术技术性能是衡量一艘潜艇性能、品质优劣的重要标志。其战术技术性能主要有航海性能、下潜深度、自持力、居住性、隐蔽性、电磁兼容性、可靠性、战斗力、生命力等。这些战术技术性能不仅是相互关联、相互制约的，而且如前所述它们与潜艇体形和大小的表征参数直接相关。它们的综合集成构成了一艘潜艇的攻防能力。这里只简述与水面舰艇相比，潜艇特有的主要战术技术性能的定义（内涵）与部分内容。

1. 下潜深度

下潜深度亦称潜航深度,通常是指海平面至潜艇上的深度计(一般是指指挥舱的深度计)安装位置处的距离。

按潜艇下潜的情况,下潜深度分为潜望深度、通气管工作深度、安全深度、工作深度、极限深度、计算深度,如图 8-6 所示。

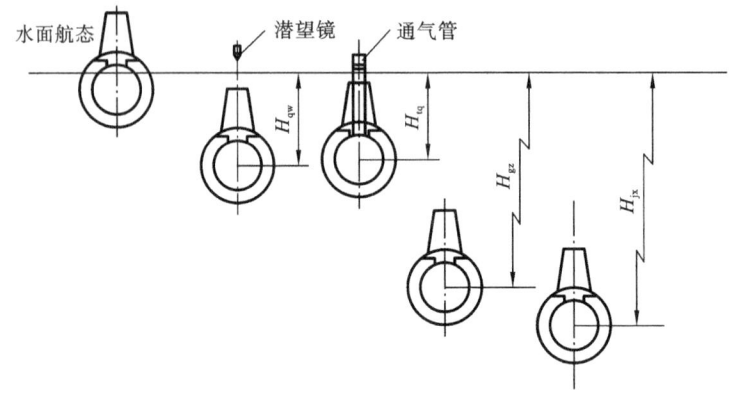

图 8-6　潜艇的各种下潜深度

(1) 潜望深度 H_{qw}——下潜后的潜艇可以允许升起的潜望镜对水面和空中进行观察的深度。潜望深度的大小视潜艇的种类和海况而定,一般在 8~15 m 变化。

(2) 通气管工作深度 H_{tq}——保证通气管装置升出水面柴油机能持续地进行工作和能升起潜望镜对海面和空中进行观察的深度。通气管工作深度一般小于潜望深度。

(3) 安全深度 H_{aq}——排除可能与水面舰艇碰撞和被反潜飞机白昼用目力观察到的下潜深度。它与海水透明度有关,一般在 30~45 m。

(4) 极限深度 H_{jx}——潜艇在整个服役期内正常状态活动时下潜次数受限制的情况下能下潜的最大深度。

(5) 工作深度 H_{gz}——潜艇能长时间航行的最大下潜深度。

(6) 计算深度 H_{js}——设计计算耐压艇体强度时的理论深度。为防止潜艇在极限深度上继续过度下潜或由纵倾引起的超深,耐压艇体必须有强度储备。

通常,将极限下潜深度大于 400 m 而小于 600 m 的潜艇称为"大深潜"潜艇;将极限下潜深度大于等于 600 m 的潜艇称为"超大深潜"潜艇。

增大潜艇的极限下潜深度,有利于潜艇增大水下机动范围、提高水下隐蔽性,降低螺旋桨的辐射噪声和艇的声传播强度,减少被敌方磁探仪和尾迹探测设备发现的概率,规避敌人的反潜搜索和反潜武器的攻击,增加在小深度机动和作战的安全性等,这对提高潜艇的综合作战能力具有重要意义。

因此,下潜深度不仅是潜艇最基本、最重要的性能,也是表征潜艇隐蔽性优劣的标志性技术性能之一。增大下潜深度,已成为现代潜艇追求的特征技术目标之一。但在当代,随着 20 世纪 90 年代初苏联解体,冷战结束,新研制潜艇的下潜深度基本上都控制在 600 m 以内。

2. 续航力及作战半径

1) 续航力

正常装载的潜艇一次出航所能达到的最大航程称为续航力。在战术上对现有潜艇下潜深度续航力使用的观点是这样的：

(1) 30％的续航力作为到达作战地点航渡用,往返共用去续航力的60％；

(2) 30％的续航力作为潜艇在战斗行动海域的消耗；

(3) 10％的续航力作为在往返航渡中克服敌人可能的阻挠。

2) 作战半径

作战半径是指装足燃料、淡水等一次出航往返,并经战斗消耗后,不需中途补给所能达到的最大直线距离,是舰艇战术技术性能指标之一,取决于舰艇续航力的大小。这一指标是根据潜艇所担负的使命任务来决定的,通常由使用部门按照潜艇作战原则和活动海区来提出。

潜艇的作战半径一般取通气管航速续航力的30％。核动力潜艇,因其续航力很大,其作战半径已不作为战斗使用时主要考虑的参数。

按照作战半径的大小不同,潜艇又可分为:近海作战的潜艇、中近海作战的潜艇、中海作战的潜艇、中远海作战的潜艇和远海作战的潜艇。

3. 自持力与水下逗留时间

1) 自持力

自持力(或称自给力)是指潜艇离开驻泊点后在海上执行任务中途不补充任何储备品的条件下,能独立在海上逗留的最长时间(以昼夜计)。自持力的大小取决于供应品、燃油、滑油的储备量,此外还取决于艇员的耐久能力。

潜艇在战斗航行中,是不可能一直使用某一种航态和航速航行的。它有时在水面,有时在水下,有时又处在通气管航行状态或潜望航行状态,并且可能用各种航行速度航行。至于什么时候、什么情况下、采用何种航行状态和航速,取决于它所执行任务的性质、航行的海区和该地区的敌情,以及拟订的航渡方案等。所以,潜艇在海上的实际需要逗留的时间——战术自持力应根据下述三方面的因素确定：

(1) 根据潜艇的作战半径、敌方反潜兵力和海区自然条件,制订出典型的航渡方案,求出航渡总时间,单程航渡时间约占常规动力潜艇自持力的30％；

(2) 潜艇在战斗行动地域的活动时间,通常取自持力的30％；

(3) 潜艇为了克服在航渡中可能受到敌人阻挠所需的时间,通常取自持力的10％。

这三者时间的总和即为潜艇所需的战术自持力,则

$$t_e = \frac{1}{24} \times \frac{t_n}{0.3}$$

式中：

t_e——战术自持力(昼夜)；

t_n——单程航渡总时间(h)。

2) 水下逗留时间

水下逗留时间是潜艇在不更换新鲜空气的条件下,依靠艇内空气再生装置能在水下一次连续航行或停留的最长时间,以小时(h)计。水下逗留的总时间应满足自持力期间潜艇在水下停留时间的总和的需求,包括航渡过程中的水下航态总时间、待机阵地的水下待机时间和意外情况的水下停留时间。

4. 航速及其相应的续航力

航速是衡量一艘潜艇快速性优劣的主要战术技术指标。

航速是对应于不同航态下潜艇航行的速度,以"节"(kn)计。某一航行速度所能持续航行

的最大距离(海里)即为该航速的续航力。根据不同航态可有:水上航速及其续航力、通气管航速及其续航力、水下最高航速及其续航力、水下经济航速及其续航力。

1) 水上航速和续航力

潜艇处于水上状态时的各种航行速度称为水上航速。对于常规动力潜艇,由于燃油装载情况不同,它的水上最大航行速度又可分为正常状态和燃油超载状态两种;其对应的最大航速时的续航力也分为水上正常状态和水上燃油超载状态两种。

早期的潜艇是以水面活动为主的,只有当需要隐蔽接敌时才转入水下航行。因此,水上航速和续航力是当时潜艇的主要战术技术指标。人们当时就致力于提高该项指标。在第二次世界大战前所建造的潜艇,水上航速曾达到 18 kn 以上的水平,而水下航速远低于水上航速。随着反潜能力的提高——雷达的应用和航空兵的出现,潜艇经常在水面活动的可能性已经很小了。所以,这一项指标已不作为现代潜艇的主要战术性能指标来要求了。

2) 通气管航速和续航力

常规动力潜艇处于通气管状态时各种航行速度即为通气管航速。潜艇一次装足燃料条件下,在通气管状态下以某一规定航速航行所能达到的最大航程即为规定通气管航速相应的续航力。

现代潜艇在水上活动的机会越来越少,已转为以水下活动为主。但是,由于常规动力潜艇的蓄电池能源有限,不能长期在水下持续航行。随着科学技术的发展,出现了可使柴油机水下工作的空气装置——通气管装置。此时,潜艇可在距水面一定深度隐蔽地利用通气管装置从水面吸入新鲜空气供舱室通风和柴油机对蓄电池充电工作用。通气管航速和续航力就成了常规动力潜艇一项非常重要的战术技术指标,主要用于从基地到作战海区的航渡及对蓄电池充电。

为了缩短潜艇从基地到作战海区的航渡时间,要求通气管航速越高越好。但是由于受通气管升降装置强度的限制,当前常规动力潜艇的通气管航速一般在 8~12 kn 范围内。

通常,常规动力潜艇通气管航速续航力的大小是按照作战半径来确定的。续航力的大小主要影响着潜艇需要携带的燃油量和滑油量,这可由下列公式来估算:

燃油量　　$W_r = w_{r0}(1 + m + k_r)P_B t \times 10^{-6}$　　(t)

滑油量　　$W_h = W_r k_h \times 10^{-6}$　　(t)

式中:

w_{r0}——柴油机在额定工况条件下每马力时消耗的燃油量(克/(马力·时));

m——燃油余量系数,即燃油舱中无法使用而残留的"残渣"占总燃油量的百分数;

k_r——柴油机在非额定工况下耗油率的影响系数;

P_B——通气管航速所需柴油机的功率(计及辅机消耗的功率)(马力);

t——续航时间,等于续航力/通气管航速(h);

k_h——滑油消耗系数。

3) 水下航速和续航力

根据常规动力潜艇的推进电机不同的工况又可分成如下两种航行状态。

(1) 水下最高航速和续航力。

潜艇在水下状态,主推进电机发出额定功率所能达到的航行速度即为水下最高航速。蓄电池一次充满电后,用水下最高航速连续航行所能达到的最大航程(以海里计)即为它相应的续航力,习惯上是用续航时间来表示。

　　由于常规动力潜艇水下能源有限,一般只在进行鱼雷攻击和规避敌人攻击时才使用水下最高航速。按照这样的使用方法,经过敌情资料分析和战术论证、计算,可以确定出所需的水下最高航速和续航时间。目前常规动力潜艇的水下最高航速为 17~20 kn,也有高达 25 kn的;此航速下的续航时间一般为 1 h,也有 0.5 h 或 10 min 的。

　　核动力潜艇由于能源充足、功率大,它的水下最高航速一般较常规动力潜艇要高,可超过25 kn,它的续航时间已大大超过自持力的要求。一次装足核燃料,续航时间可达到十年或更长。

　　(2) 水下经济航速、低噪声航速和续航力。

　　水下状态的潜艇,用推进电机低耗电、低噪声航行时所能达到的航行速度称为水下经济航速;蓄电池一次充足电后以给定的水下经济航速连续航行所能达到的最大航程即为它相应的续航力。

　　常规动力潜艇为了使蓄电池能源经一次充足电后能工作更长的时间,以便增大水下续航力(此时蓄电池必须以小功率长时放电制工作),引出了水下经济航速。

　　潜艇航行所需的推进电机功率 P_E 正比于航速的三次方(v^3)。所以,降低航速可以大大减小所需的推进电机功率。而蓄电池放电具有这样的特性:在蓄电池可用容量范围内,放电电流愈大,输出电能愈少;放电电流愈小,输出电能愈接近可用容量的最大限额。因此,用低速度航行就有可能使潜艇续航力大大增加,这就是潜艇的水下经济航速及其续航力。

　　战术上要求水下经济航速时的续航力要大于敌人防潜封锁区的纵深,因为敌人的防潜封锁区的纵深一般是根据潜艇水下最大续航力来定的。敌人在设立防潜封锁区时,总想使其纵深大于潜艇的水下最大续航力,迫使常规动力潜艇不能一次从水下通过,必须中途浮起充电,从而发现潜艇并实施攻击。所以潜艇的水下经济航速的续航力也必须保证能一次从水下通过敌人防潜封锁区。潜艇通过封锁区的速度一般用 2~4 kn,考虑到洋流的影响,最好采用 3~4 kn。

　　对于核动力潜艇不存在节省能源的问题,始终可以采用水下最高航速航行。但是敌人在防潜区设有许多水声侦听站来搜索潜艇航行时发出的噪声。因此,潜艇必须用降低航行噪声的办法通过防潜区。降低潜艇的水下航行速度,使螺旋桨和水动力噪声减小,此时艇内的机械噪声强度随着推进功率的减小也明显降低,从而使潜艇总的辐射噪声强度减弱。潜艇航速降低到多少为宜? 为此引入"低噪声航速"概念。

　　海洋中由于波浪、海啸、海生物、船舶的航行、冰面的破裂等会造成一定强度的噪声,一般称为海洋噪声。如果潜艇在某航速下发出的辐射噪声强度等于或低于海洋噪声级,则由于海洋噪声的掩蔽作用,水声侦听站将不易侦听到潜艇的噪声,这时潜艇的航速就称为低噪声航速。

　　采取措施降低潜艇噪声从而提高低噪声航速,以便缩短航渡时间,在战术上是很有现实意义的,对核动力潜艇尤其如此。而常规动力潜艇的经济航速与低噪声航速往往是一致的。

复习思考题

1. 现代潜艇的主要任务有哪些?
2. 现代潜艇的系统构成有哪些?
3. 现阶段探测潜艇的手段有哪些?
4. 潜艇特有的战术技术性能指标有哪些?
5. 简述潜艇全排水量的含义及应用。

第9章　潜艇总布置设计

9.1　潜艇总布置设计概述

　　一艘潜艇由几个至十几个系统/分系统、众多的设备和成千上万个不同用途的零部件组成。如何将这些系统/分系统、设备、零部件根据功能需求合理、优化地布置在潜艇的有限空间内,并协调好各方面之间的矛盾,形成一个统一、和谐工作的有机整体? 这就是潜艇总布置设计要完成的任务。潜艇总布置设计是将潜艇的各构成系统/分系统、设备、功能部件进行优化布置的总体设计技术,也可以说是潜艇设计者在满足潜艇各种战术技术性能要求的前提下合理地进行潜艇整体布局的优化过程,其中包括潜艇建筑造型、艇内分层、隔舱划分、舱室布局、设备布置等。

9.1.1　总布置设计的任务和目的

　　潜艇总布置设计的成果形式主要是绘制出详细的总布置图。对于要成批建造的潜艇,常常在潜艇设计过程中制造立体模型(比例尺为 1∶1)或几个重要舱室的模型(比例尺为 1∶1 或 1∶4),以据此得出操作使用和维修装拆方便而又空间紧凑的布置方案,然后画出正式的总布置图。总布置图一般包括纵中剖面图、甲板剖面图(一至二层)和若干横剖面图。通过总布置设计和总布置图可真实地反映出潜艇各组成部分具体占有的容积和空间,并以此求取潜艇各组成部分和整艇的重量、重心坐标,检验理论计算的固定浮容积和排水量的合理性,为进行潜艇的浮性、稳性及其他航行性能计算奠定扎实的基础。

　　潜艇总布置设计的任务、目的可以简要概括如下。

　　(1) 从满足战术技术任务书的要求为总的协调基础,按功能和设备的需要,合理地划分舱室和布局各种构件、装备,恰当地给各个组成部分分配舱室空间,而空间的分配又应确保在潜艇性能受影响最小的前提下具有最大的使用效率,努力使艇体内舱室安排的相互关系达到最佳状态。

　　(2) 总布置是确定潜艇大小和形状的一种重要的手段,通过总布置检验潜艇各组成部分具体占据的容积的合理性、固定浮容积是否足够与协调,排水量是否恰当。

　　(3) 比较全面与准确地求得各构件、设备、系统/分系统的重心位置,以便进行潜艇的稳性、浮性及其他有关的航海性能计算。

　　(4) 通过总布置设计,其结果将证实一定主尺度范围、一定建筑形式与外形设计的可行性。

9.1.2　总布置设计时应遵循的基本原则

潜艇总布置设计除要求设计者具有潜艇设计原理方面的知识外,还要求设计者懂得潜艇战斗使用需求,特别是要了解现代潜艇的武器和通信、指挥及控制系统的作用和原理,熟悉潜艇各类机械和设备的性能、操作及日常维修。此外,设计者还应具有某些人类工程学或人体工程学方面的知识。人类工程学可以说是使机器的设计、工作方式和工作环境的制定等适合于人的能力限度的一门技术。这里,所谓机器的工作环境的制定就与位置有关。人类工程学在研究维修性时所用的可达性,指的就是维修时容易看到设备中的维修点,并能用手或工具去接近的意思。可达性可以分为外部可达性和内部可达性。前者就是由设备的布置场所及设备的机框设计所决定的。例如,一般在维修机器时人的姿态有弯腰、坐、蹲、跪、躺和卧等六种,最理想的布置是使维修人员只用一种舒服的姿态即能进行全部的维修。再比如,维修人员以某种必要的姿态对设备进行维修时,在纵、横、高三个方向上所需长度构成的空间称为必要的维修空间。若设备布置不当,往往会发生维修时维修空间太小而不得不移动其他设备的情况。由于潜艇设备繁复,空间紧凑,设计者虽有上述广泛的知识,有时也难以十分准确地解决布置问题。所以,总布置设计并不是单纯"积木"式的布置问题,而是设计者如何通过布置综合集成反映其设计思想,满足设计艇各项战技性能的重要设计步骤。可以说,总布置设计是潜艇设计集成创新的过程和体现。为此,潜艇总布置设计必须遵循如下基本原则。

(1)贯彻系统工程原则,最大限度地发挥各种上艇装备的战技性能,保证正常的操作使用、日常操纵管理与维护修理;要便于指挥、通信联络;便于各种设备的迅速备航和启动;便于艇员的战斗活动。

(2)有利于应用隐身技术,特别是减振降噪技术措施,为其创造必要的条件。

(3)有利于增强潜艇的生命力,有利于提高系统、设备的可靠性。

(4)照顾有特殊要求的设备布置,并力求减少设备之间的相互干扰,避免外界物理场(如声、磁、热、电、湿度、压力等)的影响。

(5)获得尽可能好的静力和动力航海性能。

(6)尽可能地改善艇员的生活条件,具有良好的居住性,保证艇员的健康、安全和战斗力。

(7)预留必要的空间储备,以适应建造、修理和改换装的需要。

(8)力求在满足作战任务需求前提下减小排水量、减小主尺度、降低研制成本。

9.1.3　总布置设计的一般要求

潜艇总布置设计的一般要求如下。

(1)潜艇的外形和结构形式应符合对艇的主尺度、生命力、各种航行性能、某些设备的布置和艇体结构与强度等方面的要求。

(2)艇上的主要噪声源(转动机械布置处)应远离水声探测设备,并集中布置在经减振隔声处理的封闭空间内。

(3)耐压艇体内舱室划分应符合对艇的防火区域的分隔、不沉性、水下失事救生和各舱室主要设备总布置的要求。

(4)应严格控制设计艇的重量重心,应尽量将较重的设备(如蓄电池、动力设备等)布置在艇的下部,对各种装载状态下的重量重心应进行协调和控制,保证艇在各种装载情况下具有符合要求的浮态和稳性。

(5) 变动载荷项(如燃油、滑油、淡水、食品、蒸馏水、雷弹补重水舱,环形间隙水舱,液氧与AIP 燃油等)的布置,应尽可能对称布置并与调整水舱的布置相匹配,力争实现就地补重代换。

(6) 设备选型要充分考虑经济性和保障性,设备布置要充分考虑安装工艺和使用维修的简便性。

目前的常规潜艇,按动力推进方式分类,可分为直接传动推进式潜艇和电力(间接)传动推进式潜艇;按艇体结构形式分类,可分为单壳体艇和非单壳体艇。但不论哪一类潜艇,从潜艇系统、设备组成和布置出发,在耐压艇体内无例外地包含有如下部分:武备舱、指挥舱及升降装置、蓄电池舱、柴油机(或柴电机组)舱、推进舱和居住舱。对于装备不依赖空气推进 AIP 系统的常规潜艇还有 AIP 系统舱;对于核潜艇还有核动力装置舱。下面主要以常规潜艇为主要对象分别予以叙述。

9.2　潜艇舱室划分与结构形式选取

根据总布置、强度和不沉性等的要求,潜艇内部空间被划分为数量和大小不同的舱室。在各系统和设备布置之前,首先要进行舱室划分和结构形式选择,由于世界各国潜艇设计师对潜艇强度和生命力的考虑角度不同,因此潜艇舱室划分和结构形式有很大区别。

9.2.1　耐压艇体舱室划分与承压隔壁设置

我们在进行总布置设计时总是把潜艇划分成若干舱段。其目的是:隔开不同用途的舱室使设备、人员工作时互不干扰;缩短耐压艇体的纵向跨度,保证艇体有足够的结构强度和稳定性;保证破损后的不沉性和提高潜艇的生命力。那么究竟划分成几个舱段以及如何布置呢?各型潜艇是不一样的。目前,耐压艇体舱室划分基本上有两种类型,即小分舱大储备浮力和大分舱小储备浮力两种。

小分舱大储备浮力代表着以静力抗沉或者以救人救艇为主的设计思想。大分舱小储备浮力代表着以动力抗沉为主的或者弃艇救人的设计观点。实际上,潜艇的安全与救生直接受到耐压舱壁布置的影响,但也并不是任何情况下都要设置耐压舱壁。一方面,在设计耐压壳时可以做到使它只需要横向肋骨就能提供足够的耐压强度和纵向稳定性;另一方面,又不可能找到一种合适的舱壁设置使潜艇破损后的浮性和稳性达到水面舰艇的安全水平。设置分舱耐压隔壁在总布置设计时需计及舱室长度的增大和增加的重量,对总布置而言是不利的。至于舱壁承压能力大小,应根据潜艇的活动海区以及救生的方式而定。

一般有这样几个舱段:武备舱(鱼雷舱、导弹舱)、指挥舱、动力舱(蓄电池舱、柴油机(柴油发电机组)舱、电机舱,或核动力装置舱、主机舱)、辅机舱、居住舱、主要液舱(舷间液舱和体内液舱)、艏端、艉端、上层建筑、指挥室围壳等。图 9-1、图 9-2、图 9-3、图 9-4 是四种典型潜艇的分舱布置示意图。

苏联(俄罗斯)的潜艇设计师们一直主张在潜艇上划分较多的舱室。苏联在第二次世界大战结束后不久建造的 Z 级、W 级、Q 级常规潜艇,均划分为 7 个舱室,苏联的第一代核潜艇——N 级攻击型核潜艇甚至划分为 9 个舱室。

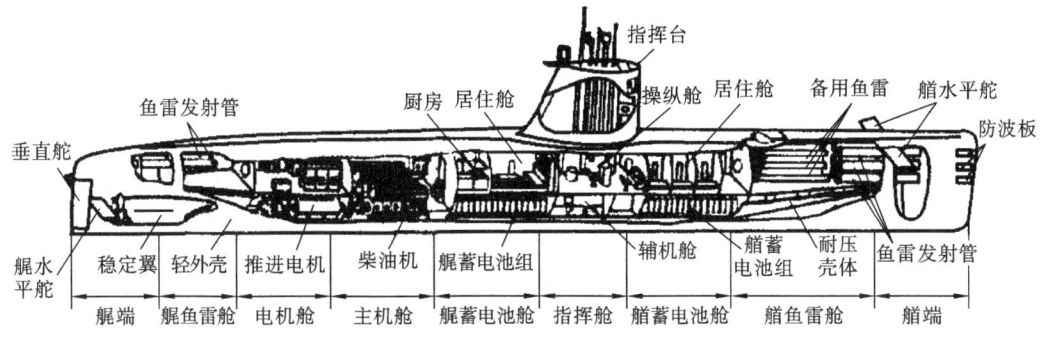

图 9-1　常规动力潜艇分舱布置示意图

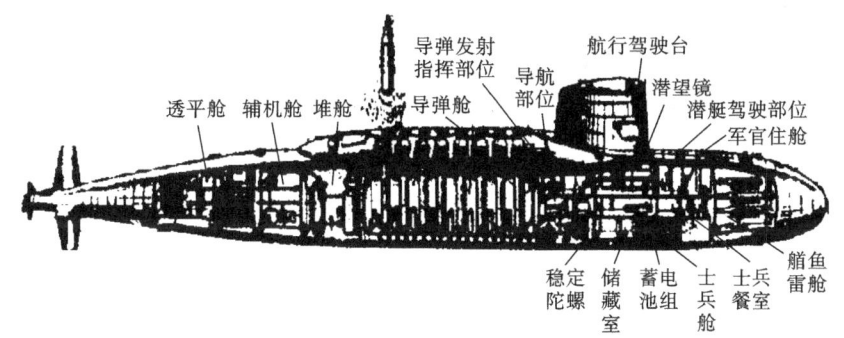

图 9-2　核动力导弹潜艇分舱布置示意图

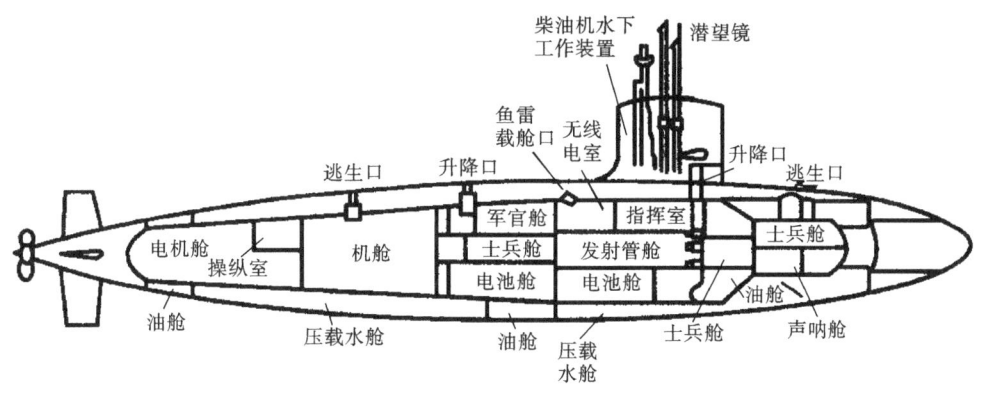

图 9-3　"涡潮"级潜艇舱室划分简图

　　以美国为首的西方国家的潜艇设计师则倾向于在潜艇上划分较少数量的舱室。美国海军早期的典型攻击型核潜艇如"鲣鱼"级、"长尾鲨"级和"鲟鱼"级,法国典型的"红宝石"级攻击型核潜艇以及"阿戈斯塔"级常规潜艇都划分为 5 个舱室。日本的"夕潮"级常规潜艇也划分为 5 个舱室。自 20 世纪 70 年代以后,西方国家的潜艇开始采取大分舱原则,其划分舱室的数量更少。美国海军的"洛杉矶"级攻击型核潜艇仅被划分为 3 个舱室,这三个大隔舱是指挥舱、反应堆舱和主/辅机舱。

　　在美国潜艇大分舱原则的影响下,一些西方国家在新型的潜艇上也逐渐采取大分舱原则。例如,英国在 20 世纪 80 年代建造的"支持者"级常规潜艇、荷兰在 20 世纪 80 年代建造的"海象"级常规潜艇以及于 90 年代建造的"海鳝"级新型潜艇均划分为 3 个舱室,德国在 20 世

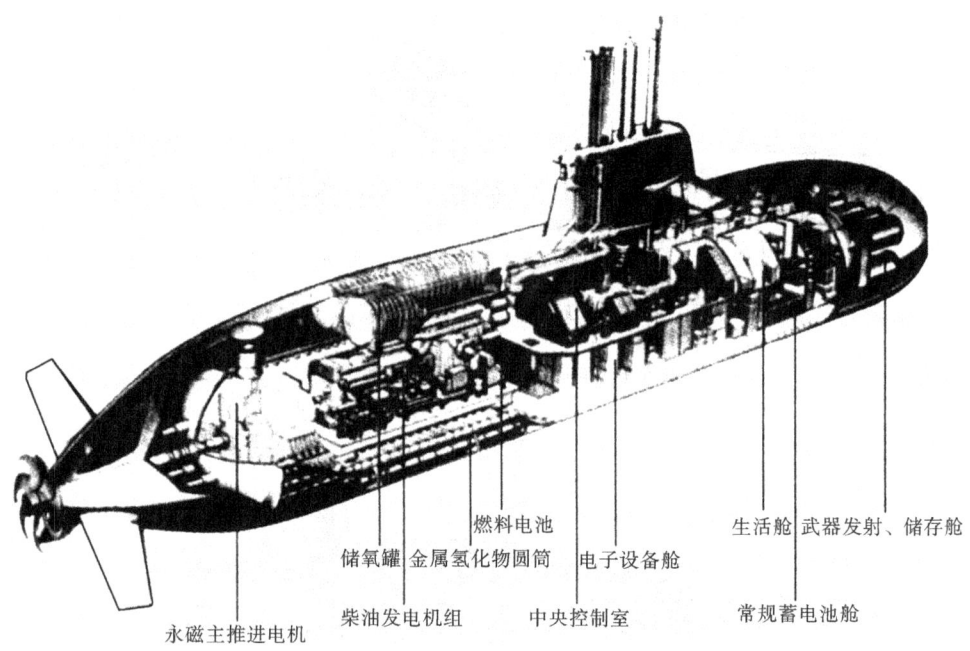

燃料电池

储氧罐 金属氢化物圆筒　　电子设备舱　　　　生活舱 武器发射、储存舱

永磁主推进电机　　柴油发电机组　　中央控制室　　　　　常规蓄电池舱

图 9-4　212 型潜艇总布置示意图

90 年代建造的 212 型常规潜艇划分为 4 个舱室,德国在 20 世纪 90 年代末期为以色列设计的"海豚"级潜艇划分了 3 个舱室,瑞典建造的"西约特兰"级和"哥特兰"级潜艇仅划分了 2 个大型隔舱,即艏部舱室和艉部舱室。后来连一向采取多分舱原则的俄罗斯,也在其新设计的"阿穆尔"级常规潜艇上仅划分出 5 个舱室,表现出一种全球性的大隔舱热。由于我国潜艇设计主要借鉴于苏联的理念,常规潜艇一般都设置了 7 个舱室。

世界主要潜艇分舱统计如表 9-1 所示。

表 9-1　世界主要潜艇分舱统计

潜艇	国家	动力类型	舱室数量
Z 级	苏联	常规动力	7
W 级	苏联	常规动力	7
Q 级	苏联	常规动力	7
N 级	苏联	核动力	9
"鲣鱼"级	美国	核动力	5
"长尾鲨"级	美国	核动力	5
"鲟鱼"级	美国	核动力	5
"红宝石"级	法国	核动力	5
"阿戈斯塔"级	法国	常规动力	5
"夕潮"级	日本	常规动力	5
"洛杉矶"级	美国	核动力	3
"支持者"级	英国	常规动力	3
"海象"级	荷兰	常规动力	3
"海鳝"级	荷兰	常规动力	3
212 型	德国	常规动力	4

潜艇	国家	动力类型	舱室数量
"海豚"级	德国	常规动力	3
"西约特兰"级	瑞典	常规动力	2
"哥特兰"级	瑞典	常规动力	2
"阿穆尔"级	俄罗斯	常规动力（AIP）	5

9.2.2　舱室分层

容积是潜艇空间的一个量度。在大多数情况下,有效甲板面积更为重要。大多数潜艇设计是"限制容积"的,布置得好可以使单位容积有更多的甲板面积,其结果将可使潜艇造得小一点。耐压艇体内部设置的甲板层数取决于耐压艇体直径。甲板设置的原则是每层甲板之间的层高需略大于艇员的平均身高,再加上通过的各种管路、电缆占用的高度(见图 9-5)。

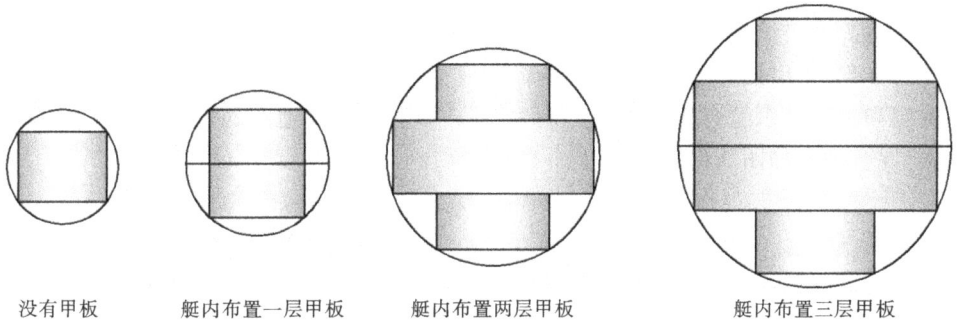

| 没有甲板 | 艇内布置一层甲板 | 艇内布置两层甲板 | 艇内布置三层甲板 |

图 9-5　潜艇耐压艇体直径与艇内甲板层数的应用

舱室分层是否恰当可以用甲板使用率来衡量。不同直径的合理分层所获得的甲板使用率是不同的(见图 9-6)。潜艇布置主要取决于能否有效利用圆形特性。潜艇耐压艇体内部舱室的布置,不仅要求满足容积的需要,而且还要考虑空间的几何形状以及纵向或垂向设置的位置。

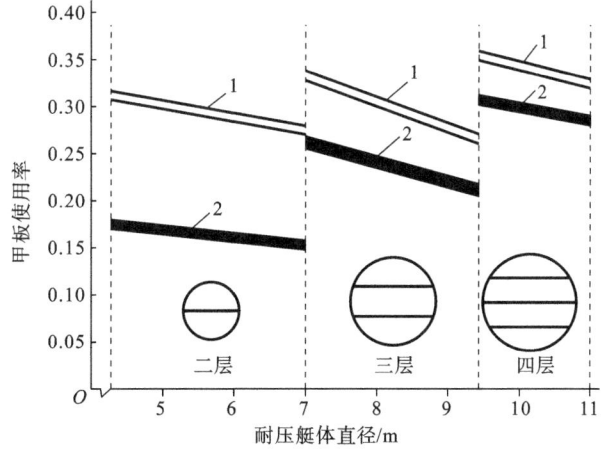

图 9-6　耐压艇体直径、分层与甲板使用率的关系

1-底层全用于布置;2-底层不用于布置

9.2.3　船体结构形式的选择

　　潜艇横剖面的结构形式常见的不外有以下四种典型形式:单壳体、双壳体、个半壳体和混合壳体(见图 9-7)。当然也会有少数特殊形式如"8"字体、"品"字体。实际上,单壳体和双壳体结构在潜艇的历史上是交替或平行出现的。

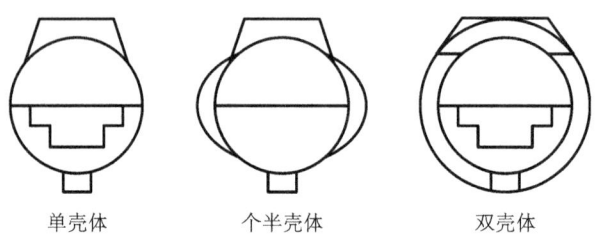

单壳体　　　　　　个半壳体　　　　　　双壳体

图 9-7　潜艇横剖面结构形式

　　到底选择哪一种结构形式,作为依据的是燃油舱容积和主压载水舱容积之和与潜艇水下排水量的比值。如果该比值很小,那么单壳体是最适宜的。其全部燃油应当尽可能地布置在耐压壳体的下部,可以提高稳性,耐压壳的体积变得比较大,从而产生比较好的容(积)比(例)。如果燃油舱和主压载水舱容积之和的比例大,那么双壳体艇是适宜的。对于中等比例,可以选用综合型(混合型),如图 9-8 所示。

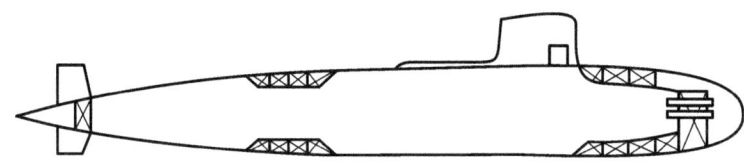

图 9-8　混合型船体结构

　　图 9-9(a)所示为建造中的双壳体潜艇,内外壳体已基本完成,上层建筑尚未搭建。舷侧空间里可以看到用于维持舷间液舱稳定的肘板、肋骨和大量支撑角钢等构件。图 9-9(b)所示为建造中的一个单壳体潜艇分段,与双壳体潜艇相比,结构简单得多,舱段内可以看到单壳体艇内置的肋骨。下面简单介绍单、双壳体潜艇各自的一些性能特点及其衍生的利弊关系。

1. 单壳体结构的利弊分析

1)单壳体结构的优点

(1)结构简单。

　　与双壳体艇相比,单壳体艇因为少了一层外壳体,也没有了双壳体艇复杂的舷侧空间结构,所以结构相对简单。在工程施工量上要比双壳体艇少。就单纯的工程角度而论,单壳体艇的建造工时、占用人工和建造材料都会比双壳体艇少。如设计要求相同,则采用单壳结构有利于减少建造时间,扩大建造产量,降低单艇建造成本。

(2)水下快速性好。

　　与双壳体和个半壳体以及混合壳体结构相比,在耐压舱室容积相同的前提下,单壳体艇的湿表面积最少。因为单壳体艇的耐压艇体外没有包覆物,耐压艇体直接裸露,湿表面积就是耐压艇体的浸湿面积。而其他的壳体结构,在耐压艇体外或多或少都包覆有比耐压艇体直径更大的轻外壳,大大增加了艇体的浸湿表面。其中双壳体艇的湿表面积最大,因为双壳体艇从艇

（a）建造中的双壳体潜艇

（b）建造中的单壳体潜艇

图 9-9　建造中的单、双壳体结构对比

至艉都完整地包覆有轻外壳,舷侧空间也最为宽裕,外壳体直径往往比耐压艇体要增加 1.6～2 m,所以其湿表面积要比耐压艇体裸露的单壳体艇大得多。湿表面积越大潜艇在水下与水接触的面积越多,摩擦阻力也就越大。潜艇的总阻力值中摩擦阻力占比 84% 左右,湿表面积大的潜艇阻力大,水下快速性差。单壳体艇因为有最小的湿表面积,水下快速性也最佳。

单壳体艇主压载水舱只有艏艉端有,储备浮力小,一般只有 13% 左右,小的甚至不到 7%。储备浮力小当然有其弊端,但是也有其优势。与双壳体艇 30% 左右的大储备浮力相比,单壳体艇在水下的满载排水量就要小得多。打个比方,两艘水上正常排水量同为 6000 t 的单、双壳体艇,到了水下单壳体艇的满载排水量最多增加 13% 的储备浮力容积和 4% 左右的其他非耐压非水密结构容积,此时单壳体艇水下满载排水量不过 7020 t。双壳体艇因为高达 30% 的储备浮力容积和 10% 以上的非耐压非水密结构容积(双壳体艇上层建筑较大),水下满载排水量将达到 8400 t 之巨。换句话说两艘水上排水量相同的单、双壳体艇,到了水下双壳的要比单壳的多带 1380 t 的水。在同等推进功率下,水下吨位少的潜艇自然跑得更快,因此单壳体艇的水下快速性远比双壳体艇要优秀得多。

对于潜艇来说,水下最高航速指标有重要意义,关系着潜艇能否及时到达指定地点去完成指挥部下达的重要任务。在潜艇战位攻击和逃避敌反潜力量追剿过程中,较快的航速指标也能提高潜艇的攻击成功率和规避成功率。所以,让潜艇拥有良好的水下快速性几乎是各个国家海军的基本要求。在这点上,单壳体结构潜艇具备原生性的无以复加的优点,是其他壳体结构潜艇不能比拟的。

（3）下潜速度快、艇体光顺度好、隐蔽性好。

单壳体艇的主压载水舱容积小,只有艏艉端有两组主压载水舱,储备浮力容积不过 13% 左右。相比双壳体艇的十几个主压载水舱,单壳体艇从水面状态转入水下状态的时间少,下潜速度快。现代潜艇逐渐以水下航行为主,但是非核动力潜艇水面航行时间还是较长的,为了避免敌航空反潜力量攻击,提高潜艇生存力,一定的下潜速度还是较为重要的。在这点上,单壳体艇因为主压载水舱容积小、储备浮力小、下潜速度快,有一定的优势。

　　单壳体艇的压载水舱少,上层建筑等非耐压非水密部位的容积也小,这些部位的艇表开口数量也就比双壳体艇要少得多,艇表开口较为容易控制,在改善艇体光顺度上比较有利。这对提高潜艇的水下快速性,降低高航速下的流体噪声,提高本艇声呐有效工作距离有利。

　　在相同耐压舱室容积下,单壳体艇的湿表面积最小。浸湿表面积少,意味着声反射面积小,敌主动声呐入射强度就低,敌对我潜艇的搜索距离和跟踪距离就小。这便于规避敌反潜兵力的搜索和鱼雷末端主动导引头的搜索跟踪,对于提高潜艇隐蔽性,规避敌方反潜武器攻击都较为有利,能提高战时潜艇的生存力。

　　2)单壳体结构的弊端

　　(1)储备浮力小、不沉性差、生命力低。

　　单壳体艇的耐压艇体直接暴露在外,耐压艇体没有任何保护。在发生撞击事故和遭受反潜武器打击下,耐压艇体容易破损并导致舱室内进水。单壳体艇的主压载水舱又小,储备浮力只有13%左右。西方国家的单壳体艇又采用大分舱结构,一旦耐压艇体破损进水,失事舱室的进水量往往比该艇的储备浮力大得多。潜艇要靠排出压载水所获得的浮力重新上浮到水面很难,失事潜艇容易丧失自救能力而座沉海底,给潜艇和艇内官兵的安全带来较大的威胁。

　　单壳体艇的主压载水舱少而且过于集中,艏艉端两组压载水舱如同时遭到损失,潜艇将立刻失去所有储备浮力,潜艇的不沉性将彻底丧失。如果艏艉组压载水舱中的一组失去水密性,则容易使潜艇失去纵倾平衡。比如艉组压载水舱失事,就会导致潜艇大角度尾倾,严重影响潜艇潜航时的安全。一旦艏组压载水舱失事,则会出现大角度首倾,在这种情况下,潜艇要以正常姿态回到水面几乎是不可能的。如果潜艇失事时航速较高,事故潜艇的首倾角度往往难以挽回,将造成潜艇撞击海底或者突破极限深度,出现严重的安全事故。

　　所以单壳体艇与其他壳体结构特别是双壳体艇相比,生命力要差得多,这同样也是壳体结构特性所决定的。

　　(2)均衡难度大、操作要求高、肋骨内置、对型线适应能力差。

　　单壳体艇主压载水舱少,又分布在艏艉端,潜艇进行均衡的难度较大,在上浮下潜和潜航过程中,艇体均衡的操纵能力较差,对操作要求较高。这对潜艇操纵的自动化有了较高的要求,对舵信人员和指挥部门长也有较高的业务要求。

　　单壳体艇耐压艇体上的环形抗压肋骨是内置的,当潜艇进行内装时,大量的电缆、管路要进行穿肋作业,增加了工艺复杂性,提高了工程难度。凸出的环形抗压肋骨又占据了宝贵的耐压舱室容积,也会影响舱室内一些设备的布置。

　　单壳体艇对型线的适应能力差,要把又厚又硬的耐压壳体板加工成带复杂曲率的型线(比如纯水滴形)在施工工艺和施工难度上要求都很高。采用纯水滴形型线的单壳体艇耐压舱室短,带曲率的耐压舱室形状也较为复杂,给舱室的功能性安排和舱室内的设备布置都带来了很多困难。这对提高潜艇作战性能,改善艇员生活环境,控制建造成本,降低建造难度都非常不利。所以美国的"大青花鱼""长颌须鱼"和日本的纯水滴形型线的潜艇,都用了双壳体结构。而美国也在"鲣鱼"级后就放弃了在单壳体潜艇上采用纯水滴形型线的做法,用建造简单的拉长水滴形型线代替了最初的纯水滴形型线。

　　2. 双壳体结构的特点与利弊

　　1)双壳体结构的优点

　　(1)耐打击能力强、抗沉性好、生命力优秀。

　　双壳体潜艇在整个耐压艇体外多了一层完整的外壳体,使得耐压艇体多了一个保护壳,耐压艇体在事故中遭到撞击后破损进水的概率就要比单壳体艇低得多。由于双壳体艇的舷侧空间较大,在舷间又有众多的支撑加固结构,加上压载水舱中水的阻隔,双壳体艇面临鱼雷攻击时耐压艇体遭受的损伤也要比单壳体艇轻得多。以苏联的双壳体结构潜艇为例,舷侧空间一般在 80 cm 到 1 m,个别夸张的如"949 奥斯卡"这类的巡航导弹潜艇,可以达到惊人的两米多,而其舷间的导弹发射筒也为装甲加固的耐压结构,常规的小口径反潜鱼雷要击穿它的耐压艇体就较为困难。所以以苏联为代表的双壳体艇的耐打击能力、耐撞击能力都要比单壳体艇好得多。

　　双壳体艇的主压载水舱多,一般有十几个,其储备浮力往往高达 30% 左右。所以双壳体艇的压载水舱损失冗余大,在一般情况下破损一两个主压载水舱不会对双壳体艇的生命力造成重大影响。苏联在双壳体艇上采用了小分舱的结构,即使耐压艇体破损进水,小分舱结构可以保障艇内其他分舱的水密性不被破坏。而失事舱室的容积小,进水量也有限,在双壳体艇较大的储备浮力下,潜艇能够保证自浮至水面,将水下失事挽救为水上抢险,对保证作战潜艇不损失、艇内人员安全脱离有利。

　　双壳体艇的生命力在所有壳体结构中是最优秀的,这取决于双壳体结构特有的储备浮力大、压载水舱多的结构特点。举个例子,单壳体艇水下失事,耐压艇体大量进水后,潜艇要自浮的可能性较小,只有座沉海底等待水面救援。而苏联和我国采用的小分舱大储备浮力的双壳体潜艇,往往能达到任意耐压舱室与相邻的一至两个主压载水舱水下进水自浮、水上进水不沉的高生命力指标。所以采用小分舱大储备浮力的双壳体结构潜艇在不沉性和生命力上的表现,是单壳体艇远远不能比拟的。

　　(2)均衡性能好、作战环境适应性好、工业门槛低。

　　双壳体艇的主压载水舱多,且从艏至艉都有大小不等的压载水舱,水下均衡较为方便。在潜浮过程中的操纵也较为容易,可以使用二次潜浮法,在充分调整好潜艇的纵倾平衡后再进行潜浮动作,潜艇上浮下潜时的安全性好。对潜艇自动化操纵水平要求较低,对相关操纵人员的业务素养也没有单壳体艇要求的那么苛刻。

　　双壳体艇因为有外壳体保护,所以在北冰洋等高纬度高冰区域航行时,耐压艇体被浮、碎冰撞击时不易受损。双壳体艇在这些区域航行的安全性就有较大保证,对作战环境的适应性好,部署区域更广阔。苏联喜欢采用双壳体结构,不得不说也有这个重要因素的影响。

　　双壳体艇轻薄的外壳体加工成型较为方便,型线适应度好,可以根据潜艇的线型设计需要来加工,不像单壳体艇那样受到施工难度的约束。外壳体内的耐压艇体则可以根据施工难度最小、最经济的形状来加工,既降低了建造难度,也控制了施工风险,对于国防工业能力不是很强的国家来说,也就降低了工程建造上的门槛。

　　双壳体艇因为有外壳的包覆,所以艇体上的一些凸出物和开口较为容易处理。对于苏联这样精细加工能力一般的国家来说,双壳体结构更容易提高潜艇光顺度。而单壳体艇因为耐压艇体直接暴露,耐压艇体上的凸出物和开口要进行处理就较为复杂,要提高潜艇艇表光顺度,对设计能力和施工工艺要求都较高,比较适合工艺水平高、精细加工能力强的西方发达国家。

　　2)双壳体结构的弊端

　　(1)湿表面积大、快速性和隐蔽性差。

　　双壳体艇的外壳体直径一般要比耐压艇体大 1.6~2 m,个别的甚至可以达到 3 m 左右。

所以在同等耐压艇体容积下,双壳体因为舷侧空间的影响,外壳体直径的增大作用,其湿表面积要比耐压艇体裸露的单壳体艇大得多。湿表面积大必然会导致艇体摩擦阻力值大,潜艇的水下快速性就差。

湿表面积还影响着潜艇反射声波的强度值,湿表面积越大的潜艇,反射声波的区域越大,艇体反射声波的强度值越高,敌方主动声呐搜索和跟踪的距离就比较远。苏联这类大储备浮力的双壳体艇,水下满排吨位要比美国的单壳体艇多出 23% 左右("奥斯卡"和"台风"这类恐怕还要高得多)。因此水面排水量相等的美苏单、双壳体艇到了水下,苏联双壳体艇的暴露面积要比美国单壳体艇大得多,自然在隐蔽性和规避能力上都要差一些,对战时潜艇的生存力不利。

(2) 同等吨位下,耐压艇体容积小。

双壳体艇的压载水舱多,储备浮力容积大,相比单壳体艇,双壳体潜艇在水下要多带近 20% 的压载水和自由液体(非耐压非水密空间内的水)。所以,水下吨位相同时,双壳体艇的耐压艇体容积要比单壳体艇小得多。举个例子,俄罗斯的 DIV 型战略核潜艇水下吨位 18200 t,美国的"俄亥俄"级战略核潜艇水下吨位 18750 t。在水下吨位上二者相差无几,可是 DIV 型的水上吨位只有 11700 t,"俄亥俄"级的水上吨位却达到了 16600 t,"俄亥俄"级比 DIV 型的水上吨位足足多出了 5000 t 左右。到了水下,这 5000 t 的容积 DIV 型基本是装压载水和自由液体,而"俄亥俄"级则是可以利用的耐压艇体容积。如果这个数据不够,我们还可以再看两型艇的耐压艇体直径,"俄亥俄"级的耐压艇体最大直径处为 12.8 m,DIV 型的只有 9.7 m 左右,二者相比谁的耐压艇体容积大,一目了然。

对于作战潜艇来说,耐压艇体容积大一些对提高潜艇性能是非常有利的。耐压艇体大,艇内设备布置空间就更为宽裕,一些体积大性能好的设备就可以装艇使用。比如自然循环反应堆这类要求高度差的动力装置就可以顺利装艇,一些体积庞大的减振降噪模块,如整体浮筏等就可以充分地布置。鱼雷、导弹、水雷等武器的装载量也可以增加,这也能提高潜艇的火力密度、打击威力,延长潜艇的作战巡航时间。艇内人员的生活空间也会更为舒适,对提高艇员连续作战能力,延长艇员作战巡航时间都非常有利。在这点上来讲,双壳体艇的弊端是较为突出的。

(3) 艇表开口多、小分舱结构对艇内设备布置不利。

双壳体艇的上层建筑容积大、压载水舱多,这些部位上的流水孔、通海阀的格子板等开口都较多,容易增加潜艇水下航行时的艇体阻力值和高速航行下的艇体流噪。当然也可以采用俄罗斯的做法,给流水孔开口处设置密闭盖板来改善,但是盖板传动机构的布置、密闭装置的启闭操作机构,都会增加潜艇设计和建造时的复杂性。从根本上来说,单壳体结构潜艇在减少艇表开口、控制开口面积上还是最理想的。

双壳体艇优秀的生命力必须结合小分舱结构来实现,但是小分舱结构的舱室容积小,对舱室功能性安排和舱室内设备的布置都会带来较多的不便。较小的舱室,对艇内人员生活的舒适性也有不利影响。分舱中众多的耐压和非耐压隔壁又给潜艇内部大量的电缆、管系的纵向布置带来了极大的麻烦。这些也都会增加潜艇建造中的复杂性,延长施工时间,给潜艇后期内部施工带来诸多不便。

(4) 双壳体艇舷侧结构复杂,后勤维护较为烦琐。

双壳体的舷侧空间较为复杂,在后勤维护中,要进行相关的维修比较困难。部分舷侧空间两层壳体间的间距不足 80 cm,人员进入这样狭窄的空间进行维修,操作环境相当恶劣,维护难度大。双壳体艇的上层建筑和非耐压非水密部位较多,这些轻型结构在长期浸泡海水后,随着潜艇的潜浮,频繁地切换于海水和空气两种环境,容易导致这部分壳板的腐蚀和损坏。所以双壳体艇在服役期间对上层建筑和部分外壳体板进行拆卸更换的次数较多,增加了后勤维护的工作量。

3. 以苏联和美国为代表的东西方流派选择不同壳体结构的原因

壳体结构形式的发展,是追随科学技术的进步和部队作战的需要而改变的。如果从历史性的角度去看,我们可以发现,以"霍兰"号为代表的早期现代潜艇,采用的都是原始的单壳体结构。但受当时潜艇动力系统的限制,潜艇以水面航行为主,单壳体艇的储备浮力小、水线面低,潜艇水面航行时的稳性差,适航性不好限制了潜艇在远海作战的能力。于是在第一次世界大战前期,壳体结构开始向个半壳体和双壳体结构发展。个半壳体和双壳体结构的潜艇,储备浮力大,水线面高,水面航行时的稳性要比单壳体艇好。这让潜艇部队能够远离海岸,到大洋中去作战。同时良好的水面航行性能也非常适合"一战"和"二战"时期水面航行、水下攻击的作战模式。当时名噪一时的Ⅶ系列潜艇就是个半壳体结构,而需要远洋作战的Ⅸ系列则是双壳体结构,美国优秀的舰队型潜艇"小鲨鱼"级同样也采用了双壳体结构。从这些发展轨迹上,可以清晰地看到潜艇科技的发展,以及部队作战需求的牵引对壳体结构的推动作用。

第二次世界大战后,美国海军已经成为世界最强。潜艇动力技术也从常规动力全面转向核动力,实现了水下近乎无限动力的战略性转变。同时美国作为超级大国,以航母为核心的作战编队需要核动力潜艇编组作战,以保护航母编队水下安全。在这种战略背景下,美国核潜艇的快速性要求越来越迫切。因为只有水下航行速度快,机动能力强的核潜艇才有可能伴随航母编队遂行作战,也才能满足美国军方全球部署、快速到达的战略要求。所以,第二次世界大战后美国核潜艇的壳体结构开始转向快速性好的单壳体结构。

至于单壳体生命力差的问题,美国认为现代核潜艇的潜深越来越大,要保证大深度下的潜艇达到自浮的可能性越来越低。一旦潜艇失事,最好的办法是待机水下,依靠完善的后勤救援系统来帮助潜艇内的官兵安全脱险。这当然有独特的美国因素在里面,美国经济发达,装备建造较为容易,人员则较为宝贵,所以美国重视人员的安全性要高于装备的完好率。只要人员能够安全脱险,可以选择弃艇救人的模式。因此在第二次世界大战后,美国不但放弃了双壳体结构,还放弃了小分舱模式,以大分舱结构取而代之。美国认为,带耐压隔壁的中心指挥舱可以满足人员水下逃生所需,只要后勤救援系统发达(如美国的 DSRV 这类昂贵的深海救援系统),艇内人员救生系统完善(西方潜艇的快漂个人逃生系统可以支持百米深度湿态逃生),照样可以挽救作战人员的生命。而单壳体核潜艇,在快速性上的优势非常符合美国战略需要,所以美国在潜艇壳体结构上做出了坚定的转变。

苏联则面对完全不同的情况,苏联的大部分潜艇基地都位于高纬度高冰海域,苏联海军又极其重视北冰洋冰盖下作战。在这种严酷的环境中,双壳体结构潜艇的耐撞击能力和生命力是苏联潜艇部队官兵最为看重的,所以苏联海军一直排斥使用单壳体潜艇。设计了阿尔法、阿库拉的 143 特种设计局(现在的俄罗斯孔雀石中央船舶设计局)在 20 世纪 60 年代就提出过单壳体结构的设计方案,并一直在高层推动,希望能够得以实施。但是受到苏联海军方面的强力反对后,这些方案基本被遗弃了,一直到 40 年后俄罗斯才开始了壳体结构的转变,可见苏联海军在壳体结构决策方面的巨大影响。

同时苏联的经济也不像美国那么发达,社会主义国家特殊的政治影响又特别重视人在战争条件下的作用,主张发挥个人的主观能动力,在潜艇破损后积极地进行损管救护,以挽回昂贵的作战装备。这样苏联也就特别重视潜艇的生命力,双壳体潜艇的大储备浮力和良好的耐打击能力,都给官兵对受损潜艇实施抢救提供了良好的条件。而宝贵的作战装备如果能以最大的努力获得保存,也是苏联这样经济条件不是很宽裕的国家乐意去做的。

单壳体艇因为耐压艇体暴露在外,在耐压艇体上众多的凸出物体比如人员出入舱口、鱼雷装载舱口、一些甲板上的伸缩件等处理起来就比较麻烦,对潜艇设计和加工工艺要求较高,西方国家因为工业加工能力强,处理这些不成问题。但对于苏联这样的精细加工能力一般的国家就较为吃力,双壳体因为有外壳体的覆盖,就更容易做到艇表的光顺,比较适合苏联的工业体系。双壳体结构的设计、建造标准与单壳体完全不同,艇员的操纵规范也有较大差异,对于苏联来说要转变到单壳体上去要付出的时间和代价都较大,加上单壳体结构又和苏联海军的作战环境、作战思想等有较多的冲突,所以苏联在解体前一直坚定地选择了双壳体结构。

综合来看,美国和苏联都是从各自不同的政治、经济、军事和工业层面考虑,选择了最适合自己的壳体结构形式,并形成了个性鲜明的两大设计流派。

4. 新时期潜艇壳体结构的发展趋势

随着近些年潜艇科技的快步发展,潜艇壳体结构不再以传统的单、双壳体为主流。德国和日本分别从单壳体和双壳体结构走向了以单壳体为主的混合壳体形式,法国和俄罗斯的常规潜艇也从双壳体结构转向了单壳体结构。传统的小分舱大储备浮力的双壳体结构,被边缘化的趋势越来越明显。究其根源,是现代反潜技术和潜艇科技的发展所导致的。

以德国的转变为例,212A 型潜艇走向单壳体为主的混合壳体结构是为了在舷侧布置 AIP动力所需的贮氢钢瓶,这显示了新时期潜艇建造国更为务实、更加变通的设计思想。而日本从双壳体转向混合壳体结构,以及俄罗斯开始建造单壳体潜艇,则更多地体现了现代发达的反潜技术对潜艇壳体结构的重要影响。

在现代发达的反潜技术面前,传统的双壳体结构因为水下吨位大暴露率高,容易被侦测和跟踪,继而招来反潜方不间断的连续攻击,给作战潜艇带来极大的威胁。以 MK50、MK54、A290 等为代表的轻型鱼雷和以黑鲨、DM2A4、MK48ADCAP 系列为代表的重型鱼雷自导声呐搜索距离远,跟踪精度高,抗干扰能力强,命中概率高。吨位大暴露率高的潜艇在这些鱼雷面前要成功规避的概率越来越低。同时现代鱼雷采用的侧瞄基阵能保证垂直命中艇体,连续的聚能战斗部和高能量的 PBXN 爆破装药可以保证击破像"奥斯卡""台风"这样的双壳体潜艇。所以,在新时期下,反潜作战已经走向发现即能有效跟踪、有效跟踪即能保证摧毁的新作战模式。潜艇的生存力已不能再用传统的储备浮力的大小来衡量,而应以更好的隐蔽性、更低的暴露率来体现。在这点上,潜艇将来的发展趋势必然与开始追求隐身性的水面舰艇和作战飞机的发展方向是相同的。

在这种大环境下,传统双壳体艇的旧有弊端在现代发达的反潜作战条件下被无限放大。传统双壳体艇在战时的生存力,将会受到越来越严峻的挑战。鉴于这个趋势,各国纷纷放弃传统的双壳体结构,而转向单壳体或者混合壳体形式。在这种大背景下,我国未来的潜艇壳体设计方向确定就日渐显示出紧迫性。从我国潜艇部队的作战环境来说,双壳体结构带来的弊端或许更为突出。我国潜艇壳体结构设计是固守传统的设计理念,还是大胆推陈出新,去更好地适应部队作战需求,已经是我国潜艇设计部门面临的刻不容缓的问题。

9.3　作战系统与武备布置

舰艇作战系统的定义为:军用平台上用于执行警戒、跟踪、目标识别、数据处理、威胁估计及控制武器完成对敌作战功能的各要素及人员的综合体。对潜艇而言,指控系统是潜艇作战系统的核心,该系统与侦察探测传感器系统、某些种类的杀伤性武器及其发射装置、水声对抗器材及其发射装置等子系统或设备,以及操作使用这些子系统和设备的人员,经有机组合而构成了具有对敌作战功能的潜艇作战系统。

9.3.1　作战系统概述

1. 潜艇作战系统的基本结构

早期潜艇的作战系统是由以鱼雷火控系统(鱼雷射击指挥仪)为核心,包括侦察探测传感器系统、鱼雷武器及其发射装置等子系统或设备组成的。随着潜艇作战系统各子系统技术的不断发展和进步,特别是受到潜艇作战需求的牵引,在鱼雷火控系统基本功能的基础上逐步扩展了情报处理和辅助作战指挥功能而演变升级为指控系统,从而形成了以指控系统为核心,与其他子系统或设备组成了新一代潜艇作战系统。因此,若从潜艇作战系统的核心——鱼雷火控系统发展成的指控系统,以及潜艇作战系统其他子系统技术发展变化及其形成的潜艇作战系统的组织结构看,大体上可以分为以火控系统为核心的潜艇作战系统和以指控系统为核心的潜艇作战系统两类组织结构形式。

在 20 世纪 60 年代初期,潜艇作战系统是以鱼雷火控系统(鱼雷射击指挥仪)为核心,与侦察探测传感器系统、鱼雷武器及其发射装置等子系统或设备构成的以鱼雷武器系统为主体的松散联合体。这种典型的潜艇作战系统结构模式被潜艇指控、火控界专家认定为第一代潜艇作战系统。该种类型的潜艇作战系统只具有单一的火控功能,只能控制单一的鱼雷武器并只能用于攻击单一的目标。

需要指出的是,作为第一代潜艇作战系统核心的鱼雷火控系统来说,尽管其功能逐步得到了一些扩展,但必须看到,由于潜艇作战面临的战场环境十分复杂,鱼雷射击指挥仪的原有功能仍远远不能满足潜艇作战的使用需求。潜艇作战系统其他子系统技术的不断发展和功能的不断完善,特别是计算机技术的快速发展和潜艇作战的情报处理、辅助作战指挥及火力控制等一些重要战术技术问题的研究不断取得新的成果,以及作战应用软件的不断开发和推广应用,为鱼雷火控系统向指控系统过渡奠定了必要的技术基础,这样,以指控系统为核心的潜艇作战系统就成了必然的发展趋势。

纵观现代潜艇指控系统的发展,由于受到当代计算机技术和其他相关技术发展水平的限制,指控系统结构上的发展变化大体上经历了自初期的功能集中而逐步向功能相对分散发展的三个阶段:第一阶段是从 20 世纪 50 年代末期至 70 年代初期的集中式结构;第二阶段是从 20 世纪 70 年代初期至 80 年代初期的分开式结构;第三阶段是从 20 世纪 80 年代初期至目前还在不断发展的分布式结构。以上述三个发展阶段的指控系统为核心,并与技术不断发展进步的其他子系统构成了继第一代潜艇作战系统之后的三代新型潜艇作战系统。

1) 以集中式指控系统为核心的潜艇作战系统

集中式指控系统的定义为:作战指挥和武器控制功能集中由一台或一组计算机实现的指挥控制系统。

集中式指控系统是将作战指挥与火力控制两项主要功能及初步的情报处理功能集中由一台或一组计算机来完成而组成的功能集中处理的作战指挥与火力控制系统。以集中式指控系统为核心,与侦察探测传感器子系统、各种类型的硬杀伤和软对抗武器及其发射装置等子系统或设备构成了联邦式作战系统结构。这种典型的潜艇作战系统结构模式被潜艇指控、火控界专家认定为第二代潜艇作战系统。该种潜艇作战系统具有初步的情报处理、辅助作战指挥和火力控制功能,并具备同时控制多种武器、对抗多批目标的能力。

2)以分开式指控系统为核心的潜艇作战系统

分开式指控系统的定义为:作战指挥和武器控制功能分别由各自的计算机实现且计算机之间尚有通信和部分功能延伸特点的指挥控制系统。

分开式指控系统是将作战指挥与火力控制两项主要功能分开,分别由单独的计算机(组)完成,两计算机(组)之间建立数据通信联系。同时,还将各自计算机(组)的功能向对方功能进行延伸:作战指挥系统除主要完成初步的情报处理及辅助作战指挥功能外,还具有一定的武器控制功能;火力控制系统除主要完成武器控制功能外,也具有一定的辅助作战指挥功能。此外,还出现了情报处理、作战指挥与火力控制三项功能分开的潜艇指控系统。以分开式指控系统为核心,与侦察探测传感器子系统、各种类型的硬杀伤和软对抗武器及其发射装置等子系统或设备构成了联邦式作战系统结构。这种典型的潜艇作战系统结构模式被潜艇指控、火控界专家认定为第三代潜艇作战系统。该种潜艇作战系统同样具有初步的情报处理、作战指挥和火力控制功能,并具备同时控制多种武器、对抗多批目标的能力。

3)以分布式指控系统为核心的潜艇作战系统

分布式指控系统的定义为:用分布式计算机系统完成作战指挥和武器控制功能的指挥控制系统。其初级形式是通过分布式系统总线实现数据资源共享;其高级形式是实现地点、功能、控制的完全分布。

分布式指控系统无传统意义上的中央计算机,而是将众的小型机或微机分布在情报处理子系统、作战指挥子系统、火力控制子系统以及作战系统的侦察探测传感器子系统、各种类型的硬杀伤和软对抗武器及其发射装置等处而完成相应的功能,并通过标准接口挂在作战系统数据总线或局部网络上,使分布于各处的本地资源变成全作战系统的共享资源。这就为系统内各计算机(组)的相互备用创造了条件,真正做到了全作战系统的综合。这种结构模式不但提高了系统的可靠性和生存力,而且比较容易实现系统的系列化、标准化、模块化,具有极好的扩展能力。这种分布式潜艇作战系统结构模式正处在不断发展过程中,被潜艇指控、火控界专家认定为第四代潜艇作战系统。该种潜艇作战系统具有很强的情报处理、作战指挥和火力控制功能,并具备同时控制多种武器、对抗多批目标的能力。

2. 潜艇作战系统的主要功能

潜艇作战系统主要是依靠潜艇作战平台上配置的各种类型的侦察探测传感器系统对作战海区目标进行侦察、搜索、探测、跟踪及测量水声环境参数;依据对上述这些情报信息数据的处理结果进行目标识别、威胁估计,并根据受领的作战任务及潜艇在当前状态下具备的对抗能力做出最佳的战术对抗指挥决策及对策;确定并指示对抗目标及分配武器分系统,进行武器通道组织并控制武器分系统与敌进行战术对抗。其主要功能体现在以下几个方面。

(1)在各种战术背景和水文气象环境条件下,使用被动式或主动式侦察、探测传感器系统以及利用其他作战平台提供的情报信息对目标进行侦察、搜索、探测和跟踪。

(2)对来自不同信息源的目标、水声环境及潜艇航行状态等情报信息数据进行综合处理,给出多目标航迹或概略的战术态势图形,并提供相关的战术数据显示。

(3)对侦察及搜索探测到的目标进行敌我、类型及类间识别,确定敌方目标的战术价值,并对敌方目标可能对潜艇构成的威胁做出基本估计。

（4）依据受领的作战任务及敌方目标对潜艇构成的威胁程度，并根据潜艇当前状态下具备的对抗能力，做出与敌进行战术对抗的最佳指挥决策及对策方案。

（5）确定并指示对抗目标及分配武器分系统，进行武器通道组织，保持对目标的跟踪及进行运动分析，控制武器分系统进行战术对抗。当战术情况发生变化时，及时做出新的战术对抗指挥决策及对策方案，指示对抗目标并分配武器分系统……直至撤出战斗。

下面分别对作战系统中武备及其发射装置、传感器系统以及作战系统中设备比较集中的指挥舱布置做简要介绍。

9.3.2　武备及其发射装置布置

到目前为止，鱼雷仍是常规潜艇和攻击型核潜艇的主要进攻和自卫武器，但也可利用鱼雷发射管发射战术导弹（如巡航导弹、飞航式导弹）、布放水雷等武器，以执行相应的作战任务。由于现代潜艇用雷、弹技术性能的提高和从便于进攻出发，现代潜艇一般均将雷、弹等武器布置在艇的首部，亦即仅设置一个武备舱。而老式潜艇（如苏联的 R 级潜艇）为增强自卫能力，除在艇首部设置艏鱼雷舱外，在尾部还设置有艉鱼雷舱。随着导弹技术的提高，为增强打击能力，有的攻击型核潜艇还布置有垂直发射巡航导弹的战术导弹舱（一般布置在指挥室围壳之后）。

对弹道导弹核潜艇，除为自卫在艇首部布置有鱼雷舱外，一般均在指挥室围壳之后布置弹道导弹舱。同时，有的弹道导弹核潜艇还将导弹发射筒改造成既可发射弹道导弹，又可发射巡航导弹（如美国的"俄亥俄"级弹道导弹核潜艇）。

另外，为增强潜艇携带武备的能力和打击能力，有的潜艇在耐压体外还布置了雷弹发射装置；为提高发射武备的隐蔽性，有的潜艇还在耐压体外布置了可抛式的发射装置等。

在武备舱内，一般布置有武器发射装置、备用武器（鱼雷、水雷、导弹等）、雷弹装填装置、雷弹发射控制装置等辅助设备及其备品。同时，通常还布置有环形间隙水舱、纵倾平衡水舱、雷弹补重水舱、其他水舱（如无泡雷弹发射水舱、淡水舱、燃油舱等舱室）、卫生间、床铺等。

1. 雷弹发射管布置

1）发射管的布置

发射管在艇上的布置有多种形式。

（1）布置在艇首——与艇的纵中剖面及水线面平行，以便潜艇向目标发射鱼雷（导弹）时，艇首朝向所在的方向。尽管现在发射时可以不再需要指向目标所在方向，但发射管最受青睐的位置仍然是潜艇的首部。根据发射管的数量、结构形式、艇耐压舱封头结构和尺寸以及与艏端水声器材之间的协调配合需要，发射管的具体布置形式可以多种多样（见图 9-10）。发射管及备用鱼雷配置尺寸如图 9-11 所示。

选取何种布置方式，取决于艇首形状。垂直排列布置适用于瘦削型艇首，占据垂向高度大，对声呐基阵布置不利；水平排列布置适用于肥胖型艇首，占据垂向高度小，对声呐基阵布置有利。

发射管的数量决定于潜艇的任务书要求。

（2）布置在艇中（肩部）——发射管从艇首向后移了很大一段距离，安装在锥形艇体上，与艇的纵中剖面形成一定的外张角（见图 9-12）。这种布置对舱内布置不利，对艏端布置声呐基阵有利。这种布置要求锥体长度、锥角、艏部外形与发射管的外张角协调一致。常规潜艇一般

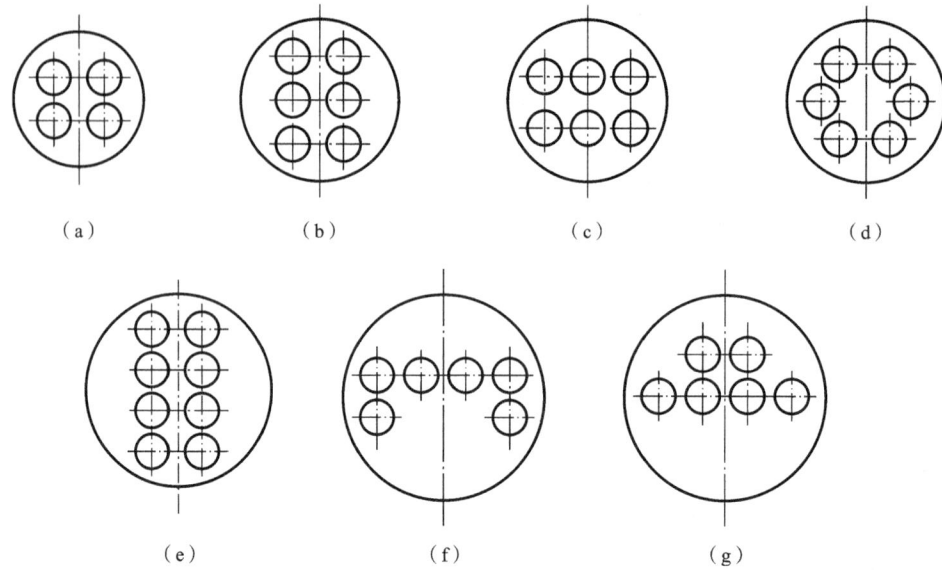

图 9-10　艏鱼雷发射管的布置形式

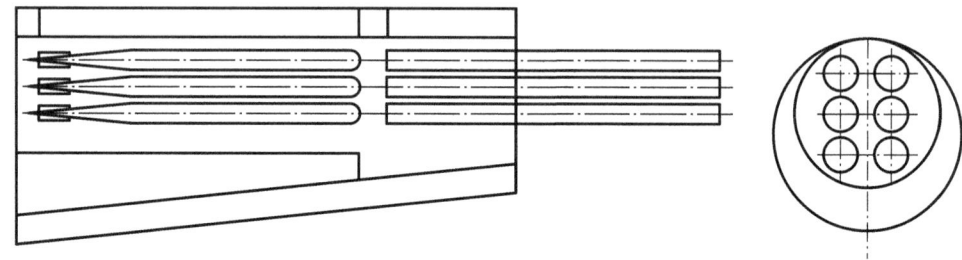

图 9-11　常规动力潜艇艏鱼雷舱中的鱼雷发射管与备用鱼雷的配置尺寸

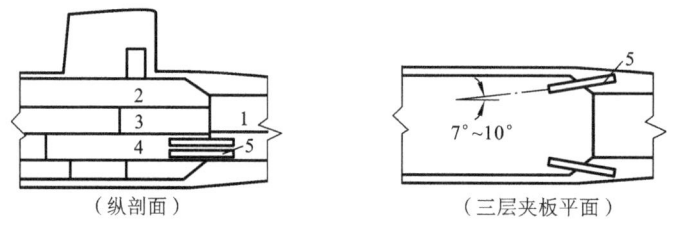

（纵剖面）　　　　　　　　（三层夹板平面）

图 9-12　潜艇中部布置鱼雷发射管简图

1-士兵居住舱；2-指挥舱；3-军官居住舱；4-鱼雷舱；5-鱼雷发射管

很少采用这种布置方式。

（3）布置在艇尾（见图 9-13）——与潜艇纵中剖面一般成 $1.5°\sim 2°$ 的外张角，以保证鱼雷发射安全出管。这种艉部鱼雷主要用于自卫。现代常规潜艇都不再布置艉发射管。

2）发射管在舱内的长度

发射管在舱内的长度与鱼雷的参数设定方式有关。对于机械设定方式，ΔL_1 一般不小于鱼雷管长度的 1/3。对于电设定方式，ΔL_1 约为鱼雷管长度的 15%。

3）鱼雷发射战斗锥度

在发射管前盖和防波板开启状态下，发射管前盖的端面线与发射管中心线的夹角即鱼雷

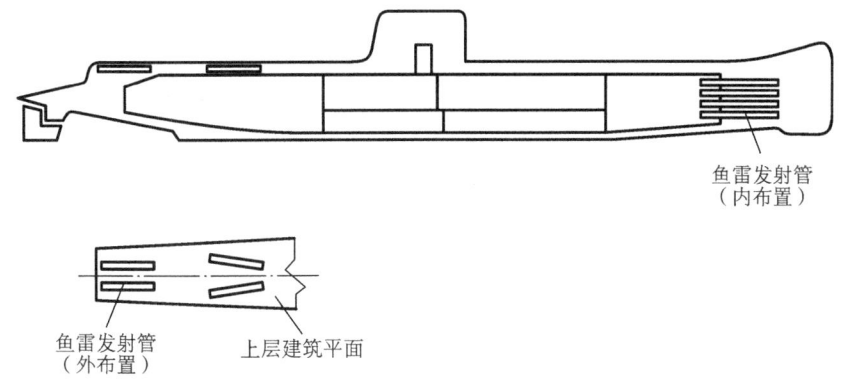

鱼雷发射管
（内布置）

鱼雷发射管
（外布置）　　上层建筑平面

图 9-13　法国"女神"级潜艇的鱼雷发射管布置简图

发射战斗锥度（见图 9-14），以确保鱼雷（或导弹）出管的安全。

2. 备用鱼雷(导弹)布置

潜艇携带多少武器由研制任务书确定，但它在艇内的布置是由设计者设计确定的。

（1）为了实现快速再装填，需将备用鱼雷对准发射管存放（见图 9-15），不能对准发射管的备用鱼雷要确保有通畅、方便的转运通道与手段。

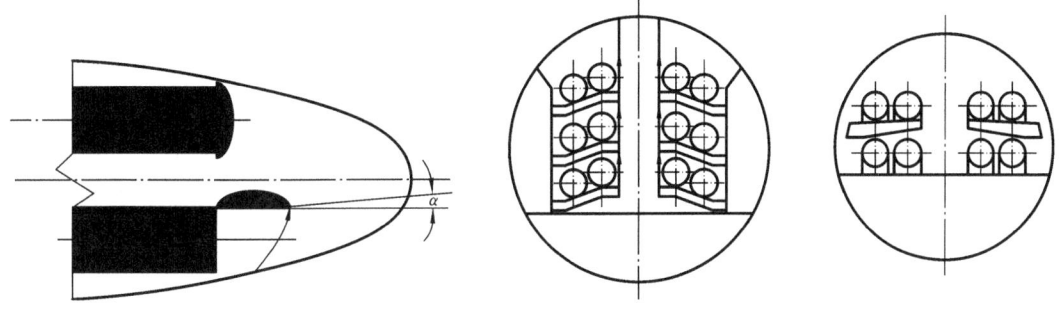

图 9-14　防波板开启时的鱼雷发射战斗锥度　　**图 9-15　备用鱼雷在鱼雷舱中的布置方式**

（2）备用鱼雷与发射管之间的间距必须保证发射管后盖的启闭。

（3）应充分考虑后舱壁的结构特点及牢靠固定鱼雷和装填机构的需要，留有足够的空间。

（4）备用鱼雷（从艇外的）装载方式视发射管和备用鱼雷在艇内的位置而定：可以经发射管从艏端装入，则艏端除满足防波板长度要求外，还需保证外部装载装置在艏端的安装固定要求；也可以从专用装载舱口向前或向后装载，既要保证鱼雷全长到达艇内，装载角度又不宜很大，以保证装载安全。

3. 与使用武器相关的内部液舱布置

与武器使用直接相关的内部液舱主要是鱼雷补重水舱和环形间隙水舱。鱼雷补重水舱注水用以替补发射鱼雷时所失去的重量，鱼雷补重水舱的位置应在备用鱼雷的下面，其容量应根据备用武器的数量和重量来确定。环形间隙水舱中的水用于充填鱼雷与发射管内壁之间的环形间隙，使得发射管可以打开前盖，发射武器。其位置应布置于发射管的下面或舷侧。

4. 武器发射控制系统的布置

武器发射控制系统主要包括发射管的控制、雷（弹）射击控制仪、武器发射控制电源及其部件等，是全艇指挥控制系统的一部分。可以布置在指挥舱作战系统控制部位，有利于集中控制;也可以布置在武备舱内,接近于发射管和备用雷(弹),便于手操和检查。

5. 弹道导弹舱的布置

弹道导弹武器系统通常包括:导弹发射筒及其辅助系统、发射动力系统、导弹、导弹射击指挥系统、惯性导航系统、时间统一勤务系统及遥测系统的检测设备等。现代弹道导弹均为水下垂直发射,一具导弹发射筒安置一枚导弹。导弹发射筒有单层筒和双层筒两种形式。前者对导弹的减振性能较差,故要求导弹具有较好的径向抗振能力,但其结构相对简单、尺寸较小;后者则因双层筒之间装设了减振材料,可较好地保护导弹,但筒体结构复杂,尺寸也大。

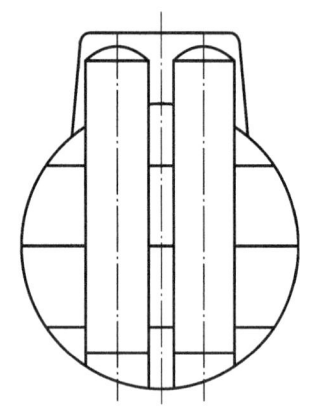

图 9-16 导弹舱的横剖面布置简图

弹道导弹舱是布置导弹发射装置和发射导弹的舱室。考虑到导弹发射时艇的稳定和均衡,导弹舱布置于潜艇重心附近的中部。一般情况下,它是潜艇上最大的舱室。该舱中占据大部分空间的是竖立在艇中线面两侧的弹道导弹发射筒,发射筒上部穿过耐压壳体被包覆在上层建筑内,顶部由耐压密封端盖封闭,图 9-16 是导弹舱的横剖面布置简图。为了便于平时检查导弹,发射筒上均设有检查孔。导弹武器系统的发射动力系统、发射装置辅助系统及导弹射击指挥系统(发射控制台、发射控制计算机、各系统检测设备等)也布置在导弹舱的导弹发射筒之间及两侧的空间。导弹舱一般分为三至四层,上述导弹武器的各系统、设备布置在第一、二层甲板,同时还布置了部分居住舱;下两层通常布置一些艇用备品舱、工作舱及导弹补重水舱。惯性导航系统及临时上艇设备、时间统一勤务系统一般布置在前辅机舱或指挥舱内,但临时上艇设备的遥测系统的检测设备一般布置在导弹舱内。

弹道导弹潜艇的水下发射深度一般较浅。如海况恶劣,水面波浪会直接影响到潜艇使其产生横摇、纵摇,或者两者合成的综合摇摆。为了保证潜艇在任何海况气象条件下,一旦接到命令就能立即执行指定的弹道导弹发射工作,潜艇还装备了陀螺消摆稳定器,用以消除潜艇在水面和水下航行时的摇摆,尽量提高其稳性,保证弹着点的精确度。

巡航导弹垂直发射舱的设计、布置原则可借鉴弹道导弹舱。

9.3.3 指挥舱布置

指挥舱是全艇的首脑部位。以艇长为核心,布置着作战指控中心、操艇中心、航海保障中心以及潜艇总指挥所、预备总指挥所,形成了全艇的指挥和控制中心。指挥舱所具备的功能多样性,意味着舱内布置要使潜艇上的指挥官能够在这里监控艇上的方向舵和升降舵的舵位、艇的航态以及声呐、导航、雷达和通信设备的工作状态,并且还能直接通过潜望镜对外界进行观察。因此,要求指挥舱与潜艇指挥室围壳的位置紧密地联系在一起,或者说要求指挥室围壳与指挥舱在潜艇的纵向方向上彼此靠近。

指挥舱内一般布置有为操纵潜艇航行、指挥潜艇战斗所必需的全部设备,包括各种指示(显示)设备、观察通信和导航器材、操艇机械和各类升降装置等。

指挥舱按照潜艇战斗器材使用功能以及对它们操纵管理的需要,其具体布置一般有两种典型的式样。

(1) 敞开式——无专用工作室,呈大舱室按部门排列,全在艇长目视范围之内,如图 9-17 所示。

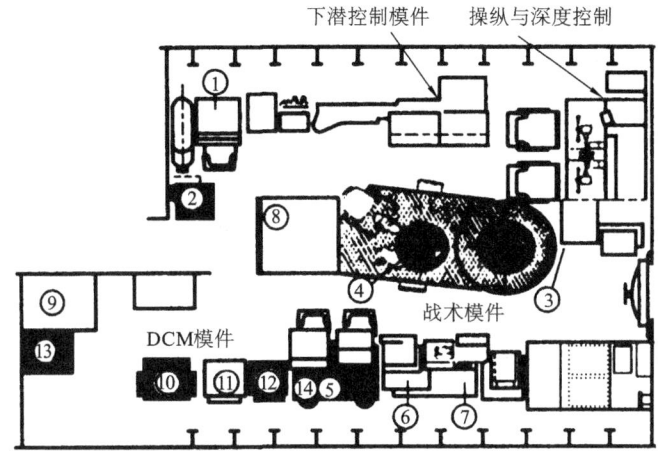

图 9-17　指挥舱布置示意图

1-1SM3 雷达显示器；2-EXS5 收发信机；3-监视潜望镜；4-攻击潜望镜；5、14-显示台；6-方位标绘设备；7-数字计算机；
8-标绘桌；9-DUUA-2A 深回波测深仪接收机指示器；10-DUUN-2A 接收机显示器；11-1 号 DSUV-2H 接收机显示器；
12-2 号 DSUV-2H 接收机显示器；13- DUUN-1D 接收机、TLT、鱼雷远距离设定设备机柜(均位于鱼雷站)

（2）分隔式——在保证艇长指挥畅通条件下，按功能各自集中，并由专用工作舱室分隔，如图 9-18 所示。

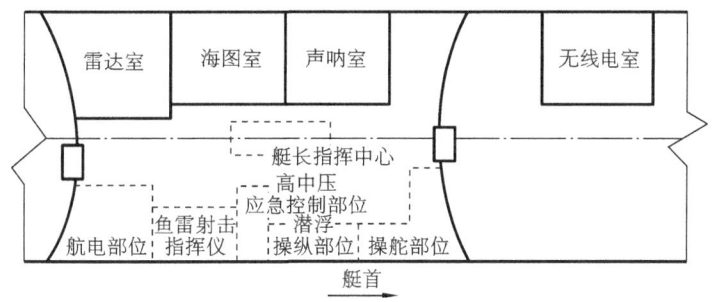

图 9-18　中型常规动力潜艇指挥舱布置示意图

考虑到指挥舱是潜艇的集中指挥中心，因此指挥舱内的指控部位不应成为其他舱室之间相互穿行的通道。理想的布置方式是把指挥部位设置成一个"死胡同"，使其成为一个除了本舱各指挥部位值班人员进出外不再有其他人员通行的环境。对于指挥舱有多层甲板的情况，这样做完全是可能的，即在不布置指控战位的其他层布置通道。

9.3.4　声呐系统布置

水声学是研究声波在水中发射、传播、接收等规律的科学。利用水声学原理制成的用来测定水中物体(目标)的存在、方向、位置或性质的设备称为声呐。潜艇在水下航行时，最重要的探测设备就是声呐，它是潜艇必不可少的"耳目"，是潜艇完成各项任务和自身安全的重要保证。

潜艇声呐工作方式可分为主动声呐和被动声呐，按用途分为对目标进行搜索、跟踪、被动测距的综合声呐，可进行脉冲侦察测向的声呐，用于水下通信的声呐，还有声速声线轨迹仪、本艇振动、噪声监测仪等辅助分析设备。在使用上，由最初的单机、单控、单能发展成一站多能、多站集中控制。自 20 世纪 80 年代至今，在传统的潜艇艏综合声呐、被动测距声呐、侦察声呐、通信声呐等基础上,发展出了舷侧线列阵声呐、被动拖曳线列阵声呐、避碰声呐、探雷声呐等,大大地提高了潜艇水下探测能力,保证了潜艇水下安全机动和完成各种作战任务。

从潜艇的作战性能和声呐使用环境考虑,潜艇声呐的基阵多布置在潜艇的首部,如综合声呐、侦察声呐、通信声呐等;为使声呐有尽可能大的空间增益,在潜艇的两舷安装的被动测距声呐、舷侧线列阵声呐等;为摆脱潜艇尺寸对基阵孔径的制约和本艇噪声的影响,国外许多潜艇上已装备了被动拖曳线列阵声呐,使用证明这种大基阵低频被动声呐可完成远程探测任务,具有良好的发展前景。

1. 声呐系统组成

任何一种声呐一般都由以下几部分组成。

1)声呐基阵

综合声呐的主动阵和被动阵通常都是圆柱阵,由一定数目的阵元组成,被动阵元后面都敷设有反声障板,基阵底部由减振器与船体相连。基阵放置在导流罩中,通常导流罩由玻璃钢或不锈钢材料制成,导流罩具有良好的一致性和透声性,基阵到电子机柜的电缆均为水密电缆。电缆超过 30 m 时,通常需要使用前置放大器。

2)信号处理机柜

对各水声换能器获取的水声信号进行储存、积累和计算,完成目标搜索、判断等一系列工作。

3)显控台

显示经过处理的有用信息,完成对设备和系统的操作控制。

4)电源

潜用水声设备的电制和功耗应满足潜艇的电网要求。

2. 声呐类型及布置特点

声呐信号处理机、显控台和电源均布置在耐压壳内部,但是不同类型的声呐,基阵位置相差很大。一般来说根据基阵位置的不同,潜艇声呐可以分为以下类型。

1)艇首多功能声呐

潜艇的首部远离动力舱室和推进器,受艇体后段噪声与振动影响较低,有利于提高水声探测器材的探测性能,所以潜艇的主水声站一般都会布置在艇首处。艇首声呐往往具备主、被动工作能力,并能保障潜艇进行警戒、搜索、跟踪、识别、攻击等多种作战任务。也因为艇首声呐的多功能化、多任务性特点,所以难以在个别的任务特性上进行突出的优化设计,在探测性能上有均衡、全面、中庸的特点。

早期的潜艇首部声呐系统,如装备于苏联 R 级潜艇的北极声呐,受到技术能力的限制以分布式为主,被动接收阵与主动发射阵分离布置。被动接收阵体积较小,工作频段较高,工作距离有限。主动发射阵只能以机械回转式进行单波束扫描,扫描速度慢,信息更新率低,多目标跟踪能力差。受限于较小的声阵体积,发射功率较低,工作频率则较高,一般以 20 kHz 左右的中频为主。由于频率较高的声波在水中衰减快,而老式声呐利用声传播途径又较为单一,所以主动方式下只能到 5~8 km 的工作距离,被动工况下也只能达到 10~15 km,探测距离较近,测向精度也很差。信号的处理也限于简单的滤波和放大,对目标的判断依赖于操作人员的听觉、视觉和相关经验,总体综合能力较低。

现代艇首声呐系统一般以圆柱状声呐基阵和球形声呐基阵为主,圆柱阵和球阵将阵元沿圆柱面或者球面排列,通过补偿器形成波束和实现波束扫描。或者以相控阵方式,在每一个阵元中均加一个移相器,利用调整移相来获得波束扫描。圆柱阵和球阵的空间监测范围大,配合现代声呐的相控阵数字多波束技术,其扫描速度快、多目标跟踪能力强。因为圆柱阵和球阵的体积较大,所以声阵孔径增大,工作频率降低,可以接收海水中衰减小的更低频段噪声,并利用海底反射、深海声道等多种传播途径,让声呐系统的工作距离进步一步增加,探测性能得到了有效的提高。自 20 世纪 70 年代后这类声呐广泛采用了数字计算机和微处理器,美国等西方发达国家还实现了全数字化,并采用了先进的信号处理技术。如多波束形成、时间相关压缩接收、分波束相关定向、高分辨率谱估计、线谱检测等,使声呐系统提取和处理信息的数量和质量大幅提高,进一步优化了现代潜用声呐的综合性能。

现代潜艇可以根据艇体布置空间来安装体积合适的圆柱阵和球阵。比如 214 型这样较小吨位的常规潜艇,其圆柱阵体积就普遍较小,声呐探测距离也较为有限,如图 9-19 所示。而一些大型潜艇,如攻击型核潜艇,因为艇首空间宽裕,艇上供电充足,所布置的圆柱阵和球阵的体积就要大得多,在发射功率上也要高出不少,探测距离和探测能力自然也有大幅增加和提高。

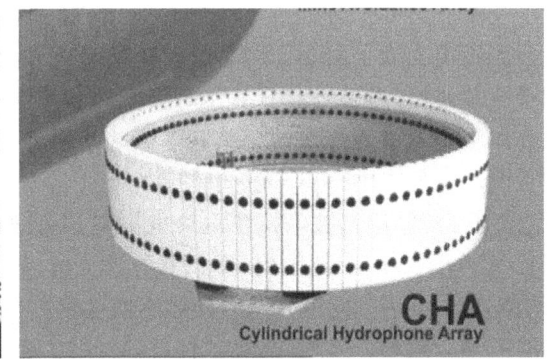

图 9-19　214 型艇上装备的 DBQS-40 型综合声呐的艇首圆柱状基阵声呐

美国偏爱球首声呐,自“长尾鲨”级核潜艇开始,艇首声呐都装备了体积硕大的球形基阵。球形基阵的阵元多,快速扫描能力强,空间监测范围广。因为体积很大,声阵孔径进一步增大,工作频段就更低。较大的体积也为提高基阵发射功率创造了良好的条件,所以球形基阵的探测性能在艇首声呐系统中是较为突出的。

不过球形基阵也有一些弊端,其硕大的体积挤占了艇首的全部空间,鱼雷发射只能采用肩部发射方式,发射管位置需要向后移位,导致发射管在耐压艇体的开口上椭圆度较大,给潜艇的艇首舱室布置、耐压艇体的开口控制以及建造工艺都带来了一些困难。另外,大型球阵的加工工艺复杂,造价也相当高。根据美国海军发布的公开信息表明,美国海军决定在“弗吉尼亚”级核潜艇的后续艇上,用共形基阵来代替球形阵声呐。共形阵是指按潜艇壳体外形安装的换能器阵,阵外形和艇体外形相似,阵元紧贴艇壳体,从艏到艏侧均可安装阵元,又叫贴壳声呐、保角声呐等。这种基阵也可以获得类似球阵的空间增益,并可预先形成波束,但也会使换能器的物理特性变得复杂,给波束形成带来困难。从美国“弗吉尼亚”级核潜艇的发展计划看,美国已经突破了大体积共形阵的研制问题,达到了实用化阶段并即将装艇使用(见图 9-20)。总的来说,圆柱阵、球阵以及即将批量装备的大体积共形阵,都是现代潜艇艇首声呐采用的基本形式。采用哪种基阵各个国家要根据各自不同的研发能力和建造水平,并结合海军潜艇部队的作战需求和国防准备费用的水平来做出统筹的决定。

2)舷侧阵声呐

艇首基阵受到艇体布置的限制,进一步增大声阵孔径和降低工作频段都较为困难,使得声

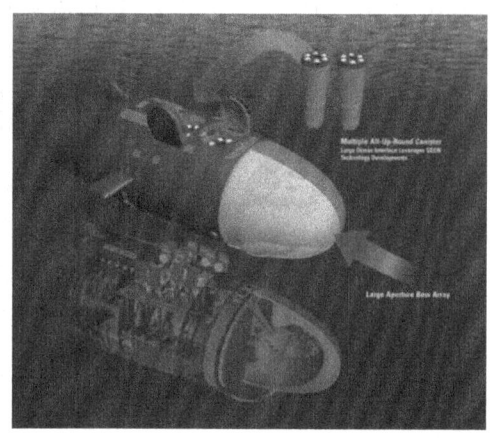

图 9-20　"弗吉尼亚"级潜艇早期型号的球首声呐与后期的共形基阵

呐的被动探测距离受到了限制。同时艇首声呐基阵在艇体舷侧和艇体后方也都存在着盲区，不能做到全方位监测，影响了潜艇的实时警戒和监测范围。为了提高潜艇探测能力，现代潜艇又开始在艇体上布置舷侧阵声呐。舷侧阵声呐是指将众多的水听器，沿着艇体纵向方向，布置在艇体左右两舷侧的声呐。由于舷侧阵声呐可以充分利用艇体长度扩大基阵的声阵孔径，使工作频段进一步降低，所以被动探测距离也得到了有效的增加。现代舷侧阵声呐的工作频段可以降低到 $500 \sim 2000$ Hz 范围内，极个别的甚至可以达到 200 Hz 的频段。在基阵长度上有些核潜艇的阵列长度可以达到 60 m，作用距离达到 50 n mile 左右。

舷侧阵声呐以被动方式工作，隐蔽性好，声呐的湿端位于艇体两舷侧，监测范围大，而且能直接判别目标的方位。舷侧阵在探测距离和探测范围上都优于艇首声呐系统，在探测距离上虽然不及拖曳线列阵声呐，但是舷侧阵声呐没有基阵的收放拖曳问题，对潜艇的水下机动影响小，也不存在拖曳线列阵声呐的左右舷模糊、柔性声阵容易畸变失真的问题，可以实时进行被动探测工作，提高了潜艇快速反应能力。所以舷侧阵声呐是现代潜艇用来弥补其他声呐系统功能不足，提高潜艇探测水平的重要手段。现代潜艇如英国的"机敏"、法国的"凯旋"、日本的"2900 苍龙"、德国的"212"和"214"等一大批新型潜艇都装备了舷侧阵声呐，由此可以看出各潜艇建造国对于舷侧阵列声呐的运用都是相当重视的。

3）拖曳线列阵声呐

不管是艇首声呐还是舷侧阵声呐，都要受限于艇体布置条件，基阵体积不能无限扩大，声阵孔径受到限制，声呐的工作频段难以进一步降低，探测距离也无法进一步增加。为了改变这种情况，20 世纪 60 至 70 年代国外开始在潜艇上装备拖曳线列阵声呐。拖曳线列阵声呐是将一连串的水听器按一定间隔排列后，布置到透声的保护导管中，再通过布放机构拖曳于艇体外的声呐系统（见图 9-21）。拖曳线列阵革命性地打破了以往潜用声呐受限于艇体布置条件的局面，布置在导管中的几百乃至上千个水听器有效地扩大了声阵孔径，将潜用声呐的工作频率降低到了低频甚至极低频，极大地增加了潜用声呐的探测距离。这为潜艇水下远程警戒、远程武器的目标指示都提供了有利条件，有效扩大了潜艇的作战范围，提高了潜艇的作战威慑力。

因为拖曳线列阵的声学段远离潜艇，不受潜艇自噪的干扰，所以工作环境较好，有益于提高声呐探测性能。同时，拖曳线列阵也能通过布放和拖曳机构进行变深布置，可拖曳在海水温跃层以下，探测艇体声呐所不能探测到的潜艇或其他目标。拖曳线列阵的变深功能还可以让声学段在最有利的深度上工作，能充分地利用海洋条件和多种声传播途径，发挥声呐的潜在能

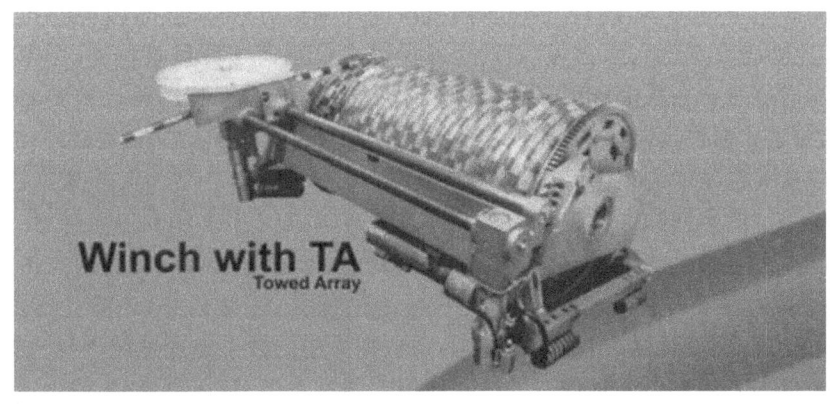

图 9-21　拖曳线列阵

力。此外，拖曳线列阵也改变了以往艇体声呐难以监测尾部区域的弊端，很好地弥补了潜艇尾部的传统探测盲区，提高了潜艇的全向警戒能力。

以美国装备量最大的 TB-16 系列拖曳线列阵为例，该声呐阵长 100～150 m，拖缆总长近 800 m，声阵直径 82.5～89 mm，工作频率在 3 kHz 以下，最低频段达到 10～20 Hz 的极低频。通过深海声道和汇聚区效应，其最远探测距离达到了惊人的 180 km。

美国为了提高其攻击型核潜艇的探测水平，达到先敌攻击、远距消灭的目的，还不惜耗费巨资，为其攻击型核潜艇配置了型号齐全、类型不同的多型拖曳线列阵声呐。比如 688 型"洛杉矶"级上就同时装备有粗线的 TB-16 和细线的 BQR-23\25，在"海狼"和"弗吉尼亚"级上则同时装备了粗线的 TB-16D 和细线的 TB-29、TB-29A。

细线阵的直径较细只有 28.5 mm 左右(BQR-23/25)，高速航行时的流体噪声对声学段的干扰较大，所以只能慢速拖曳。但细线阵声阵较长，声阵孔径更大，探测距离更远。粗线的 TB-16 拖曳航速较高，布放速度较快，可以弥补 TB-29 拖曳航速慢、布放时间长的弊端。在两种拖曳线列阵声呐的配合下，美国攻击型核潜艇获得了非常良好的声学优势。既可以通过粗线的 TB-29 获得较为理想的探测能力，又能通过 TB-16 获得较好的拖曳机动性，为美国攻击型核潜艇的水下作战提供了强大的作战优势。当然这种昂贵的配备体系也不是每个国家都能效仿的，实际上大多数国家在装备了一种拖曳线列阵声呐以后已颇感满足，也只有美国不惜为了追求攻击型核潜艇的单方面声学优势，而花重金配备多种拖曳线列阵声呐。

拖曳线列阵也有着自身的弊端，由于其垂直孔径较小，所以拖曳线列阵的测深性能差，辨别左右舷目标也较为模糊。因其工作频段低，接收的声波波长较长，探测精度上就不如舷侧阵和艇首声呐。拖曳线列阵的声学段为柔性基阵，在拖曳过程中声阵易受扰动，接收信号容易出现畸变失真的情况，同时拖曳中的潜艇在机动性上也要大打折扣。不过随着现代声呐科技的发展，类似问题会得到逐步解决，比如国外正在发展双线阵甚至三线阵来解决拖曳线列阵的一些固有弊端。总体来看，拖曳线列阵作为潜艇目前最有效的远程探测手段，正不断受到各国的重视，世界上较为先进的一些潜艇型号也都装备了拖曳线列阵声呐。应该说，拖曳线列阵是 20 世纪 70 年代后出现的新型潜用声呐的代表，在今后很长时间内也将是潜艇声呐系统的重要组成部分，并将随着声呐技术的发展得到不断的改进和提高。

4）其他辅助功能声呐

(1) 探雷和避碰声呐。

探雷和避碰声呐以主动方式工作，工作频率较高，一般在几十到数百千赫。因为频段高，所以探测距离有限,一般为几百米,不过较高频段的声呐的分辨率好,所以能探测到航道上的一些障碍物,比如礁石、沉船、水雷等,帮助潜艇操纵人员避离这些危险物体,保障潜艇水下航行的安全。当潜艇航行在狭隘航道或者高纬度冰层下时,分辨率高的避碰声呐是保障潜艇安全通过水道、测量冰面厚度、进行破冰上浮的必要探测设备。潜艇的探雷避碰声呐对潜艇水下安全航行有着至关重要的作用,为了保证这类声呐的探测范围,一般将其布置在围壳较高处,有的也在艇首声呐的主基阵下方寄生一个高频避碰声呐,以获得良好的探测视线。

现代潜艇探雷避碰声呐已经向水下定位导航发展,如美国"弗吉尼亚"级攻击型核潜艇上装备的 CHIN 高频避碰声呐系统,不仅能完成传统的探雷、避碰任务,还能凭借优异的性能,通过扫描水下航道或者待机阵位的地形地貌,与数据库中的数字海底地图进行比对,从而进行潜艇水下的定位导航。这大大降低了以往潜艇需要通过上浮,利用星光、无线电或者卫星导航的传统模式,降低了潜艇定位导航中的暴露率,提高了潜艇的隐蔽性。CHIN 声呐的新功能也对美国海军潜艇部队在探测和摸索重要水下航道、丰富海军潜艇部队海底数字地图、保障海军前沿部署起到重要的作用。

(2)水环境传感器。

老式潜艇的水环境传感器比较简单,一般只安装一个声速梯度仪,用以测量潜艇所在水层声速,再让声呐系统利用不同途径的声道,改善探测性能。现代潜艇安装了更多种类的水环境传感器,具备了更复杂的功能。例如俄罗斯潜艇通常还装有尾流指示器、来流指示器等水环境传感器,能更好地让艇上人员获悉潜艇所在水层的各种信息,提高潜艇战时的水声对抗能力。各类水环境传感器还具有探测敌水面舰艇和潜艇尾流信息的能力,便于潜艇利用尾流制导鱼雷进行快速攻击。

(3)通信声呐。

通信声呐也叫水声通信机,一般由几个定向换能器阵组合而成。一般用于潜艇与水面舰艇或者水下潜艇编队通信联络。该系统通过发射机产生话音或者电报调制信号,再由换能器阵发出,在接收方经接收机处理后,就可送到耳机或者扬声器以及电讯机处,将话音或者电报讯息提供给接收人员。通信声呐的工作距离有限,工作时要向外发射信号,容易暴露潜艇位置,所以仅限于潜艇周围情况明确时使用,有着非常严格的使用限制条件。

(4)侦察声呐。

侦察声呐用来侦测敌潜艇或者自导鱼雷主动声呐信号,可以获得敌主动声呐的工作参数,如方位、发射频率、脉冲宽度、脉冲重复率等。侦察声呐的接收频率较宽,观察范围较广,有的可以达到 360° 全方位探测。在基阵形式上一般采用细小的圆柱阵,以布置在艇首部位居多。该声呐是一种水声对抗设备,用以判定对方的声呐类型和载体类型,供我方进行针对性的干扰、截获、欺骗等水声对抗。不过现代潜艇的声呐系统工作范围较宽,工作频率较广,所以也可以艇首声呐或者舷侧阵等其他声呐系统兼顾侦察声呐的工作,因而部分现代潜艇已经不再装备专门的侦察声呐。

9.3.5　升降装置布置

除声呐外,潜艇还有其他传感器,主要布置在指挥舱上方的指挥台围壳内。升降装置包括潜望镜(或光电桅杆)、雷达及雷达侦察天线升降桅杆、通信天线升降桅杆及通气管升降装置等。

　　升降装置布置在艇内和指挥室围壳内,可以单列排列,也可以并列布置。采用何种布置方式要由升降装置的数量、指挥室围壳尺寸以及指挥舱内的布局要求来确定。常规动力潜艇大多数采用单列布置。各升降装置的先后布置顺序及升降高度和伸距要求以减少相互干扰、减少战斗使用盲区以及与指挥舱布局相配合为原则。升降装置布置的一般要求如下:

　　(1) 天线工作时,桥楼人员值班部位的电磁场强尽量小,不得超过允许值;

　　(2) 潜望镜物镜及其他观通天线工作不被遮挡,目镜适合指挥员观察;

　　(3) 升降桅杆的间距满足回转观测时的活动范围要求;

　　(4) 升降高度满足在规定海况下对观测距离、艇体直径及所处深度的限制要求。

　　一般而言,攻击潜望镜布置在最前,对空(搜索)潜望镜在后,并比前者略低。二者间距要求同时使用时互不影响。通气管装置进气管管径较大,布置其他升降装置时要注意避开潜艇运动时通气管产生的尾涡流,以免共振。柴油机工作在通气管状态时排气管与进气管要保持足够的距离,以防废气被倒吸。图 9-22 所示为中型常规动力潜艇升降装置布置简图。

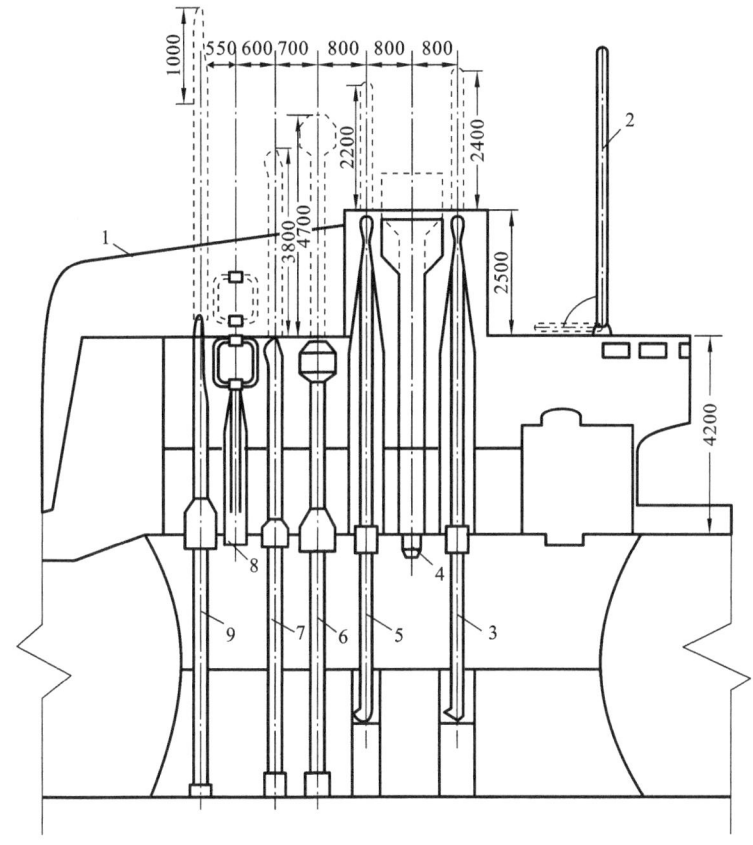

图 9-22　中型常规动力潜艇升降装置布置简图

1-斜置牵条天线;2-水上鞭状天线;3-攻击潜望镜;4-通气管装置升降进气管;5-对空潜望镜;
6-搜索雷达升降桅;7-攻击雷达升降桅;8-环形天线升降桅;9-短波天线升降桅

9.4　动力舱室布置

　　动力舱室一般包括:蓄电池舱、柴油机舱、推进电机舱、轴系舱等,AIP 潜艇还有 AIP 舱,核动力潜艇有核动力装置舱。

9.4.1　蓄电池舱的布置

蓄电池舱是装载蓄电池及其辅助设备的舱段(室)。蓄电池舱内除布置蓄电池外,还布置有通风管路、蓄电池搅拌系统、冷却系统、蒸馏水系统、装检滑车、消氢装置等辅助设备。在该舱上层,一般还布置居住舱、会议室、厨房等。为吊装蓄电池,该舱顶部开有蓄电池装载舱口。现将蓄电池舱布置叙述如下。

蓄电池是常规潜艇的动力能源(也是核潜艇的备用能源),现代常规潜艇广泛使用的仍然是铅酸蓄电池。艇上蓄电池数量多、重量大,它的重量和布置位置对潜艇的浮性和稳性影响较大。因此,蓄电池往往被布置在舱内底部和合适的纵向位置上。

常规潜艇上的蓄电池至少分为两大组布置(有的潜艇分为三组和四组),小型潜艇一般不分组布置,由每一个电池在它的电极上通过汇流排连接组成具有更高电压的蓄电池组,电池组可以串、并联。在全部串联时获得了艇上最高的电压,所需电池的数量则由所需要的总电压(即推进电机电枢电压最高时)来决定。因此,常规潜艇上至少有两个蓄电池舱,并各自保持气密(现在已不再采用非气密舱,除非是受空间限制的小型潜艇),这对增强潜艇的生命力是有利的。

蓄电池在舱内的布置可呈单层布置,也可以呈双层布置,但蓄电池的长度方向要沿潜艇纵向布置。为便于相邻蓄电池之间串联成一个高压支路,要求蓄电池密集排放,但蓄电池的排与排之间高度并不一致,靠近两舷处的蓄电池放置的位置要比靠近艇体中纵剖面附近的蓄电池高出一个台阶,以与艇体底部的弧形相一致(见图 9-23)。排列要有规律,底部留有减振垫座间隙,纵、横向每隔 3～4 块电池要留有木楔榫入空隙,各电池间都要留有裕度间隙(见图9-24)。

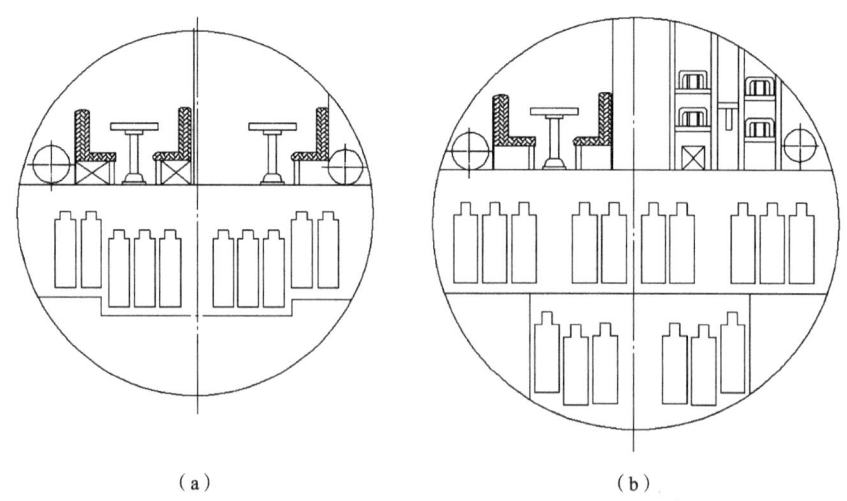

(a)　　　　　　　　　　　　　　(b)

图 9-23　蓄电池舱的布置(横剖面)

蓄电池按其检查、维修方式可布置成滑车式(见图 9-25),也可以布置成走道式,还可以不用滑车也无走道,而用塑料板覆盖在电池上供艇员在上面检测(如法国 Agosta 潜艇),以保证这一空间的高度能够满足艇上人员进出作业以及进行蓄电池舱内的通风换气需要。

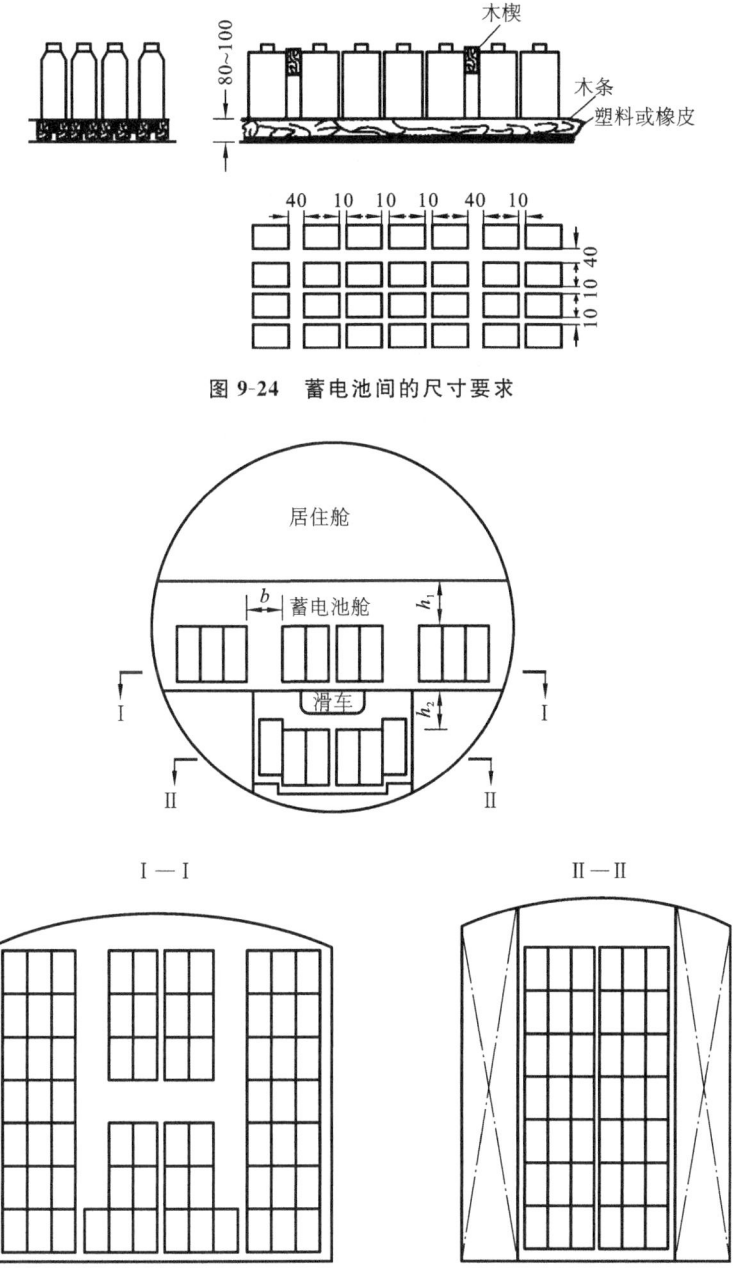

图 9-24　蓄电池间的尺寸要求

图 9-25　蓄电池舱布置尺寸要求

9.4.2　柴油机(柴油发电机组)舱布置

柴油机(柴油发电机组)舱是布置柴油机(柴油发电机组)及其辅助系统设备的舱段。该舱除布置有柴油机(柴油发电机组)外,一般还布置废气涡轮增压器、日用油箱、各种液舱(循环滑油舱、污燃油舱、清滑油舱、冷却淡水舱等)、各种滤器、冷却器、全船通风机及油、水管等。直接传动潜艇还布置有气胀式离合器,有的潜艇还布置有制淡装置等辅机。柴油机舱布置示意图如图 9-26 所示。

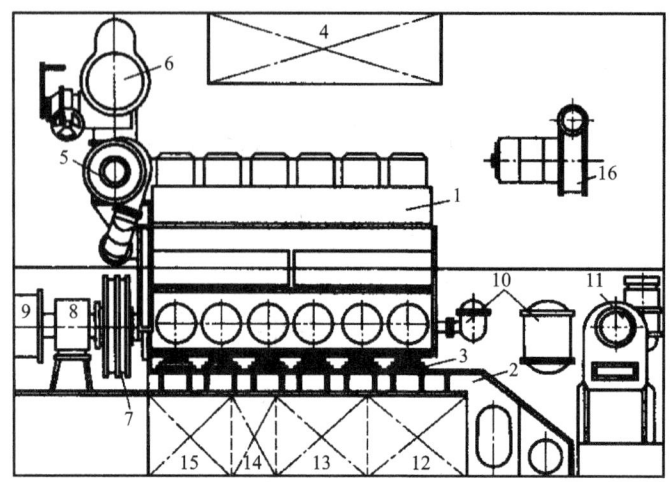

图 9-26 柴油机舱布置示意图

1-柴油机;2-机座;3-减振器;4-日用油箱;5-废气涡轮增压器;6-废气内舌阀;7-气胀式离合器;8-空气分配器;
9-隔壁填料函;10-滤器;11-制淡装置;12-循环滑油舱;13-污燃油舱;14-清滑油舱;15-柴油机冷却淡水舱;16-通风机

常规潜艇动力装置基本上有两种推进方式,即直接传动方式和电力(间接)传动方式。典型连接如图 9-27 和图 9-28 所示。

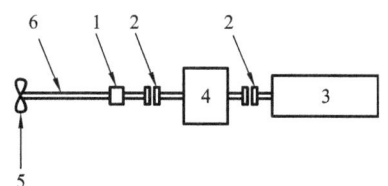

图 9-27 常规潜艇直接传动方式示意图

1-推力轴承;2-离合器;3-柴油机;4-主推进电机(发电机);5-螺旋桨;6-艉轴

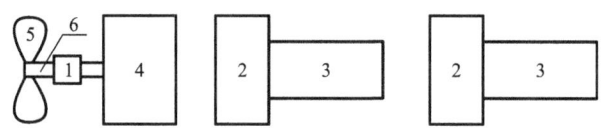

图 9-28 常规潜艇电力(间接)传动方式示意图

1-推力轴承;2-柴油机;3-发电机;4-主推进电机;5-螺旋桨;6-艉轴

柴油机(或柴油发电机组)在动力装置中主要是保证对蓄电池组的充电,在采用直接传动推进方式时,也是水面状态的航行动力。

1. 直接传动时柴油机的布置

柴油机轴与推进电机和螺旋桨轴有同一条中心线。因此,有多少推进轴就有多少台柴油机。在布置柴油机时还必须满足以下要求。

(1)螺旋桨的中心线在巡航水线以下且大于螺旋桨半径的深度上,避免螺旋桨叶运转时露出水面。

(2)轴线在垂直面上的下倾角及在水平面内的外张角均不宜太大,以保证潜艇在水面航行时螺旋桨有较好的推进效率。

(3)轴线延伸到螺旋桨盘面处使桨叶边缘至艇体的间距大于 0.1 倍螺旋桨直径。

（4）螺旋桨盘面到艉操纵面后缘的距离应有利于降低艉部噪声。

（5）柴油机与柴油机之间的横向间距（见图 9-29）兼作舱内主通道。

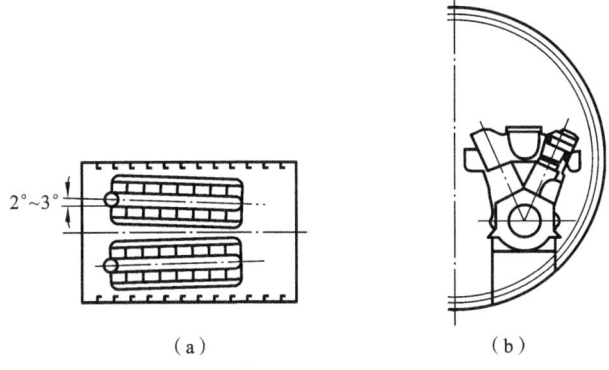

（a）　　　　　　　　　　　　（b）

图 9-29　柴油机在机舱内的布置位置

（6）柴油机上部要留有足够的空间（特别是 V 形柴油机的舷侧部位），以保证艇员能检查气缸或打开气缸，吊出活塞。其大小需视柴油机的型号而定。

（7）柴油机的前端需有足够的长度，保证人员操纵位置及布置必要的辅机和管路，后端布置离合器及隔壁填料箱等也需要确保必要的长度。

（8）为了隔振降噪，柴油机要安装在单层或双层隔振装置上。布置柴油机时需在其与基座之间留有足够的高度，而柴油机基座下面一般布置循环滑油或清滑油舱。因此，基座必须有足够的高度，满足施工要求。

2. 电力传动时柴油发电机组的布置

现代常规潜艇基本上都采用电力传动推进方式。这样，螺旋桨不受柴油机的约束而趋于低转速、大直径。柴油机也不受轴系的约束，而趋于高转速、多台数。各得其所，综合优化。

多台（3 台以上）柴油发电机组在舱内布置有很大的灵活性。可以沿纵向相对布置（见图 9-30（a）），也可以沿纵向一顺布置（见图 9-30（b）），显然，沿纵向布置时舱长要大，机舱直径较小。此外还可以沿艇纵向布置而横向并排（见图 9-30（c）），则要求机舱直径较大，但长度较短。

柴油发电机组在舱内布置的其他要求与上述直接传动对柴油机的布置要求相同。

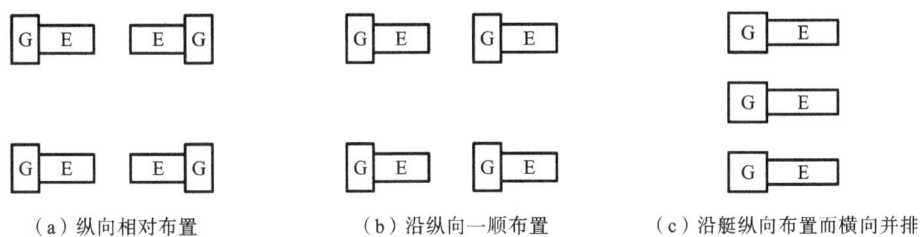

（a）纵向相对布置　　　　　　（b）沿纵向一顺布置　　　　　（c）沿艇纵向布置而横向并排

图 9-30　柴电机组布置示意图

E—柴油机；G—发电机

9.4.3　推进电机舱布置

推进电机舱是布置推进电机及其主控制板、相关电气设备的舱段（室）。在该舱除布置推进电机、主控制板外，还可布置低、中频变流机组，蓄电池串、并联开关，全艇灯光电压稳压器，电力网络配电盒等,有的潜艇还配备有经济航行电机及其控制设备、离合器(含带轮)等。推进电机舱布置示意图如图 9-31 所示。下面介绍推进电机舱布置的特点和要求。

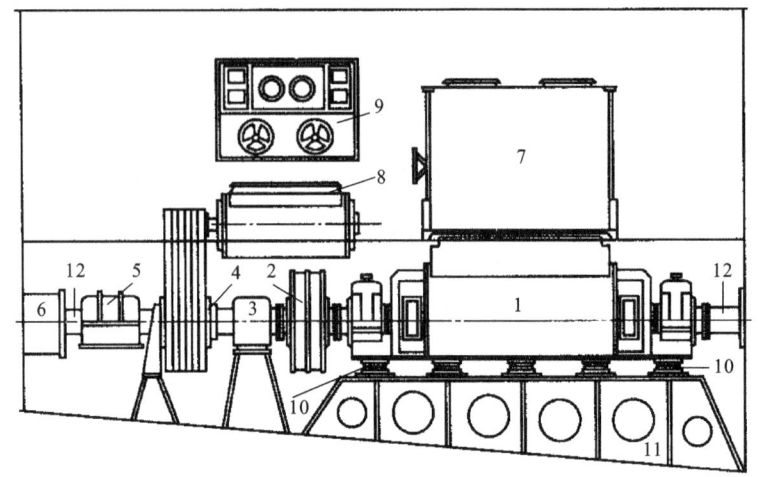

图 9-31　推进电机舱(左舷)布置简图

1-主推进电机;2-气胀式离合器;3-空气分配器;4-气胀式离合器兼带轮;5-推力轴承;
6-隔壁填料函;7-主控制板;8-经济航行电机;9-经济航行自动开关箱;10-减振器;11-基座;12-轴

推进电机直接带动螺旋桨,因而推进电机舱总是处于艇尾部。现代常规潜艇为了降低噪声,又具有较高的推进效率,基本上采用单轴、大直径低转速低噪声螺旋桨推进。因此,只有一台推进电机。该舱室布置则具有以下特点。

(1)推进电机体积大、重量大。电机功率大、转速低,尺寸就大,特别是电机直径大;电机主控制板应尽可能与电机接近,一般位于电机上方,使二者有最短的连接距离。主控制板前方应留一定的空间,以便手操,后方应留有通道,侧面则应留有足够的维修空间。推进电机还有一套通风冷却(空冷或水冷)系统,通常位居电机机壳下方,与电机内部形成良好的闭式循环冷却通道。这样,电机-主控板-冷却系统三者组成一体,占据了推进电机舱大部分空间,要求舱室的耐压体直径也较大。

(2)推进电机轴心位居本艇尾横剖面的中心。单轴单桨推进要求螺旋桨处于艉部均匀流场中,推进电机随之而定位。在圆剖面中,除了电机(含控制板和通风系统)外,剩下的只有圆剖面的两舷空间,这给设备布置造成了困难。

(3)在配置多台推进电机和多台主控板时,推进电机两两之间应留有通道。

9.4.4　AIP 舱布置

应用 AIP 技术增大水下连续潜航续航力,已成为现代常规潜艇总体设计追求的目标之一。至今 FC/AIP(燃料电池)、SE/AIP(热气机)、CCD/AIP(闭式循环柴油机)、CCT/AIP(闭式循环涡轮机)以及 LLNP/AIP(低功率小型核动力系统,也称小核电 AIP)都有不同程度的应用,在潜艇总体设计中均以 AIP 专用舱形式出现(见图 9-32、图 9-33)。

AIP 舱是布置 AIP 系统及其控制设备、辅助装置、仪表和氧化剂等的舱段(室)。显然,不同的 AIP 系统其舱室布置是不同的。

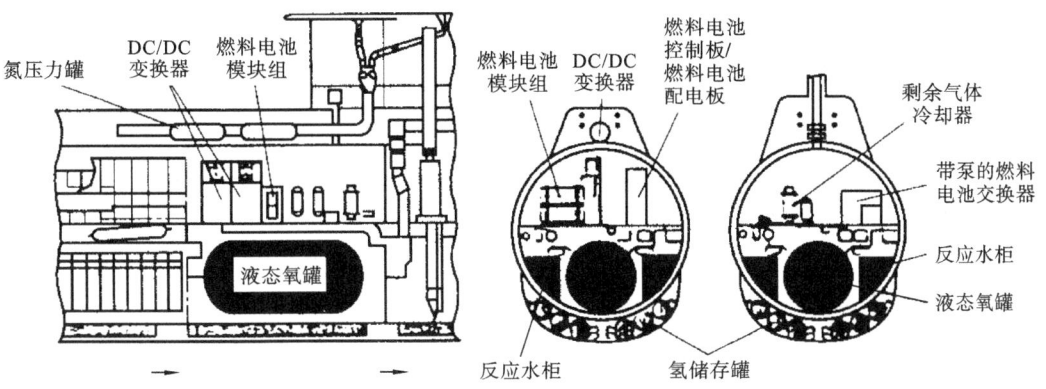

氮压力罐　DC/DC变换器　燃料电池模块组　　燃料电池模块组　DC/DC变换器　燃料电池控制板/燃料电池配电板　　剩余气体冷却器　带泵的燃料电池交换器　反应水柜　液态氧罐

液态氧罐

反应水柜　氢储存罐

图 9-32　燃料电池插入分段的典型布置

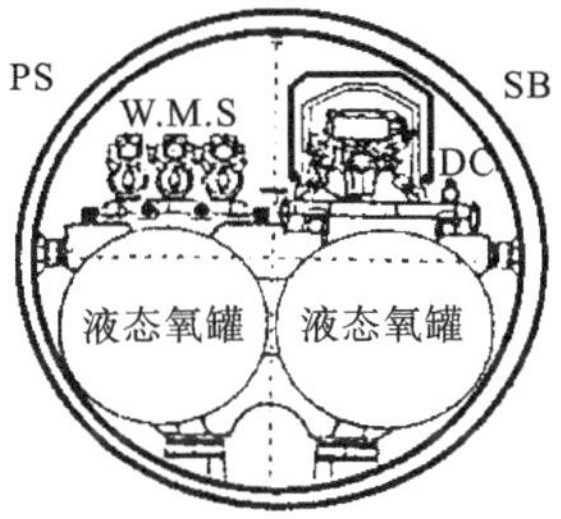

PS　W.M.S　SB　DC

液态氧罐　液态氧罐

海鳝1400H潜艇的总图

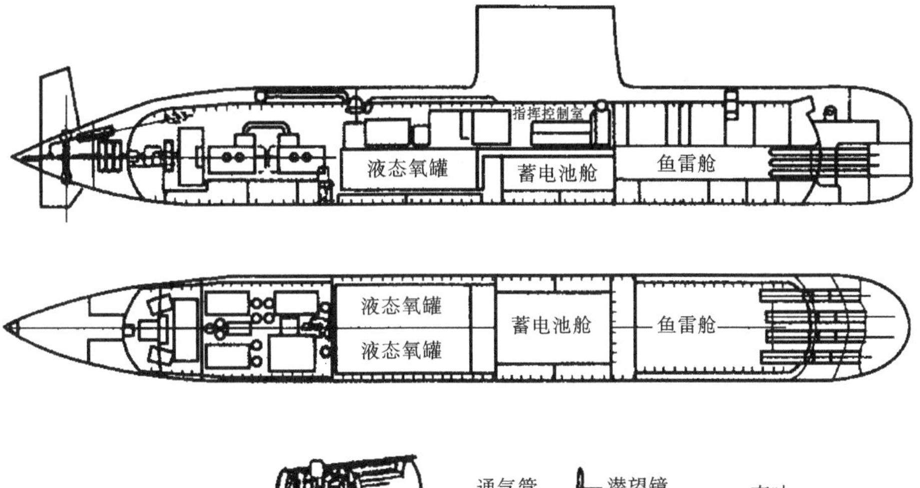

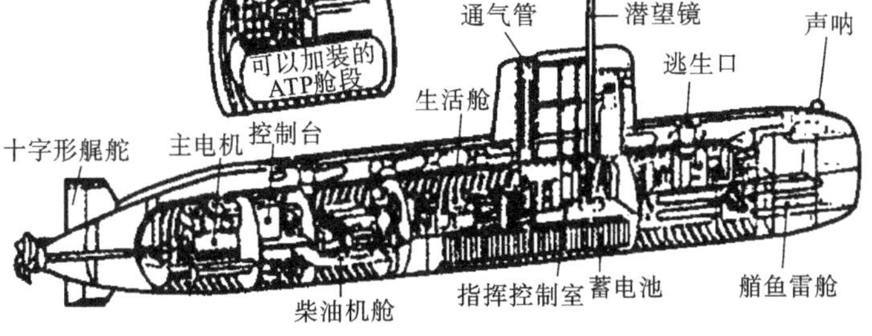

指挥控制室

液态氧罐　蓄电池舱　鱼雷舱

液态氧罐　液态氧罐　蓄电池舱　鱼雷舱

通气管　潜望镜　声呐

可以加装的ATP舱段　生活舱　逃生口

十字形艉舵　主电机　控制台

柴油机舱　指挥控制室蓄电池　艏鱼雷舱

图 9-33　荷兰皇家海军的"海鳝"级潜艇总布置图

9.4.5　核动力装置舱布置

核动力装置是以核反应堆为能源的动力装置,是将核裂变的能量转变为机械能,推动潜艇动力装置。核动力装置舱是装备、布置核动力装置及其辅助系统、设备的舱段。

1. 核动力装置的组成

核动力装置主要由反应堆、主蒸汽涡轮机组及一、二回路系统等部分组成。一般布置在三个舱中:反应堆舱、辅机舱、主机舱,如图 9-34 和图 9-35 所示。

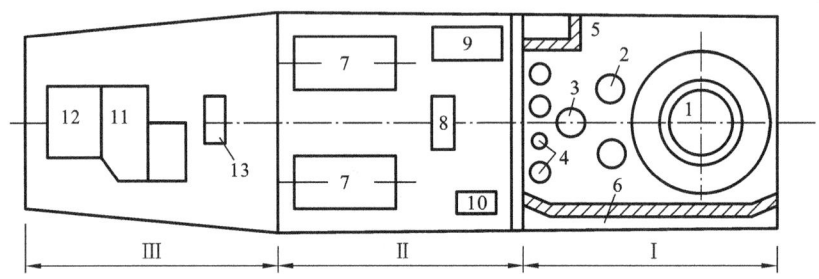

图 9-34　核动力装置布置简图

Ⅰ-反应堆舱;Ⅱ-辅机舱;Ⅲ-主机舱

1-反应堆;2-蒸汽发生器;3-加压器;4-主泵;5-核监测室;6-屏蔽走廊;7-汽轮发电机组;
8-发电控制屏;9-制冷机;10-低压鼓风机;11-主汽轮机;12-减速齿轮箱;13-主机操纵仪表

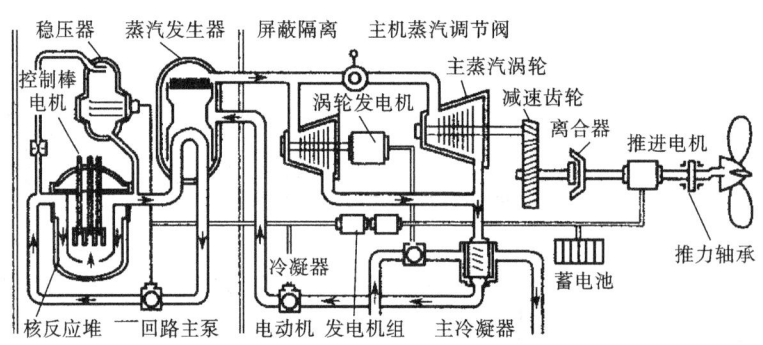

图 9-35　核动力装置推进系统示意图

(1)反应堆舱——布置反应堆、主泵、蒸汽发生器、加压器、一回路辅助系统和设备、空调设备等。

(2)辅机舱——上层布置核动力装置控制室,中、下层布置蒸汽涡轮发电机及其附属系统和设备,还布置制冷机、低压鼓风机、蒸汽造水系统和设备、一回路非放射性设备等。

(3)主机舱——主涡轮齿轮联合机组、二回路辅助系统及其附属系统和设备。

2. 核动力装置布置中应着重遵循的几点原则

(1)对放射性物质防护要安全可靠。带有放射性的设备和系统均应集中布置于反应堆舱内,设置可靠的屏蔽(见图 9-36)。反应堆舱顶部设置顶部屏蔽,与前、后邻舱间设置散射屏蔽,反应堆下部设置内、外堆底屏蔽。屏蔽按反应堆全功率运行时保证安全来设计。前后舱的通行设屏蔽走廊,并设置反应堆舱负压系统及应急排风系统,以防止放射性物质外逸及采取必要的应急手段。进出反应堆舱处应设置淋浴间,以防放射性沾染扩散。

（2）核动力装置（包括屏蔽在内）的重量大，布置上力求降低重心高度，以保证潜艇的稳性。力求布置紧凑，缩短舱室长度，特别是反应堆舱的尺度力求缩小，以减少屏蔽，减轻重量。

（3）留有合适的安装、维修空间，便于反应堆换料及主、辅机的起盖及吊机。

（4）提高装置的生命力，确保反应堆在紧急情况下能及时安全停堆。主、辅机及仪表器械均应安装在减振基座上，管路应设有减振接管，载热剂和蒸汽的主管道应考虑热应力补偿。

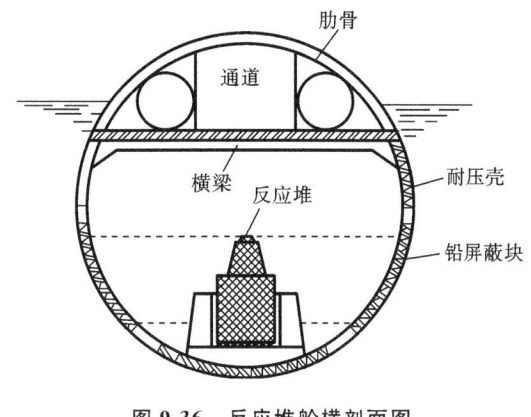

图 9-36　反应堆舱横剖面图

9.4.6　轴系舱与艉端布置

1. 轴系舱布置

轴系舱内除布置轴系外，还布置有艉方向舵和艉升降舵传动装置。根据潜艇的不同需求，还配置有其他的装置设备，如艉鱼雷发射管，用作自卫，可从艉端装填鱼雷及拉出鱼雷在舱内检测，不存放备用鱼雷；又如侧推传动装置，用作自行离靠码头；再如应急推进装置及轴系，用作主航推进轴系失效时应急推进；又或者气幕弹发射装置及系统，在规避敌目标时使用等。

由于轴系舱是一个呈逐渐缩小的锥形耐压舱，应与艉部外形变化相配合并保持舷间有足够的间距。因布置紧张和复杂，可以独立分舱布置，也可以与推进电机合并为一个舱布置。

2. 艉端布置

艉端是指潜艇耐压体端壁到潜艇最后端这一段结构。它主要布置有方向舵和艉升降舵及其传动装置、水平和垂直稳定翼、艉轴、螺旋桨、主压载水舱等。艉端布置主要是螺旋桨和操纵面（或称艉附体）的布置，与潜艇尾部船型有关。目前潜艇尾部的总体布局大致有两种：扁平型艉部布置（见图 9-37（a））和水滴型艉部布置（见图 9-37（b）（c）（d））。

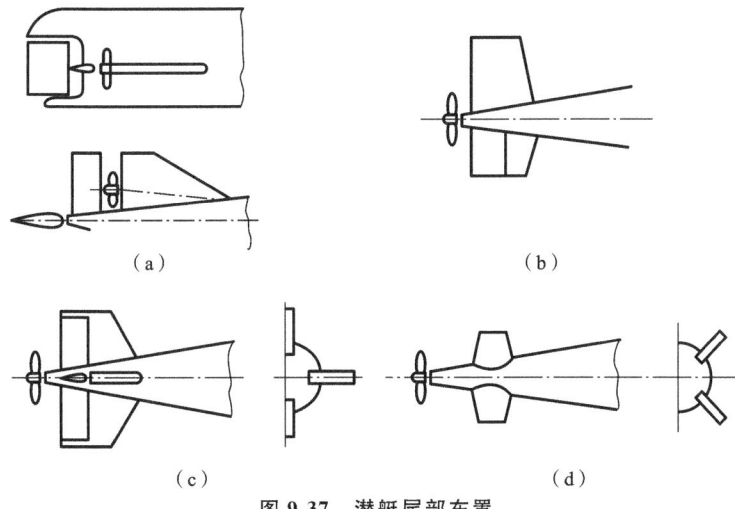

（a）　　　　　　　　　　　　（b）

（c）　　　　　　　　　　　　（d）

图 9-37　潜艇尾部布置

扁平型艉部布置,舵轴支撑牢固,艉舵在螺旋桨后方,在螺旋桨的尾流中工作,舵效提高。这种布置对双轴潜艇显得比较合理。

水滴型艉的水平和垂直稳定翼一般成"十"字形(或"X"形),与单轴螺旋桨配合布置,具有良好的推进和降噪综合效果。为了避免舵轴与潜艇的推进轴垂直相交,需要采用具有高强度的叉架形结构将它们分置于推进轴两侧,叉架又作为操纵舵的杠杆与舱内液压实施机构相连。因此,艉端空间十分狭小和拥挤。

9.5　居住舱室布置

居住舱是指专供艇上指战员休息、居住等与生活有关的舱室,包括居住舱(室)、会议室(兼作医疗室)、休闲室、厨房、厕所等。

现代潜艇设计中对改善居住性越来越重视,这是保证潜艇战斗力的主要因素。居住性与潜艇装备的自动化程度有密切的关系。自动化程度越高,则编制人员就可越少,居住性就越容易改善。

第二次世界大战后,世界海军进入了一个相对和平的建设时期,舰艇居住性也日益受到重视,各国海军对舰艇居住性标准都有具体的规定和要求,对于潜艇的舱室环境各国有各国的对策,舰艇居住性获得了显著改善和提高。外国海军 20 世纪 70 年代以后的舰艇设计对舰员居住和生活舱室的布置和设施配置考虑得较周全,舰员居住舱内增设私人专用设施,扩大衣物柜,士兵大舱改成 4~6 人小型住室。现代舰艇设有休息室、娱乐室、阅览室、商店、酒吧、洗衣房、理发室、存衣室、储藏室、医务室以及健身房等。

居住舱布置中应考虑以下要求。

(1) 居住舱应相对地集中,以便设置空调设备,采取降低噪声的措施。军官居住室与士兵居住室最好区隔开。有条件时,艇上的主要领导干部(艇长、政委)应设置单人居住室。军官居住室采取 2~4 人一室或人数更多一些,可视潜艇的具体条件而定。军官的铺位采用双层沙发床,床铺尺寸为 1800 mm×600 mm,地板到下层铺的参考高度为 0.45 m,下层铺到上层铺的参考高度为 0.75 m,上层铺到舱顶的参考高度为 0.80 m。士兵舱一般采用大舱室,使用三层吊铺,床铺尺寸为 1800 mm×550 mm,地板到下层铺的参考高度为 0.3 m,每两层铺之间的参考高度为 0.6 m,上层铺到舱顶的参考高度不应小于 0.5 m。铺位之间走道宽度不应小于 0.5 m,每人应有一个固定床位,床铺应尽量沿潜艇的纵向布置,铺位的分布尽量与战位分布相靠近,以便减少艇员前后流动。供非在编人员临时上艇使用的备用铺及其数量应由研制任务书确定。居住舱室甲板面积和舱室净高度宜不小于表 9-2 中所规定的数值。

表 9-2　居住舱室甲板面积和舱室净高度要求

项目		中型潜艇	大型潜艇	
			常规潜艇	核潜艇
住舱(室)净高度/m		1.90	2.00	2.00
总面积/m²	单人军官住舱	2.10	2.30	3.70
	2 人军官住舱	2.10	2.30	3.70
	2~4 人军官住舱	3.20	3.50	4.50
	5~6 人军官、军士住舱(双层铺)	4.50	5.00	6.00

续表

项目			中型潜艇	大型潜艇	
				常规潜艇	核潜艇
人均面积/m²	士兵住舱	双层铺	0.70	0.70	0.80
		三层铺	0.50	0.50	0.60

（2）艇内厕所应按 20~25 人使用一个大便池配置。洗脸间按 12~20 人使用一个洗脸盆配置,应配置淋浴设备。指挥室围壳内应设水上厕所。

（3）应设置会议室,兼作手术室。条件允许时可设置餐室,能容纳 1/4~1/3 的编制人员同时就餐,其位置不应与厨房、厕所、浴室相邻。

（4）居住舱的室温应保持在 20~27 ℃,空气内 CO_2 体积分数不高于 0.8%,氧气体积分数在 19%~21% 范围内。其他各种气体的含量应符合"潜艇卫生标准"的规定。居住舱及其他生活舱室的噪声应控制在 70~80 dB 及以下。

（5）粮食应尽可能存放于粮食舱内。粮食舱应不少于两个,且宜分别布置在各救生舱内。禁止将粮食舱与冷藏库布置在柴油机舱、专用辅机舱,或与厕所、浴室、油舱、污水舱直接相邻。

（6）艇上至少设一个具有单独通风和空气净化滤器的厨房。厨房附近设置供冷藏用的肉库和蔬菜库,两者应相邻布置,肉库的门应开在蔬菜库内。厨房残渣抛出装置应设在厨房附近,且操作方便。

9.6　液舱布置

潜艇的液舱主要有主压载水舱、辅助压载水舱、淡水舱、蒸馏水舱、燃油舱和滑油舱等。

1. 主压载水舱

主压载水舱的总容积等于潜艇的储备浮力容积。对于储备浮力较大的潜艇通常将主压载水舱分为艏、舯、艉三组,每组由若干个主压载水舱组成。主压载水舱沿潜艇的纵向布置,应使潜艇在水上状态时无纵倾或略带艉倾。舯组主压载水舱的容积应满足:当排空这些主压载水舱之后,耐压艇体顶端应露出水面一定高度,潜艇具有正稳度,在风浪里能打开耐压指挥室的舱口盖以保证新鲜空气进入舱内,供艇员呼吸,并能用柴油机做水上航行,人员可到甲板上进行必要的作业。此时潜艇的航行状态称为半潜状态。舯组主压载水舱的容积中心纵向位置应与半潜状态水线下的排水容积中心的纵向位置相同或比它稍偏艏一些,以便保证半潜状态时潜艇处于正直位置或具有不大的艉倾。确定每个主压载水舱的容积时,应该考虑到各水舱的注、排水有足够的均匀性,并应尽量避免采用多种规格的通海阀。为改善潜艇的抗沉性,减小注、排水过程中自由液面的影响及满足下潜时间的要求,确定主压载水舱空间时,上水密龙筋板的高度应满足潜艇在潜浮过程中的稳性要求,一般应与耐压艇体上沿同高;所布置的主压载水舱空间还应考虑到施工及维修的可行性。

主压载水舱布置形式如图 9-38 所示。

有的潜艇常以燃油压载水舱的形式把所谓超载燃油储存于舷间,考虑到水上状态时用舷外水压燃油舱中的燃油,其水压头应大于燃油压头,所以当舷间布置正常燃油舱时,主压载水舱一般应布置在正常燃油舱的上部。

对于现代储备浮力较小的潜艇(见表 9-3)往往只在艏艉非耐压部位布置主压载水舱,艇

（a）耐压艇体形成潜艇的主要外形部分

（b）呈圆柱形的耐压艇体被轻外壳包围封闭

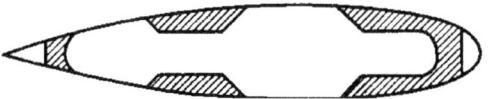

（c）艉部与艏部的耐压艇体部分为单壳体结构

（d）艏部为单壳体结构，艏部与艉部为双壳体结构

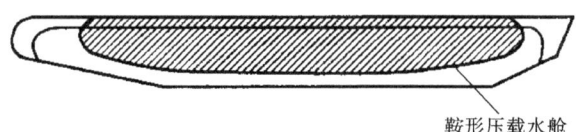

鞍形压载水舱

（e）斜锥形耐压艇体

图 9-38　主压载水舱布置形式

体为单壳体形式者，通常只能在艏艉部位布置压载水舱。

表 9-3　现代常规潜艇储备浮力

艇级（型）	正常排水量/t	水下排水量/t	储备浮力占正常排水量比例
英国"2400"型	2160	2400	11%
法国"阿哥斯塔 80"型	1500	1750	16.6%
德国"209"型	1100	1290	17.3%
瑞典"A14"型	980	1125	14.8%
意大利"四脚蛇"级	1300	1450	11.5%
意大利"1077"型	554	612	10.5%

2. 辅助压载水舱

　　潜艇上一般设有 1～2 个调整水舱。当设有两个调整水舱时，则其中一个主要用来调整由于粮食、淡水、燃油等变动载荷变化而引起的浮力与重力的不平衡，该水舱在潜艇长度方向的位置应在被代换载荷总的重心附近；另一个主要用作调整由于海水密度变化而引起的浮力与重力的不平衡，该水舱在潜艇长度方向上的位置则应在艇的浮心附近。调整水舱一般布置在舷间，单壳体潜艇则布置在耐压艇体内。

纵倾平衡水舱一般布置在耐压艇体的艏、艉端,以增大纵向力臂。艏部和艉部的纵倾平衡水舱都应分隔成互不相通的左、右两部分。

调整水舱和纵倾平衡水舱的容积,在初步设计时可按平衡多边形的方法求得初步值;在技术设计阶段,则根据详细的变动载荷代换计算确定。

在储备浮力较大的潜艇上,为了加快潜艇的下潜速度,常在潜艇重心稍前的舷间设置快潜水舱。快潜水舱的容积根据快潜时间的要求确定,当其注满时,应使潜艇产生一定的艏纵倾,以利速潜。对于现代潜艇,速潜的概念已丧失其原来的重要性,并且速潜也可以通过合理的操舵等手段来实现。现代潜艇一般不再单独设置快潜水舱。

3. 淡水舱、蒸馏水舱

通常,中型潜艇必须设置若干个淡水舱,并尽量布置于各个救生舱内。淡水舱的容积根据人员编制、自持力和用水标准确定。在自持力较大的潜艇上由于配置了海水淡化装置,淡水舱的容积允许适当减小。布置淡水舱时不得将它与燃油舱、滑油舱、污水舱、厕所等直接相邻。

常规动力潜艇上一般应设置蒸馏水舱,用于储存补充蓄电池电解液用的和冷却蓄电池及某些电气设备用的蒸馏水。不同用途的蒸馏水通常分别储存,并布置于用户的近旁。蒸馏水舱也不得与其他内部液舱相邻布置。

4. 燃油舱、滑油舱

潜艇燃油舱容积根据它的通气管状态续航力确定。燃油舱可以设置在耐压艇体内或设置于舷外。现代潜艇由于内部容积紧张,往往将大部分燃油舱布置于舷外主压载水舱下方或以燃油压载水舱的形式布置于舷外。例如法国近代潜艇"阿哥斯塔"的燃油总储备量为 187 t,舷外布置了 177 t,艇内仅放置了 10 t。

潜艇上的滑油舱分为贮存清滑油用的清滑油舱和贮存供循环使用的环循滑油舱。清滑油舱一般不少于 2 个。滑油舱一般布置在耐压艇体内柴油机附近,首先利用柴油机基座内的容积。循环滑油舱的形状应使它有足够的自由液面,以便使滑油在系统内循环时所溶解的空气能排出来。

9.7　系统管路布置

潜艇系统管路多,布置难度大。主要包括:潜浮与均衡系统,压缩空气系统,燃油系统,液压系统,疏水、舱底水和消防系统,通风、空调系统,空气净化、再生系统和海水淡化系统等。

1. 潜浮与均衡系统

潜浮与均衡系统的布置一般要求:

(1) 通海阀的布置应使潜艇在以正常艉倾角为 $5°\sim7°$ 的状态上浮时,其主压载水舱被吹除后的余水为最少;

(2) 通气阀的布置和主压载水舱上水密龙筋的结构形式应使潜艇在下潜过程中,主压载水舱能完全注满水,而不致形成空气垫;

(3) 潜浮和均衡系统的各种液压机操纵器和信号装置应分别集中和相邻布置在指挥舱内,形成潜浮操纵部位,并应在艏、艉救生舱内布置应急吹除阀柱。

2. 压缩空气系统

压缩空气系统的布置一般要求:

(1) 空压机数量超过一台时,应分舱布置,但柴油空压机宜布置在柴油机舱内;

（2）高压空气瓶应大致均匀地分组布置在潜艇各处,其中应有若干组气瓶布置在耐压艇体内,其余布置在上层建筑内。

3. 燃油系统

燃油系统的布置一般要求：

（1）不得让燃油管路穿过淡水舱、蒸馏水舱、粮食舱、冷藏库和蓄电池舱；

（2）外部燃油舱的补重管路不应布置在上层建筑内。

4. 液压系统

液压系统的布置一般要求：

（1）液压站宜布置在救生舱内,当设有主液压站和应急液压站时,应分置于两个救生舱；

（2）各种液压机械的操纵器应按不同用途相对地集中布置。

5. 疏水、舱底水和消防系统

疏水、舱底水和消防系统布置一般要求：

（1）疏水泵宜设置于机电长所在舱内；

（2）在大、中型潜艇上,应设两台以上舱底泵,并分置于不同救生舱,其中宜有一台设在机电长所在舱内；

（3）疏水和舱底水总管应沿艇的耐压体全长敷设于舱内尽可能低的位置上,应能排除每个耐压隔舱内的水,该总管应避免穿过污水舱,否则必须采取有效的防腐措施；

（4）对水消防系统,应在艏、艉部上层建筑和耐压体内各设一个消火栓,其消防水带应布置在易于取用的场所；

（5）泡沫灭火系统的泡沫发生装置应分舱布置,泡沫液储存筒应布置在泡沫发生装置附近；

（6）气体灭火系统一般设置两个灭火站,两站既互相独立又互相备用,其火灾报警控制器一般布置在指挥舱,对火灾信号进行接收、处理、发出报警信号并进行灭火控制。

6. 通风、空调系统

通风、空调系统布置一般要求：

（1）供全艇通风用的风机宜布置在主机舱上部或与该系统冷却器等设备相对集中布置于一个专用室内,供局部通风用的风机应充分利用各自工作部位附近的舱室顶部空间就近布置；

（2）全艇通风总管宜布置在舱室上部,其送风口和抽风口分别布置在舱室的上部和下部。

7. 空气净化、再生系统

空气净化、再生系统布置一般要求：

（1）有害气体燃烧装置应布置在艇员集中居住的舱室内,氢气燃烧装置应布置在蓄电池舱上方；

（2）静电空气过滤器应布置在厨房、餐厅等烟雾较多的处所,以及要求空气环境清洁的操纵部位；

（3）各舱空气再生装置应按一级战斗部署时相应人数的需要量来布置。

8. 海水淡化系统

海水淡化装置的蒸发器应安装在受横摇影响较小的部位。

9.8 艏端、上层建筑及压载铁布置

本节介绍潜艇艏端、上层建筑及压载铁布置的一般规律。

9.8.1　艏端布置

艏端是指潜艇耐压艇体首端壁到潜艇最首端这一段结构。它主要布置水声设备、雷弹发射管、锚链舱及主压载水舱等，如图 9-39 所示。

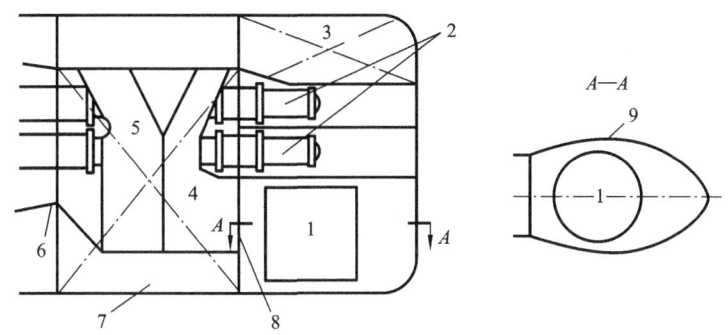

图 9-39　艏端布置简图

1-综合声呐站；2-鱼雷发射管；3-浮力舱；4-进入声呐导流罩的通道；5-锚链舱；6-耐压壳；7-主压载水舱；8-水密隔壁；9-导流罩

潜艇水下活动的主要探测工具是水声系统，它在艇内享有占据最佳位置的优先权，以便最大限度地发挥作用。其中最主要的就是艏部声呐，在艏部不仅要求保证声呐有较好的前视扇面，还要求尽可能地向两侧扩展其视界，以形成向艉部延伸张开的扇形。因此，艏端形状和布置必须按适合声呐的需要来加以设计。

艏端究竟是优先用于布置鱼雷发射管还是优先用于布置声呐，存在着一些矛盾，其中既有武器发射系统与声呐系统对艏端几何形状的要求不一致问题，也有声学方面的问题，还有鱼雷装载要求问题。为此，有的潜艇设计将声呐高置于艏端"额头"位置，将鱼雷发射管置于艏端下部；有的则将鱼雷发射管置于艏端上部，而将声呐置于艏端下部；有的干脆将鱼雷发射管后移至艇的"肩部"，让位给声呐。总之，不同的布局总会有不同的问题，需要多方面权衡决策。

艏端除了布置鱼雷发射装置和声呐以外，还有艏水平舵装置和锚装置。这使耐压体前方的艏端空间变得十分拥挤，给总布置设计带来了很大的困难，还会产生噪声，影响声呐工作。因此，现代常规潜艇设计时，往往放弃艏水平舵的最佳位置而后移、上移，放在艏端上层建筑内，甚至移到指挥室围壳上。对于锚，趋于呈蘑菇形或带有封盖，锚收起后基本不破坏艇体光顺度，有的甚至根本没有锚。

9.8.2　上层建筑布置

潜艇上层建筑是耐压艇体上面的沿着艇体长度方向伸展的透水结构，也是舷间液舱结构向上延伸的部分，是潜艇流线形轻外壳结构的一部分。上层建筑结构与耐压壳之间为透水空间，其间主要布置有柴油机进排气系统管路、主压载水舱废气吹除管路、压载水舱通气顶罩（通气阀）、高压气瓶、各类舱口、艏水平舵装置、信号浮标、救生平台以及系缆装置等（见图 9-40）。其中，柴油机进排气系统管路位于柴油机与通气管装置之间，管路的舌阀可以在艇内通过传动装置手操。在采用艏水平舵时，其收、推舵装置要求位于艏部，以获得较大的抬首力矩。压载水舱通气顶罩（阀）应布置在各水舱的后部，并左右舷对称，以便潜艇带首倾下潜时能顺利注水和排气而不产生气垫。按潜艇救生区的划分设置救生平台,一般分别位于艇前部和后部,并分别接近前、后信号浮标。系缆装置一般按艏、舯、艉位置分别设置,保证潜艇系缆牢靠。

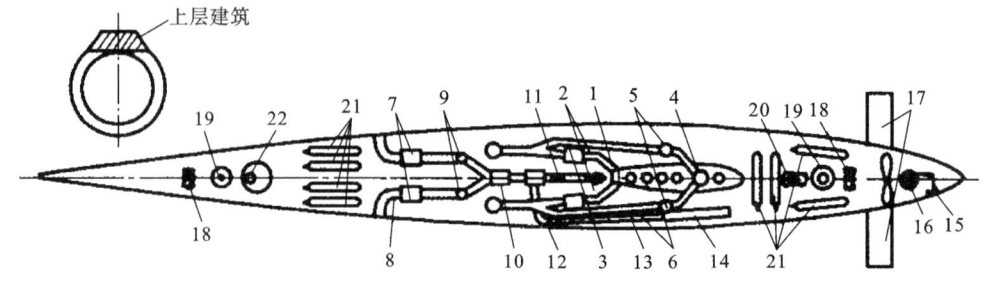

图 9-40　上层建筑平面布置简图

1-水上进气围壁;2-水上进气管;3-水上进气舌阀;4-通气管装置进气筒;5-通气管装置进气舌阀;

6-通气管装置空气管路;7-排气外舌阀;8-水上排气弯管;9-止回操纵舌阀;10-废弃舌阀;11-废气管路;

12-低压废气舌阀;13-低压气管;14-低压气集管;15-锚;16-锚机;17-艏升降舵装置;18-系缆卷车;

19-信号浮标;20-鱼雷装载舱口;21-高压空气瓶;22-救生平台

9.8.3　压载铁布置

压载铁是用来调整潜艇重力和浮力间的静力平衡及潜艇的静稳性的,即改变压载铁数量可以调整潜艇的重力,改变压载铁的重心位置可以调整潜艇的重心位置。

压载铁一般布置在舷间、主压载水舱内、非水密部位,如有必要也可以在耐压体内布置。布置压载铁应当考虑有一定数量压载铁布放在高位。

复习思考题

1. 现代潜艇的舱室划分的主要思路有几种? 各有什么优缺点?
2. 简述潜艇船体结构形式的种类及其优缺点。
3. 如何处理艏端布置鱼雷与声呐的矛盾?
4. 指挥台围壳的作用是什么?
5. 潜艇的动力舱室一般如何布局?
6. 潜艇有哪些主要液舱? 一般布置在什么位置?
7. 潜艇压载铁有何作用?

第 10 章 潜艇建筑形式选取及外形设计

10.1 潜艇外形设计概述

潜艇建筑形式及潜艇外形是潜艇特性的外在表现,它与潜艇的战术技术性能和经济性有着密切的关系,也是潜艇设计一开始就遇到且必须解决好的问题。

潜艇是一座复杂的海上建筑物,它的总体结构形式选取在一型潜艇设计之初就必须有一个初步构思,然后在排水量确定与总布置设计过程中,使这种构思逐步明确细化,并进一步得到证实。建筑形式的选取、排水量的确定与总布置设计有着相互联系和相互制约的关系,常常是一个反复修正,逐步逼近的过程。在这一过程中,一方面要核对所确定的各主要装备在布局上的可行性;另一方面也要证实所构思的建筑形式及外形的现实性。如果发现矛盾,进行局部修改甚至较大的变动都是可能的。直到获得较优的方案之后,才进行总布置的详细设计及最后落实艇的主尺度,进行潜艇外形设计、结构设计以及性能核算。由此可见,建筑形式的选取是一项关系一型潜艇设计全局的工作。

潜艇外形设计应当考虑的主要因素有以下几方面。

1. 使设计艇具有良好的快速性

船体外形与潜艇的各项性能,如快速性、操纵性、稳性等都有直接的关系,那么在潜艇型线设计时应如何处理这些关系呢? 由于外形对快速性有更为直接的影响,所以,不论对水面航行的船舶还是对水下航行的潜艇,一般在型线设计时都把快速性放在首位来考虑。对于现代潜艇而言,快速性当然是指水下航行的快速性。至于其他航行性能在外形设计过程中一般仅做些原则性的考虑或判别,等到潜艇型线初步确定之后,再根据情况做些局部的修改。

2. 照顾到总布置的需要

型线设计时往往会碰到各项性能的要求(特别是快速性要求)与总布置的需要相矛盾的情况。这时,往往适当牺牲快速性等来照顾布置上的需要,这方面的一个很好的例子是:从大量已建成的水滴形潜艇来看,其长宽比一般都大于水下快速性(即水下总阻力最小)的最佳范围 6~7。美国"鲣鱼"级核潜艇的长宽比为 7.87,"长尾鲨"级为 8.78,"鲟鱼"级为 9.24,"洛杉矶"级为 10.9。考虑到舱室有效分层及港口对艇吃水的限制,艇体最大直径一般限制在 10 m 左右,而越来越多的新装备在艇上的布置使潜艇的排水量不断增大,于是,只有加长船体。但长宽比增大,对水下快速性和操纵性都有所不利。

3. 考虑到加工和维修方便

潜艇型线代表的是非耐压壳的型表面。潜艇型线设计时应注意非耐压壳与耐压壳之间的结构合理性,使加工和维修保养方便。例如双壳潜艇,其舷间主压载水舱应有足够的宽度;单壳潜艇非耐压壳与耐压壳连接处(特别是指挥台围壳后面的上层建筑与耐压壳连接处和艉部非耐压壳与耐压壳连接处)的结构应合理,避免加工困难或形成难以保养的地方。

　　总之,一个符合设计要求的优良型线必定是艇的性能、结构、总布置和建造工艺等诸方面矛盾的统一体。

10.2　潜艇建筑形式

　　将潜艇看作海上建筑物,从潜艇设计的角度来看,对潜艇总体结构形式的考虑与勾画,称为潜艇建筑形式的选取。下面首先从分析潜艇建筑形式的历史变迁入手,得出潜艇建筑形式选取的一般原则。

10.2.1　潜艇建筑形式的历史发展

　　随着时代的变迁,战争的洗礼,科学技术的发展,潜艇的使命和使用方式都在不断地发展,与之相适应的潜艇建筑形式和外形也在不断演变。现代潜艇发展的进程(里程碑)可概括为如下五种标志性的艇型。

　　(1) 19 世纪末期的"霍兰"号潜艇,其为原始水滴形艇型(见图 10-1)。

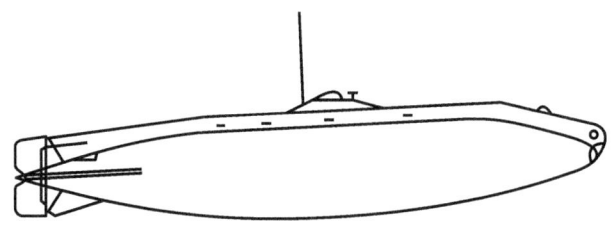

图 10-1　原始水滴形艇型

　　(2) 第一次世界大战中的"U-35"型潜艇,其为由水面舰艇演变而来的舰队形艇型(见图 10-2)。

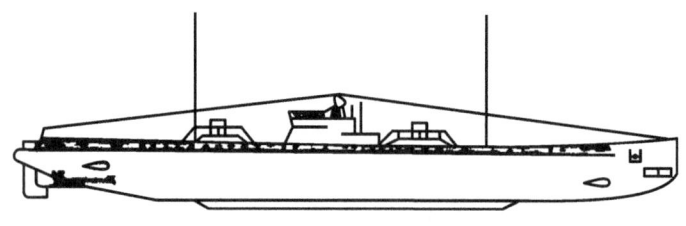

图 10-2　舰队形艇型

　　(3) 第二次世界大战末期的"U-XXI"型潜艇,其为适于水下航行的流线形艇型(见图10-3)。

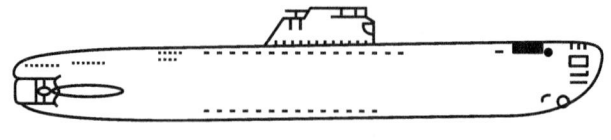

图 10-3　流线形艇型

（4）20 世纪 50 年代初期的"大青花鱼"号试验潜艇，为水下航行性能优良的现代水滴形艇型（见图 10-4）。

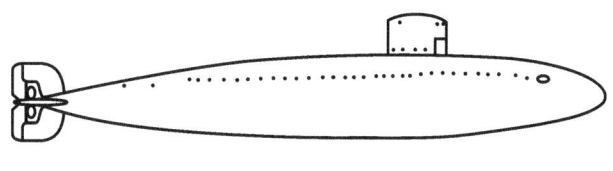

图 10-4　现代水滴形艇型

（5）美国"鹦鹉螺"号核潜艇，为满足装艇设备的布置，在现代水滴形中间插入了一段平行中体，形成长水滴形艇型（见图 10-5）。

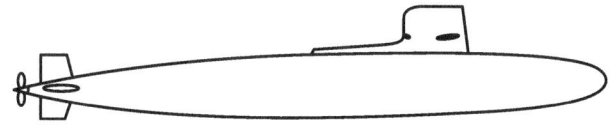

图 10-5　长水滴形艇型

由于反潜技术的发展和科学技术的进步，现代潜艇必须转向以水下航行性能为主，与此相适应的艇型为外形光顺、凸出体很少的水滴形艇型或过渡型艇型；船体结构形式一般为单壳体、双壳体或单双混合壳体结构。

10.2.2　潜艇建筑形式选取的原则

潜艇建筑形式反映艇的内、外部结构和外形样式的总体特点。因此，它的确定必须综合考虑多方面的因素，其选取原则可归纳为以下几点。

（1）有利于总体布局。

武备的布置位置及布置方式、水声设备声系统的分布位置、舱室的合理分层与分隔、上层建筑内容积的利用等都与建筑形式有着密切的联系。选取合适的建筑形式，才能使总体布局协调并成功。

（2）能提供良好的航行性能（含流体动力和流体噪声性能）。

建筑形式是与一定的潜艇外形相配合的。从保证良好的航行性能出发，就要求合适的潜艇主尺度，要求适量的储备浮力，要求恰当的指挥室围壳布置位置及艏、艉型，要求具有足够的稳度，要求携带足够的燃油量，要求具有较小的水动力噪声，诸此等等都与建筑形式有关。选取合适的建筑形式，就有利于满足上述各要求。

（3）有利于提高潜艇的生命力，或与规定的生命力要求相适应。

（4）保证艇体结构合理性，具有足够的结构强度和稳定性，结构重量轻，建造工艺简单。

（5）减轻艇体部分重量，有利于潜艇主要战术技术性能的实现。

10.3　潜艇主艇体及指挥室围壳型线设计

构成一艘潜艇外形的主要部件有：主艇体（裸艇体）、指挥室围壳、操纵面及各种用途附体的导流罩（如小型声呐的导流罩、压铁龙骨导流罩等），现代潜艇的外形组成如图 10-6 所示。

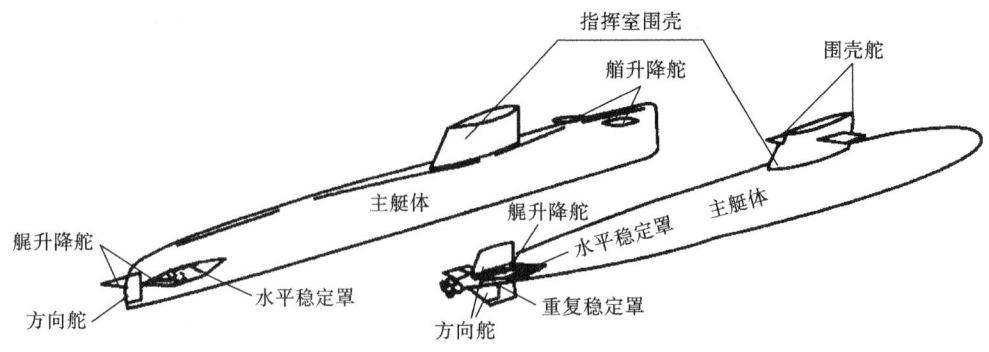

指挥室围壳
艏升降舵
围壳舵
主艇体
艉升降舵
主艇体
艏升降舵
水平稳定罩
方向舵
水平稳定罩
重复稳定罩
方向舵

图 10-6　现代潜艇的外形组成

10.3.1　潜艇主艇体型线设计

1. 潜艇主艇体型线设计的主要内容

潜艇主艇体型线设计是潜艇总体设计的重要组成部分,与总布置设计和总体性能研究设计有着极其密切的关系,主要设计内容为:

(1) 分析研究总体设计要求,从优化总体性能出发,与总布置设计进行充分协调,准确确定潜艇主艇体的主尺度和船型系数;

(2) 生成主艇体型线或建立描述主艇体外形的数学模型,绘制型线图或创建三维模型。

2. 潜艇主艇体型线设计的主要要求

潜艇主艇体型线是潜艇总体特性的外在表现,型线设计应达到如下要求:

(1) 满足总体设计要求,能光顺地包围住耐压艇体之外所有的应包容构件、设备和装置;

(2) 在主艇体顶部适当的艇长范围内应设计成具有一定宽度的平坦的上层建筑甲板,以便艇员进行水上操作和行走;

(3) 主艇体外形所包围的水密空间在满足浮性、稳性、不沉性等静力性能要求和建造施工及使用维护可行的前提下,尽量压缩艇体外形的几何尺度,采用优良外形,以改善艇的水动力性能;

(4) 艇体表面力求光顺平滑,各类曲线至少应达到二阶导数连续,没有多余拐点;

(5) 所产生的型线设计信息便于后续的研究设计、施工建造、使用维修时利用。

3. 潜艇主艇体型线设计方法

现代潜艇主艇体型线设计方法有:

(1) 借助计算机,采用人机交互方式进行逐步协调光顺的手工设计方法;

(2) 参考母型艇型线,进行局部修改或相似变换的母型改造法;

(3) 以解析数学式描述为基础的数学型线法。

4. 潜艇主艇体型线图

潜艇主艇体型线设计的结果目前多数还是采用型线图的形式表达,也有用三维模型描述的(见图 10-7),后者是今后的发展方向。

1) 主坐标平面

型线图的主坐标平面(亦称基本投影面)是图 10-8 所示的三个互相垂直的平面。其中,经过坞龙骨中间的直线部分上边缘的水平面,称作基面;与基面垂直的潜艇艇体的对称纵向垂直

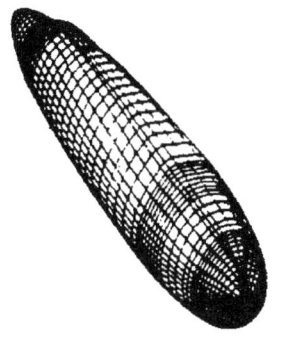 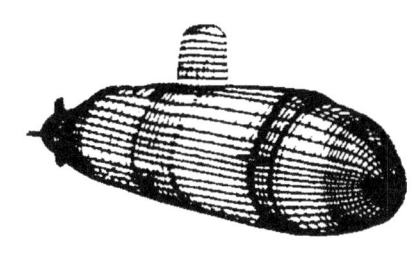

（a）主艇体的三维视图　　　　　　　（b）完整潜艇的三维视图

图 10-7　潜艇外形的三维线框模型

面,称作中纵剖面;经过潜艇水密艇长中点的横向垂直面（垂直于基面和中纵剖面）,称作中横剖面或舯剖面（常用符号 ⌀ 表示）。

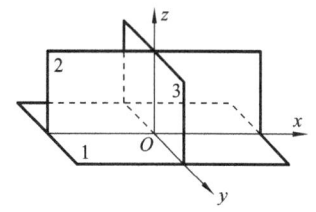

主坐标平面的交线通常用来作为潜艇的坐标轴,中纵剖面与基面的交线为 x 轴（纵坐标）,向艏为正方向;中纵剖面与中横剖面的交线为 z 轴（竖坐标）,向上为正方向;中横剖面与基面的交线为 y 轴（横坐标）,向右舷为正方向。三坐标轴的交点作为坐标系的原点 O。

图 10-8　潜艇型线图的主坐标平面

1-基面;2-中纵剖面;3-中横剖面

2）型线图

如前所述,型线图是指用平行于主坐标平面的平面,截取潜艇艇体型表面所得的各剖切线在对应主坐标平面上的投影图形的集合。

平行于中纵剖面的平面,称作纵剖面;平行于基面的平面,称作水线面,又将通过设计水线的水线面称作设计水线面;平行于中横剖面的平面,称作横剖面。

应强调指出,在型线图上所表示的型线通常是指潜艇艇体外壳板的内表面,该表面称作艇体型表面,据此量取的尺度称为型尺度。通常所述的主尺度和型线值（除说明包括壳板厚度者外）都是指型尺度。

潜艇艇体型表面与纵剖面的交线,称作纵剖线。平行于中纵剖面,沿艇宽方向取 3～4 个纵剖面,将各纵剖面所截得的艇体外形曲线——纵剖线叠置于中纵剖面上所得的图形称作纵剖线图（纵剖面图）。各纵剖面通常自纵剖面开始往舷侧依次编号。

潜艇艇体型表面与水线面的交线,称作理论水线（简称水线）。平行于设计水线面,沿吃水方向取若干个等间距的水线面,将各水线面所截得的艇体外形曲线——水线叠置于设计水线面上所得的图形称作水线面图,各水线自基面向上依次编号。由于潜艇艇体左右舷对称,每一水线面只需画出一半即可,故称为半宽水线图。

潜艇艇体型表面与横剖面的交线,称作横剖线。平行于中横剖面,沿艇长方向、在艇长（一般为水密艇体长度）上取 20 个等间距的横剖面,各横剖面从艏至艉依次编号,称为站号,0～10 站为艏半段,10～20 站为艉半段,第 10 站即中横剖面。注意:军船与民船不同,军船的站号是从艉向艏依次递增编号的。同时,因艏、艉端非水密部分的艇体曲面变化较大,所以另取若干个与中横剖面相平行的等间距（间距较短）的辅助剖面 1F、2F、3F……将上述 20 个横剖面和辅助剖面所截得的艇体外形曲线——横剖线叠置到中横剖面上所得的图形,称作横剖线图（横剖面图)。由于潜艇艇体左右舷对称,也为了表达清晰,每一个横剖面只需画出半边即可,习惯上,将艏半段画在右边,艉半段画在左边。

型线图就是由上述横剖线图、纵剖线图和半宽水线图所组成的。实际上,型线图也是三视图的一种表现形式:纵剖线图相当于侧视图,半宽水线图相当于俯视图,横剖线图相当于正视图。

潜艇的型线图缩尺比要视潜艇的大小而定,通常采用 1∶25、1∶50、1∶100。

在型线图上,除绘有各剖面与潜艇艇体型表面的交线的投影线之外,有时还标出潜艇耐压体的外形轮廓线、轴线、螺旋桨盘面、鱼雷发射管的中心线、潜艇的外形尺寸和型值表。

3)潜艇主艇体型线图的用途

潜艇主艇体型线图主要用于:完整和清晰地描述潜艇艇体外表面的形状;进行和确定潜艇航海性能的有关计算;制造潜艇模型进行水池和风洞试验;建造和修理时,给潜艇艇体以应有的形状。因此,型线图是潜艇设计、性能研究和建造、修理的重要依据,是一份关系到潜艇全局的图样。在每艘潜艇的技术文件中,都应提供主艇体型线图。

10.3.2 指挥室围壳型线设计

指挥室围壳是凸出于主艇体上层建筑之上的围封耐压指挥室或设闸室和各种升降装置的流线形透水结构。

指挥室围壳是潜艇艇体上最大的凸出体,在水下状态时,由于它的存在会产生很大的阻力,而且此阻力的作用点处于主艇体轴线之上较高的位置,因此,它不仅影响艇的快速性,而且影响艇的纵倾平衡操纵。当艇回转时,由于指挥室围壳与水流形成攻角而产生升力,并且此横向升力的作用点高于主艇体轴线而形成一个很大的横倾力矩作用于艇体,使艇产生横倾;由于指挥室围壳位于艏端,横向升力还会产生一转艏力矩而大幅度减弱潜艇水平面内运动的动稳定性;当艇回转形成一个漂移角,产生升力的指挥室围壳顶端的后方会形成一个很强的泄出涡,同时艇体自身存在的迎角也会从艇体上部和下部产生涡系,这两种涡流互相作用将产生在垂直面内作用于艇体的力和力矩,此时如果艇上不进行操舵的话,就会引起纵倾和深度变化。另外,指挥室围壳的前缘是一个驻点,水流从这一驻点向指挥室围壳的两侧分流,从而形成一对旋向相反的涡流(马蹄涡),这一对涡流经过指挥室围壳的两侧,并延伸到潜艇艇体的艉部上方。马蹄涡对艇的操纵性虽无明显影响,但它除了增大潜艇阻力外,还会进一步使潜艇艇体艉端上方的流场复杂化,恶化推进器的设计环境,不利于水动力噪声的优化设计。

由上述可知指挥室围壳的存在,对艇的水下快速性、操纵性、噪声性能和稳性等产生了诸多负面效应,但目前的潜艇还不能取消它,因此,指挥室围壳的型线设计一直是潜艇设计中十分关注的问题。

1. 指挥室围壳的形状及布置位置

图 10-9 所示为欧美十型潜艇的指挥室围壳的形状及其布置位置简图。由图可见,其外形大致相同,但沿艇长的布置位置有很大的差异。这是由于这些潜艇的升降装置类型及其在艇上的布置形式大致相同,且在外形上均取较理想的形状;但由于各型潜艇总布置方案不同,升降装置沿艇长的布置位置也就不相同(升降装置的布置位置必须与指挥舱的布置位置相匹配),因此,指挥室围壳沿艇长的布置位置差异较大。

图 10-10 展示了飞机座舱式三维翼型指挥室围壳,它由于高度低外形优良,因此具有阻力小、声目标强度低、尾迹小的特点,是一种新型指挥室围壳,在国外核潜艇上已有应用。

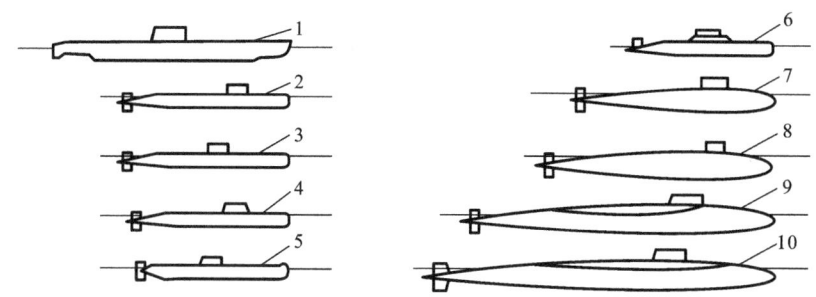

图 10-9　欧美十型潜艇指挥室围壳的形状及其布置位置简图

1-英国"奥白龙"级潜艇；2-法国"日内瓦"级潜艇；3-意大利"四脚蛇"级潜艇；4-瑞典"A14"型潜艇；
5-法国"女神"级潜艇；6-德国"209"型潜艇；7-美国"鲣鱼"级核潜艇；8-美国"长尾鲨"级核潜艇；
9-美国"乔治·华盛顿"级核潜艇；10-美国"拉斐特"级核潜艇

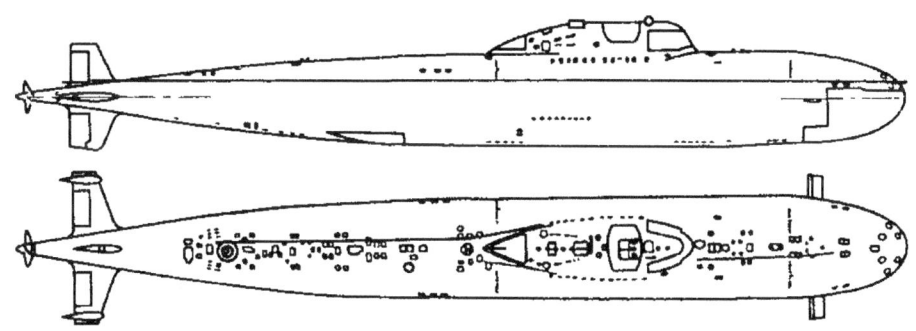

图 10-10　苏联"阿尔法"级核潜艇的飞机座舱式三维翼型指挥室围壳

2. 指挥室围壳型线设计的主要内容

如上所述，指挥室围壳型线设计也是潜艇总体设计的重要组成部分，其主要设计内容包括：

（1）分析研究总体设计要求，从优化总体性能出发与总布置设计充分协调，准确确定指挥室围壳的形状、尺度和布置位置；

（2）生成指挥室围壳型线，绘制型线图（包含型值表）。

3. 指挥室围壳型线设计的一般要求

（1）在光顺地包围住艇上的升降装置围井、耐压设闸室和所有升降装置并留有一定的施工和维修空间的前提下，尽量压缩外形尺度。

（2）进行合理的外形设计，以减小指挥室围壳的声目标强度、尾迹和水阻力。

（3）尽量减小围壳的厚度，其最大厚度应控制在主艇体最大直径的 15%～20% 范围内，相对厚度为 17%～20% 为宜。

（4）在条件允许的情况下，围壳的水平剖面形状宜选用前缘半径较小、最大厚度为 45% 弦长的翼型；这种翼型使围壳弦长方向的大部分区域为顺压梯度，可抑制边界层的发展和马蹄涡的形成。

（5）围壳侧壁上禁止开孔，围壳前缘到艏端点的距离应控制在艇长的 20%～30% 范围内。

在条件允许的情况下，围壳的位置越往前，其尾迹对螺旋桨盘面处的流场影响越小。但是，围壳前移会影响艇的操纵性和增加艉翼的尺寸，对此，必须根据尾迹流场的衰减特性及总体性能要求权衡确定。

（6）围壳两侧的范围内应留有具有一定宽度（不得小于 300 mm）的平坦的上层建筑甲板表面，以便艇员在上层建筑甲板上绕过指挥室围壳而前后通行。

（7）围壳侧表面上部与围壳顶端表面应以弧线过渡连接。

（8）围壳表面力求光顺平滑，尽量减少凸出体：水平剖线至少应达到二阶导数连续，没有多余拐点。

（9）所产生的型线图应能用于后续的设计计算、指导模型和实艇的制造加工。

（10）处理好指挥室围壳与上层建筑间的连接形式（加填角或圆弧连接）。

4. 指挥室围壳型线设计的方法与步骤

（1）根据设计艇的总布置情况，在侧投影面上勾画出能包围住耐压设闸室、升降装置围井和所有降下的升降装置的指挥室围壳侧投影轮廓线。

（2）根据横向能完全包围住所有升降装置（含升降装置围井、耐压设闸室、升降装置等）中横向尺度最大的设备的需要，作出最大横剖面轮廓线。

（3）根据以上两图，选定一有代表性的水线高度，并确定该高度处的水平剖线的弦长和和最大半宽，以此为依据，尽量套用优良翼型，勾画出一条有代表性的水平剖线。

（4）根据步骤（1）（2）的作图结果，确定指挥室围壳的顶端和底端平面的弦长和最大半宽，对步骤（3）中勾画的有代表性的水平剖线进行仿射变换，生成指挥室围壳顶端面和底端面水平剖线。

（5）根据设计需要，在顶端与底端水平剖线之间插值生成若干高度处的水平剖线，形成水线半宽图。

（6）在水线半宽图上，对各横剖面位置进行插值，求得各横剖面不同水线高度处的半宽值，并以此数据绘制完整的横剖线图。

（7）运用投影关系，对所生成的指挥室围壳曲面进行包容性和光顺性检查，视检查结果做必要的修改（此项工作最好在三维模型图上完成）。

（8）在以上三个投影面上，补充各曲面间交接线、过渡线和外形轮廓线，进行必要的标注。

（9）在各投影面上量取型值，编制型值表。

5. 指挥室围壳型线设计结果的表达

指挥室围壳型线设计的结果是以指挥室围壳型线图的形式表达的。指挥室围壳型线图是指在三个互相垂直的投影面上，以指挥室围壳的型表面的剖切线、投影线和外形轮廓线表示指挥室围壳外形的图样，它包括三个投影面和一张型值表。它是一份很重要的总体设计图样，在每艘潜艇的技术文件中，都应提供指挥室围壳型线图。

10.4 潜艇操纵面型线设计及艏艉端型线设计

操纵面是指为保证潜艇的操纵性能在艇体上安装的固定的和可转动的翼型结构物的统称，潜艇操纵面和艏艉端型线对潜艇性能影响非常大。

10.4.1 操纵面型线设计

1. 潜艇操纵面与潜艇操纵性

潜艇操纵面包括艏升降舵（或围壳舵）、艉升降舵、方向舵、艉水平稳定翼、艉垂直稳定翼。艉水平稳定翼与艉升降舵合称为艉水平鳍；艉垂直稳定翼与方向舵合称为垂直稳定鳍。

潜艇的操纵性是指潜艇借助操纵装置来改变或保持潜艇的运动姿态、方向和深度的性能。一般说潜艇具有良好的操纵性，是指它具有一定的深度和航向上的稳定性、适当的相对定常回转半径、一定的升速特性以及艏舵不存在逆速、艉舵的逆速小于艇的水下最小航速的性能。

对总体性能而言，潜艇的操纵性设计实际上可归结为对潜艇的水动力特性设计，也就是对潜艇主艇体和操纵面的外形的研究和设计。良好的操纵性能的实现还需操艇装置和系统的设计相配合。如前所述，潜艇的外形设计主要是在满足总体布置要求的前提下更多地照顾快速性和水动力噪声，对于操纵性要求则主要依靠恰当地设计操纵面和配置操纵装置和系统来保证。

2. 操纵面型线设计的主要内容

潜艇操纵面型线设计的主要内容为：在操纵面布局和尺度基本确定的条件下，用型线图的形式对操纵面的外形进行完整的描述。

3. 操纵面型线设计的方法和步骤

操纵面型线设计的方法和步骤如下：

（1）根据操纵面的布局和尺度要求，参考母型艇的设计资料绘制各鳍（舵）的外形投影面轮廓线；

（2）计算各鳍（舵）的投影面积，初步检查与设计要求的符合程度；

（3）参照指挥室围壳型线设计的步骤，逐步完成各鳍（舵）的典型剖面的翼型剖面设计；

（4）完成操纵面与主艇体交接线的投影线（含填角），完成各种标注；

（5）测量剖面型值，编制型值表。

随着总体设计深入，应根据"操纵性研究设计及试验验证结果"，对操纵面型线的设计方案不断进行修改和完善，使其满足总体设计指标的要求。

4. 操纵面型线设计结果的表达

操纵面型线设计的结果一般通过操纵面型线图来表达。

操纵面型线图是指在三个相互垂直的投影面，以操纵面的结构外表面的外形轮廓、操纵面与主艇体交接线（含填角）的投影线、典型的翼型剖面轮廓线、各种文字标注以及剖面型值表等内容组成的能准确描述操纵面外形的图样。

10.4.2　艏艉型选取

1. 艏型选取

潜艇的艏型有三种基本形式：楔型艏、水滴型艏和过渡型艏（见图 10-11）。

楔型艏——这种艏型适合于以水面航行为主的潜艇。

水滴型艏——这种艏型是一种对称型艇首，是从提高水下航行性能为出发点来设计的，对水面航行不利。其艏型曲率半径大小变化较小，对航行性能影响不明显。

过渡型艏——适用于以水下航行为主又兼顾水面航行状态的潜艇，根据艇首布置的实际需要，可采用此种艏型。

常规潜艇艏型的选择，与潜艇的活动海区、航行性能侧重面、携带燃油的数量及艏部鱼雷发射管与水声设备的布局等都有关系,有时需要做多方案分析比较。

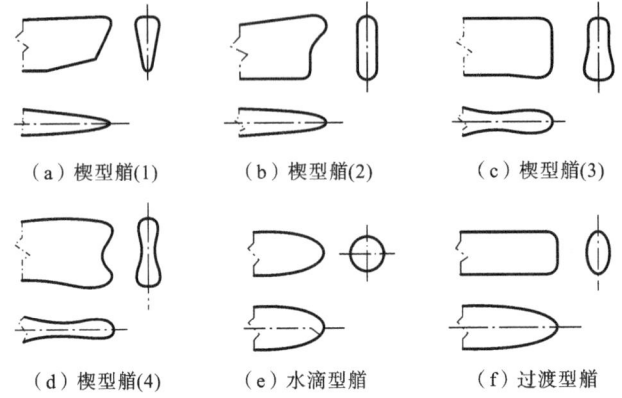

| （a）楔型艏(1) | （b）楔型艏(2) | （c）楔型艏(3) |

| （d）楔型艏(4) | （e）水滴型艏 | （f）过渡型艏 |

图 10-11　潜艇的艏型形式

2. 艉型选取

潜艇的艉型与主推进轴系数量密切相关,选取艉型还应当与艉操纵面的总体布局一起考虑。目前,潜艇艉型大致有两种类型,即扁平型艉和水滴型艉(见图 10-12 和图 10-13)。

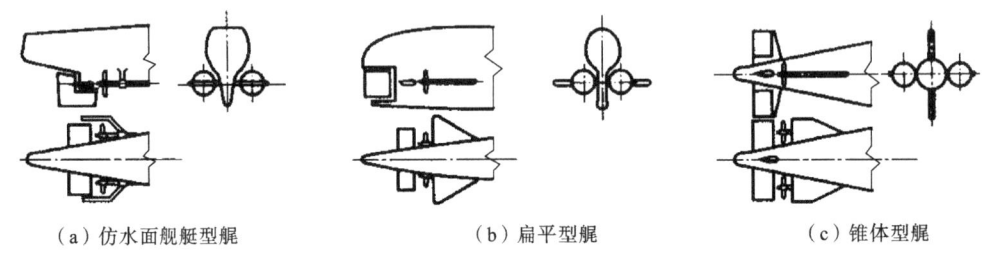

| （a）仿水面舰艇型艉 | （b）扁平型艉 | （c）锥体型艉 |

图 10-12　双轴潜艇的艉型形式

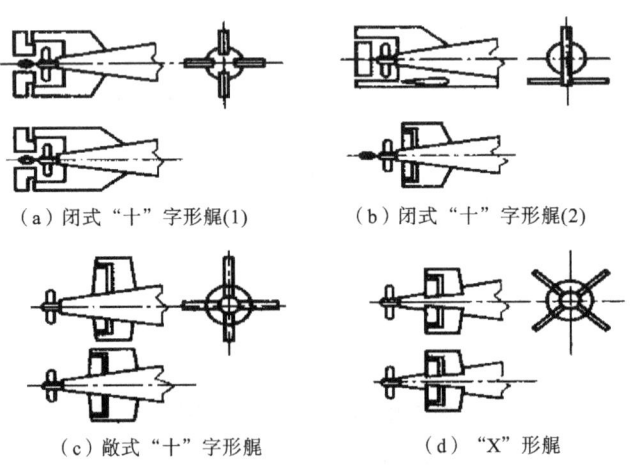

| （a）闭式"十"字形艉(1) | （b）闭式"十"字形艉(2) |

| （c）敞式"十"字形艉 | （d）"X"形艉 |

图 10-13　单轴潜艇的艉型形式

复习思考题

1. 潜艇的建筑形式经历了哪几个阶段? 其内在原因是什么?

2. 潜艇建筑形式的选取有哪些原则？

3. 潜艇外形由哪几部分组成？

4. 指挥室围壳型线设计的主要内容和方法有哪些？

5. 潜艇艏部有哪几种形状？

6. 试比较 X 舵和十字舵的优缺点。

参 考 文 献

[1] 唐志拔. 水面舰艇设计[M].北京:国防工业出版社,1993.

[2] 顾敏童. 船舶设计原理[M]. 上海:上海交通大学出版社,2001.

[3] 包慎良. 潜艇设计学[M]. 武汉:海军工程学院,1982.

[4] 牟金磊,仲晨华. 水面舰艇设计[M].武汉:海军工程大学,2014.

[5] 牟金磊,仲晨华. 潜艇设计[M].武汉:海军工程大学,2014.

[6] 马运义,许建. 现代潜艇设计原理与技术[M]. 哈尔滨:哈尔滨工程大学出版社,2012.

[7] 邵开文,马运义. 舰艇技术与设计概论[M].2版.北京:国防工业出版社,2014.

[8] 金仲达. 船舶概论[M]. 哈尔滨:哈尔滨工程大学出版社,2002.

[9] 张德孝. 船舶概论[M].北京:化学工业出版社,2010.

[10] 朱英富.水面舰艇设计新技术[M].2版.哈尔滨:哈尔滨工程大学出版社,2015.

[11] 徐青. 舰艇总体设计流程分析[J].中国舰艇研究,2012,7(5):1-7.

[12] 周奇,陈立,许辉,等. 舰艇总体设计中的多学科优化技术[J].船舶与海洋工程,2013(3):6-9.

[13] 邵开文,张骏. 总体者,集大成也[J].中国舰艇研究,2008,3(1):1-4,12.